何振岱年谱

刘荣平　王璐瑾　编著

海峡出版发行集团
福建人民出版社

国家社科基金重大项目“闽台海疆文学文献整理与研究（1602—1895）”（21&ZD272）阶段性成果

本书出版得到闽南师范大学学术著作出版专项经费资助

何振岱之父何则荣画像

何振岱之母陈氏（膝前为次孙何知平）

何振岱中年小影

1924年冬，何振岱摄于北平东城小草厂寓次

1926年，何振岱北戴河留影

1930年何振岱小影

1931年何振岱小影

何振岱抚琴小影

1922年，何振岱与周愈在永泰小雄山合影

1933年，何振岱与五子何敦仁合影

1936年春，何振岱与陈三立在北平海甸合影

何振岱同家人、女弟子合影

1947年5月，何振岱家庭合影

1948年，何振岱率门生在寿补斋雅集

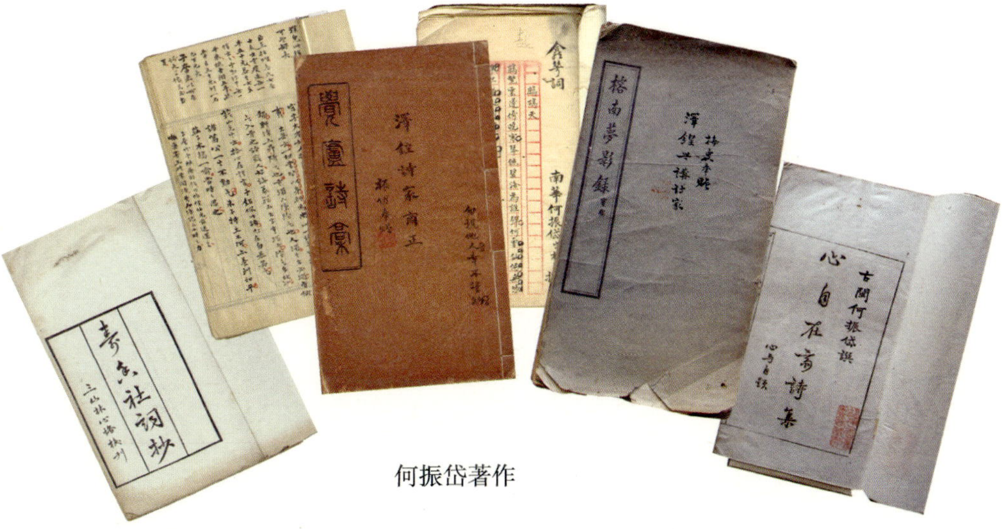

何振岱著作

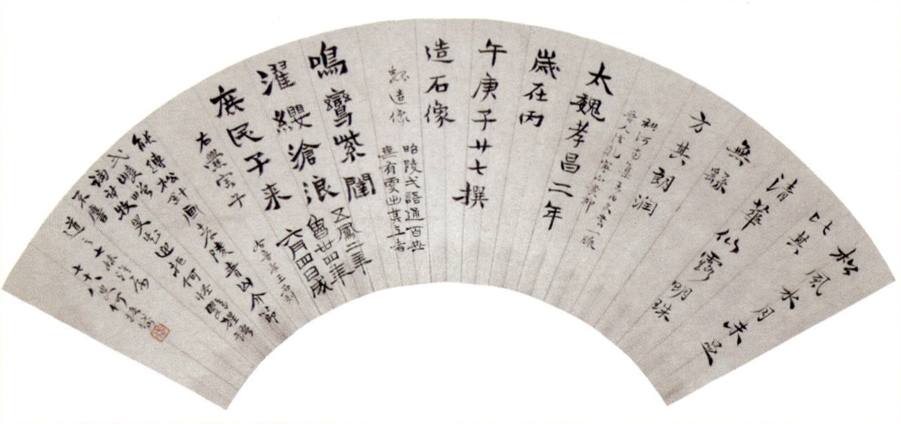

何振岱书法

何振岱画稿

作者简介

刘荣平，男，湖北洪湖人，1965 年生。2000 年毕业于华东师范大学，获文学博士学位。现为闽南师范大学文学院教授、博士生导师，入选闽南师范大学“龙江计划”拔尖人才，兼任福建师范大学闽学研究中心特约研究员。主要从事词学和福建古代文学研究。所编《全闽词》获全国优秀古籍图书奖一等奖、福建省社会优秀成果奖二等奖。所撰《赌棋山庄词话校注》获福建省社会优秀成果奖三等奖。近年出版国家社科基金后期资助一般项目《福建词史》。在《文献》《厦门大学学报》《东南学术》《台湾研究集刊》《新宋学》等刊发表学术论文 70 余篇。完成国家社科基金一般项目 1 项、国家社科基金后期资助一般项目 1 项，在研国家社科基金重大项目子课题 1 项。

王璐瑾，女，河北石家庄人，1999 年生。2020 年毕业于厦门大学，获文学学士学位。2023 年毕业于中国人民大学，获文学硕士学位。现为南京大学文学院博士研究生。主要从事明清文学研究，在《红楼梦学刊》等刊发表学术论文 5 篇。

序

陈庆元

《何振岱年谱》是刘荣平教授继《福建词史》（2023）之后的又一部新著，合作者是王璐瑾。

关于何振岱、李宣龚两位闽中诗人，三十多年前我撰写《论同光派闽派》长文将其合为一节，称“同光体闽派殿军”。其时，暨南大学毛庆琦教授编《近代诗歌鉴赏辞典》约我撰稿六篇，其中何振岱两篇，篇目自选，我选了《疏雨》和《瑞岩》。2000 年前后，我先后参加十数种鉴赏辞典撰写，朝代由先秦到晚清，每写一家，必找原集阅读，虽然很费时间，却多少弥补了六七十年代功课荒疏造成的知识缺陷，扩大了知识面。差不多也在这一时段，陆续有青年教师跟我进修，我让他们分别研究一位福建近代作家，如梁章钜、陈宝琛、陈衍、何振岱等，还有一名硕士生选李宣龚作为毕业论文。闽江学院刘建萍老师做的就是何振岱研究。建萍报考博士，名额有限，改换到其他教授名下，研究方向也随之改变，觉得有点可惜。荣平博士后出站报告研究的是谢章铤与聚红词榭，何振岱为谢章铤及门弟子，不仅工诗，且工词，故请荣平一并关注何振岱。荣平将此事放在心上，开始广搜何振岱文献，并陆续发表研究何振岱的论文十来篇，形成系列。二十年后，2024 年冬，荣平说《何振岱年谱》已经告竣，即将付梓，请序以弁其端。

年谱，是一种特殊的纪传体著作，逐年、甚至精细到月、日，载述谱主一生经历的事件、活动、交游、言论；如果是作家或诗人，还要为他的著作、诗文系年、系地。年谱著作，引证必须详尽、准确，间有简明扼要的按语、阐发。一部优秀的年谱，必须具备三个条件：一、谱主作为撰著对象至少具有某一方面意义，政治、经济、军事、文学、艺术等。二、有足够的传世文献资料支撑年谱，而且撰谱者充分掌握。如南宋诗人萧德藻，福建闽清人，绍兴二十一年（1151）进士，诗与尤袤、范成大、陆游齐名，杨万里称“四诗翁”，有《千岩择稿》七卷，已佚，可考事迹寥寥，这属于文献不足、作不了年谱一类。有些谱主传世文献明明有足够多，但是撰谱者没有用心搜集，或者由于各种原因没能充分掌握，撰谱工作也很难进行。三、撰谱者必须具备敏锐的史识眼光，能够运用好手头掌握的文献资料进行考辨分析，对史实、诗文作品提出自己的见解和看法。

《何振岱年谱》称得上一部优秀的年谱。何振岱是同光体重要诗人、书画家、古琴家，一生横跨清、民国和中华人民共和国三个时代。同光体诗人同是学宋，闽人清苍幽峭，赣、浙生涩奥衍。何振岱则以清净、冲澹、富有神理见长，在晚清闽人中自成一家。中国文学研究重视分期分段研究，一般认为同光体是清同治、光绪间产生的一种诗体，按照文学史的分期，属于近代文学史的范围。但是，同光体闽派主要诗人陈宝琛、陈衍、沈瑜庆、郑孝胥等，一直活到民国时期。二陈、沈、郑之后，何振岱、李宣龚吟咏不辍，同光诗体薪火不因时代更迭而寝熄，一直延续至1949年之后。了解何振岱、李宣龚一生的诗歌创作经历，对我们研究清同治以后至中华人民共和国成立之初这个诗歌流派的续存有着重要的意义。

其次，就生命个体而言，何振岱和李宣龚1952年就去世了，何、李去世后，同光体闽派似乎可以宣告彻底结束了。文学发展史的历史经验告诉我们，一个文学流派的结束并不完全与它的代表人物去世的那一天、那一年同步，可能还将延宕一段时间，甚至一个时期，因为其弟子、门生还在，影响力还在。何振岱的及门弟子尤其多，女弟子刘蘅一直活到世纪之交。近代以来，福州得风气之先，二十世纪初，办女学，男女同校，女性走出家门，何振岱的女弟子成了近现代中国诗坛的一道亮丽风景。研究何振岱诗歌近现代的传承，尤其是传授女弟子的过程及其得失，对研究近现代的诗学发展也具有重要意义。

再次，何振岱的人品很值得称道。何振岱富有民族气节。抗战爆发，福州沦陷，日人慕何振岱之名，拟聘为顾问，遭严词拒绝。他的学生中有一批爱国志士，吴石便是受何氏影响较深的一位。吴石终身不忘其师，他被派往台湾领导地下党工作前夕还专程拜望老师，后来在台湾慷慨就义。

何振岱的传世文献资料较多，足以支撑写一部比较完整的年谱；荣平千方百计，以足够的耐心去寻访、搜集这些文献资料。荣平不是第一个把何振岱当作一个课题来研究的学者，前此，刘建萍博士已经出版过《诗人何振岱评传》（2004）、点校《何振岱集》（2009），刘建萍博士访问过何氏后人，搜集到部分稀见文献；2016 年，福建人民出版社还影印《何振岱日记》。尽管如此，何振岱还有许多文献资料未被发掘、未被使用，荣平不辞辛苦，百般求索，他获得的文献资料主要来自四方面：一、扩大阅读面、搜集面。凡与何振岱有交游的人物资料，能找尽找，能读尽读。二、动手抄录。图书馆藏书，不是所有书籍资料都可以借出来复印或拍照的，荣平经常往返福厦，住客栈，白天到图书馆抄书，晚上读之，乐此不疲。三、联系何振岱后人、门生，孜孜访求。四、荣平人缘好，学界、出版界友人往往倾囊相助，不吝也。因此，这部《何振岱年谱》引述不少非常罕见、甚至是海内外孤品资料，如油印本、稿本、讲稿、尺牍、抄本、抄件、拓本、扇面、题辞等，让读者耳目一新。

荣平具备敏锐的史识眼光。他对本谱撰著的设计，有两个方面值得特别称道，首先是注意何振岱亲友、弟子和谱主的交集。如果一部年谱缺少谱主亲属、师友、同事、同僚、弟子的载述，这部年谱必然是平面、单线的，而不是立体的、网状的，荣平很好地解决了这一问题，整部年谱征引了数十人的事迹、著述，重要的就有十数人。其次是“谱前”、“谱后”的编次。何振岱 1952 年谢世，如果年谱只编到这一年为止，也无可厚非，但是这样处理，就看不到何振岱的影响，看不到同光体闽派在 1952 年后的延续，也看不到何氏去世后社会对他的尊重和推崇，及后世对其著作的重视，因此也会影响到对他的评价。本谱的叙事，一直持续到 2018 年闽江学院举办何振岱研讨会，给人留下绵连不绝的袅袅余音。何振岱与陈衍晚年交恶，是本谱绕不过去的一个重要问题，荣平博引资料加以考察，认为是何振岱性格狷介寡合使然，这一判断，应当较为接近史实。在具体事件方面，寿香社十九世纪末的创立，这是何振岱一生组织过最重要的诗社，延续到二十世纪八十年代，长达百年，荣平对其成员及活动考证缜密。

王璐瑾是荣平《何振岱年谱》的合作者。荣平在厦门大学中文系教书，王璐瑾是本科生，她毕业论文的指导教授为刘荣平。荣平给她《何振岱年谱》这样一个题目。我不知道王璐瑾同学接受这么一个题目时感受如何？即便较早的时候她就听老师说过何氏，但是要接受这样一个题目，肯定使她惶恐不安，难度实在太大了！荣平把搜集到的何振岱相关资料都给她，并给予了细致入微的指导与坚定的鼓励。正是在这番不懈地努力之下，《何振岱年谱》的雏形终于得以显现，于是，才有荣平后来的整理、加工、增饰和完善。我很欣赏荣平的这种教学方法，王璐瑾完成《何振岱年谱》初稿之后，考上人大的硕士，现在正在南大读博，当她回想起本科毕业论文写作，一定不会忘记这一段文献学的训练，不会忘记年谱写作的训练。《何振岱年谱》的成功，还在于师生的合作，教学相长，这也是我特别推崇《何振岱年谱》出版的原因之一吧。

2024 年 12 月

于烟台山麓华庐

目　录

凡　例 …………………………………………………………（1）
前　言 …………………………………………………………（1）
谱　前 …………………………………………………………（1）
　师承 …………………………………………………………（1）
　著述 …………………………………………………………（3）
　世系 …………………………………………………………（4）

年　谱
清同治六年丁卯（1867）　一岁 ……………………（1）
清同治七年戊辰（1868）　二岁 ……………………（2）
清同治八年己巳（1869）　三岁 ……………………（3）
清同治九年庚午（1870）　四岁 ……………………（3）
清同治十年辛未（1871）　五岁 ……………………（4）
清同治十一年壬申（1872）　六岁 ……………………（4）
清同治十二年癸酉（1873）　七岁 ……………………（5）
清同治十三年甲戌（1874）　八岁 ……………………（5）
清光绪元年乙亥（1875）　九岁 ……………………（6）
清光绪二年丙子（1876）　十岁 ……………………（7）
清光绪三年丁丑（1877）　十一岁 …………………（7）
清光绪四年戊寅（1878）　十二岁 …………………（8）
清光绪五年己卯（1879）　十三岁 …………………（9）
清光绪六年庚辰（1880）　十四岁 …………………（9）
清光绪七年辛巳（1881）　十五岁 …………………（10）
清光绪八年壬午（1882）　十六岁 …………………（11）

清光绪九年癸未（1883） 十七岁 ……………………（14）
清光绪十年甲申（1884） 十八岁 ……………………（16）
清光绪十一年乙酉（1885） 十九岁 ……………………（16）
清光绪十二年丙戌（1886） 二十岁 ……………………（19）
清光绪十三年丁亥（1887） 二十一岁 ……………………（19）
清光绪十四年戊子（1888） 二十二岁 ……………………（22）
清光绪十五年己丑（1889） 二十三岁 ……………………（22）
清光绪十六年庚寅（1890） 二十四岁 ……………………（23）
清光绪十七年辛卯（1891） 二十五岁 ……………………（23）
清光绪十八年壬辰（1892） 二十六岁 ……………………（24）
清光绪十九年癸巳（1893） 二十七岁 ……………………（24）
清光绪二十年甲午（1894） 二十八岁 ……………………（28）
清光绪二十一年乙未（1895） 二十九岁 ……………………（29）
清光绪二十二年丙申（1896） 三十岁 ……………………（30）
清光绪二十三年丁酉（1897） 三十一岁 ……………………（32）
清光绪二十四年戊戌（1898） 三十二岁 ……………………（40）
清光绪二十五年己亥（1899） 三十三岁 ……………………（45）
清光绪二十六年庚子（1900） 三十四岁 ……………………（48）
清光绪二十七年辛丑（1901） 三十五岁 ……………………（48）
清光绪二十八年壬寅（1902） 三十六岁 ……………………（54）
清光绪二十九年癸卯（1903） 三十七岁 ……………………（56）
清光绪三十年甲辰（1904） 三十八岁 ……………………（60）
清光绪三十一年乙巳（1905） 三十九岁 ……………………（61）
清光绪三十二年丙午（1906） 四十岁 ……………………（63）
清光绪三十三年丁未（1907） 四十一岁 ……………………（66）
清光绪三十四年戊申（1908） 四十二岁 ……………………（68）
清宣统元年己酉（1909） 四十三岁 ……………………（68）
清宣统二年庚戌（1910） 四十四岁 ……………………（71）
清宣统三年辛亥（1911） 四十五岁 ……………………（72）

民国元年壬子（1912）
民国二年癸丑（1913）
民国三年甲寅（1914）
民国四年乙卯（1915）
民国五年丙辰（1916）
民国六年丁巳（1917）
民国七年戊午（1918）
民国八年己未（1919）
民国九年庚申（1920）
民国十年辛酉（1921）
民国十一年壬戌（1922）
民国十二年癸亥（1923）
民国十三年甲子（1924）
民国十四年乙丑（1925）
民国十五年丙寅（1926）
民国十六年丁卯（1927）
民国十七年戊辰（1928）
民国十八年己巳（1929）
民国十九年庚午（1930）
民国二十年辛未（1931）
民国二十一年壬申（1932）
民国二十二年癸酉（1933）
民国二十三年甲戌（1934）
民国二十四年乙亥（1935）
民国二十五年丙子（1936）
民国二十六年丁丑（1937）
民国二十七年戊寅（1938）
民国二十八年己卯（1939）
民国二十九年庚辰（1940）

四十六岁 …………………… （78）
四十七岁 …………………… （81）
四十八岁 …………………… （84）
四十九岁 …………………… （86）
五十岁 …………………… （88）
五十一岁 …………………… （93）
五十二岁 …………………… （97）
五十三岁 …………………… （101）
五十四岁 …………………… （103）
五十五岁 …………………… （109）
五十六岁 …………………… （114）
五十七岁 …………………… （119）
五十八岁 …………………… （125）
五十九岁 …………………… （130）
六十岁 …………………… （134）
六十一岁 …………………… （142）
六十二岁 …………………… （148）
六十三岁 …………………… （159）
六十四岁 …………………… （169）
六十五岁 …………………… （175）
六十六岁 …………………… （190）
六十七岁 …………………… （198）
六十八岁 …………………… （203）
六十九岁 …………………… （208）
七十岁 …………………… （220）
七十一岁 …………………… （232）
七十二岁 …………………… （244）
七十三岁 …………………… （252）
七十四岁 …………………… （256）

民国三十年辛巳（1941）　七十五岁 ……………………（266）
民国三十一年壬午（1942）　七十六岁 ……………………（270）
民国三十二年癸未（1943）　七十七岁 ……………………（276）
民国三十三年甲申（1944）　七十八岁 ……………………（280）
民国三十四年乙酉（1945）　七十九岁 ……………………（288）
民国三十五年丙戌（1946）　八十岁 ……………………（292）
民国三十六年丁亥（1947）　八十一岁 ……………………（296）
民国三十七年戊子（1948）　八十二岁 ……………………（298）
公元一九四九年（己丑）　八十三岁 ……………………（303）
公元一九五〇年（庚寅）　八十四岁 ……………………（309）
公元一九五一年（辛卯）　八十五岁 ……………………（310）
公元一九五二年（壬辰）　八十六岁 ……………………（312）

谱　后

公元一九五三年（癸巳） ……………………………………（319）
公元一九五四年（甲午） ……………………………………（323）
公元一九五五年（乙未） ……………………………………（324）
公元一九五六年（丙申） ……………………………………（325）
公元一九五七年（丁酉） ……………………………………（326）
公元一九五八年（戊戌） ……………………………………（328）
公元一九五九年（己亥） ……………………………………（329）
公元一九六〇年（庚子） ……………………………………（330）
公元一九六一年（辛丑） ……………………………………（331）
公元一九六二年（壬寅） ……………………………………（333）
公元一九六三年（癸卯） ……………………………………（334）
公元一九六四年（甲辰） ……………………………………（335）
公元一九六五年（乙巳） ……………………………………（337）
公元一九六六年（丙午） ……………………………………（337）
公元一九六七年（丁未） ……………………………………（338）

公元一九六八年（戊申） …………………………………… (339)
公元一九六九年（己酉） …………………………………… (340)
公元一九七〇年（庚戌） …………………………………… (340)
公元一九七一年（辛亥） …………………………………… (340)
公元一九七二年（壬子） …………………………………… (344)
公元一九七三年（癸丑） …………………………………… (344)
公元一九七四年（甲寅） …………………………………… (345)
公元一九七五年（乙卯） …………………………………… (346)
公元一九七六年（丙辰） …………………………………… (346)
公元一九七七年（丁巳） …………………………………… (347)
公元一九七八年（戊午） …………………………………… (348)
公元一九七九年（己未） …………………………………… (348)
公元一九八〇年（庚申） …………………………………… (349)
公元一九八一年（辛酉） …………………………………… (351)
公元一九八二年（壬戌） …………………………………… (351)
公元一九八三年（癸亥） …………………………………… (352)
公元一九八四年（甲子） …………………………………… (352)
公元一九八五年（乙丑） …………………………………… (355)
公元一九八六年（丙寅） …………………………………… (357)
公元一九八七年（丁卯） …………………………………… (364)
公元一九八八年（戊辰） …………………………………… (365)
公元一九九〇年（庚午） …………………………………… (365)
公元一九九二年（壬申） …………………………………… (365)
公元一九九三年（癸酉） …………………………………… (366)
公元一九九四年（甲戌） …………………………………… (368)
公元一九九五年（乙亥） …………………………………… (369)
公元一九九六年（丙子） …………………………………… (369)
公元一九九八年（戊寅） …………………………………… (374)
公元一九九九年（己卯） …………………………………… (374)

公元二〇〇〇年（庚辰） …………………………………… (375)
公元二〇〇一年（辛巳） …………………………………… (376)
公元二〇〇四年（甲申） …………………………………… (376)
公元二〇〇五年（乙酉） …………………………………… (376)
公元二〇〇六年（丙戌） …………………………………… (377)
公元二〇〇九年（己丑） …………………………………… (377)
公元二〇一〇年（庚寅） …………………………………… (377)
公元二〇一二年（壬辰） …………………………………… (377)
公元二〇一三年（癸巳） …………………………………… (378)
公元二〇一四年（甲午） …………………………………… (378)
公元二〇一五年（乙未） …………………………………… (378)
公元二〇一六年（丙申） …………………………………… (378)
公元二〇一七年（丁酉） …………………………………… (379)
公元二〇一八年（戊戌） …………………………………… (379)

附录　王真《道真室随笔》 …………………………………… (380)
卷一 ………………………………………………………… (380)
卷二 ………………………………………………………… (426)
卷三 ………………………………………………………… (452)

主要参考文献 …………………………………………… (496)
后　记 …………………………………………………… (509)

凡　例

一、本谱编年包括时事、事迹、作品编年三项，作品编年项按文、诗、词分为三小项。

二、本谱首列时事，尤以福州地区及谱主所在地之时事为主，时事一栏参考了《福建编年史》一书。

三、本谱次列事迹，辑录何振岱及其家人、学生、师友的生平、交游、仕宦、考学、著述等内容，并在人物首次出现（或其重要事迹首次出现）时简略述其生平。

四、本谱作品编年，将谱主的文、诗、词按类编年，不可确考年份者暂不录。据谱主著述直接可以编年者，一般不予以说明；据稀见资料编年者，则予说明。何维刚主持编纂谱主《我春室文集》时，多删去作品所署写作年月，今尽量查找何振岱存世手稿，如手稿署有写作年月，则据以编年。

五、本谱编年跨清、民国、1949 年以后，基本用农历纪年，括注新历。1949 年以后，略有用新历直接编年。

六、本谱人物享年以虚岁计。例如：一八八七年生，一九一七年卒，即记卒年三十一岁。

七、本谱中出现人物多称其名，名无考者用其字号或谱名，择其使用较广泛者用之。

八、本谱中完整辑录之作品，多为未刊稿或珍贵文献，录存各年之中，以期达到留存珍贵文献材料之目的。也择要录存一些重要作品，以见谱主交游之情状。

九、本谱采摭谱主逝世后若干年，与谱主及其弟子相关之事迹，编为“谱后”，以见谱主之影响。

前言

何振岱（1867—1952），字梅生，又字心与，六十岁后改字梅叟，号觉庐、南华老人，[①] 闽县（今福州）人，原籍福清南华乡。光绪二十三年（1897）中第四名举人，以后屡试不售。光绪三十二年（1906）废科举后绝意仕进，以布衣终。著有《心自在斋诗集》四卷、《觉庐诗稿》七卷、《我春室集》四卷；编有《榕南梦影录》二卷、《寿香室词抄》八卷；主纂《西湖志》二十五卷；参与编纂《福建通志》；另存有日记、手札等文稿。

一

何振岱是清末民国间著名诗人、教育家、书法家、画家、古琴家，为"同光体"闽派诗歌代表人物，在近代诗歌史上占有突出地位。近年，何振岱及其众弟子已渐渐为研究者所关注。陈庆元先生《论同光派闽派》（《文学：地域的观照》，上海远东出版社、上海三联书店 2003 年版）全面评价了何振岱的诗歌成就。刘建萍《诗人何振岱评传》（海潮摄影艺术出版社 2004 年版，后修改成《何振岱评传》，人民出版社 2017 年版），刘建萍、陈叔侗点校《何振岱集》（福建人民出版社 2009 年版），对何振岱及其著作做了初步整理与研究。刘荣平编《全闽词》（广陵书社 2016 年版）收录何振岱及其夫人郑元昭、何氏众多弟子的词作。

① 何振岱的别名字号有"心与、纪园、梅生、实珍、觉庐、梅叟"。见王铁藩编纂，王亚青、连天雄补订：《福建清代科举人名录》，福建人民出版社 2011 年版，第 147 页。

福建人民出版社 2016 年影印出版了《何振岱日记》。这些成果为进一步研究何振岱打下了基础。近年何振岱女弟子部分著作也渐次出版，如何曦《晴赏楼诗词稿》《晴赏楼日记稿》（浙江文艺出版社 2006 年版）、《刘蘅馆员诞辰 115 周年纪念展作品集》（福建省文史研究馆 2011 年内印本）、王闲《王闲诗词书画集》（福建美术出版社 2012 年版）、王德愔《琴寄室诗词》（福建省文史研究馆 2012 年内印本）、薛念娟《今如楼诗词》（福建省文史研究馆 2014 年内印本）、洪璞《璞园诗词》（福建省文史研究馆 2015 年内印本）、叶可羲《竹韵轩集》（福建省文史研究馆 2017 年内印本）。这些著作的出版，也为研究何振岱提供了便利。何振岱研究已开始走向国际：2017 年 10 月 30 日，美国加州大学洛杉矶分校东亚图书馆举行了“福建文化暨何振岱研究学术研讨会”，纪念何振岱诞辰 150 周年。

刘建萍《诗人何振岱评传》对何振岱生平事迹做了初步研究，此书出版时，何振岱弟子的著作多未出版，故未多利用。修订本《何振岱评传》对何振岱弟子著作的利用也很有限。《何振岱集》失收何振岱的作品较多，一些反映何振岱重要事迹的文章也失收。清光绪致用堂刻本《致用书院文集》收何振岱论文 17 篇，方宝川、马腾主编，林郁分册主编《闽台书院文献汇刊·致用书院卷》（学苑出版社 2021 年版），于此 17 篇论文则大部分未收。何振岱女弟子王真《道真室随笔》（1970 年代油印本）记录何振岱大量的事迹，而《何振岱评传》则少利用。另有何振岱流落民间的资料相继被发现，如何振岱的科举卷、《寿香社序》、《我春室尺牍》，还有部分弟子文集未得到整理出版，如王真《道真室集》、张苏铮《浣桐书室诗词》等。基于以上研究现状，我认为何振岱及其弟子的研究应从头开始，首先解决的应是何振岱及其众多弟子的生平事迹问题，这是研究何振岱最基础也是最重要的方面。如把何振岱及其有著作存世、有事迹可考的 30 多位弟子的生平事迹一起进行综合研究，写出一部《何振岱年谱》，就可进一步展现近现代福建文坛艺坛的生动画卷，必将有助于推进福建近现代文化名人的研究。

与何振岱有交往的福建近现代文化名人，如陈宝琛、郑孝胥、严复、林纾、陈衍、郭则沄等，都有年谱专著出版，如叶参等合编《郑孝胥传·年谱》（《民国丛书》第一编第 88 册，上海书店 1989 年版）；陈声暨等编《侯官陈石遗先生年谱》（陈衍撰、陈步编：《陈石遗集》，福建人民出版社 2001 年版）；罗耀九等编《严复年谱新编》（鹭江出版社 2004 年版）；张旭、车树昇编著《林纾年谱长编》（福建教育出版社 2014 年版）；张旭、车树昇、龚任界编著《陈宝琛年谱》（福建人民出版社 2017 年版）；郭则沄著，马忠文、张求会整理《郭则沄自订年谱》（凤凰出版社 2018 年版）；张旭、车树昇、龚任界编著《陈衍年谱》（福建人民出版社 2020 年版）。何振岱尚无人为其编写年谱专著。

本谱重点研究何振岱与夫人郑元昭的生平事迹，以及何振岱众多的门生（包括何振岱子女），如林心恪、高赞鼎、林星赓、郑傥、田毕公、邵振绥、王德愔、吴石、何维刚、刘蘅、何曦、黄曾樾、何维沣、薛念娟、张苏铮、叶可羲、施秉庄、邵英戡、何维炳、王真、何维澄、陈泽锽、王闲、洪璞、何维深等人的生平事迹，也涉及何振岱的老师谢章铤，何振岱的友人陈宝琛、陈衍、林纾、郑孝胥等人的生平事迹。

二

在正式编撰《何振岱年谱》之前，我们先做了若干攻坚克难的工作，主要是资料整理收集和重要事件考证工作，以求在编撰年谱时，能对何振岱等人的生平事迹有更清晰的认识。资料整理收集方面的工作主要有：

1. 何振岱及其弟子的词作整理。

刘荣平编《全闽词》收集何振岱师生存世的大量词作，为目前收集何氏夫妇及弟子词作最全之书，可视为本谱的先期成果。《全闽词》的编纂，使得我们熟悉了何振岱及其门生的大量存世文献。

2. 何振岱作品的辑录。

我们在研读《何振岱集》的时候，已发现一些何振岱诗文作品并未收录于此书，乃多方留心文献，终于完成为《何振岱集》作补遗的心愿。刘荣平、王璐瑾《〈何振岱集〉补遗》（《闽学研究》2021年第3期）补《何振岱集》失收的文17篇、诗4首。此文主要补辑了何振岱的《寿香社序》、科举卷、致用书院习作、诗文集序跋等，对何振岱生平事迹和诗学主张的研究有推动作用。

另有专文补辑《何振岱集》失收的尺牍（待刊）。何振岱弟子郑侥抄本《何振岱尺牍》存有44通书信，为《何振岱集》所未收。这些书信多是何振岱写给他的弟子，可据以考察何振岱与弟子交往的若干事迹，以及何振岱晚年真实的心态。特别值得注意的是：他曾想出版词集，也想出版弟子的词集；他表示诗词可以少作或不作；他厌倦在旧京的生活，想及早回到故里福州；他晚年仍然希望抓紧时间治学，也要求他的弟子这样做；他一再写到了孤寂而又无可奈何的心理状态。

3. 何振岱抄本《双星室主人词稿》的整理。

张清扬《双星室主人词稿》，今存何振岱丙午年（1906）抄本，凡11页，收词39首，1首重出，1首与刊本张清扬《清安室词》同但文字小异，实收张清扬词集外佚词37首。研究此抄本，可以帮助考察何振岱早年对词的态度。林葆恒纂《词综补遗》卷十三有云："梅生为谢枚如先生高足弟子，古文词皆得其传。晚耽禅悦，谓词近口业，悉屏不刻。然其词实温馨端雅，视碧栖又别具手眼。"（林葆恒编、张璋整理：《词综补遗》，上海古籍出版社 2005 年版）此说给人何振岱轻视词体的印象。今《我春室词集》存词 158 首。何振岱集外词作，据 1955 年油印本《我春室集》附《天香室词集》可补辑 1 首，据福建省图书馆藏抄本《我春室词集》可补辑 2 首，据民国间林石庐等主编《华报》可补辑 1 首，据民国十六年（1917）福建通志局抄本陈懋复等辑《陈弢庵先生七十寿言集》可补辑 1 首，据何振岱家藏杂稿过录本可补辑 3 首，据民国二十五年（1936）刻本郭则沄辑《清词玉屑》、书目文献出版社 1992 年影印民国三十六年（1947）稿本林葆恒纂《词综补遗》各可补辑 1 首，共计可补辑 10 首。何振岱词今知至少有 168 首，数量已不算少，可见何振岱于词学下过很深的功夫。《双星室主人词稿》末有何振岱跋语一则："丙午（1906）八月三十夜三鼓，江南词客手录。"何振岱号"江南词客"，仅见《双星室词稿》有记载，这是他中年十分重视填词的证明，并可证他一度想以词传世。（刘荣平《何振岱抄本〈双星室主人词稿〉的文献价值》，《闽学研究》2021 年第 1 期）

4.《道真室随笔》的整理。

民国著名女诗人王真（1904—1971），福州人。先后师从何振岱、陈衍学习诗词、古琴、绘画，取得一定成就。所撰《道真室随笔》凡三卷，今存 1970 年代油印本。此书记录了她聆听何振岱、陈衍教学的心得，以及何、陈二人的不少事迹，并可据之辑录《何振岱集》《陈石遗集》失收的何、陈诗文。

福建地域文化孕育出有成就有特色的学者、艺术家，本谱认为有其必然性，可提供多方面的资料予以说明。谢章铤在《星村五十寿序》（《赌棋山庄文集》卷一）中认为与他交游者大多是

“厚于情薄于习”之人，并认为福州地理环境造就了这种人。何振岱及其弟子大多是“厚于情薄于习”之人，这点当与福州的地理环境与地域文化有关。《道真室随笔》所载颇可窥见何振岱及其弟子们“厚于情薄于习”的处世习惯，生动有趣。本谱虽注意收集这方面的资料，以展示何振岱及其弟子之性情，但难以做到如《道真室随笔》所记之细腻真切，故将《道真室随笔》整理出来，作为附录。

《道真室随笔》卷一有《觉庐侍谈录》，乃王真记录何振岱的教学内容，涉及读书、文、诗、词、书法、绘画、古琴、杂谈，读之颇能启人心智；另有《梅师读书举要》，乃记录何振岱为初学者所开列书目，颇能示人以读书之法；另有《我春室杂稿摭存》，乃王真撮录何振岱寸金片玉之语，多不见何振岱诗文集中，可据以辑录；另有《梅师手批〈两当轩诗〉》，系王真从何振岱《两当轩诗》批注本中录出，据之可考察何振岱论诗之旨趣。《道真室随笔》卷二有《匹园侍谈录》，乃王真听陈衍谈艺之记录，可与黄曾樾《陈石遗先生谈艺录》、钱锺书《石语》相互发明；另有《石遗师手批渔洋〈感旧集〉小传》，乃王真从陈衍批注《感旧集》稿本中录出，可与刊本陈衍著《感旧集小传拾遗》四卷对照，据以考见此著之雏形；另有《花光阁零编》，乃陈衍之孙陈光度录存陈衍生前未及理董之作，原有四册，王真续编《侯官陈石遗先生年谱》时曾取用，后被黄曾樾借走，遗失三册，仅剩一册，王真遂略为类次，别录以藏，据之可辑补陈衍佚文；另有《讲义》，乃录陈衍在厦门大学之讲稿，据之可考察陈衍古文思想；另有唐文治《陈石遗先生墓志铭》之原稿，与唐文治文集中所收《陈石遗先生墓志铭》对照，有所异同。《道真室随笔》卷三有《学画詹言》，乃王真自陈学画之心得，可为研究民国绘画思想之一助；另有《论画丛说》，乃王真采录历代画家论画之语，可见王真之所好；《读画琐记》，中有王真同何振岱故宫文华殿观画之记录，给人美不胜收之感，又有记录同行所藏之画；《品画余谈》，也是王真自陈学画之心得，多有益之言；《题画剩稿》，乃王真录存自己题画之语，可见其文才；《附录：为人题画剩稿》，系补录题画语之作。

重要事件考证和评论的主要工作有：

1. 考清何振岱主盟的寿香社始末、活动历程、参与人数、重要建树等。

何振岱主盟的寿香社，活动时间近一个世纪，堪称奇迹。寿香社取名之义，令人费解，今可知乃为祭祀陶渊明而立，非如有些论家所云有老人和妇女参加而取此名。寿香社成立于清季，主要活动在民国，其余波一直持续到 1980 年代。社员各有著述，近十多年来相继出版，但还有一些著述尚藏在民间，寄望将来进一步发掘整理。（刘荣平《何振岱主盟寿香社三考》，《闽学研究》2021 年第 2 期）

2. 据新发现的若干资料探索陈衍、何振岱晚年断交的原因，以及他们的断交对福建文化的影响。

陈衍、何振岱有近三十年正常交往，促进了民国诗坛的创作，且对文学理论做出了有价值的探讨。二人晚年断交，令人感到遗憾，此中原因，颇为复杂。何振岱因为修《西湖志》事受到指责，可能与陈衍产生隔阂，便不愿意在陈衍主纂《福建通志》中承担较多任务。陈衍卒后，郑孝胥作诗恶评陈衍，何振岱阅之有同感，也作诗附和。至 1938 年，何振岱出版诗集，凡与陈衍有关的诗歌悉数删去。陈衍生前对何振岱多有提携，未见他对何振岱有微词，还对因修《西湖志》受到指责的何振岱予以宽慰。何振岱与陈衍晚年断交主要是何振岱性情狷介寡合所致。（刘荣平《陈衍何振岱晚年断交原因再探》，《海峡人文学刊》2023 年第

1 期）

3. 何振岱一门旧体文学的创作如何评价，应予以肯定。

如何评价民国旧体诗词创作及其意义，是一个值得研究的问题。何振岱及其弟子的旧体文学创作，是一个很好的窗口。何振岱及其众多男女弟子多是固守一抹宁静的心灵港湾，从事诗词、书画、古琴等艺事的研讨，虽较少涉及时事，但还是有一些诗词写到了重大时事，体现出一定的时代性，应是一种改变或创新。他们在固守中有对传统诗词技法的创新，在创新中又不舍弃旧体诗词的传统规范。研究他们的旧体诗词——他们没写过新体诗词，应有文学研究的典型意义。福州十才女都是何振岱的学生，她们坚持旧体诗词创作，既是她们的一生合乎其持守的选择，也是何振岱教导的结果。她们中八人被评为“修来绝世心灵”（王闲《庆春泽·读〈寿香社词钞〉并怀里中诸友》），并不神秘，所谓“绝世心灵”首先体现在她们对品格的修炼上，终生恪守儒家传统道德；其次体现在她们对诗心的葆有上，始终有锐感之心；还体现在她们淡泊处世的态度上。十才女的修心之道在当下诗坛极具典型意义，值得推广。十才女群体相互学习与切磋，是“诗可以群”的典型案例。（刘荣平《民国时期福州十才女旧体诗词创作及其典型意义》，《东南学术》2019 年第 6 期）

三

本谱完成后，我们曾自问：这个年谱还有哪些缺憾？我们应该告诉读者。

梁启超先生在论述年谱的编写方法时提到：“谱主的事迹，不是罗列在一处的，我们必须从许多处去找；找来了，不是都可以用的，我们必须选择；择好了，不是都是真实的，我们必须辨别；辨清了，不是都有年代的，我们必须考证；考定了，不是可以随便写上去的，我们必须用简洁的文字按照法则去叙述。至于无年可考的事迹、言论怎样去安排，帮助正谱的图表怎样去制造，谱前应从何时说起，谱后应到何时截止，种种困难，都需想方法解决。倘使不能解决，便做不成年谱；倘使做成了年谱，以后做别的历史，便容易多了。”（《中国历史研究法补编》第五章《年谱及其作法》）我们是用这段话来指导编制年谱的，但在多大的程度达到了梁启超先生的这一要求，这个只能由读者论定了。我们虽对事件的取舍、对年份的考订以及文字的表述等都曾下过功夫，但难以说做到圆满，如对何振岱师徒的一些作品，目前无法进行编年，这就是缺憾。这一缺憾，我们只有再加强考证，在今后的研究中弥补一些。

何振岱的弟子人数很多。何振岱《与叶生超农》：“吾授学数十年，及吾门不下二三百人。”① 目前可知，何振岱弟子中有著述存世、有事迹可考者凡 30 多人，这些弟子的事迹自可编入本谱。但我们在查考资料时，另能查到何振岱一些弟子的姓名，但他们没有著述留存于世，也无可以称道的事迹，所以这些弟子事迹就难以编入本谱。这是一种受制于资料的遗憾，只能有俟于他日进一步去发掘资料加以完善了。

考虑到何振岱弟子众多，我们起初是想编制《何振岱师生合谱》，但我们还是放弃了这个名称，最终采用《何振岱年谱》这个名称。何振岱与弟子是一个联系较多的群体，这就决定为何振岱及其弟子编年谱，应采用合谱的形式。可以说，谱主有 30 多人，必于资料蒐集、取舍方面用力，才能写出一部成功的合谱。事实上，搜集 30 多个弟子的详细资料也是困难的，只有 10 多个

---

① 何振岱：《我春室尺牍》，何振岱弟子郑侥抄本，第一组《与叶生超农》第十五通。按，《我春室尺牍》收有两组《与叶生超农》，第一组十九通，第二组十通。

弟子有大致完整的著述资料，目前编制合谱的条件似乎不具备，这也留下了遗憾。何振岱从事的主要工作是教学，他对他的学生最为了解，我们的制谱工作于其教学生涯来说，只是有限地展示了一个侧面。

本谱虽然完成，但研究并未结束，我们仍然会花费时间与精力在民间搜访何振岱及其弟子的资料，当会再有收获。那时再回头看本谱，如没有较大的遗憾，我们会感到欣慰。希望如此。

谱 前

师承

何振岱一生勤于治学，青少年时期曾拜师习举业，后又拜师治经史之学、古琴演奏。何振岱所从之师有：

谢章铤（1820—1903），字枚如，福建长乐人。道光二十九年（1849）中副车（副榜贡生），同治四年（1865）中举人，光绪二年（1876）应礼部试，次年举进士，授中书舍人，随即挂冠归，主讲江西白鹿洞书院，后主福州致用书院讲席十三年。著述甚富，刊本有《赌棋山庄文集》七卷《文续》二卷《文又续》二卷、《赌棋山庄诗集》十四卷、《酒边词》八卷、《赌棋山庄余集》八卷、《赌棋山庄词话》十二卷《词话续编》五卷、《说文闽音通》二卷、《围炉琐忆》一卷、《藤阴客赘》一卷、《稗贩杂录》四卷、《课余偶录》四卷《续录》五卷、《校刻东岚谢氏诗略》四卷。另有若干稿本存世。谢氏在诗、词、古文、经学等方面均有建树，尤以词学得享盛名。谭献评其学曰：“闽中学人可以称首”。[①] 光绪二十四年（1898），何振岱入谢章铤之门。何振岱《庚辰病后随笔》农历十一月十八日载：“予年卅二始及夫子（谢章铤）之门，始知有诸经史之学，受恩深笃，爱如子弟，此毕生不忘者也。”[②]

---

① 刘荣平：《赌棋山庄词话校注》，厦门大学出版社 2013 年版，“前言”第 1 页。

② 何振岱：《何振岱日记》，福建人民出版社 2016 年版，第 528 页。

王锡蕃，字季樵，山东登州人。光绪二年（1876）进士，光绪间任福建学政。光绪十九年（1893）主持福州府院试，取何振岱、林旭、黄懋谦等进秀才。戊戌变法后，王锡蕃因荐举林旭而遭罢黜，永不叙用。何振岱《黄老伯母陈太夫人八十正寿序言》："予之识默园也，在癸巳（1893）年，君年十七游于邑庠，与予同出山左王季樵师门下。释菜之日，相遇于城东，翩翩年少，称其才华。是时君诗名已著，所与唱和为王君又点、林君肖蝓、李君拔可，皆诗中健者。及游螺江太傅陈公之门，所诣益深。"①按，黄懋谦，字默园。何振岱《晚翠轩遗札题词》诗注云："予与晚翠同出王季师门下，晚翠尝欲观予同试赋草未果，遂竟不相觌。其后，沈敬裕公及林子霜杰为予谈君言行甚详。"② 按，林旭，号晚翠。沈瑜庆，谥"敬裕"。林潄桢，号霜杰。

叶大焯（1840—1900），字恂予、纯如，闽县人。清同治七年（1870）进士，授编修，光绪八年（1882），典湖南乡试，旋充广东学政，梁启超是其门生。光绪十一年因失察离职，回乡任正谊书院山长，以陶育人才是任，为何振岱肄业正谊书院受业师。何振岱在《庚辰病后随笔》中言："先生深赏予文词，每甄试多列超甲，猥承延誉，甚为可感。先生督学广州，归后掌教正谊书院，造就人才不少。"③

刘钦，字章甫，贵阳人。光绪己丑（1889）科举人。中举后在龚易图家教授古琴，并入福州文社真率会。何振岱曾从之学琴。何振岱《杭州徐圣禅家藏古琴拓本序》："余初学琴，笃访琴

① 黄懋谦著，黄以榦编：《默园诗集》，福建省文史研究馆 2020 年内印本，第 128 页。

② 沈瑜庆等撰：《涛园集》（外二种），福建人民出版社 2010 年版，第 297 页。

③ 《何振岱日记》，第 528 页。

人，无真正知解者。最后得贵阳刘君章甫钦，本末兼审，妙阐元旨，具有道气，度其所诣，直不可以一艺尽之。惜其人已往，未有继之者。”①

卢氏，事迹未详，何振岱曾从其学琴。王真《道真室随笔》卷一《觉庐侍谈录》引何振岱语：“弹琴人必有数千卷书意在胸中，不然则江湖琴匠而已。师自云：‘琴亦学于卢氏者，皆立誓洗去旧声，所弹则山石声或自悟者。’”②

著述

何振岱著述生前颇有散失，各家所记不一，兹予以略加说明，亦置于谱前，以见其毕生之治学领域与学术建树。

王真《我春室杂稿摭存》：“梅师著述宏富，余所知者：已刻之书有《福州西湖志》□卷、《榕南梦影录》四卷、《觉庐诗集》□卷、《寿香社词选》□卷，皆师生前所自定者；殁后门人又为刊播《我春室文集》□卷，尚有《易聚明》六卷、《龛花词》一卷、《莺鸠居述记》五卷、《志余杂记》四卷，又《论语臆见》《孟子臆见》《艺臆》各若干卷，皆未刻，其它杂稿间有不入集者。余侍师久，每见师之所作，寸金片玉，辄摭存之，有韵无韵之文，诸体悉具，而师题赠诲勉之言，尤拳拳勿失。兹略为类次，迻录其中，固多未刻之稿也。”③ 所提及的《易聚明》《龛花词》《莺鸠居述记》《志余杂记》《论语臆见》《孟子臆见》《艺臆》，今皆不知下落，或有重现人间之日。王真《我春室杂稿摭存》保存何振岱少量杂文。何振岱另有少量笔记稿本，存于私人

① 何振岱著，刘建萍、陈叔侗点校：《何振岱集》，福建人民出版社2009年版，第22页。

② 王真：《道真室随笔》卷一，1970年代油印本，第14页。

③ 《道真室随笔》卷一，第21页。

之手。叶可羲《何梅叟先生传》（代作）：“著作已刊行者有《觉庐诗集》《我春室诗文词全集》《榕南梦影录》《寿香社词钞》，未刻者有《周易聚明》《论语臆解》《诗经偶记》，《莺鸠斋偶记》笔记三种，《集益汇编》等，‘文化大革命’时悉被焚毁，此先生之遗憾也，岂独我辈痛惜已耶？”①。今见何振岱编《觉庵随录》，凡四卷，民国二十九年（1940）抄稿本，有何振岱批注。

何振岱今存著作如上所述，尚有散见之作，可以辑录。如清光绪致用堂刻本《致用书院文集》收何振岱论文 17 篇：《郑人来输平公羊述义》《人心者风俗之本风俗者治乱之原》《日知录书后》《佐治药言学治臆说病榻梦痕录书后》《文中子补传》《不学博依不能安诗论》《先其文所以治内后其武所以治外说》《碧纱厨铭并序》《心术为学术根本论》《清白吏说》《毋不敬俨若思安定辞解》《读训俗遗规》《恭绎上谕其教法当以四书五经纲常大义为主讲义》《周南召南为王化之基解》《陈良论》《印烘于煁解》《西北文集书后》。其中《心术为学术根本论》《清白吏说》《读训俗遗规》《恭绎上谕其教法当以四书五经纲常大义为主讲义》《陈良论》《西北文集书后》，《何振岱集》未收。福州卢氏掬沤室藏郑侊抄本《我春室尺牍》，有《与叶生超农》等尺牍凡 44 通，《何振岱集》未收。本谱又辑录集外序跋题记若干。

世系

何振岱先世不显，后世子孙繁盛，今可追寻到第五代。本谱世系始自何振岱高祖，一直列至何振岱的第五代，男女均载。兼有可考知的亲属，亦予以说明，文后所附世系表则仅列直系后裔。

---

① 叶可羲：《竹韵轩集》，福建省文史研究馆 2017 年内印本，第 26 页。

1. 高祖何裘卿。

据《何振岱日记》，民国二十年（1931）十月二十九日（12月8日），何振岱高祖裘卿公忌辰，何供馔八簋祭奠。①

2. 曾祖母薛氏。

民国二十三年（1934）六月二十三日（8月3日），何振岱先曾祖母薛孺人忌辰，何供五簋二盘祭奠。②

3. 祖父何秩铨，祖母龚氏。

民国二十年（1931）五月二十六日（7月11日）（一作五月二十三日），何振岱先祖秩铨公忌辰，何振岱供十二簋祭奠。③

民国十六年（1927）正月二十七日（2月28日），何振岱先祖母龚太宜人忌辰，何振岱定菜五椀，买酒、买箔烛、买饼供祭。④

4. 父何则荣，母陈氏。

何则荣，曾在县府任幕职。何振岱《先君子手写佛经跋》："先君子桂斋公供观音大士像楼中，晨夕焚香，诵持经咒，木鱼声时时随香风吹满庭宇。常自写经，今存两卷，仿宋刻体。……偶一披览，如见慈颜静悦，伸纸磨墨于小楼间也。吾子孙其世守之，勿令有所损蚀。"⑤ 桂斋是其号。今见何振岱五子何维深与郭昭华婚书，上书有何振岱父亲何则荣之名，又记何振岱之母亲曰陈氏。今见何则荣画像一帧，右旁有何振岱题诗云："一瓯清茗坐观书，德貌愔愔见蔼如。犹似当时冲澹意，课花向晚课禅初。"

① 《何振岱日记》，第392页。

② 《何振岱日记》，第442页。

③ 《何振岱日记》"辛未五月廿六日"日记："先祖秩铨公忌辰。"（第361页）"甲戌五月廿三日"日记："先祖秩铨公忌辰。"（第428页）二说微有差异。

④ 《何振岱日记》，第151页。

⑤ 《何振岱集》，第37页。

左旁题曰："先君子桂斋公遗影，不孝男振岱敬志。"生辰为八月十四日。①

母亲陈氏。民国十九年（1930）八月初八日（9月29日），何振岱母亲生日，何供茶饼、枣花饼祭。"母亲若存今年九十五矣"。② 可推知何振岱母亲生于清道光十六年（1836）。《觉庐诗存》卷首："先两大人生辰皆在中秋。"③

5. 姑母林何氏。表兄林宗瀚（少兰）、林宗奇（幼瀛）。

何振岱姑母适林濂坤，即林宗瀚、林宗奇兄弟之伯母。宗瀚，侯官（今福州）庠生；宗奇，光绪二十年（1894）进士，官兴京、海城知县。何振岱到治举业之年，听从姑母之命，就学于表兄林少兰、林幼瀛。两位表兄"劬学，工治举文"，所在"学宫之旁有庐数楹，中庭翠色清芬，莳蕙百本。晨昔哦诵名文声悠扬与花香相递者，则我先生之家也。当是时也，不特士风静美，足深人思，而世宇宁平，闾里安康，家门之相诏相勉，无非孝友德义之事"。④

6. 大姊何绮云。堂姊何宝芷。另有二妹，一适吴氏。

何振岱《过南台二姊旧居因忆诸先姊妹》其一："竹马庭除春日长，垂髫姊妹俨成行。当时至乐何曾觉，过去凋零剩断肠。"其二："顾我无言必泪垂，懵然不识姊何悲。生年长幼情殊异，姊纵凄凉只自知。大姊绮云，卒年三十三。"其三："髫年朝姊吉祥山，爱有池塘隔柳湾。送我门前回望处，夕阳犹带泪痕殷。从姊宝芷，二十八岁。"其四："两妹有家皆苦贫，吴家薄命更酸辛。此

① 《何振岱日记》，第291页。
② 《何振岱日记》，第287页。
③ 《何振岱集》，第134页。
④ 何振岱：《林府师母郑太恭人诔词并序》，《何振岱集》，第128页。

生兄弟伤心极，欲诉今无少日人。吴氏妹，卒年四十。”①

7. 从弟何振崑。

何振崑（1868—1896），字善铭，一字蔼亭，何振岱从弟，自幼同砚席。善病，不得志，早卒。有《蔼亭遗诗》一卷，载《榕南梦影录》。

8. 妻郑元昭。

郑淑端（1870—1942），字元昭，一字浣兰、岚屏，② 闽县人。郑子达之女，郑葆中之孙女，郑传颂之姑母，③ 林则徐曾外孙女。光绪二十年（1894）与何振岱结为连理，从何振岱学诗词，夫妻感情甚笃，生有五男一女。著有《天香室集》，何振岱生前欲付梓行，终因财力未及，引以为恨。

9. 岳父郑弼。

郑弼（？—1894），字宜成，号子达，为林则徐三女林金銮与郑葆中（月庭）之子。闽县附贡生。世居闽县南关外胪厦（今城门镇胪雷村），城内居鳌峰坊。郑元昭有诗回忆随父母生活情景。其《六月廿五日先父生日感作》：“堂前绕膝逢佳日，摇曳罗衫映淡霞。父悦详谈经数节，母慈为整髻双鸦。盈盈绛荔香堆颗，敧盎芳莲艳著花。兄弟随肩阶上寿，回思有泪湿襟纱。”④ 郑元昭《癸卯中秋夜风雨有感》诗序云：“明日为先君忌辰，故作此哀音，阅者谅之。”诗云：“桂花香里琉璃火，回首西

① 《何振岱集》，第194页。

② 郑元昭《天香室诗草》稿本卷端署“福州郑淑端岚屏撰”。郑元昭稿本《天香阁词钞》卷端署“福州郑淑端字元昭著”。郑元昭之名通行最广，盖以字行。

③ 何尔强《何振岱家族谱》说郑元昭为“郑子达公之女，林玉庭之孙女，郑传颂之姑母”，何靖女士将“林玉庭”订正为“郑葆中”，兹从之。

④ 《何振岱集》，第480页。

堂已十年。”[1] 癸卯，1903 年，知其父卒于 1894 年。

10. 内姑丈沈瑜庆。

郑弼胞妹、郑元昭胞姑嫁沈瑜庆。[2] 沈瑜庆（1858—1918），初名志雨，字爱苍，号涛园，侯官人，沈葆桢第四子。清光绪五年（1879）父死，恩赏为候补主事。历任淮阳兵备道、湖南按察使、顺天府知府、山西按察使、广东按察使、江西布政使、云南布政使、贵州巡抚等职。著有《涛园集》传世。

11. 内兄弟郑礼荣、郑礼琛、郑礼桐。

郑礼荣字伯昭，与何振岱同榜举人，早逝。郑礼琛字仲昭，邑庠生，林纾女婿，早逝。林纾致郑仲昭书云：“梅生有无晤及？此君明达世故，泛爱亲仁，在时彦中殊不多见，吾婿至感当时相过从为是。”[3] 郑礼桐字叔昭，与何振岱同榜举人。官江西知县、北京参谋部科长。晚年移居上海，工书画。民国初，郑元昭《摄影寄叔昭三弟系之以诗》云：“兄弟凋零惟汝健，松楸霜露又天寒。”[4]

12. 郑元昭表妹沈鹊应。

沈鹊应（1878—1900），字孟雅，侯官人。沈葆桢孙女，沈瑜庆长女。崇尚气节，性情刚烈。光绪十八年（1892）十月，与“戊戌六君子”之一林旭结褵。光绪二十四年（1898）九月，戊戌变法失败，林旭遇害，沈鹊应多次打算自尽殉夫，均未成，后哀毁过度而逝。撰有《崦楼遗稿》一卷附林旭《晚翠轩集》中。

何振岱的后裔，今已传至第五代。孙何尔强、曾孙何宏编有家谱，现征求孙女何靖、曾孙何宏、曾孙女何欣晏的修改意见，制成谱系如下。

---

① 《天香室诗草》稿本。
② 刘建萍：《何振岱评传》，人民出版社 2017 年版，第 40 页。
③ 李家骥等整理：《林纾诗文选》，商务印书馆 1993 年版，第 340 页。
④ 《何振岱集》，第 467 页。

何振岱世系图（一）

何裘卿 配 某氏 —— 何氏 配 薛氏 —— 何秩铨 配 龚氏 —— 何则荣 配 陈氏（1836—？）

- （子）何振岱（1867—1952）
  配 郑元昭（1870—1942）
  - （长子）何维刚（1895—1970）
    配 姚建华（1892—1964）
  - （次子）何维沣（1901—1995）
    配 王闲（1906—1999）
  - （三子）何维炳（1903—1987）
    配 尤崇华（1906—1995）
  - （四子）何维澄（1905—1976）
    配 何黄素琼（1925—2010）
  - （五子）何维深（1910—1980）
    配 郭昭华（1911—1968）
  - （女）何曦（1899—1980）
    夫 姚定黎（1881—1943）
- （女）何绮云

何振岱世系图（二）

- （长子）何维刚（1895–1970）配 姚建华（1892–1964）
  - （长子）何尔涵（1917–1940）
  - （次子）何尔熙（1922–1994）配张立华
    - （长女）何异梅（1956年生）——（女）何欢（1991年生）
    - （次女）何异芸（1958年生）——（子）郑子文（1988年生）
    - （三女）何异芝（1961年生）
    - （四女）何异莲（1964年生）
  - （三子）（幼丧）
  - （四子）何尔忞（1927–1949）
  - （五子）何尔强（1930年生）配 刘辉（1938年生）
    - （长女）何慧（1961年生）夫 张新财（1963年生）——（女）张婉钰（1995年生）夫 万新跃—（女）万瑾妍（2022年生）
    - （次女）何兰（1962年生）夫 李凤和（1962年生）——（女）李雯钰（1989年生）夫 倪斌—（子）倪泽宸（2021年生）
  - （长女）何筠（1914–1942）夫 甘可权
  - （次女）何湖（1915–1950）夫 刘子敏
  - （三女）何润（1924–1944）
  - （四女）何颐（1929年生）夫 李景星（1932–1989）
    - （子）李翌（1960年生）妻 关芝成（1965年生）
      - （子）李仁浩（1997年生）
      - （女）李仁婷（1997年生）
    - （女）李倩（1963年生）——（女）孙婧（1986年生）
  - （五女）何颀（1932年生）夫 安庆田（1932生）
    - （长女）安丽萍（1962年生）——（子）李安（1988年生）
    - （次女）安威（1965年生）夫 马怀宝（1965年生）——（女）马安娜（2000年生）
  - （六女）何凯（1935年生）夫 臧欣涛（1935生）
    - （子）臧堃（1962年生）——（子）臧晨（1988年生）
    - （女）臧茜（1965年生）——（女）刘晴（1993年生）
  - （义女）陈彬（1928年生）

何振岱世系图（三）

- （次子）何维沣（1901—1995）
  配 王闲（1906—1999）
  - （子）何泰（1935年生）
    配 王中环（1935年生）
    - （长子）何元定（1963年生）
      妻 王菲菲
      - （子）何丝予（1992年生）
    - （次子）何元浚（1968年生）
      配 林慕诗
      - （子）何俊宽（2003年生）
  - （长女）何恒（1930—2024）
    夫 陈君秀（1925年生）
    - （长子）陈见君（1958年生）
      - （长子）陈玮（1986年生）
      - （次子）陈瑰（1990年生）
      - （长女）陈翠翠（1988年生）
      - （次女）陈之今（1996年生）
    - （次子）陈岗（1964年生）
    - （三子）陈涛（1969年生）
  - （次女）何宁（1931年生）
    夫 高腾霄（1925年生）
    - （子）高威
    - （女）高恩
  - （三女）何珍（1933年生）
    夫 郑福明（1926年生）
    - （长子）郑成亮（1959年生）
      配 林婉珍（1974年生）
      - （长子）郑俊（1990年生）
      - （次子）郑雨林（2003年生）
    - （次子）郑成志（1963年生）
      配 林文（1974年生）
    - （女）郑晴（1972年生）
      夫 侯道康（1955年生）
  - （四女）何琇（1937年生）
    夫 林治平（1931年生）
    - （子）林农（1963年生）
      配 江庆庆（1969年生）
      - （长女）林心悦（2000年生）
      - （次女）林心怡（2008年生）
    - （女）林玲（1966年生）
      夫 华平（1963年生）
      - （长女）华薇（1993年生）
      - （次女）华蕊（1999年生）

何振岱世系图（四）

- （三子）何维炳（1903—1987） 配 尤崇华（1906—1995）
  - （子）何永镃（1937年生） 配 尹素琴（1940年生）
    - （子）何宏（1964年生） 配 阎康健（1964年生）
      - （子）何杉（1995年生）
    - （女）何欣晏/Tina He（1968年生） 夫 黄健巍（1964年生）
      - （女）Irene Chang（1996年生）
  - （长女）何永菁（1934—2024） 夫 郑奇丙（1930年生）
    - （长女）何川宏（1957年生） 夫 许利国（1957年生）
      - （女）许洁倩（1982年生）
    - （次女）郑怀丹（1970年生） 夫 胡庄振（1967年生）
      - （女）胡芝菡（1999年生）
  - （次女）何永瑞（1944年生） 夫 方俊淦（1939年生）
    - （子）方旭初（1970年生） 配 欧惠娟（1972年生）
      - （子）方盛钧（1995年生）
    - （女）方镜波（1965年生） 夫 熊红兵（1969年生）
      - （女）熊文嘉（1995年生） 夫 李君山（1988年生）
        - （子）李睿之（2020年生）

何振岱世系图（五）

- （四子）何维澄（1905—1976）
  配 何黄素琼（1925—2010）
  - （子）何湾岚（1952年生）
  - （长女）何淼涓（1950年生）
    - （子）乔思远
    - （女）乔心玫
  - （次女）何中堃（1955年生）
    - （子）穆佳佑
- （五子）何维深（1910—1980）
  配 郭昭华（1911—1968）
  - （长子）何云（1939年生）
    配 王寿龄（1949年生）
    - （女）何凡（1971年生）
      夫 吕海峰
      - （长女）何桃
      - （次女）吕佳络子（2012年生）
  - （次子）何铠（1942年生）
    - （子）何琦（1973年生）
      配 陈圆（1975年生）
      - （子）何展鸿（2011年生）
  - （女）何靖（1955年生）
    - （子）何轩（1990年生）

何振岱世系图（六）

- （女）何曦（1899—1980）夫 姚定黎（1881—1943）
  - （长子）姚善强（1933-2002）配 冯幼芳（1939年生）
    - （长子）姚元峰（1963年生）配 黄明珠（1968年生）
      - （女）姚懿晴（1994年生）
    - （次子）姚晋翰（1964年生）配 丁利群（1966年生）
      - （女）姚禾君（1991年生）
    - （女）姚后峰（1970年生）夫 苏志文（1968年生）
      - （女）苏德馨（2004年生）
      - （女）苏德慧（2008年生）
  - （长女）姚颖鑀（1930年生）
  - （次女）姚永勤（1932年生）夫 尉文宗（1925年生）
    - （子）尉晓榕（1957年生）配 王丽芳（1964年生）
      - （女）尉家女（1996年生）
  - （三女）姚宜浺（1935年生）夫 何礼金（1937年生）
    - （子）何骏达（1966年生）配 张敏（1973年生）
      - （子）何松泽（1997年生）
    - （女）何文锦（1972年生）夫 王卫军（1971年生）
      - （女）王沛欣（2000年生）
  - （四女）姚宜璹（1936年生）夫 潘善奇（1931年生）
    - （长女）潘梦贤（1963年生）夫 王哲建（1964年生）
      - （子）王翔（1989年生）
    - （次女）潘孟光（1965年生）
    - （三女）潘孟洪（1970年生）夫 林四铭（1968年生）
      - （子）林恒（1996年生）

清同治六年丁卯（1867）　一岁

【时事】

春，福建省城正谊书院创立。林鸿年（1804—1886）为首任院长，后任书院山长达十九年。

六月，沈葆桢服阕。六月十七日（7 月 18 日）任总理福建船政大臣。闽浙总督左宗棠奏请在福州马尾设立船政，照准。同治五年（1866）九月，左宗棠调任陕甘总督，举丁忧在籍前江西巡抚沈葆桢自代。左宗棠三次造庐商请，沈葆桢面辞四次、函辞三次、呈辞两次，终不得准。

【事迹】

十二月二十三日（1868 年 1 月 17 日），何振岱生于闽县。何振岱《丙子七十生辰题写本妙法莲华经卷后写者王德愔刘蘅叶可羲王闲又女曦自写全卷》："丙子祀灶辰，我七十生日。"① 《五十生日自寿序》："师生日为十一月廿三日，予则后一月亦廿三日。"② 师即谢章铤。

父桂斋公（何则荣）曾在县府任幕职。何氏后人尚存何则荣遗像一帧，上有何振岱题诗云："一瓯清茗坐观书，德貌愔愔见蔼如。犹似当时冲澹意，课花向晚课禅初。"又题曰："先君子桂斋公遗影，不孝男振岱敬志。"母亲陈氏。大姊绮云，长何振岱十四岁。何氏原籍福清南华乡，其家自祖父迁居福州，旧居乌石山麓。何振岱少年时家境清寒，附读于乌石山鳞次山房旁的桐阴轩，即永福侯赞经所开设的私塾。③

① 《何振岱集》，第 88 页。

② 《何振岱集》，第 88 页。

③ 连天雄：《南华老人二三事》，连天雄：《坊巷雅韵》，福建美术出版社 2015 年版，第 129 页。

是年，施增乾生。施增乾（1867—1929），字子元，又号芝园，浙江嘉兴人，占闽籍，何振岱少年时好友。弱冠后援例得清流县典史。有《芝园残稿》，见《榕南梦影录》。

清同治七年戊辰（1868）　二岁

【事迹】

四月二十四日（5月16日），陈宝琛成二甲第二十五名进士，选翰林院庶吉士。陈宝琛（1848—1935），字伯潜，号弢庵，又号橘隐，晚署沧趣老人、听水老人。闽县螺洲人。同治七年（1868）进士，充翰林院庶吉士，授编修。光绪元年（1875）擢翰林侍读。与学士张佩纶、通政使黄体芳、侍郎宝廷等好论时政，称“清流四谏”。后罢官居乡二十余年，期间曾任鳌峰书院山长。光绪元年（1909）奉召入京，任总理礼学馆事宜、内阁学士兼礼部侍郎、经筵讲官、资政院议员等职。民国元年（1912）清帝逊位，陈宝琛追随溥仪，后修成《德宗本纪》，溥仪授予“太傅”衔。后病逝北平，谥“文忠”。著有《奏稿》与《沧趣楼诗集》《沧趣楼文集》行世。何振岱与陈宝琛交往颇多，陈宝琛颇称赏何振岱。

十月二十八日（12月11日），高向瀛生。高向瀛（1868—1946），谱名清镜，字孝奋，一字颖生，号郁离，侯官人。为陈宝琛妹婿。光绪十四年（1888）举人。出身世家，世居乌石山阴花封别径。著有《还粹集》四卷。

是年，郑容生。郑容（1868—1921），字国容，号无辩，闽县人。出身寒微，性情耿介，以家贫学贾，头顶有烧痕如戒僧。后发愤读书，以教读为生。著有《无辩斋诗》。

是年，从弟何振崑生。何振崑（1868—1896），字善铭，一字蔼亭。早卒。著有《蔼亭遗诗》一卷，见《榕南梦影录》。

清同治八年己巳（1869）　三岁

【事迹】

是年，谢章铤入陕西兵备道赵新幕，贫甚，布政使林寿图为之言于巡抚刘蓉，刘蓉正欲寻人撰文介母寿，因属谢章铤。谢章铤旋主同州及丰州讲席。是年，谢章铤与林寿图同游华山。①

清同治九年庚午（1870）　四岁

【时事】

是年，王凯泰任福建巡抚，有志振兴闽学，拟参酌浙江诂经精舍、广东学海堂规制方式，集合全省优秀分子，专精讲肄，使成为明体达用人才，以备国家之用。

【事迹】

六月二十七日（7月25日），郑元昭生。郑元昭（1870—1942），字岚屏，何振岱妻。著有《天香室诗词集》。

按，何曦《晴赏楼日记稿》己卯六月廿七日："今日为母亲七十双寿之庆。"知郑元昭生辰为六月二十七日。②

是年，施景琛生。施景琛（1870—1954），字涵宇，晚号泉山老人，福建长乐人。前清秀才，中国同盟会会员，清末民初教育家、社会活动家、金石鉴赏家。施秉庄之父。著有《鲲瀛集》《鹭江集》《泉山楹联初集》《泉山古物编》《泉山沿革纪略》等。

---

① 何振岱：《谢枚如先生传》，《何振岱集》，第96页。

② 何曦：《晴赏楼日记稿》，浙江文艺出版社2006年版，第149页。

清同治十年辛未（1871）　五岁

【事迹】

是年，龚葆銮生。龚葆銮（1871—1898），字子鸣，号九鹤，又称碧琴子，名所居曰改庵，闽县附学生员。著有《碧琴遗稿》一卷，其诗收入《榕南梦影录》。

清同治十一年壬申（1872）　六岁

【时事】

夏，王凯泰重修西湖书院，内设致用堂，建十三本梅花书屋，七月竣工。

【事迹】

八月十九日（9 月 21 日），林葆恒生。林葆恒（1872—1951），字子有，林绍年之子，闽县人，光绪十九年（1893）举人。官直隶提学使司提学。辛亥后投身实业。林葆恒喜吟咏，专注词学研究，多藏历代词籍，先后在国内发起或参与须社、沤社、午社等吟社。著有《讱庵诗钞》四卷、《瀼溪渔唱》一卷等，编纂《闽词征》六卷、《词综补遗》一百卷。

九月初三日（10 月 4 日），龚乾义生。龚乾义（1872—1935），字惕庵，一字伯行，号元强，又号华鬘，闽县人。清优廪贡生，曾任厦门大学国文讲师。[①] 为龚易图之犹子，陈书（陈衍伯兄）入室弟子，又从陈衍受业。著有《慎垤庐诗集》，其诗收入《榕南梦影录》。

---

① 谢其铨、郭斌编纂：《于山志》，大众文艺出版社 2009 年版，第 152 页。

是年，黄梓庠生。黄梓庠（1872—1900），字杞良，号澹庵，永安（今属福建）人。黄曾樾嗣父。清光绪丁酉拔贡。著有《看云草堂集》，其诗收入《榕南梦影录》。

清同治十二年癸酉（1873）　七岁

【时事】

正月二十六日（2 月 23 日），同治帝始亲政。

七月，福建省城致用书院成立，聘林寿图为山长。福建省城有鳌峰、凤池、正谊、致用四大书院。正谊、鳌峰、凤池三书院课目以练习八股文为主，研究应制诗赋为辅；致用书院课目以研究经史为主，课以经解策论。①

清同治十三年甲戌（1874）　八岁

【时事】

四月十四日（5 月 29 日），清廷命沈葆桢为钦差办理台湾等处海防兼理各国事务大臣，即赴台到任。②

十二月初五日（1875 年 1 月 12 日），同治帝病故，年十九岁。四岁载湉继位，是为光绪帝。

【事迹】

二月，陈衍考取致用书院。

是年，许承尧生。许承尧（1874—1946），字际唐，一字芚

---

① 陈遵统等：《福建编年史》（下册），福建人民出版社 2009 年版，第 1320 页。

② 肖志兵、孙芳编著：《沈葆桢年谱》，福建人民出版社 2020 年版，第 317 页。

公讷生，号疑庵、芚叟，歙县（今属安徽）人。光绪三十年（1904）进士，授翰林院庶吉士。著有《疑庵诗集》等。

清光绪元年乙亥（1875）　九岁

【时事】

四月二十六日（5月30日），沈葆桢移任两江总督兼充办理通商事务大臣。①

【事迹】

四月初五日（5月9日），林心恪生。林心恪（1875—1958），字坦西，号率庐老人，侯官人。宣统元年（1909）优贡。后入日本京都帝国大学攻读师范、警察专业。民国初任闽侯县知事，又在连江、长乐等地及福州英华、格致等学校任同文教员。中华人民共和国成立后，任福建省政协委员、省文史研究馆馆员。家住福州衣锦坊馆驿桥“率庐”。

六月初六日（7月8日），周愈生。周愈（1875—1940），字雨渔、郁如，晚号四香室主、四香居士，侯官人。善山水画，宗法王时敏、王原祁。笔致深沉，颇具功力。精通佛法，恬淡自处，如同僧侣。其诗收入《榕南梦影录》。

九月十五日（10月13日），林旭生。林旭（1825—1898），字暾谷，号晚翠，侯官人。光绪十九年（1893）解元。长于诗文，力学山谷、后山，深得老辈器重。1898年在京组织闽学会，戊戌变法开始，以军机章京参与新政。变法失败，与谭嗣同等六人同时遇害，史称“戊戌六君子”。著有《晚翠轩诗集》。

---

① 《沈葆桢年谱》，第413页。

清光绪二年丙子（1876）　十岁

【时事】

春，林寿图入都，郑世恭继任致用书院山长。

【事迹】

闰五月初七日（6月28日），李宣龚生于福州。[1] 李宣龚（1876—1952），字拔可，号观槿、墨巢，闽县人。光绪甲午（1894）举人。早年为汉口铁路局掌书记，任湖南桃源知县，后捐湖北知府。民国间任上海商务印书馆总经理。有《硕果亭诗》《墨巢词》。

是年，释楞根生。楞根（1876—1937），名智水，号楞根，福鼎人。福鼎瑞云寺方丈，兼福州西禅寺方丈。[2] 何振岱与楞根为方外交。

清光绪三年丁丑（1877）　十一岁

【事迹】

四月，谢章铤举进士，旋请假回闽。王仁堪中一甲第一名进士。

五月，福州大水，淹没城镇。值龚易图自济南府任上请假回乡，协助赈务，倡捐万金，建议疏浚洪塘河，以泄水患。

五月，黄懋谦生。黄懋谦（1877—1950），字默园，号姬岩居士。福建永泰县人。清宣统元年（1909）拔贡，历任学部普通

---

① 林宁：《李宣龚研究》，福建师范大学2007年硕士学位论文，第42页。

② 何振岱：《福州怡山长庆寺方丈楞根大师六十正寿序言》，福建省图书馆藏排印单页。

司行走、京师大学堂监学、教育部主事。民国时期，任广西巡按使署秘书、政事堂铨叙局主事、北平市卫生局秘书。著有《默园诗集》。

是年，高赞鼎生。高赞鼎（1877—1944），字迪庵，高伯谨之子，科普作家高士其之父，侯官人。早年赴日留学攻读法律，归国后开办福州第一家律师事务所。辛亥后任国会参议院候补议员，继任驻墨西哥外交使节，最后任高等国府秘书，卒于任上。年少师从何振岱。著有《斐君轩诗钞》。①

清光绪四年戊寅（1878）　　十二岁

【事迹】

六月十五日（7月14日），林星赓生。林星赓（1878—1962），字秋敫，一字复庵，福建长乐人，居福州。工诗文，为何振岱弟子。光绪癸卯科（1903）举人，全闽高等学堂、德国柏林大学文科毕业。民国时，曾任考察德国宪政馆馆长，漳浦县知事，海军部秘书，全闽高等学堂德文教习，华南女子文理学院、福建协和大学、福州市立中学国文教员等职。编有《闽文偶录删余》。②

八月十一日（9月7日），陈曾寿生。陈曾寿（1878—1949），字仁先，自称苍虬居士、湖北蕲水（今浠水）人。光绪二十九年（1903）进士，历官刑部主事、学部郎中、都察院广东道监察御史。辛亥后，迁居上海。著有《苍虬阁诗集》。

是年，陈遵统生。陈遵统（1878—1969），字易园，闽县人。

---

① 高学民：《高赞鼎先生生平简介》，《三代高吟》，北京交通大学出版社2009年版，第2页。

② 卢美松主编：《福建省文史研究馆志》（修订本），福建省文史研究馆2008年内印本，第102页。

早年毕业于日本早稻田大学政治经济系。民国成立，任国会秘书。后受聘为福建协和大学中文系主任兼教授，同时在福建法政专门学校和华南女子文理学院兼课。1953年2月，受聘为福建省文史研究馆馆员。著有《福建编年史》《国学概论》《中国文学史大纲》《中国教育行政法》等。①

清光绪五年己卯（1879）　　十三岁

【时事】

十一月初六日（12月18日），沈葆桢卒于两江总督任所，年六十岁。谥文肃，追赠太子太保衔。

【事迹】

是年，刘瀛中举人。刘瀛（1861—1929），字厚琼，号耕云，侯官人，刘齐衔孙，刘忻长子。清光绪十二年（1886）进士。历任山西芮城、平陆知县，大同知府，擢山西补用道。民国初年（1912），任福建都督府内务司司长、福建省民政厅厅长、代省长等职。② 著有《闲居十八年剩草》，其诗收入《榕南梦影录》。

清光绪六年庚辰（1880）　　十四岁

【时事】

六月三十日（8月5日），李鸿章奏请清廷在天津设立北洋水师学堂，并正式举荐严复任北洋水师学堂总教习（教务长）。③

---

① 《福建省文史研究馆志》，第98～99页。

② 黄启权主编：《三坊七巷志》，海潮摄影艺术出版社2009年版，第381页。

③ 罗耀九主编：《严复年谱新编》，鹭江出版社2004年版，第59页。

七月初五日（8 月 10 日），陈宝琛擢为翰林院侍讲，充日讲起居注官，陈宝琛上折《谢以侍讲充日讲起居注官折》谢恩。①

【事迹】

七月初六日（8 月 11 日），张清扬生。张清扬（1880—1921），字凝若，一字巧先，号宜悦，侯官人。张秉铨第三女。适林则徐曾孙林兰岑（梵宣），后随夫客食异乡。曾在江西南昌师范学堂任教员，遇同里何振岱，受业学词。辛亥后辗转居上海，不久返乡里居。民国九年（1920），随夫兄林敝桢（霜杰）官南翔镇。病卒苏州。著有《清安室词》《潜玉集》。又有《清安室诗补遗》，见《文藻遗芬集》。

清光绪七年辛巳（1881）　　十五岁

【时事】

是年，林寿图返回福州，主讲鳌峰、致用书院。②

【事迹】

三月初七日（4 月 5 日），郑侻生。郑侻（1881—1966），字倜余（一作倜予），号天虞，福州人。少从郑容攻读经史，为何振岱入室弟子。全闽师范学堂、福建私立法政专门学校毕业。从事律师职业，善诗词，工篆隶。著有《容楼诗集》等。

九月初十日（11 月 1 日），周演巽生。周演巽（1881—1922），字绎言，号雏蝉，法号慧明。会稽（今浙江绍兴）人，博野县知县周榕倩女，何振岱弟子。性耽内典，著有《慧明居士遗稿》，

① 张旭、车树昇、龚任界编著：《陈宝琛年谱》，福建人民出版社 2017 年版，第 55 页。

② 福州市地方志编纂委员会编：《福州市志》（第八册），方志出版社 2000 年版，第 561～562 页。

诗收入《榕南梦影录》。

是年，田毕公生。田毕公（1881—1960），又名则恒，字谷士，又字古序，福州人。何振岱弟子，历任中学教员。[①] 著有《四有堂诗集》二卷[②]。

是年，刘蔼生生。刘蔼生（1881—1940），原名森，又名我新，字爱生，号养晦山人，闽清人。福建高等警察学校毕业，历任陆军新编五十二师司令部秘书、上海正始中学教员、南京首都警察厅督察长等职。工书，对北魏汉碑尤为专注，民国二十一年五月上海华通书局出版发行其《真行草十七帖》和《养晦堂南唐残字帖》二帖，蜚声海内外。有《蔼生诗》，收入《榕南梦影录》。

清光绪八年壬午（1882）　十六岁

【事迹】

八月初九日（9 月 20 日），陈三立举进士。陈宝琛典试江西，南昌乡试四书第一场，陈宝琛于废弃试卷中荐拔陈三立。[③]

八月二十八日（10 月 9 日），郭则沄生于浙江台州。[④] 郭则沄（1882—1947），字蛰云、号啸麓，侯官人。清光绪二十九年（1903）进士。光绪三十三年，派赴日本早稻田大学留学，回国后官浙江温处道。民国时期历任北洋政府国务院秘书厅秘书、政

---

① 福建省文史研究馆编：《百年闽诗（1901—2000）》，海风出版社 2004 年版，第 221 页。

② 田毕公：《四有堂诗集》，2001 年田昭武自印本。

③ 《陈宝琛年谱》，第 84 页。

④ 郭则沄著，马忠文、张求会整理：《郭则沄自订年谱》，凤凰出版社 2018 年版，“前言”第 1 页。

事堂参议、兼代国务院秘书长等。著有《龙顾山人诗文集》《十朝诗乘》《红楼真梦》等。

九月，郑孝胥中式福建乡试第一名举人，同榜有陈衍、林纾等。郑孝胥（1860—1938），字苏戡，号太夷，晚号夜起翁。闽县人。清光绪八年（1882）举人。入湖广总督张之洞幕府，旋充京汉铁路南段总办，兼办汉口铁路学堂。光绪二十八年（1902），任上海江南制造局总办。次年，以四品京堂补用，为广西龙州边防督办。宣统三年（1911）夏，擢湖南布政使。辛亥后羁留上海，蛰居海藏楼，诗酒自娱。民国二十一年（1932）伪满洲国成立，郑孝胥出任伪"国务总理"。工诗、擅书法，能度曲填词，为诗坛"同光体"倡导者之一。著有《海藏楼诗集》。

九月，陈衍中举。陈衍（1856—1937），字叔伊，号石遗，侯官人。清光绪八年（1882）举人。入台湾巡抚刘铭传幕府，任上海《求是报》主笔，又任官报局总纂。张之洞调京任军机大臣，随同入京，任学部审定科主事，兼京师大学堂经学教习。民国初年，总纂《福建通志》。著有《石遗室集》《石遗室诗话》等，为"同光体"诗派代表人物。①

九月，林纾中举。林纾（1852—1924），原名群玉，字琴南，号畏庐、别号冷红生，晚称蠡叟、践卓翁，闽县人。清光绪八年举人。著有《畏庐文集》《畏庐续集》《畏庐诗存》等。

秋，李宗言、李宗祎、陈衍、卓孝复、王允晳等十九人在光禄坊玉尺山房倡立支社。② 诗社每月活动三四次，专作七律，活

① 张天禄等编纂：《福州人名志》，海潮摄影艺术出版社 2007 年版，第 170 页。

② 林纾：《支社诗拾序》，《支社诗拾》卷首，民国李宣龚《墨巢丛刻》排印本。

动时间长达十年。①

是年，何振岱始作童蒙师。② 已到治举业之年，何振岱听从姑母之命，就学于表兄林少兰（宗瀚）、林幼瀛（宗奇）。两位表兄“劬学，工制举文”，所在“学宫之旁有庐数楹，中庭翠色清芬，莳蕙百本，晨昔哦诵名文声悠扬与花香相递”，当时“不特士风静美，足深人思，而世宇宁平，闾里安康，家门之相诏相勉无非孝友德义之事”（《林府师母郑太恭人诔词并序》）。③ 何振岱晚年有诗回忆少年时读书事，《过旧学宫感昔》其一云“髫龄嬉戏学宫旁”，其二云“明堂西畔是姑家”。④《哭少兰表兄夫子》其一云：“黉宫西畔李常祠，讲座论文月影迟。”其二云：“压檐桑竹月幽幽，同学披文熟管周。”其三云：“当时姑母能怜我，勖我文章立薄名。”⑤ 又有《坦西寄示令祖濂泉公遗像属题》，中云：“林姑家在黉宫旁，忆我丱角跻姑堂。有叟颀然蔼以庄，于吾姑为嫂叔行。诸表冠年能文章，讲春秋义如倾筐。……风过觿觽沾微香，此景至今不可忘。”⑥

是年或明年，何振岱获交翰林李彦章之孙李钧（冕廷）。五十多年后相聚，何振岱作图纪事。

> 《石画园话旧图序》：乡前辈李先生兰卿，以儒雅名当世。有孙曰冕廷，能缵厥绪。予年十六七时，因高、陈二君获交于君。君居城西南隅，幽静无嚣，其西数武即令祖兼葭草堂，岁久圮毁，君所居如旧。忆乙亥岁秋中，过君留宿。

---

① 张旭、车树昇、龚任界编著：《陈衍年谱》，福建人民出版社 2020 年版，第 37 页。

② 吴家琼：《故友何振岱生平事略》，《何振岱日记》，第 649 页。

③ 《何振岱集》，第 128 页。

④ 《何振岱集》，第 248 页。

⑤ 《何振岱集》，第 281 页。

⑥ 《何振岱集》，第 285 页。

庭中丹桂一丛始花。予四更起，行庭中，月明如水，香若浮水面，诧为奇夜。其屋右小园，叠石甃池，颜曰“石画”。客秋，予从旧京归，冕廷方客漳州。今年五月六日，林率庐君闻君归，偕诣君家，相见惊喜。昱日，予挈一樽就君饮，其次日，率庐又约就饮。夜阑，虫声烛影中叙旧事，如幻、如梦、如隔世，神魂摇兀久之。盖自识君已五十余年，中间隔绝三十年，旧友十七八物故。吾三人者，犹得于桑海余生，杯酒谈笑，岂非所谓幸事者耶？酒酣，予叩二君以朋友之谊，冕廷曰：“不忘。”予曰：“是矣。尤在以道义相成，相成则愈不忘矣。”夜分，各赋一诗而别。冕廷属予为图，以纪其事。嗟乎，人生不过百年，百年之中，得友能几何人，此几何人者能相聚与否，皆非所能知。继此复得相聚如今日，必对饮，饮必酣，必有诗志之，又不可不于此园图其础焉者也。冕廷能诗，能为各体书，老而耽禅，意味过人远也。①

清光绪九年癸未（1883）　十七岁

【时事】

是年至丙戌（1886）年间，“同光体”诗派出现。陈衍《沈乙庵诗序》：“吾于癸未、丙戌间闻可庄、苏戡诵君诗，相与叹赏，以为‘同光体’之魁杰也。‘同光体’者，苏堪与余戏称同、光以来诗人不墨守盛唐者。”②

【事迹】

十一月初九日（12 月 8 日），梁鸿志生。梁鸿志（1883—

---

① 《何振岱集》，第 24 页。

② 陈衍：《陈石遗集》，福建人民出版社 2001 年版，第 507 页。

1946），字仲毅，一字众异，福建长乐人。光绪癸卯年（1903）举人，毕业于京师大学堂。民国后任安福国会参议院秘书长，段祺瑞执政时任执政府秘书长。1938年南京日伪政权成立，梁鸿志任行政院院长兼交通部部长。1945年8月，日本无条件投降，梁鸿志被捕，以战犯论罪被处决。著有《爰居阁诗》。

十二月初十日（1884年1月7日），魏怀生。[①] 魏怀（1884—1959），子子杞，闽侯（今福州）人，毕业于福州马尾船政水师学堂，曾留学巴黎工业大学。历任福建教育司司长、国民政府立法院立法委员、国民政府文官处文官长、国民政府委员、国民政府顾问。晚年居福州，直到去世。吴家琼《故友何振岱生平事略》："何门下有文武两人，魏怀（子杞，曾任国民政府文官长，晚年对何很冷酷）、吴石（虞薰，曾任国防部参谋次长）是也。"[②]

是年，郭则寿生。郭则寿（1883—1943），字舜卿，侯官人。早年毕业比利时新大学理财科，回国后任福州中国银行行长。中年后因家事几经剧变，颇有失意之感，遂一心向道，精研易象。著有《卧虎阁诗》。[③] 其诗收入《榕南梦影录》。

是年，陈海瀛生。陈海瀛（1883—1973），字说洲，号无竞，福州人。光绪二十八年（1902）举人。日本早稻田大学法政专业毕业，归国后任福建法政学堂讲席。1920年护法之役，孙中山设广州军政府，陈海瀛被任命为军政府秘书。1922年林森任福建省长时，任秘书；1923年初萨镇冰继任省长，仍任秘书，后升为秘书长。嗣后任华南女子文理学院、福建学院讲席。1922年入陈衍主持的说诗社。著有《希微室家藏文稿》《希微室诗稿》《读史记

---

① 佚名编：《民国十三年农商部工商司同人齿录附肖像及略历》，民国十三年（1924）排印本，第54页。

② 《何振岱日记》，第655页。

③ 《福州人名志》，第402页。

管见》《师友感逝录》《希微室折技诗话》等。[1] 子陈泽锽，早年从陈衍、何振岱学古文。

清光绪十年甲申（1884）　十八岁

【时事】

闰五月二十四日（7月16日），督办台湾事务大臣刘铭传抵达基隆。

六月十五日（8月5日），法舰炮轰基隆，强行登陆，清军在刘铭传统领下击退法军。

七月十六日（9月5日），陈宝琛上《请募勇参用西法教练折》。

九月十一日（10月29日），清廷将福建巡抚张兆栋、船政大臣何如璋革职，命刘铭传为福建巡抚，仍驻台湾督办军事。

【事迹】

是年初，陈宝琛任江西提学使，延请谢章铤主讲白鹿洞书院。[2]

五月二十八日（6月21日），陈宝琛擢钦差会办南洋大臣。[3] 法兵侵犯越南，宝琛与张佩纶力荐唐炯、徐廷旭堪任军职。后因唐、徐兵败受牵连，部议降五级处分。[4]

清光绪十一年乙酉（1885）　十九岁

【时事】

二月，法军由基隆攻澎湖，入据妈宫澳。三月，中法议和

① 《福建省文史研究馆志》，第140页。

② 《陈宝琛年谱》，第96页。

③ 《陈宝琛年谱》，第103页。

④ 《陈宝琛年谱》，第132页。

成，法军退去。

七月二十七日（9月5日），左宗棠殁于福州城内之皇华馆。

九月，改福建巡抚为福建台湾巡抚，常驻台湾，福建巡抚事务着闽浙总督兼管。

【事迹】

是年，林纾从谢章铤治经义。①

是年，何振岱回原籍福清参加县试。何振岱《偶忆玉融旧游代柬寄吴叟》："吾年十九时，玉融就邑试。"② 玉融，今福清。

是年，何振岱始与龚葆銮游。③ 何振岱引龚葆銮为知己，终身念其深谊。何振岱《忆旧游二首》诗序云："与九鹤应院课达旦，小睡即起，相与为长日游。"其一云："文成假寐日初高，共拟今闲补昨劳。酬句连篇争险韵，脱衣随地换香醪。"④

何振岱早年与龚葆銮、陈紫澜、郑容、龚乾义为莫逆之交。何振岱后有诗怀念少时同友人交游之状，《忆旧再寄龚华鬘》云："忆昔城南二三子，无事追逐日奔赴。十年听雨温大被，一字敲诗磨小句。慈母互怜如子侄，顽童窃讥无早暮。相期如此到白头，爱护心情同好恶。"⑤ "方九鹤年十六七时，端居读书，所与游惟余辈二三人。"⑥ 何振岱有诗《九鹤惠诗有等是苦贫还苦病胜君一著病中闲之句书此奉答》写其交游之状："裁笺修日课，缮诗习草圣。循约驱山童，走柬匪一更。"自注："约日课诗，阙则

---

① 林纾：《陈喜人先生墓表》，《畏庐文集》，清宣统二年至民国二十三年上海商务印书馆排印本，第50～51页。

② 《何振岱集》，第189页。

③ 何振岱纂：《榕南梦影录》卷上，民国三十一年刻本，第2页。

④ 《何振岱集》，第446页。

⑤ 《何振岱集》，第196页。

⑥ 何振岱：《榕南梦影录序》，《何振岱集》，第20页。

罚诗笺盆菊。”[①] 陈紫澜《碧琴诗序》云：“昔余与心与、九鹤读书之余，相笃为诗古文辞，每得前人一集，必相饷览而断取其得失。雨风弦晦，愉愁劳佚，吾三人者多有诗，又必相质论，如是者七八年，各得诗三四百篇。乃又倡为‘流传不在多、少作不可不弃’之说，散置而弗自惜。年少气锐，往往类此。”[②] 郑容《碧琴诗序》云：“君笃于孝友，母老多病，每以君色之愉蹙知其母氏之健否。母严于君之交游，吾侪四三人，皆母所许与游者。以故，予等诣君，饥则母与食，寒则母与衣。君至予家，吾母之视君，犹君母之视我也。”[③]

是年，王允皙中举。王允皙（1863—1930），字元辩，号又点，自署碧栖。福建长乐人。光绪十一年（1885）举人，应奉天将军依克唐阿之招，为之筹笔。光绪二十二年（1896）至二十五年（1899）间，应兴化守张僖之聘，为山长。光绪二十五年（1899），选授建瓯训导，复又入北洋海军幕府。民国十五年（1916），任婺源县长。后乡居以终。著有《碧栖诗词》，其诗收入《榕南梦影录》。

是年，沈瑜庆中举。沈瑜庆（1858—1918），初名志雨，字爱苍，号涛园，侯官人，沈葆桢第四子。光绪十一年举人。历任淮阳兵备道、湖南按察使、顺天府知府、山西按察使、广东按察使、江西布政使、云南布政使、贵州巡抚等职。辛亥后，寓居上海，以遗老自居。著有《涛园集》，其诗收入《榕南梦影录》。

是年，林寿图卒，年七十六岁。[④] 林寿图（1809—1885），初名英奇，字恭三、颖叔，号欧斋，别署黄鹄山人，闽县人。清道

---

① 《何振岱集》，第142页。

② 《榕南梦影录》卷上，第1页。

③ 《榕南梦影录》卷上，第2页。

④ 《福州市志》（第八册），第561～562页。

光二十五年（1845）进士，历任山东道监察御史、礼部给事中兼署兵部给事中、浙江道监察御史、顺天府尹、陕西布政使、山西布政使等职。光绪七年（1881）回福州，主讲鳌峰、致用书院。著有《黄鹄山人诗初钞》。何振岱曾私淑之，《茧窝遗诗序》云："昔吾师欧斋先生，抱道蕴器，不见用于世，而诗名常在海内。……先生主凤池讲院时，予尝及门而未得一谒左右。……门下学生何振岱谨序。"①

清光绪十二年丙戌（1886）　　二十岁

【时事】

是年初，正谊书院山长林鸿年病殁，享年八十二。

是年，林则徐《云左山房诗钞》八卷附《诗余》刊行。

是年，马江昭忠祠落成，祀中法马江海战殉难将士。

【事迹】

冬，何振岱游福清瑞岩山，撰有《游瑞岩记》。②

【编年文】

《游瑞岩记》。

【编年诗】

《瑞岩》。

清光绪十三年丁亥（1887）　　二十一岁

【时事】

七月，郭柏苍得嘉庆间郑杰辑《全闽诗录》明代部分稿本，

---

① 张印：《茧窝遗诗》卷首，民国三年排印本。

② 《何振岱集》，第102页。

补辑为《全闽明诗传》，告成。

是年，谢章铤受闽浙总督杨昌浚之聘，主讲致用书院，达十三年。[①] 力钧、林纾、陈宝璐、何振岱、林志钧等皆出其门下。

是年，《致用书院文集》（丁亥年）刊行。

【事迹】

是年，龚炳义生。龚炳义（1887—1908），字烺如，闽县附学生员，龚易图犹子。何振岱弟子，曾从何振岱、龚葆銮学诗古文，其诗收入《榕南梦影录》。[②]

是年，何振岱、龚葆銮、郑容、陈紫澜在乌石山结寿香社，以读书相砥砺。龚葆銮有诗《梅生荃庵同读书平远山堂秋日访不值留题斋壁》。光绪二十一年（1895）何振岱撰《寿香社序》，言明立社缘由，“寿香社者，同人祀陶所由名也”，并立有社仪、社规。何振岱晚年犹念当年与挚友结社盛事：“回忆年时旧侣，若九鹤、无辩辈结社祀陶之乐，不胜惘惘。乌石双峰，芜榛塞道，崖石崩坠，非复旧观。”[③]《何振岱集》未收《寿香社序》。

> 《寿香社序》：予曩者尝与龚九鹤、郑无辩、陈荃庵结祀陶社，每年菊花开时，必洁室荐馨，既立为仪约，复序其意旨。旧稿犹存，不忍抛弃，存之以纪旧游、永旧欢，是所志也。
>
> 寿香社者，同人祀陶所由名也。始丁亥，至今凡九年。为会者六，其人则四。岁序如流，重阳复届，社中人谋修前约，使予序之。时维商飙拂宇，燕鸿代飞。霜气弥于丛阜，云阴亘于古阁。万根靡节，索居孰与永趣；一花自馨，秋士

---

① 陈昌强：《谢章铤年谱》，陈庆元主编：《谢章铤集》，吉林文史出版社2009年版，第878页。

② 《榕南梦影录》卷上，第15页。

③ 何振岱：《与田生古序书》，《何振岱集》，第80页。

于焉托命。爰集朋侪，与谋社事。言洁静室，乌石双峰；上祀前贤，义熙一老。夫人无孤心，不足与之体素；士惟高韵，乃可使之乐闲。公眷眷旧主，蜚遁自芳。以羲皇上人视浇世，心则孤矣；以箕颍高风望同爱，韵又高矣。诗则周情孔思，本源出乎鲁论；人则淡薄宁静，风流比乎隆中。弃官归隐，浮烟视名；赋诗抒怀，停云望友。采菊忽通乎道妙，剪桑有慨乎高原。然而志俪易水，节通展禽。介无伤和，忧不妨乐。诚百代高隐之师，而吾侪处时之轨也。兹者位公遗像，并陈大集。式瞻威仪，凝思丰采。盎花表馨，斗酒荐诚。肸蚃可通，庶几来享。虽下士寡学，敢云尚友；而闻风兴起，庶几无尤。惟我同人，夙约既申，为欢斯永。鸡鸣之谊，在风雨而不谈；鸟声之求，隔云山而无替。谨序。

是日会主人，扫净室，中设渊明先生画像，前一几，供瓶一、炉一，尊酒碗茗荐菊、蟹。室左右分列四几，几各一瓶、一炉、一茶杯、一爵，及诗韵、笔砚、楮墨。宾既集，序齿为先后，对像荐瓣香，一拜一揖，然后入座。宾三人以次就左右坐，主人下坐，随意拈诗，或一章数章不等，诗未成勿许离座。诗毕成，相质证讫，计若干首，主人收贮。宾主人各以次入座，陈酒肴，爵无算，不及乱。酒罢，主人分所荐菊为五分，各受一分，仍对像如前拜揖而散。右仪。

一曰无后至，二曰无先归，三曰无卮言，四曰饮酒有节，五曰无体韵为诗，六曰整以永趣。右规。①

据此序，寿香社创立于 1887 年，共有 4 人参加，历时 9 年。

① 何振岱：《寿香社序》，《何氏笔记》稿本。连天雄先生以抄件见示，福州卢和先生藏有何振岱《莺鸠斋杂识》残抄本，此《序》见于其中，未有文题，卢和先生暂拟标题为《祀陶集序》。（卢和：《寿香社——中国最后的传统才女群》，福建教育出版社 2024 年版，第 6 页。）

清光绪十四年戊子（1888） 二十二岁

【时事】

是年，《致用书院文集（戊子年）》刊行。

【事迹】

三月十日（4月20日），何遂生。何遂（1888—1968），字叙圃，闽侯人。19岁加入中国同盟会，先后任国民军第三军参谋长、国民军空军司令、黄埔军校“代校务”、国民政府立法委员、立法院军事委员会委员长。新中国成立后，先后任华东军政委员会委员、司法部长、政法委员会副主任。著有《叙圃诗》《叙圃词》等。① 何遂是何振岱弟子吴石密友，与何振岱有交往。

春，龚易图归福州。②

是年，李宣倜生。李宣倜（1888—1961），字释戡，号苏堂、蔬畦翁，闽县人，李宗言子。官陆军中将。著有《苏堂诗拾》《苏堂诗续》二卷。

是年，高向瀛中式福建乡试戊子科举人。③

清光绪十五年己丑（1889） 二十三岁

【时事】

二月，光绪帝始亲政。

是年，《致用书院文集（己丑年）》刊行。

---

① 何达、王苗主编：《何遂年谱简编》，《何遂遗踪——从辛亥走进新中国》，人民出版社2012年版，第347～369页。

② 《三坊七巷志》，第523～524页。

③ 《福建清代科举人名录》，第283页。

【事迹】

十一月二十一日（12 月 13 日），谢章铤七十初度，陈宝璐作《长乐谢枚如先生七十寿序》。①

是年，谢章铤《酒边词》八卷刊行。卷端有黄宗彝序及自序，另有刘家谋、李应庚、高思齐、刘勷、符兆纶、宋谦、林天龄、陈遹祺、郑守廉、谢质卿、张树荚、张僖、张景祁题词。录词 405 首。

是年，陈元凯中式己丑科举人。陈元凯，字陀庵，闽县人，候选知县。著有《身云室诗》一卷，其诗收入《榕南梦影录》。

清光绪十六年庚寅（1890）　二十四岁

【时事】

春，陈宝琛弟宝瑨、宝璐及侄懋鼎入京会试，皆成进士，有"父子、兄弟、叔侄同科进士"之谓。②

【事迹】

是年，邵振绥生。邵振绥（1890—?），字季慈，福州人。曾在福建测量局任职。少师陈海梅，后师何振岱。著有《慈园诗词稿》。

清光绪十七年辛卯（1891）　二十五岁

【时事】

是年，《致用书院文集（辛卯年）》刊行。

---

① 陈宝璐：《艺兰室文存》，民国二十九年刻本，第 14～15 页。

② 《陈宝琛年谱》，第 163 页。

【事迹】

是年九月，郑孝柽中式福建乡试辛卯科举人。郑孝柽(1863—1946)，字稚辛，闽县人。郑孝胥胞弟。历任南洋公学译书院事、福建民政公署秘书、海军总司令公署书记官长等。著有《稚辛诗存》。

清光绪十八年壬辰（1892）　二十六岁

【时事】

是年，《致用书院文集（壬辰年）》刊行。

【事迹】

七月二十九日（9月17日），陈宝琛之子陈懋复（几士）生，侧室杨淑人出。[①] 何振岱与懋复多有交往。

是年，陈宝璐作《赌棋山庄文续集跋》。[②]

清光绪十九年癸巳（1893）　二十七岁

【时事】

九月，福州城北越王山上镇海楼重修落成，谢章铤作《重建镇海楼碑记》[③]，陈宝琛书丹并作《重建镇海楼上梁文》[④]。

是年，《致用书院文集（癸巳年）》刊行。

【事迹】

是年，进秀才。福建提学使王锡蕃（季樵）取录，林旭、龚

---

① 《陈宝琛年谱》，第171页。

② 《艺兰室文存》，第8页。

③ 谢章铤：《赌棋山庄文又续》卷一，清光绪二十四年刻本。

④ 陈宝琛著，刘永翔、许全胜校点：《沧趣楼诗文集》，上海古籍出版社2013年版，第537～538页。

葆銮、黄懋谦亦同时取录。

按，何振岱《龚碧琴行略》云："癸巳与君同入邑庠。"① 陈衍《林旭传》云："岁癸巳旋里，应童子试，三试冠其曹，为邑诸生，旋领乡荐第一。"② 何振岱《晚翠轩遗札题词》注云："予与晚翠同出王季师门下，晚翠尝欲观予同试赋草，未果，遂竟不相觌。"所谓"同试赋草"，即院试文章。吴家琼《故友何振岱生平事略》谓"二十五岁辛卯进秀才"，盖误记。

是年九月，乡试落第。何振岱在民国二十九年（1940）庚辰十一月十八日日记中对此次应试略有记述，云："沈江梅先生，讳受谦，官刺史。癸巳（1893）蒙荐卷，评予三作为六无匹，谓为过人之才。及落第后，又取本卷注云：'具如此才气，转瞬即出人头地，幸勿以眼前失意自沮也。'嗟乎，予穷居一士，何敢言才，而先生赏之如此。一语之知，终身不忘，古贤有之，予于先生亦犹是耳。"③ 是科解元林旭。

何振岱落第后，同龚葆銮住乌石山双骖园中逾月。④ 何振岱《闰五月廿夜赴华鬘双骖园之约剧饮纵谈至晓受露荔归长句书寄》有句云："甲午年谐九鹤来，痛饮流连曾永夕。"⑤ 双骖园为龚乾义伯父龚易图之别业。

是年，龚葆銮作《题梅生诗卷后》。《觉庐诗稿》自注云："此诗癸巳年所作，时君年方二十有四。见予所刻《城南梦影录》中。"⑥

---

① 《榕南梦影录》卷上，第3页。

② 《陈石遗集》，第433页。

③ 《何振岱日记》，第528～529页。

④ 何振岱：《龚碧琴行略》，《榕南梦影录》卷上，第3页。

⑤ 《何振岱集》，第196页。

⑥ 《何振岱集》，第455页。

《题梅生诗卷后》云：先生古貌颀且酡，冥心觅句时长哦。既于幽雅见沉挚，尤以澹宕含嵯峨。我昔逢君甫总角，定交十载犹顷俄。说诗极意讲格律，我犹汗漫君则苛。陈侯盛倡弃少作，佳语一逸难搜罗。我如郑国待二境，楚雄晋霸将谁何。只今风雅小歇绝，布鼓持乱雷门鼍。与君年少各努力，下笔矢想堪弦歌。文章交游比骨肉，得句往往思就磨。囊琴榼酒犹可给，愿植乔木芰繁柯。欲追真源跻大雅，不惜风雨常相过。①

是年，何振岱与龚葆銮同入邑庠。何振岱后撰有《龚碧琴行略》，忆早年与龚之交谊。

《龚碧琴行略》：君讳葆銮，字子鸣，一字九鹤，自称碧琴子。予年十九，始与君游。君家学官后，屋三椽，其读书窗前忍冬藤一本，花时翠阴蒙络，香风披拂。君有舅氏曰金鹤者，依君居，上下皆呼之曰鹤舅。无所事，独嗜茗饮，日煮茗花下，客至则劝酌茗。予与碧琴山游，属勿语客，客至辄语以所在，而亦戒之曰勿语人也。已而客踵至，皆闻之鹤舅者，则相与抚掌大笑。君有母，老且病，奉侍至笃，友爱兄弟，处人外和中介，视非义之干若浼。日课经史皆有程，尝云："人生五经不熟，无更可耻者。"时时背诵《诗经》，不遗一字。善画，不耐多作，偶写山水，署名人款，莫能辨者。书法潇洒，称其为人。所居位置一花石，皆有雅致。尝同游石鼓山，宿达摩洞，烧松明，瀹山泉，拥炉作粥，老僧出所藏瓠佐之。白云从山下来，急掩洞扉，然烛坐，意殊适也。予移家城西，君来会文，辄三日始去。夜分予倦，童子以酒果啖君，索谭古事，申旦不休。癸巳与君同入邑庠，乌

---

① 《何振岱集》，第455页。

石山双骖园者，君家方伯别业，秋试下第，偕住园中逾月。菊花盛开，则招荃庵、无辩共修社事，供陶公像，设酒馔祀焉。丙申花朝，偕君小西湖联句，得诗三章，湖滨上灯，风行渔舟，君得句而喜曰："可画也。"其夏，同诣陈椿平家，典衣置酒为诗，尽一日，各得二十余首，命之曰《消夏集》。同宿塔江寺楼，君独伫月通夕，得五言古诗，晓风钓石，共坐深谈，语多随江烟汀霭灭没，不可复记。丁酉，予同荃庵寓平远山堂，君时已病，一日饭毕，留诗三章去。是秋，君病少闲，约日课诗两首，阙则罚筐笺盆菊。明年二月，予北行，诣君别，相顾忘言。三月二十一日夜，予宿魏主政家，梦君卧地上，面黧黑，告予曰："碧琴逝矣。"予一恸而醒，盖君卒之后三日也。君平生自言愿闭户读书十年，出游名山十年，归而著书以老，而君卒年甫二十有八。庚子夏夜，梦君卧一池馆西廊小舍中，供金佛十余尊，经卷炉香，严洁净静。予至君起，相顾无一语，惟见窗外池光滟滟，白莲花香与微风摇曳。君生平本未涉佛典，意者夙根不泯，于佛有缘耶？所著有笔记四卷，病中毁其三，诗多散佚。今取在予箧中者录之，盖所以存吾友者如是而已，岂不悲哉？甲辰友人何振岱述。①

是年，何振岱与黄懋谦相识。

《黄老伯母陈太夫人八十正寿序言》：予之识嘿园也，在癸巳年，君年十七游于邑庠，与予同出山左王季樵师门下。释菜之日，相遇于城东，翩翩年少，称其才华。是时君诗名已著，所与倡和为王君又点、林君肖蝓、李君拔可，皆诗中健者。及游螺江太傅陈公之门，所诣益深。②

---

① 《榕南梦影录》卷上，第 2～4 页。

② 《默园诗集》，第 128 页。

是年，岳父郑弼卒。郑元昭诗《癸卯中秋夜风雨有感》序云：“明日为先君忌辰，故作此哀音，阅者谅之。”诗云：“桂花香里琉璃火，回首西堂已十年。”[①] 癸卯，1903 年，知郑弼卒于是年。

【编年诗】

《题自画莲花幛子》。

清光绪二十年甲午（1894）　　二十八岁

【时事】

是年，《致用书院文集（甲午年）》刊行。

【事迹】

五月，沈瑜庆出赀助刊陈衍《元诗纪事》，陈衍赋诗为谢。[②]

六月二十三日（7 月 25 日），李心玉生。李心玉（1894—?），原籍福建武平，自先世迁福州，卜宅藤山透迤岭。何振岱诗弟子。治国学外，兼通欧西语言文字，修业英华书院，受美孚公司聘，前后历三十余年。晚号然海退叟，颜其所居曰“畸庐”。[③]

六月，王德愔生。[④] 王德愔（1894—1978），字珊芷，福建长乐人。父王允皙。何振岱弟子，又学画于林纾、周愈，著有《琴寄室词》，何振岱编入《寿香社词抄》。

八月十五日（9 月 14 日），吴石生。吴石（1894—1950），原名萃文，字虞薰，又字墨非，号湛然，闽县人。受业于何振岱。

---

① 《天香室诗草》稿本。

② 陈声暨等：《侯官陈石遗先生年谱》卷三，《陈石遗集》，第 1969 页。

③ 陈海瀛：《李君心玉六十双寿序》，《希微室家藏文稿》卷上，1959 年油印本，第 29 页。

④ 王德愔出生月份据《寿香社——中国最后的传统才女群》，第 201 页。

吴石曾东渡日本求学，回国后历任国民革命军第四师参谋长、军事委员会参谋部第二组副组长兼第一处处长、军政部主任参事、国防部史料局（后改史政局）局长、福建省绥靖公署副主任等多项职务。著有《东游甲乙稿》。吴石《自传》云："习汉文时，每日清晨即起，从不间断，每作文必寄与吾父批改；后随何梅生先生学诗，以不谙音律之人，短时就学，即能吟咏。"①

是年，何振岱与郑元昭结褵。②

是年，龚易图卒，年六十岁。

是年，李宣龚中举。③

是年，许承尧中举。④

清光绪二十一年乙未（1895）　二十九岁

【时事】

正月十八日（2 月 12 日），日本陷刘公岛，海军右翼总兵刘步蟾死之。

三月二十三日（4 月 17 日），清廷割台议和，中日甲午战争结束。陈宝琛作《感春》七律四首，一时传诵。

九月九日（10 月 26 日），严复译《天演论》告成。

是年，《致用书院文集（乙未年）》刊行。

【事迹】

九月初一日（10 月 18 日），刘蘅生。刘蘅（1895—1998），字蕙愔，号修明（一作秀明），别署蕙愔阁主。长乐人，生于福

---

① 郑立辑：《吴石诗文集》，福建省文史研究馆 2012 年内印本，第 62 页。

② 《何振岱评传》，第 130 页。

③ 《百年闽诗（1901—2000）》，第 184 页。

④ 何警吾、吴元超：《徽州地区简志》，黄山书社 1989 年版，第 521 页。

州。幼失怙恃，得其兄黄花岗烈士刘元栋爱怜及教诲。从陈衍学习古文，又从何振岱学习诗词及古琴。工诗词、书法、绘画。①著有《蕙愔阁集》诗集二卷词一卷。

十月初九日（11月25日），长子何维刚生。何维刚（1895—1970），字敦（一作惇）畴。曾在北京从事中医行业，工诗词，擅画。著有《春明集》《竹间集》《薏珠词》。

按，何振岱丙寅十月初九日日记云："三点，深（何维深）取四角票去拜畴（何维刚）生日。"② 知何维刚生辰为十月初九日。

清光绪二十二年丙申（1896）　　三十岁

【时事】

三月，黄乃裳在福州创设《福报》社。

是年，《致用书院前集》刊行，致用堂惟半室刻本，郑世恭原选，谢章铤、叶大焯鉴定，谢章铤撰写《致用书院文集序录（自丁亥至丙申）》。

是年，《致用书院文集（丙申年）》刊行。

【事迹】

二月花朝，何振岱与龚葆銮于小西湖联句。

《龚碧琴行略》中云：丙申花朝，偕君小西湖联句，得诗三章。湖滨上灯，风行渔舟，君得句而喜曰："可画也。"其夏，同诣陈椿平家，典衣置酒为诗，尽一日各得二十余首，命之曰《消夏集》。③

① 卢美松主编：《刘蘅馆员诞辰115周年纪念展作品集》，福建省文史研究馆2011年内印本，第68页。

② 《何振岱日记》，第103页。

③ 《榕南梦影录》卷上，第3页。

二月十五日（3 月 28 日），陈衍、陈海梅、吴曾祺、何振岱、洪星帆等人在乌石山宴请自京返乡的林纾，并演戏助兴。①

是年，从弟何振崑卒，年二十九岁。振崑自幼與兄同砚席，有诗《呈兄心与》云："长记论文风雨夜，书镫滋味对床心。"②《思兄有寄》云："此际阿兄应未寝，秋林凉月与谁同。"③ 有《蔼亭遗诗》一卷，陈紫澜为之编定，存诗三十九首。何振岱撰《先弟蔼亭诗序》云："其诗吐音酸咽，涉想冥邈，往往多忧而鲜愉。"④ 又有诗《大风宿红雨楼悼亡弟蔼亭》云："荒荒烛焰寒初大，黯黯窗纱梦不分。小榻呕心犹殢病，空箱叠泪有遗文。二徐并老真堪羡，独雁哀鸣那忍闻。门外北风吹屋动，夜深何况汝孤坟。"⑤

是年，何振岱与陈明定交。陈明（1860—1932），字主钦，晚号蠖庵老人，浙江桐乡人。精《易》善琴，著有《读易笔记》。事迹详何振岱《陈主钦先生墓表》⑥。

> 《易说简抄序言》：予年三十，始识嘉兴陈蠖庵。君好《易》，知筮法，就占事，时有验。后廿余年，与君同北居，君时来谈《易》。未几，君去世。⑦

【编年诗】

《大风宿红雨楼悼亡弟蔼亭》。

---

① 赵家欣、杨湘衍：《林纾编写〈上金台〉的前前后后》，《文史资料选编》，福建人民出版社 2001 年版，第 213 页。

② 《榕南梦影录》卷上，第 14 页。

③ 《榕南梦影录》卷上，第 16 页。

④ 《何振岱集》，第 27 页。

⑤ 《何振岱集》，第 137 页。

⑥ 《何振岱集》，第 118～120 页。

⑦ 《何振岱集》，第 18～19 页。

清光绪二十三年丁酉（1897） 三十一岁

【时事】

是年，《致用书院文集（丁酉年）》刊行。

【事迹】

四月，谢章铤作《致用书院文集序》，《致用书院文集》按年结集刊刻行世，收录何振岱文多篇。

谢章铤《致用书院文集序》：巡抚宝应王文勤公创致用书院将三十年，而课艺未出，无以考肄业之进退。予丁亥受聘主讲，乃按年分刻为一卷，文少易选，费省易举，盖于今已越十年矣。乃合编题名录而系之曰：国家立学官以教士，月有课，季有考，优劣有举报。今之教官鲜克尽其职，遂移其事寄其权于书院，然亦时文试帖相习为制举之业而已。于是穷经博古有名德之大吏出，别立一院，专课经古，始于浙之诂经精舍、粤之学海堂，其后闻风继起者亦复时有，然而未能遍也。闽之致用书院，则亦创于同治末年。或者曰："书院之盛衰，不过利餐钱而来耳，今且高其名曰汉学。"嗟乎，学一也，如或所言，是殆以汉学为粗宋学为精耶？不知精由粗生，无粗则无精，无汉学则亦无宋学矣。夫子博我以文，约我以礼，不博何以为约，无文何以言礼也。昔吾门有洪生嘉与者，别余白鹿洞下，出纸乞言，余书赠之曰："学求汉宋之要，人以狂狷为归。"嗟乎，道听非学，乡愿非品也，亦持其平而归于有用焉则得矣。讲考据而执门户不可也，讲性理而薄事功尤不可也，然其始基则有二言，曰有恒，曰戒欺。驽骀可骥，十驾兀兀。号寒赛凤，终丑毛骨。作辍无成，浮夸丛谤。有门径焉，刻刻而求之，求必真；有归宿焉，息息而追之，追必达。不以天下关己任，非仁人也；不于伦理考性情，非志士也。沿流穷源，汉宋一贯，而其入之浅深离合，则视夫德慧矣。仆少不合时，耄而荒惰，诸君飚举霞蔚，一时称盛，而仆顾欲以老生常谈相告者，殆所谓一息尚存此志不容少懈者欤？光绪丁酉四月，谢章铤书于致用书院之维半室，时年七十有八。①

夏，由王寿昌口述，林纾笔译法国小仲马《巴黎茶花女遗事》告成。② 王寿昌（1864—1925），字子仁，号晓斋，闽县人。肄业于福建船政前学堂，留学法国专攻法律学。归国后任船政学堂法文教习。京汉铁路建成，调任汉阳兵工厂厂长，为湖广总督张之洞所器重，充任经理各国事务衙门章京。民国元年（1912），任福建交涉司司长。民国四年（1916），复返船政学堂任法文教习。女王真、王闲，先后入何振岱门下。著有《晓斋遗稿》，诗入《榕南梦影录》。

九月乡试，何振岱以闽县学附生中式福建乡试丁酉科第四名举人。考题为《子曰岁寒后知松柏之后彫也子曰知者不惑仁者不忧勇者不惧》《宗庙飨之子孙保之》《尽信书不如无书》，试帖诗赋得“闽云连越边”（得连字）。

《子曰岁寒后知松柏之后彫也子曰知者不惑仁者不忧勇者不惧》：胜变以养，奇材宜励也。夫世有松柏其人，所谓知、仁、勇是也。松柏胜岁寒，知、仁、勇胜惑、忧、惧，当自励其养耳，知不知何足论哉？且使终古无世变，则圣贤亦不奇。何者？大事未临，未足见其天之澹定也。自天地之机闭而道德之运始开，祸乱既奇而担荷尤奇，撄夺既奇而处

---

① 《赌棋山庄文又续》卷二。

② 《福州人名志》，第 245 页。

置尤奇，运之塞而气常昌，累之多而光不蚀，此中有素养焉，非可争胜于旦夕间也。夫材不以养成而可处变者，古无有也。

物之有光焰者，其取忌倍深于庸众。想夫孕灵挺秀，虽文章不露，已足妒薄植者之心。于是递设其术以相尝，务使主宰混淆，以作讪讥之口实，此诚可危也。

物之有声价者，其丛咎更甚于卑微。想夫郁茂含贞，虽赞颂未加，已足沮窳材者之气。于是潜乘其虚以相入，务使灵明摇乱，以快訾毁之私衷，此尤可虑也。

今之天下有松柏其人者乎？惑、忧、惧之所至，无往不可作岁寒观也。藉非知、仁、勇，养之有素，则虽见知于世，安得与后彫之松柏等类齐观哉？夫然，吾思胜变之奇者矣。

贤哲孤生之世，环伺者皆悍黠之佥人，紊大纪如棼丝，醸祸端如山岳，淆人观听，较之履霜集霰其微渐更何如也？势仅足以相防，斯外物有权，且恐难贞其晚节。君子独芳馨旁溢，早默结于名山见道之年，而本知、仁、勇以树之型，气象直可空乎万古，天素定也。所以硕果仅悬，犹新再造之乾坤，而不辜所学，夫岂感知已而激昂欤？

危疑并集之时，谲谋者动挟持以大局，愚柔者弄诸股掌，怯懦者受其牢笼，乱我聪明，较之箕飙毕阴其凌厉更何等也？机不足以相敌，则天君失令，焉能特立其高标？君子独根柢深存，早自植于凡卉竞妍之会，而祛惑、忧、惧以作之镇，精神直隐贯乎群伦，气素完也。所以栋梁晚托，犹能奋老成之作用，而内静其心，夫何慨美人之迟暮欤？

古今谶纬之文，皆绌理而伸数，若磨砻成异质，则理存而数可不谈。况学人立志有年，何在不拘严凝之象，诚不予物以可乘之隙，则阳舒阴惨，悉听两仪，断不计较庸流之福泽。

古今成败之故，或置人而言天，若盘错见真材，则人定而天亦可胜。况学者励躬有素，何时不懔觺发之形，但使吾心有自主之权，则尹任夷清，皆堪百世，又岂关系乎众口之平章？奇材以养胜，而变不足言也，而相知勿恨晚也。①

何振岱在民国二十九年庚辰（1940）十一月十八日（12 月 16 日）日记中记述了这次中举的具体情况。

《庚辰病后随笔》：倪俞宣先生，讳惟钦，丁酉科内监试官，福州候补知府。予首场卷落第一房张公文川房内，张以为圭棱太重，置不荐。先生见之，特加叹赏，而张仍置不荐。越旬日，副考黄公谓先生曰："吾于经魁中尚少一卷。"先生曰："有之。"即出向张索予卷，张寻取不得。先生曰："且细寻之，吾顷再来。"既而后至，则已觅得。张欲加批，先生谓："不须也。"急送呈副考黄公，阅毕，即定为第四名。批云："九月初三夜始得此卷，为之欣慰不已。"此事榜后由林蔚如十兄以语予云云。盖林与先生相知也。②

十月，何振岱自福州至福清南华乡归谒宗祠，友人郑容同行。南华乡有福庐山，何振岱拜谒宗祠后，作《游福庐山记》。

《游福庐山记》：予先世故居在福清南华乡，门前青青数峰，右绕而回者，即福庐山也。丁酉十月，自福州归谒宗祠，郑无辩同行，遂以暇日登山。初至山麓，巨石横亘十余丈，首尾两石承之若楔，如是者三。以次渐高，皆曰"天

---

① 佚名编：《光绪二十三年丁酉科福建乡试闱墨》，清光绪间上海图书集成印书局排印本，第 11 页。

② 《何振岱日记》，第 529 页。

门”。过此门，一石耸立，若秋菰在畦，敛根而张叶，益进弥奇。植为竿，折为磬，旋为螺，椭为卵；为翼之翔，为鬐之扬，为牛羊之伏，为弧矢之张。土人皆以所象名之，吾亦不能不就象以名之。盖此山之奇以石胜，凡物一涉于奇，即落乎象，石固不自知也。赏石者徒即象以求奇，而其奇未尽，赏石者亦不自知也。山无杂树，皆松，松无甚古者。岩隙往往有小庙，所祀神殊狰狞。向晚宿僧寺，垣宇整洁，僧为设茗馔、安几榻。傍晓无钟鼓声，无鸟声。起步寺侧，象声独鸣，曰“虹涧”者，幽秀绝尘。使归隐有时，则此地可葺茅矣。饭后下山，各有诗，以意未尽，复记之。山为明龙田何氏所开，数千年穷海之滨蕴此奇观，其德类于圣人之遁世无闻。彼有一得之奇，而遽欲见于世者，山灵羞之矣。旧有山志一卷，其详具载之，予不复赘。①

何振岱中举后，肄业致用书院，另应同年高伯谨之聘，在其家任西席三年，② 教读高氏之子高赞鼎（迪庵）。

是年，何振岱与陈紫澜寓平远山堂，是时龚葆銮已抱病。③

是年，何振岱生病，历一年始愈。何振岱《与叶生超农》：“愚三十一岁，尝因为学过劳，病一年始愈，所失之时更多。”④

是年，刘崧英成拔贡。刘崧英（1863—1923），谱名齐灏，字筱云，号墨泉，晚年更号謇公。侯官人，聚红榭社员刘绍纲子。光绪二十九年（1903）举人，官江西知县。民国初年与何振岱、王允皙等结自闲诗社。著有《听鹂馆诗》四卷，其诗收入

---

① 《何振岱集》，第 102～103 页。

② 吴家琼：《故友何振岱生平事略》，《何振岱日记》，第 649 页。

③ 《榕南梦影录》卷上，第 3 页。

④ 《我春室尺牍》，第一组《与叶生超农》第十通。

《榕南梦影录》。诗文字俱佳，善饮，能画山水，有乞画许以酒报之。① 何振岱《清广州盐大使謇公刘君哀辞并序》云：“楷法摹小碑，行草逼肖赵吴兴、董思白。常为人作书，应不给求。……性浑厚，于世无忤，绝不言人过咎。饮酒称大户，时寄意小画，所与游则仅余辈数人。”② 刘崧英赠何振岱诗有云：“千鸠与万雀，啾唧轻相渎（言何振岱分纂志局嫉谤者多）”“我肥纵非痴，君瘦较为福”“寒花乱锸瓶，好书高连屋”。③

是年，黄梓庠成拔贡。④

是年，陈紫澜中举。陈紫澜，字荃庵，闽县人。光绪二十三年（1897）举人，署长兴县知县。卒年六十余。⑤ 为何振岱青年时好友。有诗千余篇，何振岱编《榕南梦影录》时无从抄录，仅就所存录七篇。何振岱有《鼓山灵源洞同荃庵公望坐月至旦》《梦荃庵》《展故箧得荃庵书有他日山中同研数学之语感作》等诗。陈紫澜《秋尽登城西楼寄心与》云：“论诗枕上汀茫易，揽臂街头酩酊多。”⑥

是年，林有赓中举。林有赓，字仲良，一字怡庐，侯官人。光绪二十三年（1897）举人，官河南修武县知县。有《怡庐诗草》，《榕南梦影录》收入其诗。何振岱《心与诗话》云：“怡庐天性笃厚，与兄伯瑜至相友爱，工制举文，日能八九艺。诗多率意之作，佳处骎骎入古。”⑦ 何振岱后撰有《林怡庐小传》，记其

---

① 林家溱著：《福州坊巷志——林家溱文史丛稿》，福建美术出版社2013年版，第242页。

② 《何振岱集》，第125页。

③ 陈衍：《石遗室诗话》，辽宁教育出版社1998年版，第402页。

④ 《榕南梦影录》卷上，第11页。

⑤ 《榕南梦影录》卷下，第39页。

⑥ 《榕南梦影录》卷下，第39页。

⑦ 《榕南梦影录》卷上，第39页。

事迹。

《林怡庐小传》：怡庐姓林，名有赓，侯官人。光绪甲辰，予与君同客海上，居相距里许。每诣君，必留宿。君谈豪，夜半既卧复起，烧烛作著。予良倦，君神益旺。自少与兄伯瑜至友爱，予亲见君与兄书，月百数十封，意至即书；既发，若有所遗忘，复书。独坐书，众坐亦得隙以书。一日晤君，猝告予曰："伯兄病，子知之乎？"且言且绕室，诵"伯兄病，伯兄病"。越二日，君走邀予曰："知吾喜乎？当过我，饮我酒贺我。"盖伯瑜疾愈书至，君乐甚，情不可禁也。又尝见君居家抚兄背曰："寒乎？加衣乎？""馁乎？晋食乎？"于是伯瑜已老，君护之若婴娩。甲辰公车趋汴梁，时京汉铁路由汉仅至许州。与君偕者，为同里郑君，在前车坠伤足。车发，君望见郑卧路隅泣，则以行李属予，而自投身车下援郑。凡火车行未止，而下者险绝。止君不及，还望，但见微影，再望不见，心殊悬悬，而君及郑竟皆无恙。郑名猷宣，字克斋，有才行，是年登进士，未几卒。君则早年治举业，日能八九艺。初以茂才游台湾，甲午后归。丁酉举于乡，以荐得知县补授知州。会新郡守至，旗人傲岸，君抗言曰："吾职即卑，朝廷官也，有过当劾，无过不可以非礼加。"守愕然，遂改容谢。君趋事勤，为政无滞狱。性耐劳瘁，急人急如身。罢官后贫甚。予尝语君："穷达命也。有不穷于己者。若勤心力以觊不可知之数，皆妄而已。"君甚韪吾言。客京师，以病卒，年六十。论曰：予所知契若龚葆銮、陈聚星、林质诸君，皆性友爱，而怡庐为加挚。事兄如事父，性情独至，真可致承平人也。①

---

① 《何振岱集》，第93～94页。

十二月下旬，陈宝璐作《课余偶录跋》。①

是年，陈守治生。陈守治（1897—1990），笔名瘦愚，号乐观词客，晚号乐观翁。福建南平人。21岁考入燕京大学，因家贫辍学，回乡以教书为业。后担任多种报刊编辑、记者。提倡词学革新，主张在“婉约”“豪放”之外另立“平易”一格。曾任南社闽集理事。1957年受聘为福建省文史研究馆馆员。出版《神交唱和集》《乐天安命室词删》《愚窝诗词话》等30多种。② 何振岱曾为其词集《陈瘦愚词选》题词。

是年，陈声聪生。陈声聪（1897—1987），字兼与，福州人。中国大学政治经济科毕业。曾任各省市秘书、参事等职，后又入财政界。擅长诗词文画。③ 其著作今人整理成《兼于阁诗话全编》，多涉何振岱及其弟子诗词的评论。

是年，张子仲生。张子仲（1897—1972），原名士俊，以字行，自号河西居士，福州人。毕业于福建省立法政专门学校。先入省政府和晋江公署工作。旋即参加北伐军，在东路军总政治部任职。抗战期间及至1949年前，供职于福建省政府，曾担任建国出版社经理。著有《河西精舍诗存》《鳌峰大雅堂诗剩》。受业于何振岱。④

【编年文】

《游福庐山记》《子曰岁寒后知松柏之后彫也子曰知者不惑仁者不忧勇者不惧》《宗庙飨之子孙保之》《尽信书不如无书》。

---

① 《艺兰室文存》，第9页。

② 《福建省文史研究馆志》（修订本），第128～129页。

③ 包谦六：《诗人陈兼与》，陈声聪：《兼于阁诗话全编》，上海交通大学出版社2018年版，第1002～1023页。

④ 张子仲：《河西精舍诗存·后记》，《河西精舍诗存》，福建省文史研究馆2009年内印本，第84页。

【编年诗】

《福庐山石歌》《九鹤惠诗有等是苦贫还苦病胜君一著病中闲之句书此奉答》。

清光绪二十四年戊戌（1898）　　三十二岁

【时事】

八月十三日（9月28日），戊戌六君子林旭、杨深秀、杨锐、谭嗣同、刘光第、康广仁为慈禧太后所杀。何振岱后作《晚翠轩遗札题词》，忆早年与林旭之交集。《何振岱集》未收此诗。

《晚翠轩遗札题词》：林李昔齐名，望若鸾凤翔。晚翠失交臂，耳熟情殊详。予与晚翠同出王季师门下，晚翠尝欲观予同试赋草未果，遂竟不相觌。其后，沈敬裕公及林子霜杰为予谈君言行甚详。惜哉撄世难，世亦悲沧桑。得失付千秋，笺墨余百行。李侯重遗迹，随处加护藏。旧交骨肉恩，字字皆芬香。已自齐生死，遂更忘短长。嗟君古风谊，乃根真肺肠。我亦有所感，掩卷神徊徨。白头弥笃故，此德今人凉。①

是年，陈宝琛出为鳌峰书院山长。

是年，陈衍入鄂督张之洞幕府。至1906年，陈衍居张之洞幕府凡九年，所交皆一时名流，其诗论中“三元说”及“同光体”之名皆于此间生发。②

是年，《致用书院文集（戊戌年）》刊行。

【事迹】

三月十八日（4月8日）龚葆銮卒，年二十八岁。③ 三月二

---

① 《涛园集》（外二种），第297页。

② 《陈衍年谱》，第102页。

③ 《于山志》，第151页。

十一日（4月11日），何振岱宿魏主政家，梦龚葆銮“卧地上，面黧黑，告予曰：‘碧琴逝矣。’”[①] 龚葆銮病时，郑容在其榻旁，何振岱、陈紫澜皆在京师。何振岱《无辩斋诗序》：“戊戌之春，予偕嘿庄北游。碧琴病革于家，惟无辩朝夕存视。”[②] 龚葆銮有自挽联云：“历历碌碌，三十年还欠三周，寿夭等彭殇，不愿诸君枉恸哭；往往来来，大千界阿谁千岁，精灵满天地，未甘再世作庸人。”[③] 逝前尽毁其稿。后何振岱从箱箧中搜得其诗四十余首，编入《榕南梦影录》。陈紫澜、郑容皆撰有《碧琴诗序》。

何振岱《榕南梦影录序》谓龚葆銮“深嗜古书，其于诗若夙契”，[④] 两人交谊深挚，于寒微贫贱中相知，共以读书为志业。龚葆銮有“等是苦贫还苦病，胜君一著病中闲”之句，何振岱答以“良契不相称，气求抑声应。与君共志业，乃亦同贫病。”[⑤] 何振岱有诗《凤凰池边一石可坐旧偕碧琴游塔江寺途中每憩此重过黯然有作》怀之。何振岱后来在诗文中多次提及龚葆銮，如《木兰花慢·塔江寺怀龚碧琴》《声声慢·立秋日同诸生过城南荒园予三十年前与碧琴栖息于此》及《补祝百花生日文并序》等，皆为怀龚葆銮而作。晚年犹多有念及碧琴者，“三十年来无此侣，逢人对景强游遨。”[⑥] 龚葆銮卒后，寿香社活动暂停。

三月，何振岱赴京会试，考进士未中。[⑦]

夏，游鼓山，得识楞根和尚。何振岱《福州怡山长庆寺方丈

---

① 《榕南梦影录》卷上，第3页。

② 《何振岱集》，第26页。

③ 陈紫澜《碧琴诗序》，《榕南梦影录》卷上，第1页。

④ 《何振岱集》，第20页。

⑤ 何振岱：《九鹤惠诗有等是苦贫还苦病胜君一著病中闲之句书此奉答》，《何振岱集》，第142页。

⑥ 何振岱：《忆旧诗二首》，《何振岱集》，第446页。

⑦ 吴家琼：《故友何振岱生平事略》，《何振岱日记》，第650页。

楞公大师六十正寿序言》云："戊戌之夏，公襄戒鼓山主羯磨，得盘桓晨夕，平生山游，斯会为最。"①

十一月，何振岱与同学陈聚星（晴川）、郑容先期谋写谢章铤师容，以为八十寿诞之庆。

《谢赌棋先生山中抱膝图题识》：谢赌棋先师自江右归后，讲学山中，怡情泉石，寄志述作。戊戌仲冬，师八十诞辰，振岱及同学陈聚星、郑容辈先期谋写师容以澥外缩影法。请不许，固请乃许。影成，拓绘为图，属周愈点缀成帧。后五载，师归道山，图亦随失，惟影片犹藏予家。岁首焚香献斝，率诸生礼奠为常。今夏之孟，年家子黄荫亭莅政兹土得此图，袖以示余，请跋。②

冬，谢章铤赠诗及语学三则与何振岱。

谢章铤《梅生贤友以诗文见质并索鄙言因书此以赠愧予弇陋不足当君意耳》：却从丛菊纷披后，喜与幽兰结德邻。独有寸心贯金石，不妨只手障烟尘。神龙戏海关全力，天马行空见古人。索句轮囷肝胆地，果能惨澹得生新。③

谢章铤《赠言视何梅生》三则：凡学古当得其真，然古有古之真，我亦有我之真，我能不没其真，则虽不古，而古之真在是矣。此即杜皮杜骨之说也，亦即谈艺家能入能出之说也。此境最宜留意。治经汉儒最重师承，经同而师不同，彼此不相谋。盖专家则易精易尽，若泛滥众说恐课程反无把握，江艮庭之于《书》，陈硕甫之于《诗》，得此意矣。

儒者以修己为第一义，凡人志欲强，气欲敛，心欲平，故不可无俯首至地之时，亦不可无昂头天外之概。闻善而自

① 福建省图书馆藏排印单页。
② 《何振岱集》，第43～44页。
③ 《何振岱集》，第454页。

愧不如，俯首至地矣。行善而尚友千古，则昂头天外矣。故曰：士不可以不宏毅，见过不痛改，非宏毅也；不见过而遽改之，亦非宏毅也。居心戒猥琐，读书戒庸俗，不以毁誉为增损，不以得失为荣辱，尤不可崖岸不近人情。

古文义法，鄙著《课余偶录》言之颇详，当由六经入，当由三史出。而《戴记》一书，尤宜深造，其中无体不备，特未分汇耳。凡文辞多言气，而古文则兼言息；凡文辞多重才，而古文则尤重养。然不可急迫也，须涵泳以俟其自至；亦不可虚憍也，须积累以求其实际。读书、穷理、养气六字，治古文之指南针也。①

按：谢章铤《赌棋山庄余集·诗》有《赠何梅生振岱》②，又见于《觉庐诗稿》卷首，后有何振岱识语："先谢师所书赠言，癸亥年（1923）至旧京遗失，至以为憾。因乞螺洲陈太傅为录写一通，又承题后一诗，敬载于此。先师赠言时，年七十九。太傅书时，则在戊辰（1928）夏初，年亦八十有二也。"何振岱编《谢陈二公墨迹合刻》③影印陈宝琛此诗抄件，其后有谢章铤遗墨三则。陈宝琛《沧趣楼诗集》卷九《为何梅生书枚如丈赠言感题》："太师本性积为文，晚岁传衣独畀君。两纪孑遗增感旧，数行藏写见尊闻。梦余鹿洞空香草，烬后鳌峰付乱云。出处何成吾耄矣，平生砻斫愧班斤。"④

是年，何振岱入谢章铤之门。何振岱《庚辰病后随笔》农历十一月十八日（12月30日）载："予年卅二始及夫子之门，始知

---

① 谢章铤撰：《赌棋山庄余集·文》卷三，民国十四年刻本。

② 《赠何梅生振岱》有注云："惨澹须知为生新之本。"

③ 何振岱编：《谢陈二公墨迹合刻》，民国北平琉璃厂宝晋斋南纸店影印本，南京图书馆藏。

④ 《沧趣楼诗文集》，第216页。

有诸经史之学，受恩深笃，爱如子弟，此毕生不忘者也。”① 丙寅年（1926）三月三十日（5月11日）日记载：“予忆谢夫子当时与后生谈论，亦笑容满面，前辈温和之气从涵养中出，自然与众不同，非有意为之也。”② 凡月课试卷，谢章铤先令何振岱等人评阅，“选择好文章呈谢核定等第”，③ 此后何振岱“每作一篇文章，阛市争相传诵，文名鹊起”，④ 士子争与之交。

是年，何振岱获谢章铤赠《赌棋山庄所著书》。

王真《道真室随笔》卷一《觉庐侍谈录》：昔予一日谒谢夫子，夫子云：“吾今日有喜事告汝。”遂令人端鱼面一椀，云：“食毕语汝。”顷之，出所著集数十卷，云：“生平心血，略尽于此，传否，不可知，但觉视无遗留者差足慰耳。”予再拜领书，称谢而出。⑤

是年，何振岱撰《郑人来输平公羊述义》《人心者风俗之本风俗者治乱之原》，收入《致用书院文集（戊戌年）》。⑥

是年，黄曾樾生。黄曾樾（1898—1966），字荫亭，号慈竹居主人，福建永安人。民国九年冬赴法国勤工俭学，获得文科博士学位。历任南京市政府参事、南京市社会局局长、交通部秘书、福州市政府代市长、福建省政府顾问、教育部主任等。中华人民共和国成立后，任福建师范学院中文系外国文学研究室主任，历任系务及院务委员会委员，1957年参加中国民主同盟。入说诗社，为陈衍弟子。著有《慈竹居集》《陈石遗先生谈艺录》

① 《何振岱日记》，第528页。
② 《何振岱日记》，第12页。
③ 吴家琼：《故友何振岱生平事略》，《何振岱日记》，第649页。
④ 吴家琼：《故友何振岱生平事略》，《何振岱日记》，第649页。
⑤ 《道真室随笔》卷一，第17页。
⑥ 谢章铤编：《致用书院文集（戊戌年）》，清光绪间刻本。

《博马舍研究》等。①

清光绪二十五年己亥（1899） 三十三岁

【时事】

正月（2月至3月），林纾、王寿昌合译《巴黎茶花女遗事》由福州宫巷口吴玉田刻坊刊印行世。② 严复有诗《甲辰出都呈同里诸公》云："可怜一卷茶花女，断尽支那荡子肠。"③ 陈衍作《为林琴南题巴黎茶花女遗事后》。④

是年，《致用书院文集（己亥年）》刊行。

【事迹】

三月十六日（4月17日），女何曦生。何曦（1899—1980），又名敦良，字健怡，何振岱女。福建省文史研究馆馆员。长于诗词。著有《晴赏楼词》，何振岱编入《寿香室词抄》中。

按，何振岱有诗《怡儿五十生辰》，⑤ 此诗作于戊子年（1948），逆推可知何曦生于1899年。叶可羲《健怡六十初度（戊戌三月十五日）》："春浓花好昼偏长，六十初度鬓未霜。"⑥ 戊戌，1958年，作诗之年。何曦庚午三月十六日日记："今日为余生日。"⑦ 知何曦生于三月十六日。

六月二十二日（7月27日），致用书院慎诚律社诸生觞谢章

---

① 《福州人名志》，第427～428页。

② 张旭、车树昇编著：《林纾年谱长编》，福建教育出版社2014年版，第59页。

③ 严复：《严复全集》（第8卷），福建教育出版社2014年版，第17页。

④ 《陈石遗集》，第111页。

⑤ 《何振岱集》，第347页。

⑥ 《竹韵轩集》，第154页。

⑦ 《晴赏楼日记稿》，第81页。

铤于山斗阁，谢章铤作诗一首，诸子奉和。陈紫澜、何振岱、陈聚星、林向其、叶大章、张瑞珏、刘敬、郑骏、郑容、卓祖茂等各有和诗。

谢章铤《慎诚律社联吟七律序》：光绪己亥六月念二日，讲院诸子觞予于山斗阁，时诸子从予治古文词，以俗谓此后二日为荷花生日，因为花祝，并为予寿，以致其与日偕新、与香俱永之意，可感也。①

谢章铤原诗：月吉辰良新酒篘，藕船十丈晓风柔。传文肯负昌黎子，成集曾闻太乙舟。昔日莲台谁一佛，今年花史定千秋。五光十色珠囊露，润遍田田八宝楼。②

何振岱和诗：夫子论文酒正篘，荷香清送晓风柔。一家法脉裁云锦，四座酡颜洗玉舟。星斗长瞻南极寿，莲花终让华峰秋。师门自有钧天曲，愿采芙蓉倚凤楼。

刘敬和诗：荷风习习酒新篘，一捧筒杯暑气柔。斯世有花开净土，此身如水坐虚舟。珠囊还浥群仙露，玉井遥分万柄秋。敢拟乌山齐太华，乘凉不羡五云楼。

郑容和诗：佳日园林酒正篘，荔香凉送暑风柔。庐陵晚出修韩本，苇荡前游梦客舟。寿相期参无量佛，南池独占一峰秋。遥天五朵仙云在，纫佩来依白玉楼。③

十一月二十三日（12月25日），谢章铤八十寿辰，谢章铤作《八十所得寿言自记》。陈宝琛、叶大焯及门生陈宝璐、陈汤奏、王庆生、林欣荣、陈祖谋、叶大章、陈聚星、何振岱、陈紫澜、刘敬、郑容、陈祖烈，施可撰寿言称祝，王庆彬、何谌、黄章文、刘孝祐、王珪如撰诗称祝。何振岱《寿言》，《何振岱集》未收。

---

① 逸社编：《闽百三十人诗存》卷七，民国十八年排印本，第21页。

② 《闽百三十人诗存》卷七，第21页。

③ 《闽百三十人诗存》卷七，第21～23页。

何振岱《长乐谢枚如夫子八十寿言》：元气之在天地，无不流也，而惟贞固之君子，能以诚壹之心自培，故年弥老德弥邃。充溢流鬯，皆是气之所涵贯，施之于人，则人受其康。盖自世运之有迁转，弱植者诡于所趋，沦陷不返，将以斫天地之元气，不令少余。阒无知闻之中，独恃君子阴为维持，苟必欲求其可见之迹，则又未可以纤琐小数逼取其形象。然生生之理，卒赖以不绝。吾师长乐谢枚如夫子，志在斯世，今则老矣。业穷尽天下之书，得所以益世者，不欲自泯，思以启后。年既八十，笃于身倍少壮之士，其有以诚来请者，必竭诚以告之。得先生一言，终身据依可也，即其浅者，亦足以正一日之经，无迷于所向。盖先生之学浩博宏大，非可测揣，而常综其旨曰“读书、穷理、养气”，曰“行己有耻”，曰“义利之辨”，曰“不纳垢于身，不忘情于物”。足迹半天下，所至率被教泽。被教深者，感服尤至，数千里之远，十余年之隔，致书左右，恳爱诚慕，有不能自已者焉。先生之培元气于天地，于斯可见，而先生之自培元气，以为后进之典型者，亦庸有既乎。夫道无常，所能持是道者，则天地之心寄之，生人之理存之。今世之尚异，以为得者，日伐其真，势若不可遏。吾知天地之心，无爱于道则已，有爱于道，而此绵绵丝续之微旨，本贞固诚壹以持之者，非先生当之，将谁属之。在昔邪慝害经，群情罔惑，天必责之，一二人以肩将坠之绪，自周末至于唐宋无不皆然。先生之学、之教，天下久将见之，不待吾党小子之颂述。然所以致祝而愿先生之难老者，诚以典型后进，在今日尤为不可少也。先生意亦有信于天，而以为当今之世舍我其谁者耶？①

① 谢章铤编：《赌棋山庄八十寿言》，清光绪二十八年刻本，第20～21页。

是年，《致用书院文集（己亥年）》出版，收何振岱文《日知录书后》《佐治药言学治臆说病榻梦痕录书后》《文中子补传》《不学博依不能安诗论》《先其文所以治内后其武所以治外说》五篇。[①]

【编年文】

《补祝百花生日文并序》《日知录书后》《佐治药言学治臆说病榻梦痕录书后》《文中子补传》《不学博依不能安诗论》《先其文所以治内后其武所以治外说》《长乐谢枚如夫子八十寿言》。

清光绪二十六年庚子（1900）　三十四岁

【时事】

七月二十日（8 月 14 日）夜，八国联军陷北京城。

夏，福州鼠疫盛行。

是年，《致用书院文集（庚子年）》刊行。

【事迹】

春，黄梓庠卒，年二十九岁。[②] 黄梓庠著《翰云草堂诗稿》四卷、《黄澹庵先生印谱》。

清光绪二十七年辛丑（1901）　三十五岁

【事迹】

五月二十三日（7 月 8 日）[③]，薛念娟生。薛念娟（1901—

---

① 谢章铤编：《致用书院文集（己亥年）》，清光绪间刻本。

② 黄曾樾著，陈旭东整理：《荫亭遗稿》，人民出版社 2019 年版，第 716 页。

③ 薛念娟：《今如楼诗词》，福建省文史研究馆 2014 年内印本，第 65 页。

1972)，字念萱、见真，号小懒真室主人，晚号松姑，福州人。少从父薛伯垂（裕昆）学易理六壬及国学，中年从何振岱习诗词，是“八才女”之一。长期担任中学语文教师。著有《今如楼诗词》。词集《小懒真室词》，何振岱编入《寿香社词抄》中。

八月初四日（9月8日），次子何维沣生。何维沣（1901—1995)，又名知平，字敦敏，又字谨之。著有《养源室诗词稿》。

按，何曦丁丑（1937）八月初四日日记：“今日为沣弟生辰，远隔津沽，无以将意，只凭寸柬以寄怀耳。”①

九月二十三日（11月3日），张苏铮生。张苏铮（1901—1984)，字浣桐，侯官人。父张恭彝，是前清进士。苏铮适梁氏，民国间曾在福建盐运使署任课员。1936年始入何振岱门，入门迟，诗心词境，殊清妙可喜。晚年迁居内蒙古。著有《浣桐书室词》，何振岱编入《寿香社词抄》中。

按，张苏铮生辰，据陈海瀛《九月念三日浣桐生朝兼为菊会酒次谈及念娟浣秋两女士亦同以辛丑是日生但一为五月一为十一月可谓巧合因成此诗纪之》，此诗今存手稿。②

十一月二十三日（12月21日），施秉庄生。施秉庄（1901—1986)，字浣秋，福州人。施景琛女。国立艺术专门学校毕业，先后在福建省立女子职业学校、福建省立福州中学、华南女子学校等校任教职，又任福建妇女解放协会、福建省妇女提倡国货委员会的委员。善写意山水，1924年与姐秉端、妹秉雅合刊《泉山甲子元旦画册》。从何振岱学诗，年四十余始结婚，1947年随夫金树人迁居台湾。著有《延晖楼词》，何振岱编入《寿香社词抄》。

按，施秉庄生年，据陈海瀛诗《九月念三日浣桐生朝兼为菊

① 《晴赏楼日记稿》，第117页。

② 见卢和先生《寿香社——中国最后的传统才女群》，第197页。

会酒次谈及念娟浣秋两女士亦同以辛丑是日生但一为五月一为十一月可谓巧合因成此诗纪之》所记。何曦《晴赏楼日记稿》"庚辰（1940）十一月廿二日"日记："今日为长乐谢山长生日，浣秋与之同日初度。"① 据知施秉庄生辰月日为十一廿二日。此则记忆有误，谢章铤生日是十一月廿三日。

是年，内兄郑礼荣卒。

按，郑礼荣女郑芷汀，1930 年病逝，年三十一岁。何振岱《孝女郑芷汀墓志铭并序》云："孝女姓郑，讳蒲，字芷汀，福州胪川人。清光绪丁酉科举人礼荣之女也。生二岁而父卒。母螺洲林氏，食贫守节，抚二男四女以长。"②

是年，《致用书院文集（辛丑年）》刊行，收录何振岱撰《碧纱厨铭并序》《心术为学术根本论》《清白吏说》《毋不敬俨若思安定辞解》《读训俗遗规》《恭绎上谕其教法当以四书五经纲常大义为主讲义》《周南召南为王化之基解》《陈良论》诸文。③ 其中《心术为学术根本论》《清白吏说》《读训俗遗规》《恭绎上谕其教法当以四书五经纲常大义为主讲义》《陈良论》五篇，《何振岱集》未收。

> 《心术为学术根本论》：群天下之人而震惊之，而是人亦出所挟以张于世，谓其人不可信，是深求而刻论之也。夫深求刻论，非所以待奇士，而士之自待则不可苟且于隐微之中。盖学术者，所以济天下也。巧者乃资以济奸而祸天下，始亦不必出于有意，而渐乐其术之得用，遂不顾其心之所不安。吾观古今才人，劬学半世，一念之差，名实瓦裂，毋亦

---

① 《晴赏楼日记稿》，第 174 页。

② 《何振岱集》，第 120～121 页。

③ 谢章铤编：《致用书院文集（辛丑年）》，清光绪间刻本中《周南召南为王化之基解》，《何振岱集》题作《读二南》。

阙于根本之故，而未正其心术乎？夫心术之敝，一言以赅之，曰私而已。存私之至，用谲于妻孥，逞诈于君父，而流毒于生民。天下之众交为私焉，人道将从此绝矣。去私之道，端自明义利始。今之疲一世心力以相角相残者，皆为利也。营利为利，营义亦为利。其人虽博极群书，其心终变幻而不可测，且心术不端，即其学术所从入之途，尤可揣而得也。圣贤之大义微言，非所心好，强入之不深耳。至古今变谲蛊世之说，则骎骎然神与之会，是其学术又由心术而窳者也。是故学者之畏义甚于畏刑，心之有所不安，壹若刻刻之罹于酷罚，如是发之为学术，其有自欺以欺人也鲜矣。嗟乎，此苦行之士所以致力于根本，冀无愧于心，虽声华暗淡，不为当世所称，而不恤欤。

《清白吏说》：自古传为吏者，曰循曰酷。循者尚已，酷者犹未尽贪也，而贪者实出于两途之外。盖汉法严，坐赃者辄论诛。世风愈下，不特循吏少，即酷吏亦不多见，汶汶者类，贪吏而已。然吾观贪之报，未尝减于酷者。一则杀人于众见众闻，一则杀人于不见不闻耳。夫使酷而不贪，后世容有以平反为狱显者，而贪则必败其悖入之数而后已。且贪者非为其身之可以久享也，为子孙计耳。吾未见清白吏之子孙有至穷饿以死也，盖彼于群所必争之地而常不争，则其所争有独大者也。所争既大，其所不争亦有不以争而得之者。此非浅夫之所知，即知之亦不愿学焉。数十年之后，积产累累者，皆烟销雾灭，归于乌有，独清白之名常悬天地之间，而系人心于无穷，盖诚不以彼易此也。使廉吏果不可为，则当时辞金暮夜，至今孰传其名而道之哉？

《读训俗遗规》：世风之变，盖始于一二浮薄之子好尚奇异，以伦理为寻常而蔑视之，积久遂酿为大乱，此乡约宗规不修之故也。昔吾闽螺洲林希五先生，月约耆德为会，各携子弟互相董劝，林文忠公幼时尝与之。希五文集，文忠所叙，可按也。盖乡约宗规有助风化，在下君子之所有事也。公此书辑《吕氏乡约》《王孟箕讲宗约会规》《王士晋宗规》，用意至深。公在江西著有成效，而今之司民社者置不闻，士大夫又迂其事，后生子弟不知有忠孝廉节之事，相率而入于歧趋。吁，难言已。《诗序》云："《小雅》尽废，则四夷交侵，中国微矣。"今之世变何如乎？论者犹不思治其源，而末之是求，安得如文恭者出而挽回之也。

《恭绎上谕其教法当以四书五经纲常大义为主讲义》：光绪二十七年八月初二日，上谕于各省改设学堂，其教法当以四书五经纲常大义为主。圣谟洋洋，薄海共仰。伏维我中国圣圣相承皆以此数者，立教合天理之正，顺人事之宜，中国之所以为中国者。以此末流之弊，有以四书五经徒供为制举文用者，士于是空疏无用。诟之者不察，而并及于四书五经，是将举纲常大义而斁之也。经书沦，纲常斁，天地之心亦几乎息，虽有奇技异能，亦安所得而用之哉？近以京畿发难，乘舆播迁，皇上奋然求治，欲取数十年来积弊而革易之。夫亦欲天下之士真实读书，以求有用而已。盖天地之生，先有纲常大义，而后有四书五经。四书五经者，为明纲常大义而作耳。朱子云："世人尽明纲常大义，六经不作可也。"真实读书之人，大义即明，其用自广。今之称为士者，名习诸经，实不习一经，至于无用，不知返求而思，舍所业而业他业。夫其素所业者，名焉而不实，则知易而他业其不实亦犹是也。且徒以陷溺其心，焉有行道者适东不百里而疲，不咎其弱于行也，反而之西，计里乃相等，何若慎其所趋而求远到乎？今我皇上显然以教法示之的，纷呶者乃不定所趋，何异疲于行者之东西无定履乎？且无论所诣之不远也，即使尽西人之艺而通之，其无君无父之谈，不可向迩。古来乱臣贼子未有无能者，正坐大义沦亡、纲常坠坏耳。今我国家虽患在贫弱，而人心未去，天命必不移，士能体皇上作育之苦心，以纲常名教为己任，而求主于四书五经，道立而艺亦赅。不好奇，不迂执，端士习而正人心，则所谓变法者，变而复于古，岂变而入于夷哉。然则又愿有教化之责者，毋悖乎皇上教法之明训，可也。

《陈良论》：嗟乎，师之不得于弟子，岂师之咎哉？观于陈良之徒，而有陈相背其师而悦异端之道，信乎教之不可恃。以正教人者，难保其终之不趋于不正也。孔子曰："与其进也，不与其退也。"虽圣人于人，有不能终恃者耳。良悦周公、仲尼之道，北学于中国，非有若良者为之导也。相有良导之，而竟背良，贤不肖相去奚啻霄壤乎？夫人能自振拔，往往生非其地，而终自脱于污秽之中。苟非其人，则群扶众导，幸免倾蹶，攫夺者至，不觉从之而趋，是非扶导者之不力，其得天薄也。天之所废，虽日取周公、仲尼之道而悦之，不悦也即强悦之，亦岌岌有不终日之势。如相者，盖非良之能为力者也。故李斯之恶，何可追咎于荀卿？陈相之惑，更不见损于陈良。人之善变不善变，天为之欤？抑人自为之欤？然吾终不敢谓之皆天，而仍还责乎其人。①

是年前后，林苞洲与薛伯垂在塔巷一同设案占卜。林苞洲（1865—?），原名祥沣，号涛园，福建连江人。通五行，擅铁板算，嗜好诗词棋酒，《闽词征》收其词 2 首。林苞洲与何振岱交好，早年同结词社。② 何振岱曾作《买陂塘》寄林苞洲，序云：

① 《致用书院文集》（辛丑）。

② 连天雄：《知往识来二卜士》，《坊巷雅韵》，第 126～127 页。

"予与芑洲卅载知交，七年阔别。南云朔雪，魂梦为劳；池鲤天鸿，音书犹滞。"词有"售文卖卜生涯薄，君我相怜如故"之句。①

清光绪二十八年壬寅（1902）　　三十六岁

【时事】

二月十五日（3月24日），改鳌峰书院为全闽大学堂。

十月，开厦门鼓浪屿为各国公共租界。

【事迹】

正月初二日（2月9日），叶可羲生。叶可羲（1902—1985），字超农，号竹韵轩主人，福州人。叶伯鋆侄女。幼失怙恃，得伯母施氏怜爱，终身未嫁。早年毕业于北京艺术学校，在厦门集美女中、福州文山女中、省立福州一中、福州女中、华南学院附中等校任教。为何振岱女弟子，精绘事，擅古琴，诗文造诣颇深，深得其师真传，书法亦酷似之，为"福州八才女"之一。著有《竹韵轩诗集》《竹韵轩词》《竹韵轩文集》等。②

按，何曦庚辰（1940）正月初二日日记："以《花间集》两卷送超农生日。"③ 陈海瀛《竹韵世妹辛卯初度宴集序》云："竹韵同学各制诗词或画帧，将以辛卯开岁第二日宴集陈而观之。"④ 知叶可羲生日是正月初二日。

二月初八日（3月17日），郑孝胥写定《海藏楼诗集》诗稿，请陈衍作序，陈衍作《海藏楼诗叙》，详述二十年来郑孝胥诗歌

---

① 《何振岱集》，第386页。

② 《福建省文史研究馆志》，第178页。

③ 《晴赏楼日记稿》，第160页。

④ 《希微室家藏文稿》卷上，第17页。

创作的历程。[①]

是年，《致用书院文集（壬寅年）》收录何振岱《印烘于煁解》《西北文集书后》二文。《西北文集书后》，《何振岱集》未收。

《西北文集书后》：苏明允之论韩文曰："遏抑掩蔽，其光不露。"今读韩者，但觉其光焰万丈，则所谓遏抑掩蔽者韩之文法，而不足尽其文气也。且韩已自言之矣，曰"气盛则言之高下长短皆宜"，然则以奇气为文，亦文家之所贵乎？毕君此集，足与所抄《四州文戏录》并传称之者。或恶其剑拔弩张，不免过甚，不知实气之郁勃不能自已。青主所序云云，非特为毕君解嘲，乃欲破文章门户之见也。昔遵岩始学秦汉，既而折入于欧、曾、荆川，不服王云君，后当自知之，竟如其言。然荆川初境之文锋芒锐利，不必晚岁为胜也。近代操觚家步趋桐城，稍违绳尺，若犯文章之大戒，当时吴南屏已不韪此论。夫方、姚诚大家，岂即尽文章之能事哉？大抵神韵之说足以救骄嚣，而易为空疏者之所托，主气骨者微有不纯，而非不读书者所能为也。为人为文，总在自立，要岂以时地限乎哉？

是年，郑守廉《考功词》刊行，无序跋，文末署"男孝颖、孝胥、孝思、孝柽校字"。

是年，邵英戡生。邵英戡（1902—?），侯官人。邵继辉女。何振岱弟子。与叶可羲同讲学于厦门集美学校一年，为人忠事悦学，公余手不释卷。[②]

是年，张清扬与林则徐曾孙林兰岑（梵宣）结婚，后随夫客食异乡。张清扬有子健鹏、健聪。[③]

---

① 《陈石遗集》，第508～510页。

② 刘荣平编：《全闽词》，广陵书社2016年版，第2522页。

③ 林则徐后裔联络组：《林则徐世系录》，2008年内印本，第5页。

是年，周演巽离异依母生活。朱静宜《哭慧明女士》诗注：“妹遇人不淑，因病归，侍母已廿载。”① 是诗作于1922年。

是年，吴畬芬中式福建乡试壬寅科举人。吴畬芬（1866—1933），字敬宸，长乐人。曾任京城五城学堂、闽学堂教习。著有古今体诗二卷，《榕南梦影录》录其诗。吴畬芬次子吴家琼作有《故友何振岱生平事略》。

是年，陈海瀛中式福建乡试壬寅科举人。②

是年，林大任中式福建乡试壬寅科举人。林大任，字丙南，又号狷生，侯官人，为林则徐曾孙。官广东肇庆县知事，卒年五十八。③ 何振岱与林大任往来之诗颇多，云：“会面有期须好抱，冥心自诡忘前游。”④《赠林狷生》云：“无可为欢更异乡，子来有语使人芳。江山自好闲难得，冰雪相怜冷未妨。”⑤《梅花庵别狷生》云：“向来期许在，云海不相违。”⑥ 林大任《寄心与》云：“嵚崎相对欲相呼，他日盟言定不孤。”⑦《奉心与》其二云：“念子容颜憔悴甚，早衰如我合相怜。”⑧

清光绪二十九年癸卯（1903）　　三十七岁

【时事】

九月，清廷谕令各省兴办学校，省城书院均改为大学堂。正

① 周演巽：《慧明居士遗稿》卷首题词，民国十三年排印本。
② 《福建省文史研究馆志》，第140页。
③ 《榕南梦影录》卷下，第37页。
④ 《何振岱集》，第419页。
⑤ 《何振岱集》，第429页。
⑥ 《何振岱集》，第431页。
⑦ 《榕南梦影录》卷下，第37页。
⑧ 《榕南梦影录》卷下，第38页。

谊书院改为全闽大学堂，陈宝琛任该学堂第一任监督。[①]

是年，《致用书院文集（癸卯年）》刊行。

【事迹】

正月二十五日（2月22日），谢章铤卒于致用书院讲舍[②]，年八十四岁。陈宝琛作《谢枚如先生哀诔》。[③] 陈宝璐代陈宝琛作《长乐谢先生墓志铭》。[④] 何振岱后作有《谢枚如先生传》《赌棋山庄记》。《谢枚如先生传》云："先生性厚而气肃。平居未尝一日晏起，虽盛暑严寒，必整衣端坐，无倦惰之容。遇先人忌日，必涕泣不已，至老犹然。手置书数万卷，丹黄斠勘，终身不辍。与人交，肝胆轮囷，于取与辞受之际尤严。饥驱垂老，有所知贵人欲为之地，笑谢弗受也。"[⑤] 何振岱有诗《季冬廿三日致用堂梅花盛开谢夫子召饮侍坐即事十二韵》述及受教情状，其乐融融，诗云："隆冬嘘阳和，嘉辰践良会。梅花十三本，诸生八九辈。仪瞻圣哲像，摩挲敦卣器。韩书展孤拓，朱注玩残字。密薰多古香，默识欲神契。少焉命肴核，山厨盛腊味。美绝洪都酒，藉甚中丞菜。盘匜寓文献，饮瞰晐训诲。夫子山斗姿，谭谐弥温蔼。一座皆尽欢，小子尤烂醉。堂前风煽春，帘外山横翠。吟继衢樽图，关闽两盛事。"[⑥]

谢章铤殁后，陈宝璐代主致用书院，赡养其后嗣，并为刊刻遗集，聘何振岱为阅卷，士子悦服，陈倚之如左右手。[⑦] 陈宝璐（1857—1912），字敬果，号叔毅、叔岱，又号韧庵，闽县螺洲人。

---

① 《陈宝琛年谱》，第227页。

② 《福建编年史》（下册），第1532页。

③ 《沧趣楼诗文集》，第459～460页。

④ 《艺兰室文存》，第27～28页。

⑤ 《何振岱集》，第96页。

⑥ 《何振岱集》，第143～144页。

⑦ 吴家琼：《故友何振岱生平事略》，《何振岱日记》，第650页。

陈宝琛三弟。清光绪十六年（1890）进士，选翰林庶吉士，散馆，改刑部主事，历河南司行走、礼学馆顾问。未几引归不出。著有《陈刑部杂文》《艺兰室文存》。[①] 陈宝璐曾从谢章铤问学，自其殁后，代主致用书院，至年末止。次年当局聘请陈宝璐继任，力辞，因此致用书院与正谊书院同时裁撤，以经费移入学堂中。[②]

何振岱《先师逝未经年藏书尽散偶过山庄感赋》谈及谢章铤身后藏书情形，云："聚书罕数世，贤者无如何。惟有耽书人，名德长不磨。吾师西游年，珍本穷搜罗。辇载入燕京，秣刍数十骡。南归挟之俱，葺楼为书窠。卷卷施丹墨，仰屋忘鬓皤。当时一帙价，书贾求常苛。得来尺寸积，散去烟云过。吾犹及兹楼，檐牙披绿萝。百厨羃翠阴，峙若山嵯峨。徘徊侍坐处，流景嗟逝波。平生无尽怀，追日思横戈。著述岂本意？聊用平憾轲。心传竟谁是，涕下余滂沱。"[③] 按，赌棋山庄在福州于山麓。谢章铤藏书"大都归程祖福，程后来又转卖给陈衍，最后大多被陈宝琛买下。"[④]

正月，郭则沄举进士。五月引见，奉旨改翰林庶吉士。[⑤]

二月初七日（3月17日），三子何维炳生。何维炳（1903—1987），字敦敬，号晓心。曾任福建省银行秘书，1949年后赋闲。著有《心光楼诗》。

按，何曦《晴赏楼日记稿》"己巳二月初七"日记："今日三弟生日，晨接三弟书。"[⑥]

---

① 《三坊七巷志》，第377页。

② 《福建编年史》（下册），第1323页。

③ 《何振岱集》，第145页。

④ 张帆：《末代帝师陈宝琛评传》，福建教育出版社2002年版，第159页。

⑤ 《郭则沄自订年谱》，第20页。

⑥ 《晴赏楼日记稿》，第57页。

仲夏，何振岱携长男何维刚赁居赌棋山庄，时距谢章铤逝世五个月。①

是年，何振岱会试落第。②

是年，刘敬举进士。刘敬（1865—1940），字龙生。祖父刘翠奎，为陈寿祺学生，著有《琼台吟史诗初编》；父亲刘三才，为聚红榭成员，著有《随庵遗稿》。刘敬善山水画，有史才，致力于舆地之学，早年与何振岱一起受业于致用书院山长谢章铤，同是谢章铤主持慎诚律社成员。晚年受聘主纂《金门县志》《顺昌县志》。著有《惜园诗稿》，其诗收入《榕南梦影录》。

是年，林星赓中举。③

是年，林庚白在里能作诗，有"神童"之目，颇受何振岱、陈聚星的揄扬。林庚白《林庚白自传》云："我四岁就会写文章，七岁就能写诗，一时有'神童'之目，尤其是那时福建的老名士谢章铤先生，因了何振岱、陈聚星两位先生的揄扬，特地打发人去家乡邀我进省，还送了好些东西，不凑巧我却病了，病后的第一次到省城，他老先生又已逝世。我的旧诗集里面，有《四哀诗》，其中的一首之末两句：'病起寝门悭一面，春风无复侍河中。'"④

【编年文】

《赌棋山庄记》。

【编年诗】

《先师逝未经年藏书尽散偶过山庄感赋》。

---

① 何振岱《赌棋山庄记》，《何振岱集》，第101页。

② 吴家琼：《故友何振岱生平事略》；《何振岱日记》，第650页。

③ 《福建省文史研究馆志》，第102页。

④ 林庚白著，周永珍编：《丽白楼遗集》（下卷），中国人民大学出版社1996年版，第1219～1220页。

清光绪三十年甲辰（1904）　　三十八岁

【事迹】

正月，魏怀毕业于福州马尾船政水师学堂，后留学比利时。①

正月十五日（3月1日），王真生。王真（1904—1971），字耐轩，一字道之，号道真，侯官人，王寿昌次女。师从何振岱，又从陈衍问学，工诗文词，擅长书法、山水画，尤善操琴，为“福州八才女”之一。著有《道真室集》。所著《道真室词》，何振岱编入《寿香社词抄》。

按，王真《觉庐侍谈别抄》：庚辰上元，余生日，师仿赵彝斋笔意作双钩水仙见贶。②

孟秋，陈宝璐作《说文闽音通跋》。③

十二月初五日（1905年1月10日），何振岱游杭州，乘苏州河小轮至拱桥，乘肩舆入林社，风雪达旦。④

是年，何遂进入福建武备学堂第二期预科。

是年，许承尧中进士，选翰林院庶吉士。

是年，何振岱会试落第。⑤ 归至上海在柯鸿年家教读。何振岱《柯兄澹园先生哀辞》：“甲辰予赴汴闱，归至海上，留君寓，为课子，己未（1919）乃去之南昌。”⑥ 柯鸿年（1867—1929），字贞贤，号珍岑，晚号澹园居士，长乐人。福建船政学堂第三届

---

① 陈悦：《船政史》，福建人民出版社2016年版，第698页。

② 王真：《觉庐侍谈别抄》，1971年郑丽生抄本。

③ 《艺兰室文存》，第9页。

④ 《何振岱评传》，第249页。

⑤ 吴家琼：《故友何振岱生平事略》，《何振岱日记》，第650页。

⑥ 柯鸿年：《澹园遗稿》卷首，民国十八年刻本。

学生，留学法国6年。回国后先在芦汉铁路公司为参赞，名列清北洋候选道员。著有《澹园遗稿》，其诗收入《榕南梦影录》。何振岱与柯鸿年少年相识，交谊甚深，柯鸿年《海上和心与见寄绝句四首》其三云："垂老知交曾有几，与君晨夕慰平生。"其四云："忆昔论交均少小，驻颜无术各称翁。"①《心与将南归书此志别》："五载相依如手足，一朝分别各西东。……我梦故乡君梦客，相期把晤梦魂中。"②

【编年文】

《龚碧琴行略》。

【编年诗】

《上海马路步月》《初至湖上憩林社》。

清光绪三十一年乙巳（1905）　三十九岁

【时事】

十一月十日（12月6日），全闽学会在福州成立，公举陈宝琛、郭曾炘为正副会长。郭曾炘以不日回京辞，陈宝琛以事忙辞。众议接受郭氏意见，而坚请陈氏勉为其难，并议改副会长为二人，举郑锡光、刘学恂充任，又公举徐友梧、钟麟祥、陈遵统、李世新、王孝缉、高梦熊、王振先等十二人为评议员，林炳章为干事员，孙葆璠为常驻干事员，刘崇伟襄同孙氏清理各书院院产事宜。

【事迹】

八月十七日（9月15日），陈书卒于里，年六十八岁。陈书（1838—1905），字伯初，号俶玉、木庵，侯官人。陈衍伯兄。工

---

① 《榕南梦影录》卷下，第14页。

② 《榕南梦影录》卷下，第18页。

诗、书，善画山水，曾批点《山谷诗集》。著有《木庵先生集》。

是年，四子何维澄生。何维澄（1905—1986），字敦诚。能诗，擅书，从吴昌硕学习书画。留学日本，归国后在国民党政府任职。① 曾任吴石副官，定居台湾。著有《敦诚诗稿》②。

是年，陈衍《石遗室诗集》十卷《补遗》一卷附《朱丝词》二卷刊行。

是年，郑侊考中秀才。③ 科举废除后，于福建第一届师范学校、京师优级师范大学堂、福建政法大学就学，又任职于福建师范学校、格致中学等校，并曾担任律师一职。④

是年，王迈生。王迈（1905—1934），字乔倩，一字达之，闽县人。王寿昌之子，王真之弟。性富情感，善愁多病，游汴久之，抑郁而死。王真辑其诗词成《乔倩遗稿》，附刊于王寿昌《晓斋遗稿》后。

是年，陈泽锽生。陈泽锽（1905—2000），原名权，字琴趣，福州人。陈海瀛之子，早年从陈衍、何振岱学古文。旅居上海从事教育工作。著有《琴趣楼诗》。

【编年诗】

《鼓山灵源洞同荃庵公望月至旦》《山夜忆九鹤》。

---

① 《何振岱评传》，第113页。

② 《敦诚诗稿》，笔者无缘得见。刘建萍《何振岱评传》附有此书3张图片，据刘建萍教授说，她仅获见少量图片。《何振岱评传》第68页上一张图片有何振岱批语云："灵慧之笔，我向未曾教汝为之，汝能自得如此，亦可喜也。"

③ 肖凯：《后记——忆外祖父郑侊》，郑侊：《容楼诗集》，福建省文史研究馆2013年内印本，第316～317页。

④ 《容楼诗集》，第316～317页。

清光绪三十二年丙午（1906）　四十岁

【时事】

九月，清廷废科举。此后何振岱绝意仕进，以授徒卖文为生。

十月，福建女子师范传习所成立，由陈宝琛计划开办，陈宝琛妻王眉寿任监督。

【事迹】

正月二十八日（2月21日），洪璞生。洪璞（1906—1993），原名秀英，字守真，福州人。幼入私塾，后读福州女子家事学校。1941年师从何振岱学习诗词、古琴。[①] 其夫李氏在海关工作。其二弟洪履和是瞿秋白的女婿。著有《璞园诗词》。

四月，何振岱结识高向瀛。何振岱在上海柯鸿年家教读，高向瀛从仙居县卸任。鳌峰书院山长郑锡光致信何振岱，言高向瀛在上海，“必须订交”；高向瀛从侄高赞鼎处得知此事，在赴任乌镇同知前往拜访，交谈一小时后告别。[②] 高向瀛《赠何枚生序》：“余友何君枚生，孤介嗜学。光绪丙午四月，与余初见于上海柯氏之寓庐，君为柯贞贤观察课子，时余有公事居沪，里中郑澹庵太史驰书告君，谓‘必订交’于余。族子赞鼎过沪，君旧徒也，君因赞鼎以语余，余将归杭州，闻而遂造焉。余方喜新学，君笃信古籍，谈数刻而别，不相闻者数年。”[③]

五月，沈瑜庆擢江西布政使，聘何振岱为藩署文案，“以范

① 洪璞：《璞园诗词》卷首，福建省文史研究馆2015年内印本。
② 连天雄：《闽中诗坛三生会》，《坊巷雅韵》，第119页。
③ 高向瀛：《环翠楼文存》卷一，福建师范大学图书馆藏抄本。

石湖之礼陆务观者礼先生”[1]，前往江西沈瑜庆幕府。何振岱在民国二十九年庚辰（1940）十一月十八日（12月16日）日记中说：“涛公爱人下士，一艺之长，称之不容口，常有广厦长表之志。任江西藩司时，守门四卒，署中人等出入自署名册中，日一二百人，无不记者。惟予不署名，盖仿唐代巨公之待杜牧之也。归修《通志》，有某氏迎之马江，诉予不采其父坟入湖志，公不答。及入城上酒楼，某氏亦在座，公折柬招予语之曰：‘尔修湖志，侭有人议论，勿恤之也。渠谓不采录其前人，此正无妨。’因以指叩几，顾某氏曰：‘公自使人忘记耳。’某氏面如土色，怀恨而去。公谓予：‘吾将与尔乌石山房读书，每日黄瓜鱼、黄螺少许，便足佐饭矣。’”[2] 何振岱曾作《感旧》其二云：“公其范石湖，待我犹姜陆。宽袍亲我座，众客不属目。就凉共藤床，天低星如沐。忧时托一诗，恻恻宁忍读。”[3]

八月三十日（10月17日），何振岱录存张清扬《双星室主人词稿》，末署“丙午八月三十夜三鼓江南词客手录”。末页另有1949年何氏跋语：“己丑八十三岁老人重阅，如梦寐中闻旧歌声也。梅叟。”

按，何振岱手抄张清扬《双星室主人词稿》凡11页，收词39首，1首重出，1首与刊本《清安室词》同但文字小异，录存张清扬《清安室词》集外佚词37首。其文献价值有如下数端：

一、可以帮助确证福建省图书馆藏民国十年（1921）刻本《清安室词》溢出7篇词作的作者。这7首词，如没有其他佐证材料，还不能马上定为张清扬所作。今从《双星室主人词稿》中可以看到《忆秦娥》（春光好）这首词，另也可看到《满江红·题

---

① 叶可羲：《何梅叟先生传（代作）》，《竹韵轩集》，第24页。

② 《何振岱日记》，第530～531页。

③ 《何振岱集》，第348页。

落花胡蝶图》全篇，从而可以确定这 7 首确为张清扬作，祛一疑惑，并可补足《满江红》阙文。溢出词作是：《忆秦娥》（春光好）、《如梦令》（窗外玉梅初放）、《蝶恋花·江南对雨寄玉如表妹》、《蝶恋花》（帘卷花阴香乍爇）、《浣溪沙》（曲折阑干宛转思）、《减兰·和郑岚屏女士见赠原韵》、《满江红·题落花胡蝶图》。

二、可以帮助我们更好地了解张清扬的词作全貌。此 37 首集外词作于丙午（1906）年以前，是张清扬 27 岁以前的作品，这些词后来没有收入刊本《清安室词》中，何振岱晚年觉得有保存的必要，故在封面上题“此卷应令人再抄一卷”。

三、可以借以考察何振岱早年对词的态度。林葆恒纂《词综补遗》卷十三云：“梅生为谢枚如先生高足弟子，古文词皆得其传。晚耽禅悦，谓词近口业，悉屏不刻。然其词实温馨端雅，视碧栖又别具手眼。”① 此说给人以何振岱颇轻视词体的印象。何振岱词今知至少有 168 首，数量已不算少，可见何振岱曾用力作词。《双星室主人词稿》末题：“丙午八月三十夜三鼓江南词客手录。”其号“江南词客”，仅见于《双星室主人词稿》，是他早年十分重视词创作的证明，并可证他一度想以词人名世。

四、可以帮助考察何振岱早年书法风格。何振岱是书法家，享有盛名。今传世的何振岱书法作品，多作于晚年，字体苍劲中带有秀润，论者谓其晚年书法境界，实参以魏碑之法所致。此抄件成于丙午年，时何振岱 40 岁，未见受魏碑之影响，但可以据以考察何振岱书法的本色、底色。此件以行草写成，婉润流利，何振岱中年时代以前的书法作品较少流传，此件因之显得更为可贵。②

---

① 林葆恒编，张璋整理：《词综补遗》，上海古籍出版社 2005 年版，第 1244 页。

② 刘荣平：《何振岱抄本〈双星室主人词稿〉的文献价值》，《闽学研究》2021 年第 1 期。

十二月二十五日（1907年2月7日），王闲生。[①] 王闲（1906—1999），字翼之，号坚庐，侯官人。为王寿昌之女。少从郑容、何振岱攻读经史，兼习诗词、书法、古琴，又从画家周愈学画，尤擅山水。旅京廿余载。著有《味闲楼诗词》《心印草稿》《翼斋诗草》等。

是年，何振岱戒烟。

王真《道真室随笔》卷一《觉庐侍谈录》：吾早岁竟日不断吃水烟，作文字时烟瘾尤甚，后戒烟易以糖果，仍未能断绝。四十岁时阅《曾文正公日记》有所感，遂坚意戒烟并屏糖果，烟乃断绝。[②]

【编年文】

《张君镜墀墓志铭并序》。

【编年诗】

《舟中望庐山》《过乌石山麓旧居》。

【编年词】

《南乡子·海上歌筵时将赴章门》。

清光绪三十三年丁未（1907）　四十一岁

【时事】

正月，全闽学会以为女子不可没有职业，派会员王孝缉、钟麟祥、林柏棠、李世新等组织女子职业学校，由王眉寿（陈宝琛妻）兼任监督，招刺绣、造花两班，各四十人。

十二月，沈瑜庆寄千金于陈宝琛，拟重修宛在堂，陈宝琛出

① 《何振岱日记》“丙寅（1926）十二月廿五日”日记：“坚庐生日。”知王闲生辰之月日为十二月二十五日。

② 《道真室随笔》卷一，第19页。

山，未及经营。陈衍《小西湖重建宛在堂记》："先是，沈涛园抚部自江西寄赀千金，属陈弢庵阁学修是堂。弢庵旋出山，未及经营。"①

【事迹】

九月二十三日（10月29日），陈宝琛六十岁，林纾作《沧趣先生六十寿序》有云："今年九月二十三日，为先生六秩荣寿，纾即用此为颂，至于明诏更起先生赞助新政，此事自属之时宰，初无关于先生之进退，纾不为先生祝也。"②

秋，许承尧入京，授职翰林院编修，兼国史馆协修。③

是年，张清扬至南昌，从何振岱受业，称弟子。④

是年，何振岱在沈瑜庆藩幕中大病，病中有诗，愈后厘为一卷，沈瑜庆阅之题诗于后。

> 沈瑜庆《读何梅生病后诗草偶题》："何郎病起爱吟诗，丈室安禅语最奇。庭树经秋飘叶尽，盆兰着雨入瓶宜。所希缥缈成孤往，阅世艰难总耐思。鲁女周嫠言可念，更生未合怨衰迟。"⑤

是年，叶可羲母亲逝世，叶可羲随庶母居申江。⑥

【编年诗】

《病夜得诗以左手书之》《喜菊士至》《病中补题春日小影》《梦醒作》《南昌酒楼小饮》《病起偶书》。

---

① 《陈石遗集》，第617页。

② 《畏庐文集》，第23页。

③ 《徽州地区简志》，第521页。

④ 叶可羲：《张潜玉传》，《竹韵轩集》，第27页。

⑤ 《何振岱集》，第454页。另见沈瑜庆等撰：《涛园集》（外二种），第53页。

⑥ 叶可羲：《读朱伯韩北堂侍膳图记书后》，《竹韵轩集》，第21页。

清光绪三十四年戊申（1908）　　四十二岁

【时事】

十月，光绪帝、慈禧相继死，以载沣子溥仪继位，摄政王载沣监国，宣布翌年改元宣统。

是年，福建女子职业学校添招预科。

【事迹】

是年，龚炳义卒，年二十二岁。[①]

约在是年，何振岱购宅于陈衍对门（文儒坊三官堂）。连天雄《南华老人二三事》："何振岱买宅文儒坊三官堂，据其后人回忆，大约是在 1908 年"。[②]

【编年诗】

《戊申人日郁如招游长庆寺》《孤山独坐雪意甚足》《孤山喜雪》《寻灵隐寺》《寺前》《孤山晓望》《冷泉亭》《别孤山梅花》《孤山旧游处》《重至灵隐寺》《理安寺》《鹤涧小坐》《理安寺前》。[③]

清宣统元年己酉（1909）　　四十三岁

【时事】

正月，全闽学会副会长刘学恂因病辞职，公举潘炳年继任会长。

闰二月初四日（3 月 25 日），陈宝琛奉圣旨："军机大臣钦奉谕旨'礼部奏请特简大员，会同该部总理礼学馆事宜兼总纂订'

---

① 《榕南梦影录》卷上，第 25 页。

② 连天雄：《南华老人二三事》，《坊巷雅韵》，第 130 页。

③ 何振岱 1904 年至 1908 年两度游杭，以上诸诗皆在杭作，姑系于本年。

等语，着派前内阁学士陈宝琛。钦此。”① 陈宝琛蛰居二十五年之后，重获起用，并奉召入京。②

十二月初七日（1910 年 1 月 7 日），宣统帝钦赐严复、詹天佑等 19 人“文科进士出身”，大都是留学之人。③ 是年严复 57 岁。

【事迹】

秋，何遂自陆军大学毕业。

十一月，陈衍由京都归家，途经上海，经林大任介绍结识何振岱。自此十数年间，二人诗琴相从，论诗唱和。《侯官陈石遗先生年谱》卷五：“十一月请假归里。……过沪遇林涓生孝廉，介识何梅生孝廉。涓生名大任，文忠公曾孙，甲午举人，工诗。近耽佛学。梅生先生名振岱，侯官人，丁酉举人，工诗，能画，善琴。”④ 何振岱《寄怀石遗丈京师》云：“石遗人天眼，众妙参真源。时亦露端倪，微微为我言。……鸿鹄志八表，焉得守乡园。”⑤ 致陈衍一函云：“先生之诗，非赞叹所能尽，且精绝处，诸诗老已有能言之者。小子寡识，安敢妄赞一辞？兹谨就仰窥所及，拜注数字，牖户视日，自恨目光短浅耳。集中神奇万态，直如高山大海，无所不有，读先生诗，始知一丘一壑，扃识自囿者，不可以为诗也。岱自知诗学芜浅，此后决未敢着笔，俟再读书数年，然后为之。旧稿不忍遽弃，乞先生择其稍足留者，其余尽可摧弃。无金之沙，苦望搜拣，感戴大德，何可名言？”⑥

十二月，李宗言重刊《支社诗拾》，并作识语。

---

① 《大公报》，1909 年 3 月 26 日。

② 《陈宝琛年谱》，第 274 页。

③ 《严复年谱新编》，第 271 页。

④ 《陈石遗集》，第 2010 页。

⑤ 《何振岱集》，第 439 页。

⑥ 吴家琼：《故友何振岱生平事略》；《何振岱日记》，第 653～654 页。

《支社诗拾校讫附识》：吾社凡十有九人，存者仅余与琴南、芝南、叔伊、又点、楚渔六人耳。追念南皮之游，不胜北邙之感。《诗拾》刊于辛卯，倏忽将二十年，板且散失。丁未余访琴南都门，纵谈旧事，相对欷歔者竟日，曾约重刊而未果行。客秋由赣改官来皖，旋有创设印刷之役，部署匝岁，日共手民，爰检箧中所藏本，付之排印，以贻同好，亦藉偿前约云尔。己酉嘉平宗言校讫附识。①

是年，沈瑜庆赴黔中任官，何振岱送至九江，折而渡鄱阳湖至南昌百花洲，徘徊久之而去。②

是年，吴宝诚拔恩贡。吴宝诚，字钦辰，长乐人，卒年四十六。其诗收入《榕南梦影录》。

《陈氏芝斋文抄》云：钦辰早岁游庠有声，性刚直，义所不可，虽小节，不轻徇。善书，尤工小楷。诗稿多散失，仅存二三首。③

是年，沈祖牟生。沈祖牟（1909—1947），字丹来，侯官人。世居宫巷，沈葆桢玄孙。少年即善古文，喜吟诗填词，入上海圣约翰大学。“五卅”运动中，因该校发生“六三”圈旗事件，与爱国师生集体愤而离去，改读于光华大学，开始在《新月》杂志上发表《瓶花》等诗作。曾师从徐志摩，深受徐志摩、闻一多赏识。沈祖牟注重搜集历史资料，尤其热心福建先贤著作的搜集整理工作。编著有《谢钞考》《福建文献述概》《清代乡会试朱卷齿录汇存》《闽中文献录》《耑斋丛书》等。何振岱晚年与沈祖牟多有交往。

【编年词】

《渡江云·南昌夜起客思悽然赋寄内子岚屏》《高阳台·南昌夜

---

① 周长庚等撰：《支社诗拾》卷首，宣统元年排印本。

② 何振岱：《送沈涛园中丞赴沪序》，《何振岱集》，第 86 页。

③ 《榕南梦影录》卷上，第 46 页。

闻大风》《浣溪沙·章门雨夕》[①]《绿意·扬子江舟行雪中见雁》。

清宣统二年庚戌（1910）　　四十四岁

【事迹】

二月二十六日（4月5日），陈衍补订郑杰《全闽诗录》告成。

三月二日（4月11日），陈宝琛补授内阁学士兼礼部侍郎衔，官复原职。三月三日（4月12日），陈宝琛上《谢授内阁学士兼礼部侍郎衔折》。[②]

春，吴石考入福州开智学校。吴石云："余之文学根底，得以奠立初基，诚受斯校之赐也。"[③]

九月三十日（11月1日）申时，五子何维深生，友人林苣洲（涛园）为批出生定时。[④] 何维深（1910—1980），字敦仁。溥心畬的入室弟子，毕业于北京华北大学国画系，攻恽南田北派山水人物，多作北派青绿，画风挺秀明丽。生前任福建省博物馆特邀鉴别委员、福州画院画师。著有《静娱楼观画录》《静娱楼诗词》等。

按，何振岱"丙寅九月廿九日"日记："深儿生日。"[⑤] 何曦"庚午九月廿九日"日记："今日为五弟生辰。"[⑥] 五弟指何维深。所记生辰之月日与婚书所记小有不同，因丙寅（1926）、庚午

---

① 何振岱在南昌凡三载，本年离开南昌，以上三词皆在南昌作，姑系于本年。

② 《陈宝琛年谱》，第287页。

③ 《吴石诗文集》，第52页。

④ 何靖女士藏单页。

⑤ 《何振岱日记》，第99页。

⑥ 《晴赏楼日记稿》，第105页。

(1930) 年农历九月没有三十日，所以何维深在二十九日过生日。此据何维深与郭昭华结婚之婚书。

清宣统三年辛亥（1911） 四十五岁

【时事】

自七月起，陈宝琛入毓庆宫“授皇帝读”，充任溥仪的师傅。[①]

九月十九日（11 月 9 日），福建同盟会在仓山桥南社宣布起义，革命军攻取督署，福州光复。闽浙总督松寿自尽，镇闽将军朴寿逃走被杀。公推孙道仁为福建都督，九月二十日就职。

十月十日（11 月 30 日），武昌起义爆发。

【事迹】

早春，陈衍邀何振岱弹琴。《侯官陈石遗先生年谱》卷五：“始日过从。尝月夜抱琴动操，公有《庭梅将开约梅生弹琴》诗。”[②]

陈衍《庭梅将开约梅生月夜弹琴兼以话别》：一树寒梅且盛开，商量清夜抱琴来。疏桐坠叶供茶灶，短石支床置酒杯。流水高山非绝调，参横月落更清哀。看君浩荡江湖思，只恐诗成念不才。[③]

按，何振岱少陈衍十一岁，且与陈书之子陈敬为丁酉科同年，故称陈衍为三叔。何振岱的成名同陈衍的揄扬有很大关系，何振岱在与陈曾寿的函中说：“岱此事（诗）功力至浅，稿每作辄自厌弃。辛亥后始亲炙石叟，承其指教。”[④] 陈衍评何振岱诗：“吾乡中诗之

---

① 《陈宝琛年谱》，第 315 页。

② 《陈石遗集》，第 2018 页。

③ 《陈石遗集》，第 192 页。

④ 连天雄：《南华老人二三事》，《坊巷雅韵》，第 133 页。

戛戛独造不肯一语犹人者，梅生、惕庵，可称二难。”① “梅生诗词幽远精深，一时罕有其匹，真诗人之诗也。”② “乡人中能为深微淡远之诗者，有何梅生（振岱），非惟淡远，时复浓至。其用力于柳州、郊、岛、圣俞、后山者，皆颇哜其胾也。常自恨其为乡人，家贫不能常出游，以广大其诗。余谓诗固宜广大，然不精微何以积成广大？读书先广大而后精微，由博返约之说也。作文字先精微而后广大，故能一字不苟，字字有来历，非徒为大言以欺人，即算学之微积，禅宗渐之义也。抑亦思由博返约，其博果何自来，亦渐而非顿乎。不广大固所患，不精微尤其大患，则画虎刻鹄之譬矣。梅生佳语，独居深念时已不少，而浙游最多。”③ 陈衍《石遗室诗话》中收何振岱之作颇多，有评其诗云：“奇辟”、④ “工绝句，在元章、与可、放翁之间”、⑤ “五言时得韩、孟精悫处”。⑥

三月二十九日（4月27日），刘元栋参加广州起义，壮烈牺牲。刘蘅后作有《鹧鸪天·丙辰初秋来粤吊黄花岗七十二烈士坟墓追念先兄元栋》，有“男儿报国忠心壮，弱妹虚生恨事多”之句。⑦

五月二十五日（6月21日）申时，郭昭华生。⑧ 郭昭华（1911—1968），又名琼、字舜王，号昭湖，室名宁静轩，北京人。古瓷学家、鉴赏收藏家郭葆昌第三女，何维深之妻。授业于

---

① 《石遗室诗话》，第404页。

② 《石遗室诗话》，第443页。

③ 《石遗室诗话》，第76～77页。

④ 《石遗室诗话》，第199页。

⑤ 《石遗室诗话》，第206页。

⑥ 《石遗室诗话》，第238页。

⑦ 刘蘅：《蕙愔阁集》，福建逸仙艺苑诗辑之五（下），1983年排印本，第68页。

⑧ 据何维深、郭昭华结婚之婚书。

工笔花鸟大师于非闇，又得金城亲传。毕业于北京华北大学国画系。画风秀雅，作品多次参选全国国画作品会展览。生前任福建省博物馆特邀鉴别委员、中国美术家协会福建分会会员、福州市国画研究会常务理事、福州市工艺美术学校教师等职。著有《宁静轩篆刻集》存世。

六月初六日（7月1日），为印人陈宗烈（寿柏）撰《石湖渔隐印稿序》。与《何振岱集》所收《陈寿柏印谱跋》多不同。

《石湖渔隐印稿序》：摹印家法必宗汉人，凡印人无异辞，顾所作多弗类，何耶？非巧不及，乃用拙逊耳。汉去古未远，浑朴之气有存者，故虽器物之微，越千百年，犹为人所欣赏。今无古人真气，独求似于印章，欲貌为古，乃去之瘉远。且真汉制无不完整者，取近隶势不失篆体为正，甘氏旸所论故明。今刓完为缺，有意为剥蚀状，命曰汉法，犹写生者不务鲜丽而专摹落墨黦朽之色。自谓古法应尔，岂复成画理乎？汉印古拙，籀史之遗，其风厚也。后有作者乞于古漓而艺事若传之，此自不可掩者。自唐沿六朝，朱白文之变而加厉焉，古法寖失，元人起救其弊，其后有顾氏益阐明之，印人之道乃尊。予独喜程氏远韵，俗背驰之，言为善探其本，盖凡艺皆然，非止印章矣。友人陈君寿柏摹印有声，自以所作汇成巨帙，属予序之。语云：伏习象神。予不习，安能以意张习者，而信君之必善于是艺，则有可以显言者。君行年过五十，金石外无他癖嗜，乡居有田宅足自赡，遂澹然忘外，慕龟钮凤文，剟芜拔砾，日摩挲古泽，恣其志之所欲为，类有道者。所作稍趋浙派，不拘挛汉法，识者谓丁、陈之属不能过也。予谓君天龢不凿，抱拙以游，绝镵锲之巧于心，而独有于其手，是以不矜言古，而自与古合，岂非拙者之效欤？予又闻之，精艺者与道通。君勉之，自是益几于道，吾又乌测君之所至耶？宣统三年六月六日，同里何振岱谨序。①

闰六月初一日（7月26日），薛绍徽卒，年四十六岁。②

九月，何振岱购得许瓯香家琴，名为“悬崖玉溜”，为元代至正元年（1341）钱塘张君翼斫，间有梅花纹。③

十月二十九日（1911年12月19日），郑孝胥闻唐绍怡等已在市厅开议，所议者为西北停战及议和展期二事，作《十月二十八日夜起》诗云：“楼前夜色暗屯兵，雨猛风饕正四更。呵壁问天终不测，枕戈待旦独难平。寇仇土芥成酬报，猿鹤虫沙孰重轻。剩约毗陵子陆子，阳狂被发送余生。”注云：“陆炜士恶国人之不义，欲被发阳狂以终老。”④ 此诗传诵甚广。

是年，周演巽入何振岱之门。何振岱《雏蝉剩稿序》：“辛亥岁始问业于予”。⑤

是年，吴石转入福州格致学校读书。⑥

是年后，何振岱回到福州，友人刘鸿寿时任福建盐运使，何振岱遂于盐政取得一席，但做官非其所好，刘鸿寿遂聘其为西席。⑦ 刘鸿寿（1863—1916），原名崇任，谱名濂，字步溪，号景屏。侯官人，刘齐衔孙，刘忻次子，陈承裘长女婿，世居光禄坊。光绪十七年（1891）举人，大挑粤东知县。历任闽海关监督、福建都督府财政司司长、福建盐运使等职。其诗收入《榕南

① 陈宗烈：《石湖渔隐篆刻》卷首，宣统三年钤印本。

② 陈锵、陈莹、陈荭：《先妣年谱》，薛绍徽著，林怡点校：《薛绍徽集》，方志出版社2003年版，第158页。

③ 《何振岱集》，第172页。

④ 郑孝胥著，黄坤、杨晓波校点：《海藏楼诗集》，上海古籍出版社2013年版，第222页。

⑤ 周演巽：《雏蝉剩稿》卷首，民国间排印本，第3页。

⑥ 《吴石诗文集》，第52页。

⑦ 吴家琼：《故友何振岱生平事略》，《何振岱日记》，第650页。

梦影录》。

何振岱《心与斋诗话》：步溪多闻强记，少时所读书以至自撰述文辞，能历举不遗，推论古今诗文，秦汉后作者少所服膺，论议辄出人意表。①

约在本年前后，王德愔入何振岱之门，“从师问字”。王德愔《月华清·赠健怡表甥女》：“忆我从师问字，阅卅载如今，乐瞻巾履。”②

按：此词收入1942年刊《寿香社词抄》，假定此词最迟作于1941年，逆推三十载，可知王德愔约于本年前后拜何振岱为师。何振岱是于本年回到福州。

是年后，何振岱、刘敬、高向瀛同在福州，来往渐密。是时林白水任福建法治局长，欲邀请三人入局编纂新礼，三人均婉拒。当时福州文人盛行结诗社，刘敬、何振岱、高向瀛、陈明、陈海鳌、刘钦组成真率之会，约定每月一集，而后刘钦去世，陈明外出，陈海鳌久不来，只有刘敬、何振岱、高向瀛三人时常集会，结为昆弟，立三生会。③ 高向瀛在《刘龙生七十双寿序》中谈道：“原夫以文会友，赏奇析疑之谓；以友辅仁，断金攻错之谓。似非举业觞咏之结合，科第出处之偶同所可称为友。”④ 何振岱曾绘《三生图》及诗文记三人结交之事。三人均居福州城南三坊七巷一带，刘敬家有园名惜园，植梅花二十株；高向瀛家有环翠楼，有百年雪丁香一本；何振岱家有觉庐小园，多植梅、兰、菊，社集多在刘敬、高向瀛二家。何振岱《看梅题惜园》诗云：“又为梅花拓一宫，未尝蹊径与人同。青鳞自穴澄泉底，白鹭常

---

① 《榕南梦影录》卷上，第41页。

② 王德愔：《琴寄室诗词》，福建省文史研究馆2012年内印本，第99页。

③ 连天雄：《闽中诗坛三生会》，《坊巷雅韵》，第119页。

④ 《环翠楼文存》卷三。

窠古树中。闲坐闲行皆自得，观天观物亦无穷。瓣香长在湘乡集，老学悬知日有功。”① 记环翠楼集会有诗《环翠楼第十二集时丁香盛开主客分赋》，写与众人观赏丁香，谈论故实。②

> 刘学洙《三生诗会与闽诗坛》：三生会在当年福州文士圈里也算颇有名气，但三生中惟梅生在诗坛地位高，龙生、颖生，均不入陈衍的视线，他所编《近代诗钞》及所著《石遗室诗话》均不着一笔。……可惜，祖父（即刘敬）遗稿片纸无存，对他的诗，很难说些什么。我只记得，当时福州诗人们常常唱和，而且每得新作，辄抄录互赠。……只是三生会轮流做东，轮在我家时，我常能见到何振岱和高颖生，在祖父花厅里吟哦品评各自带来的新作，得半日之欢。晚间必留酌，菜肴不多，但颇为精美。……依我观察，祖父自我感觉良好，事事好胜。那次他专挑钟鼎文中生僻的字形摹写‘愚庐’两字，让何振岱猜是什么字，何看了一会认不出来，祖父事后向家人炫耀说：你看，我写的字，连梅生也认不得！③

是年，许承尧返歙家居。后受甘肃督军兼巡按使张广建之聘任省府秘书长。不久补授甘凉道尹、代理兰州道尹，后调署省政务厅长。④

是年，何振岱时患右手痹，中西医药皆无效，偶检医书得一方，以葡萄细干煎汤饮即愈，遂买葡萄酒两瓶饮之，遂痊。⑤

【编年文】

《石湖渔隐印稿序》。

---

① 《何振岱集》，第246页。

② 《何振岱集》，第177页。

③ 刘学洙：《大营巷旧事》，海峡文艺出版社2003年版，第16～17页。

④ 《徽州地区简志》，第521页。

⑤ 《觉庐侍谈别抄》。

民国元年壬子（1912）　　四十六岁

【时事】

1月1日，中华民国宣告成立，孙中山在南京就任民国临时大总统。

5月1日，京师大学堂更名为北京大学校。5月3日，袁世凯任命严复为北京大学校校长。10月7日，严复辞去北京大学校长一职。[①]

是年后，福建女子师范传习所与女子职业学校合而为一，改名福建省立女子师范职业学校。

【事迹】

正月，吴石参加北伐学生军，出发前往上海，后至南京。二月，临时大总统孙中山率文武官员祭祀明太祖朱元璋，吴石参与警卫任务。五月，陆军部入伍生团解散，吴石返回福州。[②]

二月花朝，陈衍同何振岱游耿王庄，访林韵芳于庄畔寓庐，有诗。林韵芳名芳，乡贤振棨女，适邱卓，能文墨。[③]

秋，何振岱访陈宝璐于螺洲，相见欢然，晚酌既酣，倾壶纵谈。陈宝路是陈宝琛三弟，举进士后仍从谢章铤学，设几榻于谢氏维半室，执弟子礼，如童蒙时从师。何振岱感叹："予所知惟君一人而已。"[④]

七月，朱汲民为周演巽《雏蝉剩稿》作序。

---

① 《严复年谱新编》，第303～318页。

② 郑立：《冷月无声：吴石传》，中共党史出版社2018年版，第17～23页。

③ 《侯官陈石遗先生年谱》卷六，《陈石遗集》，第2019～2020页。

④ 何振岱：《莺鸠斋杂识》，抄本。

八月，吴石入武昌第二预备军官学校，开始军校生活。[①]

八月，冯学书为周演巽《雏蝉剩稿》作序。

十一月二十三日（12月31日），魏怀任福建教育司司长，不久去职。[②]

十二月初七日（1913年1月13日），陈宝璐卒，年五十六岁。何振岱作有《怀螺洲陈丈叔毅》诗，并有诔文。[③]

《怀螺洲陈丈叔毅》：扁舟旧水白湖亭，他日江洲耿一星。酒泪湿衣通夜雨，无穷幽绪托深宁。[④]

是年，陈衍有《招梅生看画》诗，撰《何心与诗叙》。

陈衍《招梅生看画》：不见竟数日，谁知居对门。出嫌泥滓满，坐爱雨声繁。花有辞瓶意，苔多上砌痕。匡庐悬素壁，着屐一评论。[⑤]

陈衍《何心与诗叙》：寂者之事，一人而可为，为之而可常，喧者反是。故吾尝谓：诗者，荒寒之路，无当乎利禄，肯与周旋，必其人之贤者也。既而知其不尽然。犹是诗也，一人而不为，虽为而不常，其为之也惟恐不悦于人，其悦之也惟恐不竞于人，其需人也众矣。内摇心气，外集诟病，此何为者？一景一情也，人不及觉者，己独觉之；人如是观，彼不如是观也；人犹是言，彼不犹是言也，则喧寂之故也。清而有味，寒而有神，瘦而有筋力。己所自得，求助于人者得之乎？余奔走四方，三十余年，日与人接，而不能

---

① 《吴石诗文集》附《吴石年表》。

② 刘国铭主编：《中国国民党百年人物全书》（下），团结出版社2005年版，第2456页。

③ 《何振岱日记》，第533页。

④ 《何振岱集》，第161页。

⑤ 《陈石遗集》，第196～197页。

与己离。不能与己离，虽接于人，犹未接也，焉往而不困？若是者，无所遁于其诗也。持此以相当世之诗，若是者百不一二。其一二者，固无往而不困也。吾从林生狷生闻心与之诗，识其人，读其诗，与之言。吾所觉者，心与觉之；吾如是观，心与不如是观者，或寡也。则其于诗，人如是言，心与亦如是言者，殆寡矣。柳州、东野、长江、武功、宛陵、后山以至于四灵，其诗世所谓寂，其境世所谓困也。然吾以为有诗焉，固已不寂；有为诗之我焉，固已不困。愿与心与勿寂与困之畏也。①

民国后，沈瑜庆寓居上海，何振岱"每出游必诣谒公"。②

是年，王寿昌任福建交涉司司长，聘何振岱为第一科科长，"公余多课其子女读书"。③ 吴家琼《故友何振岱生平事略》云："福建交涉司王寿昌（子仁，何好友）聘何为秘书，王以上宾之礼相待，除代王作酬应文字及谈诗外，从无作过公事的文字，日常也勿庸到署签到。"④ 王真《二十年来同怀回忆录》记有当时交涉司情景云："壬子，先君司外交本州，今南营工务局即旧署地址也。后院数楹，弟与余读书其中，辄倩长兄绘先圣像悬之，每值假日，相率以拜。梅师尝言：'汝曹知读书，其幼时知敬孔子所由来乎？'然作时印象邈难再得矣。"⑤ 1936 年 7 月 20 日福州《华报》登载卢芦庐《逸闻漫识》（五），记有当年何振岱任职时佚事一则。吴家琼谓"无从作过公事的文字"之说，或不准确。

卢芦庐《逸闻漫识》（五）：诗要避俗，而作官不可不从

---

① 《陈石遗集》，第 519～520 页。

② 何振岱：《送沈涛园中丞赴沪序》，《何振岱集》，第 86 页。

③ 《竹韵轩集》，第 24 页。

④ 《何振岱日记》，第 651 页。

⑤ 王真：《二十年来同怀回忆录》，民国二十四年排印本。

俗，习惯如自然，矫则骇俗，故称为俗吏也。诗人为官，便多蜀犬吠日矣。闻何梅生（振岱）供职闽省长公署时，批公牍偶以“照准”为“照凖”，人询之，何曰：“秦汉以来，公牍悉用‘凖’字，见于史传者，不一而足。自寇凖为相，时人讳之，遂改为‘准’，相沿成例，然则吾之‘凖’其‘准’者，行古之道也。”吁，何氏之说，未尝无稽也，用之于官，则骇俗矣，乌乎可？

是年，周演巽作《三十二岁生日偶成》诗，诗云：“卅二年华逝水过，半生何事不蹉跎。飞花到眼春都尽，衰柳如人秋已多。孤客景光余涕泪，孱身魂梦怯关河。西风剩有灵均感，憔悴荒江意若何。”①

是年，刘蘅婚后随夫北上居北京。其夫吴承淇，福州螺洲人，是辛亥革命的积极参与者，曾因革命活动入狱，出狱后供职国民政府铁道部，后为银行家兼企业家，曾任福建银行理事。②吴承淇与陈宝琛同乡，又与严复相识，在北京时相过从。是时刘蘅寄居于严复别墅，所作别墅画在北京书画界广为流传。③

民国二年癸丑（1913）　四十七岁

【事迹】

二月，林纾为沈瑜庆作《涛园记》，有云：“爱苍，忠孝人也。余度其必有归时，今年相见京师，因为是图并《记》以赠

---

① 《慧明居士遗稿》卷上，第 8 页。

② 董俊珏、游伟娟、颜梦：《福建女诗人刘蘅年谱简编》，《福建师大福清分校学报》2016 年第 1 期。

③ 《福建省文史研究馆志》，第 126 页。

之，心中则甚祝其能归也。癸丑二月林纾记。”[①]

四月，印人陈寿柏卒，作《祭陈渔隐文》。[②]

五月初五日（6月9日），为郑容撰《无辩斋诗序》，署“癸丑端阳何振岱谨识”。[③]

五月，林纾将京师大学堂讲授古文的讲义，整理成《春觉斋论文》，自本月起在《平报》连载，1916年都门书局结集印行，1921年上海商务印书馆印行新版，改名《畏庐论文》。[④]

七月初四日（8月5日），立秋前三日，周演巽在南昌以泥金为何振岱书《金刚经》祈福寿。周演巽书学钟繇，秀劲有法。周辞世后，何振岱与王之恕合资将此经影印百本行世，并题识数语。1934年何振岱将此经舍藏怡山长庆寺。[⑤]

七月，王允晳与陈衍相商欲结诗社，不作折枝。陈衍向王允晳介绍了庚戌（1910）春在北京与赵尧生、胡瘦唐、江叔海等结诗社之事：“遇人日、花朝、寒食、上巳等世所号良辰者，择一名胜之地，挈茶果饼饵集焉。晚则饮于寓斋若酒楼，分纸为即事诗，五七言古近体均听。次集则易一地，汇缴前集之诗，互相评品为笑乐，其主人轮直之。”[⑥] 于是王允晳在立秋后一日，招集友人往城南沈叔眉先生祠为第一集，称“秋社”，作诗共百十首。到会者有陈衍、王允晳、何振岱、林宗泽、刘崧英、周愈、林大年、郑容、郭则寿、叶心炯等人。[⑦] 陈衍有诗《立秋后一日碧栖

---

① 林纾：《畏庐续集》，民国间上海商务印书馆排印本，第54页。

② 《何振岱集》，第124页。

③ 郑容：《无辩斋诗》卷首，民国二年排印本。

④ 《林纾年谱长编》，第223页。

⑤ 《觉庐侍谈别抄》。

⑥ 陈衍：《秋社吟集叙》，《陈石遗集》，第585页。

⑦ 《石遗室诗话》，第176页。

招集城南沈祠》云："里中社事久荒寒，即景分题忆坠欢。"① 陈衍《石遗室诗话》载众人此集之作，何振岱有二联云："犹有遗词存沈谢，枚如先生附祀。于今谈艺属陈王。诗堪送热宜秋集，病不能杯爱酒香。"② 数月后陈衍游京师，社集如故。"积稿裒然，谋付梓，寓书问叙于余（陈衍），而梅生持不可，谓为未尽工，未足以行世。余叙以为择其工者梓之可也，然梅生卒坚持不果梓。"③

按，结社事亦略载《侯官陈石遗先生年谱》卷六，有云："七月。王又点先生允皙欲起诗社，乞公为之长，首集于李园里沈祠。会者何梅生、刘筱云、林大年、龚惕庵、郑国容、林雪舟、周郁如、叶伯璁诸人。次集在公宅，即以新凿小池为题。惕庵、梅生诗最工。公得七言律一首。三集集林雪舟宅寒碧楼，议重修西湖宛在堂，公有七言古一首。又点丈，乙酉举人，工诗词。筱云名崧英，壬寅举人，工诗，能画，善书。大年名则铭，工诗，善书。惕庵名乾义，诸生，博学能文，工诗。国容先生名容，有《无辩斋诗》。雪舟名宗泽，精目录之学。郁如先生以画名。伯璁名心炯，诸生，工书。"④ 陈衍有诗《石遗室前新凿小池诗以落成之》《寒碧楼小集谋修西湖宛在堂》《小池赋有序》。

八月，高向瀛入自闲吟社。高向瀛《赠何枚生序》："癸丑八月，刘墨泉丈招入自闲吟社，社中多知名士，君在焉。未几，社事废。"⑤

是年，郑容《无辩斋诗》印行。

---

① 《陈石遗集》，第208页。

② 《石遗室诗话》，第176页。

③ 陈衍：《说诗社诗录序》，《陈石遗集》，第642页。

④ 《陈石遗集》，第2022～2023页。

⑤ 《环翠楼文存》卷一。

是年，林大年与何振岱、刘崧英、郑容在里中唱和。林大年，名则铭，号虚心斋，福州人。壮年游履北至燕齐，南极湘楚，东归过吴越。客中吟咏甚多。[①] 林大年有《霜夜菊前同梅生作》云："先生酒病爱霜天，默坐秋斋意适然。"《再答梅生》云："花下吟深月转廊，与君不忍负秋光。"《赠梅生》云："不独年来踪迹亲，爱憎殊俗见君真。安能名隐聊相晦，未悔同清稳得贫。"陈衍《石遗室诗话》载其诗数首，并云："君诗气韵在二皇甫、刘文房之间，有凄黯近冬郎者。"[②]

是年，郭毓麟生。郭毓麟（1913—1996），字浴菱，福建福安人，民盟盟员。福建协和大学中文系毕业。民国时，曾任福州英华中学、晋江中学教员，福安县立中学校长，福建协和大学讲师。中华人民共和国成立后，任福州师范学校教员，曾参加编写《汉语大词典》。著有《蛰庐吟稿》《选析唐诗 220 首》。

【编年文】

《无辩斋诗序》《祭陈渔隐文》。

民国三年甲寅（1914）　　四十八岁

【事迹】

夏四月，林寿图继配张印《茧窝遗诗》在福州付印，何振岱为之作序。[③] 按，张印，字月潭。《茧窝遗诗》由林寿图子林昌虞编次印行。

夏，陈衍卧病，作《与何心与书》，述及真性情于创作之重要性。此文与《何心与诗叙》，均是体现陈衍诗学主张的重要文章。

---

① 《百年闽诗（1901—2000）》，第 266 页。

② 《石遗室诗话》，第 403～404 页。

③ 《何振岱集》，第 44～45 页。

陈衍《与何心与书》：心与足下：秋风忽起于怀袖，怀思万端，而佳章适来，慰我寤叹。名言玄理，殆亦舍仆无足倾写，故不惮蹑景于阴，叩闻于寂，举而畀之数千里外隔岁不相见之人邪？久溉之味，俾复尝之，久灭之痕，俾复睹之。欲报大贶，未易称心而出矣。仆昨岁北来，颇有微尚，境由心幻，以为明明已见耑绪，引而申之沛然也，岂知事有甚谬不然者。大抵世缘深则真性情没，真性情没则宇宙剖判以来，所有钟毓积累至美可观之物，皆将退废而无致人之力，况于绵邈幽敻之百往而百复，将隐而将见者乎？使游鱼而听娲匏之曲，百兽而舞箫韶之成，有其说未敢知有其事也，况于大音之声希乎？仆凿坏于万人如海之中，竹篠藤萝欲迷出入而剥啄于门者，日仍数至，又不欲欺人避匿，则颠倒衣裳，顾视日暑，悼其逝而不反耳。入夏贞疾，遂罢出游，咎悔之念时作，似视往时反增，岂为道之力不进则退耶？将巨大魔力与之共长相尝试耶？抑血气衰即其间之可乘耶？摧陷廓清数十年安心立命之地，犹似实若虚。如何如何，惟足下有以教我。衍白。①

12月，吴石在武昌预备军校以第一名成绩毕业。

是年，薛绍徽《黛韵楼遗集》八卷刊行。其中词集二卷，有薛裕昆序，收词167首。

是年，何振岱作《沪南三山会馆记》。

民国《上海县志》卷六：沪南三山会馆，为闽商之营青果福橘业者公立。初赁屋于里仓桥。清光绪季年，购地于二十四保二区方十二图沪杭车站对面。宣统元年始建，阅五载工竣。殿宇宏丽，供湄州天后象。殿前为戏台，后为楼，西

---

① 《陈石遗集》，第573页。

为园池石亭台，参差掩映，缭以西式砖墙。何振岱撰记，基地四亩二厘五毫。①

是年，何遂在日本学习。某日，其妻陈坤立发现何遂所学日本《民法》中有贬侮妇女之词，何遂怒而将课本撕毁，顿悟学此无用，适逢陕西陈树藩来电相邀，乃决定回国。②

【编年文】

《茧窝遗诗序》《沪南三山会馆记》。

民国四年乙卯（1915）　四十九岁

【事迹】

正月初三日（2月16日），高向瀛有诗《正月三日冒雨过刘龙生惜园落英缤纷读何梅生郑寿予两君诗感作惜别》云："春色名园压酒杯，一年两度见花开。甲寅人日腊月三次饮于花下。沉吟何郑新诗句，珍重龚黄古吏才。龙生将之官奉天。胜事可堪多代谢，故山无恙幸归来。竹舆雨点冲寒至，更与巡檐得几回。"③ 高向瀛另作《家藏旧琴梅生有诗惠赠感答其意》诗云："至情妙理畅深杯，怀抱平生为好开。风雨满楼疑有异，蓬蒿没径定非材。德全不暇忧天压，心死徒增阅世哀。我自高歌出金石，遗音弦外得君来。"④

三月二十三日（5月6日），沈瑜庆借回闽展墓之便，撰文致祭宛在堂。

沈瑜庆《宛在堂祭文》：惟乙卯三月立夏之日，里人沈

---

① 姚文楠纂：民国《上海县志》卷六，民国二十年排印本，第2页。

② 《何遂年谱简编》。

③ 高向瀛：《还粹集》卷三，民国二十六年刻本，第3页。

④ 《还粹集》卷三，第4页。

瑜庆等谨以清酌庶羞之奠，致祭于宛在堂三十二先生之灵曰：丁戊鸿冥，实葺斯堂。毗陵铭新，矫首太康。乃祀诗人，在水中央。懿惟膳部，吐音琳琅。配食群公，振响弥昌。越数百载，于闽有光。榱桷再敝，泉壑斯堙。窃惧风雅，不殖将沦。用度荒址，辄议明禋。旧十五子，今倍其人。惟诸先生，峻节高风。菀枯显晦，各有遭逢。覃思游艺，亮无不同。自明及今，前替后继。机杼转新，平步相蹴。间有殊趋，正资磨琢。异世云龙，一堂追逐。有仪灵踪，峰颠水曲。尤念平生，游钓于斯。身前烟艇，去后苔矶。千花独树，宁或忘之。试拂朱弦，遗音未希。青山有约，华表来归。毋恫往时，藤枯松死。湖天荡荡，独罗筵几。襄阳耆旧，义熙甲子。飞盖题襟，不愆前轨。顾嗣雅言，起衰邑里。年年胜集，献荔陈蕉。此水长碧，芳甽无祧。尚飨。①

夏，吴石进入保定陆军军官学校第三期炮科学习。② 与张治中、蔡廷锴、宋希濂、白崇禧、黄绍竑、刘建绪等同班学习。

夏，福建巡抚使许世英倡设西湖公园，疏浚西湖，经刘鸿寿同意，取资盐政余款。时任水利局长林炳章倡议重修《西湖志》，聘何振岱为总纂。自夏至冬，历九月而成。何振岱撰有《西湖志序》，记其经过。乃依旧志分类重修，得十四门，都二十四卷。林师尚、叶心炯、林宗泽同纂，龚乾义、陈鸣为之襄助，陈谦躬采访，周愈作图。③

按，谢章铤《赌棋山庄词话》卷六："省会小西湖在闽王时，恒舞酣歌之地，历详省志、府志及姚循义《西湖志》。……姚氏

---

① 《沈敬裕公年谱》，《涛园集》（外二种），第227页。

② 《冷月无声：吴石传》，第25页。

③ 《何振岱集》，第23页。

旧《志》，尚待补苴。谁能搜葺前闻，参稽往籍，仿萧山毛氏《湖湘水利志》、仪征李氏《扬州画舫录》两家义例，勒成一书，庶论治者有所考镜焉。”何振岱可谓完成了其师谢章铤的心愿。① 《西湖志》于1916年刊行，林炳章《西湖志序》云：“视旧《志》增四分之三。”②

是年，沈瑜庆受聘为福建通志局总纂修，陈衍为副总纂，陈元凯为提调，局设乌石山沈文肃公祠内。沈瑜庆回闽部署事毕，又往沪。③

是年，福州西湖宛在堂修复，撤除外垣。初，陈衍曾与何振岱、王允皙诸人议修此堂，资无所出。沈瑜庆在江西布政使任上，曾捐饼金一千元存陈宝琛当铺生息，修堂时拨用，堂乃成。④

是年，次子何维沣就读于福州扬光中学，毕业后东渡日本留学。⑤

是年，陈衍作《寒食日寄怀梅生兼讯西湖》二首。⑥

【编年文】

《西湖志序》。

民国五年丙辰（1916）　　五十岁

【时事】

二月十九日（3月22日），袁世凯被迫取消帝制，仍称大总统。

---

① 《赌棋山庄词话校注》，第139～140页。

② 何振岱总纂：《西湖志》卷首，民国五年福建水利局排印本。

③ 《沈敬裕公年谱》，《涛园集》（外二种），第227页。

④ 《侯官陈石遗先生年谱》卷六，《陈石遗集》，第2025页。

⑤ 王闲：《王闲诗词书画集》，福建美术出版社2012年版，第198页。

⑥ 《陈石遗集》，第227页。

【事迹】

正月二十三日（2月25日），《中华妇女界》1916年第二卷第二期发表何振岱《题陈君尺山麻疯女传奇》。[①] 此诗《何振岱集》未收。

《题陈君尺山麻疯女传奇》：一与之齐终不贰，此道自常今所弃。安有残人用自全，蛮俗酬风等殊类。众然有女独不然，如花之颜心石坚。饮毒灭垢生光妍，未谓报施时无天。

二月，梵辉生。梵辉（1916—1990），俗姓冯，名连铿，法号常晓、梵辉、戒贤、越尘、樾亭，福州人。12岁时，其母送福州怡山西禅寺为僧，得方丈智水指点习诗词。1940年在西禅寺挂监院名，纂修寺志。拜何振岱为师，编成《历代僧伽诗钞》附其诗集《云水诗抄》。1947年，任中国佛教会福建分会常委兼秘书，着手筹建佛教医院，并受聘为常务董事。中华人民共和国成立后，以医术济世救人。1989年8月，受聘为福建省文史研究馆馆员。编撰有《赞颂集要》《云水诗抄》《福建名山大寺丛谈》《西禅古寺》《释氏艺文录》等。[②]

四月，沈瑜庆与陈衍同归福州，与督军李厚基商议纂修《福建通志》事，何振岱任协纂。

《侯官陈石遗先生年谱》卷六：四月初旬，公与涛园丈同归里。李培之督军厚基来拜，招饮，因识一时当道诸君。李督军时兼省长，请先定修志凡例，公撰就若干条，印刷寄各省，开局于乌石山沈文肃公祠中。涛园丈为名誉总纂，不办事，不驻福州。陈陀庵大令元凯为提调，刘耕云太守瀛、何梅生师为协纂。沈冠生礼部觐扆、叶献恭大令大琛、林耕煤大令苍、陈小真大令钜前、林敏生大令翊、陈大弥大令

① 《中华妇女界》，上海中华书局印行，民国五年二月二十五日出版。
② 《福建省文史研究馆志》（修订本），第189页。

敬、王镜湖大使庆湘、郑星帆孝廉祖庚、林可山诸生孝颖、吴樵笑炎南、陈耻楼诸生耻、陈益卿诸生谦、叶伯璁诸生心炯，及李苑之、龚惕庵、林雪舟共十余人为分纂外，采访、校对、誊录又二十余人。月糜银元二千元。其费出全省各县钱粮串票项下，每张加征一文、钱三文。后数月，经各县议员将此款争回以修县志，经费无着，志局将停办。嗣经李兼省长于闽、侯两县串票项下，可征三百余元外，另筹补足。至十二月乃切实开办，约以三年期限，修新《通志》一部，仍从最初编起。①

八月，吴石在保定陆军军官学校以第一名毕业。②

十二月二十三日（1917年1月16日），何振岱五十岁生日，陈衍为之撰一寿联："酒先司命醉，诗早达夫传。"③ 闽人有避寿习俗，何振岱避客郊外凤冈（今福州市仓山区），作诗《五十生日避客凤冈梅花盛开》④，另作诗《五十生日自寿序》。

《五十生日自寿序》：昔者吾师长乐谢子生日不受祝，先期避西郭外丁坂楼下侍女家。吾州艺菊，丁坂为盛，师岁一至，菊数畦，鸡黍二簋。侍女者亦老矣，服侍左右。师对菊挥杯，翛然得也。师寿至八九十，吾侍侧时年三十一二，今遂已五十之年，学不加进，徒老为愧。师生日为十一月廿三日，予则后一月亦廿三。予侍女适凤冈李氏者，婿农圃翁。结庐深树中，面山依池，门前梅花连二三十株，高皆过墙。予喜之，假之以度腊，窃比师之于丁坂焉。夫师可受祝而不欲受，予则实不敢受。然吾之学，于师虽无似，而爱花耽寂

① 《陈石遗集》，第2029页。

② 《冷月无声：吴石传》，第34页。

③ 连天雄：《南华老人二三事》，《坊巷雅韵》，第133页。

④ 《何振岱集》，第168页。

之性则若有同者。师享大年，使吾幸而得至吾师之年，其或于道略有所窥，诚不可以自废也。爱我者言我其情或过，不若吾自言之，且资以自策焉。①

是年，刘鸿寿卒，年五十四岁。② 何振岱后有《刘景屏先生暨德配陈夫人墓志铭并序》，叙其治学理政之才有云："群经中尤喜《尚书》，参稽传注，断以己意，多前人所未发。性好客，有以经史商质者，必为订正，辩析既明乃已。纵论古文作者，自秦汉以后，所许不过十数家，骤聆或骇怪，然未尝不服其精审。……既躬其任，则本所见而措行之，积弊顿捐，销售弥畅。在官恒自治文书，纡回简赅，事昭理辨。凡所区画，悉本大公，而不免时遭挠梗。然坚苦支撑，至竟亦得就绪。……君遗后无铢寸积，向以倖余疑测者，至是乃赞叹弗已，群为鸣之。"③ 何振岱曾任刘鸿寿西席，刘鸿寿诸子亦尝从何振岱就学。

是年，何振岱始致力于宋儒诸子之学。何振岱《与苏禾龛三则》其一："徒已半生沉溺词章为无益之学。年至五十，始知回首，颇致力于宋儒诸子。恨习染太深，不能骤拔。"④

按，苏禾龛名学雍，福州马尾船政后学堂管轮班毕业，后留学英国，是何振岱弟子。叶可羲《禾龛诗序》可略见其行迹。序云："予同学苏君禾龛，志行高洁，吐属芬芳，追屈子之流亚欤。君早岁游学欧洲，历数国而返，就国内经济微职，恬澹寡言，廉洁自守。公余为学，尤耽吟咏，远追眉山，复师南华。尝以诗呈正吾师，师指诗谓予曰：'子之劲敌也。'……予与君同觉庐侍座，文酒盘桓，卅载有奇。……君所为诗词，不自珍惜，数

① 《何振岱集》，第87～88页。

② 《三坊七巷志》，第381页。

③ 《何振岱集》，第111～112页。

④ 《何振岱集》，第82页。

厄于水火，余稿仅百余首，病时嘱序于予。……壬子冬月，叶可羲谨序。”①

是年前后，何振岱作《春感》诗四首，② 钱仲联《近代诗钞》认为此四首“可与其乡陈宝琛《沧趣楼诗》的《感春四首》比美”。③

《春感》：惜春何忍见花飞，张幕悬铃事已微。千里魂消同况味，经年头白为芳菲。传书黄耳浑无实，吹浪江豚苦作威。岂有邻翁知爱护，借人畚耜计应非。

花落花开总有时，芳愁只在旧园池。飞茵坠溷终吾士，浪蝶狂蜂异所思。早虑风霾妨始蘖，长嗟藤蔓束柔枝。玉儿漫恋雕栏好，倚损罗衫却未知。

自古沉愁未是愁，如今春色忍登楼。只闻索响鸣墟鼓，焉用扬鞭策土牛？彩树张花仍锦宴，华林奏乐漫移舟。散寒黍谷须吹律，安得邹生与远谋？

疾雨横风近画檐，春人小极只淹淹。讨方重读桐君录，请命时烦太史占。靧面从来非悦怿，齐心还许有针砭。禽言格桀难舒郁，愿奋雷霆启户潜。④

是年，福州名画家周愈（雨渔）于自居园壁上画松，周演巽作诗《周雨渔先生园壁画松歌》记之。周愈作《于山万岁寺记事》云：“吾宗女子山阴周绎言，丙辰年至闽授经林氏，才行昭闻，穆然师资也。文词书法尤美，不鄙谫陋，时以画事叩余，为言皴石钩树诸法，言下多悟。予绘古松于所居斋壁，女士为作长

① 《竹韵轩集》，第31页。

② 此诗纪年据《何振岱评传》，第87页。

③ 钱仲联编著：《近代诗钞》，江苏古籍出版社2001年版，第1489页。

④ 《何振岱集》，第166～167页。

歌纪之。”[①] 何曦亦作诗《周雨渔先生退补园壁上画松》记之。

【编年诗】

《五十生日自寿序》《五十生日避客凤冈梅花盛开》《春感》（约作于本年前后）《雏蝉受法戒于楞根上人予及雨渔为介与听受以诗纪之》[②]。

【编年词】

《南浦·慧明受法戒万岁寺后归章江楞根上人亦往太姥赋此寄意》[③]。

民国六年丁巳（1917）　五十一岁

【时事】

四月十二日（6月1日），福建宣布独立。

五月十三日（7月1日），张勋带领刘廷深、康有为、沈曾植、王士珍、江朝宗等清朝旧臣，拥仅12岁的清废帝宣统溥仪复辟，张勋等7人任内阁议政大臣，陈宝琛入阁。复辟仅历时12天即告失败。

【事迹】

二月，为友人沈复撰《养碧斋记》。此文《何振岱集》未收。

《养碧斋记》：唐之诗人若韦苏州、白香山，皆其杰焉者也。史称韦所居常扫地焚香而坐；白自为《草堂记》，谓凡所止辄覆篑土为台，聚卷石为山，环斗水为池。二公者，其于居处常不苟如此。语云：“君子之居，一日必葺。”盖自常

---

① 《慧明居士遗稿》，“题词”第3页。

② 周演巽（法号慧明）民国五年（1916）在万岁寺受戒，姑将此诗系于本年。

③ 周演巽民国五年（1916）在万岁寺受戒，姑将此词系于本年。

人则为怀居、为求安，而君子则以托潜修、戢外扰，用意正尔不同。宋章文庄讥陈蕃“不事一室，焉能扫除天下”，为深知此意矣。予谓诗人之心镂缋万态，尤宜屏嚣处幽，使恒宁静，然后触事抒兴，乃能觉人所未及觉，而言人所不能言，岂谓居室细事可慢忽乎？沈君墨藻，天性耽诗，于所栖止必洒扫严洁。去年归自辽阳，葺屋三楹于文肃公祠西偏，多莳花树，环以修竹，名之曰“养碧斋”，读书吟咏其中。祠负乌石山，近眺平野，远瞰大江，在城中为幽胜之地。君昔从扬州归，尝于祠东偏构小轩曰“复轩”者，颇明爽，予与周雨渔、姚未僧诣君谈，必于是轩。兹斋之成，姚君不及见矣，惟予与雨渔往来如故。君居复轩时，间出一游辄归，归而复出，大约客居日多，山居日少。今又当远行，不能安处以享林亭池鏊之美，濒行徘徊，眷恋不忍遽去。人生多事，欲杜门匿影，笃修其业，诚有不可易得者耶？然君能诗，所以养其为诗之心者，出处将求合于昔贤，是足以志也。因书之，窃附于古者朋友相期之义云。丁巳二月，心与何振岱。①

五月，何振岱为同宗清道光间闽县何则贤《蓝水书塾文草》《诗草》作序，颇言新法油印书籍之便利。二文《何振岱集》未收。

何振岱《蓝水书塾文草序》：子恪宗兄出其令祖道甫先生《文草》见示，曰：“先祖生平学行，乡之人有知之者矣，顾所著述，经兵燹多散失。兹存《文草》上下二卷，经长乐谢枚如先生及先叔祖伯希公选定，无力镂版，是可憾也。”予谓：“镂版即未能，盍多置副本，分弃戚友之知书者家。昔白香山既以集本付从子外孙，又分贮于东林、南禅、圣

① 沈复：《养碧斋诗甲》卷首，民国间排印本。

善、香山诸寺，其时镌本之风尚未盛行，钞胥传写势不能多存数本，而付得其人，已可以免沦佚之患。今有新法油版印字术者，一纸可拓百十张，虽不及镌本良，然大省传写之力，得百十本而分储之，必有善保而传之者矣。矧有心如君，未必其终无锓刻力也。”子恪以为然。付印既成，属予书数行卷端，以识其事。时丁巳仲夏，宗后学振岱敬识。①

何振岱《蓝水书塾诗草序》：子恪宗兄复出道甫先生所著《蓝水书塾诗集》见示，集凡八卷，分体编次，每体多数十篇，少仅数篇，意删定之时盖极矜窨也。先生出高雨农、陈恭甫两先生之门，诸种学问渊源甚正，诗亦笃守闽派，有和平中正之音，而至情至性流露于字里行间，尤足兴人孝弟之思也。宗后学振岱敬识。②

秋，陈衍同何振岱、郑容游福州石鼓山。③ 陈衍作《同梅生国容坐听水斋头半日怀听水主人前度至此及至听水第二斋老人皆不在也》。④

十月，沈瑜庆返回上海，何振岱撰《送沈涛园中丞赴沪序》，述与沈瑜庆交往事，并言沈瑜庆担任《福建通志》总纂，适得其任。⑤

《送沈涛园中丞赴沪序》：元遗山论诗，惜刘越石不生建安中与曹、刘角逐。沈涛园中丞亦云：“遗山与放翁并世，使建旗鼓一堂，必有大可观者。”予按遗山生于金章宗明昌元年，当宋光宗绍熙元年，是时放翁年六十六。宋宁宗嘉定

---

① 何则贤：《蓝水书塾文草》卷首，民国间油印本。

② 何则贤：《蓝水书塾诗草》卷首，民国间油印本。

③ 《侯官陈石遗先生年谱》卷六，《陈石遗集》，第2031页。

④ 《陈石遗集》，第245页。

⑤ 《何振岱集》，第86页。

元年，当金宣宗贞祐二年，宋金和议成，放翁八十余岁，遗山已二十岁。有《古意》诗云："二十学业成。"遗山成学之早如此。苟于是时南北路通，闻名相许，则剑南后劲当属裕之；若诚斋，犹非其敌矣。沈公语予时，在江西布政使任中。予客公所，每畅聆谭艺为乐。景光霍吻，今已十年，而公亦遂六十矣。此十年中世事万变，不可殚语。盖非止放翁绍兴、乾道之时，而遗山正大、天兴之时也。还忆衙斋晨夕，相与纵论艺苑，若昨日事，未能无感于中云。公之赴官黔中也，予送公至九江别，折而渡鄱阳湖至南昌百花洲，徘徊久之而去。及公归海上，予每出游必诣谒公。公方与海内诸老结"读经会"，暇则以诗章唱和。比往来里中，有扫墓、浚湖诸作。以陈绛跗、高雨农后，乡邦文献不修，于是有修志之举。余考宋宁宗泰定二年，放翁年七十七，诏起修孝、光两朝实录及三朝史；又考《金史》，遗山丁国变后以作史自任，阻于乐夔，乃构野史亭于家，所编至百余万言。是二公者，皆以诗人而肩史职。公本世臣，仕至封疆，于国故朝章尤为烂熟，总纂志事与陆、元二公前后六七百年文采映照，甚为盛事。而放翁自六十后作诗至多，此尤公之能事。丁巳十月，公归领志局，有诗纪事。兹有沪行，书此赠别云。[①]

【编年文】

《养碧斋记》《送沈涛园中丞赴沪序》《谢枚如先生传》[②]《蓝水书塾文草序》《蓝水书塾诗草序》。

---

① 《何振岱集》，第 86 页。

② 《谢枚如先生传》收入民国六年排印本《长乐县志·儒林传》，乃何振岱代人作，姑将此文编入本年。

民国七年戊午（1918）　　五十二岁

【时事】

夏天，闽粤发生战争。各界人士谋请海军保护省城安全，公推陈衍发电北洋政府，请派海军上将萨镇冰率海军入闽。陈衍于中秋节前赴沪避兵。

【事迹】

季春，何振岱《心自在斋诗集》四卷以新法油印若干册，仅是稿本，意在就正于同好，改后赐还，而非定稿赠予之作，由林漪歌印刷。卷一收诗 75 首，卷二收诗 83 首，卷三收诗 77 首，卷四收诗 57 首。全书共收诗 292 首。自作弁言，此文《何振岱集》未收。

《心自在斋诗集弁言》：杜诗云“新诗改罢自长吟”，白诗云“旧句时时改，无妨悦性情”，欧阳公屡改订其文稿，夫人曰：“畏先生呵责乎?”公曰：“非畏先生，畏后生耳。”盖虽大贤天授之姿，犹不欲率意于文字也如此，非可为不知艰苦者道也。予幼治诗无所受，长后多累，不能力学，所作纪踪迹适意思而已。虽于古人心情微窥一二，而才性之强弱知无可勉强，第就所作言之，中间草率者正多。夫才性即不可强，而未尽其才性则诚可憾也。因以新法印为稿本，取其价廉事简且便于改定。同辈有善为诗而不鄙弃我者，将分呈之求其改定，其不承为我改定者，无用此稿本也，知我爱我者谅之。若朋旧中有依我此法以稿本见贻者，我亦当竭我浅见与之商订，用以酬报焉。戊午三月何振岱谨启。

蒙改定之句，乞以朱字写于行边，或全篇不应留者，亦请浓笔抹去。自呈稿之日起，期以一月将所经改定之原稿赐还，不胜感激。

按，福建省图书馆藏《心自在斋诗集》油印本一册，乃何振岱自存本，书眉间有收批数字，盖过录友人商榷语。如“省去两韵，直接‘南归’云较顺”“纵使二字宜改”“贪韵未稳”“题本为重至，偏说忘之，笔力夭矫”“开首七字多用软脚句，气便不雄，病与《别豫章楼》第一句同”“诗中多用‘不可’二字，意俱妙绝”等，盖皆同道商定或以为佳者之批语。是集所录之诗与《觉庐诗稿》相较，多面目全非者，亦与白居易诗“旧句时时改，无妨悦性情”之意合。

七月十五日（8 月 21 日），何维沣游学海外，郑元昭作诗《沣儿游学海外作此与之戊午七月望》勉之。[①]

八月十二日（9 月 16 日），高赞鼎访郑孝胥，示何振岱与高书云：“海藏乃圣贤中人，可师法也。”[②]

八月，郑元昭曾至马江避兵，作《戊午避地马江中秋无月寄心与城中》诗，何曦同行，有《八月十三夜马江看月》诗。时张清扬亦避兵马江，有《戊午马江避乱书事》诗。

九月二日（10 月 6 日），沈瑜庆卒于上海虹口寓所，年六十一岁。[③]

九月，何振岱从市间购得一张唐代古琴，喜作一诗，诗作长题云：“季秋从市间购一琴，背有篆文‘松雪斋’三字，池心镂隶文‘光化二年’，盖吴兴所藏，为唐昭宗时制者，至今逾千年。蛇跗断文古色斑驳，试弹之，音响清越。予于辛亥年曾购得许瓯香家琴，曰‘悬崖玉溜’者，乃至正元年钱塘张君翼斫，间有梅

---

① 《天香室诗草》稿本。

② 郑孝胥著，劳祖德整理：《郑孝胥日记》，中华书局 1993 年版，第 1744 页。

③ 《沈敬裕公年谱》，《涛园集》（外二种），第 236 页。

花纹。未几失去，闻在京师某权贵家，思之心痗。邂逅此琴，聊以自慰。然此两琴皆在风声鹤唳中得之也，长歌以志之。"①并向陈衍索诗，陈衍作《梅生得唐琴书来乞诗以一律答之》。

陈衍《梅生得唐琴书来乞诗以一律答之》：烽火郊关独屏居，买琴添债足轩渠。瓯香旧物通灵去，松雪家藏入手初。见说发音胜金石，何时闻雨共阶除。聚于所好诚堪券，微尚平生顿起予。②

十月，陈衍约何振岱游无锡，至惠山，过寄畅园，夫人郑岚屏随从。后送何振岱归里。③

十月，何振岱赠陈曾寿一张古琴，陈曾寿作七言歌行《谢梅生赠琴》纪其事。

陈曾寿《谢梅生赠琴》：有求不得望不见，秋空碧落长愔愔。人生何故撤天纪，嶕峣惟石环孤吟。同心幸期戴安道，遗我焦尾仁盲瘖。试弹一曲破幽涕，若哀窈窕回高深。孤山处士去千载，零梅槁瘦愁至今。何当坐君起孤奏，引袂馨魂还故林。④

十一月初三日（12月5日），何振岱在上海访郑孝胥，说即日归福州，赠郑孝胥五言古诗一首，诗云："读书希圣人，积念常无极。大贤生并世，安可失一觌。先生准孟氏，浩气天地塞。植躬正无枉，与人温可即。高楼压尘境，沉冥养龙德。廊菊流古馨，庭栝肖孤直。众废有独存，潜持见道力。微吟抱膝余，元音破啾唧。座隅穷问难，溟涬孰窥测。深樽泻月明，归舟载颜色。"

---

① 《何振岱集》，第172页。

② 《陈石遗集》，第262页。

③ 《侯官陈石遗先生年谱》卷六，《陈石遗集》，第2033页。

④ 陈曾寿著，张寅彭、王培军校点：《苍虬阁诗集》，湖北教育出版社2017年版，第109页。

郑孝胥语何振岱："君为志局，能将近城名胜古迹别辑一书，可合同志数人题诗摩刻，使之流传于外，乃佳事也。"何振岱向郑孝胥询问作书有何新法，郑孝胥告他说："但取孔林诸碑及北魏墓志常常临写，必有奇意发生，或非吾所能测矣。"①

十一月十三日（12 月 15 日），郑孝胥与何振岱观刘玉琴、林树森演《关公斩貂蝉》，赵君玉、小达子演《进妲己》。②

十一月二十一日（12 月 23 日），郑孝胥与陈衍、何振岱观王灵珠演《珍珠塔》。③

十二月二十一日（1919 年 1 月 22 日），高赞鼎寄书给郑孝胥，录其近作五古十首，请郑为其评定。④

是年，陈衍作《木笔初放海棠将开招梅生来看》《梅生得唐琴书来乞诗以一律答之》《送梅生归里次其留别韵》《同梅生游惠山寺》。⑤

是年，高向瀛作《寄刘龙生杭州》，有云："如何辛壬间，改革到清淑。风雨愁煞人，秋社荐秋菊。"⑥

【编年文】

《心自在斋诗弁言》。

【编年诗】

《季秋从市间购一琴背有篆文松雪斋三字池心镂隶文光化二年盖吴兴所藏为唐昭宗时制者至今逾千年蛇跗断文古色斑驳试弹之音响清越予于辛亥年曾购得许瓯香家琴曰悬崖玉溜者乃至正元

---

① 《郑孝胥日记》，第 1757 页。

② 《郑孝胥日记》，第 1758 页。

③ 《郑孝胥日记》，第 1759 页。

④ 《郑孝胥日记》，第 1764 页。

⑤ 《陈石遗集》，第 252～266 页。

⑥ 《还粹集》卷三，第 6 页。

年钱塘张君翼斫间有梅花纹未几失去闻在京师某权贵家思之心瘠邂逅此琴聊以自慰然此两琴皆在风声鹤唳中得之也长歌以志之》《寄畅园瞑坐》《惠山寺池上》。

民国八年己未（1919）　五十三岁

【时事】

是年，郭则沄任国务院秘书长。

是年，黄展云任国民党福建支部长，创办《福建新报》。

【事迹】

正月初一日（1月21日），郑元昭有诗《己未元日寄沣儿东瀛》《己未元日小饮念沣儿在海外》，[①] 时次子何维沣留学日本。

四月，陈衍主编《文艺丛报》第一期刊登了何振岱《自上海归福州留别石遗先生》一诗。

《自上海归福州留别石遗先生》：敢如籍湜托韩门，直许论心到本源。欲藉至解消夙习，肯容孤趣是深恩。去留难说何乡好，欢慰长因一佛存。腊酒故园相见否，高楼灯火认离痕。[②]

四月，为休宁赵咏清（鹤琴）《清操轩画剩》题诗，署“谨题鹤琴先生画册，古闽何振岱，己未孟夏”。

《谨题鹤琴先生画册》：小武当山青蜿蜒，香炉峰照珠帘泉。白岳山，休宁西，名小武当，绝胜。千年灵气久葱郁，迸入赵公一枝笔。能将焦墨状千形，层层云巘蟠空青。尺幅居然势万里，斧劈之山网巾水。晴窗披读日移晷，恍若置身岩壑里。世间描摹谁好手，输君毫端龙蛇走，焚香澄虑为题诗，

① 《天香室诗草》稿本。

② 《文艺丛报》1919年第1期，“海内诗录”，第9页。

翛然回望耕烟叟。[①]

六月十六日（7月13日），何曦侍奉父亲游览北京昆明池，有诗《六月十六夜侍家大人北池泛月》。

闰七月初七日（8月31日），与友人在洪山桥酒楼小集，作《洪山桥酒楼小集》四首，中二首于1926年9月15日发表于《辽东诗坛》第15期，作《闰七夕洪山桥酒楼四首》（录二），与《觉庐诗稿》卷二所载文字有异。

《闰七夕洪山桥酒楼四首》（录二）：微觉星残凉意生，池荷犹送晚香清。停车山径知何意，记听寒蝉第一声。

布帆一片是渔艭，天挂长虹入小窗。枫叶芦花都未尽，只凭寒日看秋江。[②]

七月二十八日（8月23日），何曦侍奉父母游览福州小西湖，有诗《七月廿八晚同沣炳诸弟侍两大人小西湖泛舟》。可知何振岱一家本年六、七月间曾由北京回到福州。

是年秋，江古怀（伯修）招何振岱、林翰（西园）、陈炘侯（肖洁）、吴铎（哲庵）、郑国容（无辩）、张葆达（秀渊）、林葆忻（谦宣）集于吴氏半野轩赏菊筵饮，林葆忻有诗《伯修招何梅生孝廉振岱林西园陈肖洁吴哲庵郑无辩处士国容张秀渊并余饮半野轩呈同席诸君》诗，中有“梅翁山斗行辈先，扬州水部相比肩”之句。[③]

是年，何维沣自日本回国，考入上海震旦大学预科，三年后留学法国勤工俭学。[④]

是年，自闽寄荔枝三百颗寄与陈曾寿，陈曾寿作《何梅生以

---

① 赵咏清：《清操轩画剩》，民国十五年大德书局石印本。

② 《辽东诗坛》1926年9月15日第15期。

③ 林葆忻：《中隐斋诗稿》，民国三十六年排印本。

④ 《王闲诗词书画集》，第198页。

荔枝三百颗寄饷报诗四章》。

陈曾寿《何梅生以荔枝三百颗寄饷报诗四章》：寒儒气蔬笋，亦饱风露鲜。藏神昨相报，玉肪盈菜园。清晨一书至，说荔甘我涎。如披米颠帖，如许载一船。密语缄密意，馨密在我边。启筐裹新叶，一一赪珠圆。天然冰雪肤，绝代姑射仙。生心色香味，破我金刚禅。

百年相见迟，一笑同臭味。空持岁寒心，莫报佳实馈。去年贻素琴，壁悬写空意。但味老苏诗，知音弹可废。林珍虽细物，发兴见深致。及时谢芸芸，孤往极所恣。聊破重深阻，芳香表同嗜。区区缩地心，中有违天泪。

东坡昔迁谪，海角挂孤光。林家赏红紫，翟舍叩昏黄。义井独后汲，至味逡巡长。偶过荔枝港，累累照沧浪。父老欣见留，及食邀过尝。海南一卷诗，字字含幽芳。无入不自得，火宅生微凉。披猖今何世，敦俗忽已亡。湿沫相煦濡，良厚诚可伤。

襄阳有耆旧，采桑逢佳客。坐之桑树底，曾不废采掇。不知何所言，酬答朝至夕。古人足风味，难为不知说。何当造君庐，晨露正可摘。饱啖三百颗，树下同列席。清坐尽日影，两忘语与默。那能知许事，聊用自怡悦。①

民国九年庚申（1920） 五十四岁

【事迹】

二月，林翰、苏南、江古怀、林葆炘、陈樵等十余人在福州结诗社，从陈衍学诗，诸人向陈衍请社名，陈衍名之“说诗”。

---

① 《苍虬阁诗集》，第113页。

《侯官陈石遗先生年谱》卷六：二月，林西园翰、苏干宝南、江伯修古怀、林谦宣葆炘、董仲纯子良、陈友渔樵、林雪舟宗泽、陈泽观鸣则、张秀渊葆达、陈梅峰元璋、陈肖絜炘侯、沈冠生观冕、吴铁庵铎十余人，结社从公学诗。案，西园，莆田人，壬寅举人，有《山与楼集》。干宝，南安人，官少将。伯修，侯官人，举人，毕业日本法政，考入翰林。谦宣，闽县人，历官广东、湖南、厦门审判厅长。仲纯，长乐人，壬寅举人。友渔，莆田人，权福建财政厅长。泽观，闽县人，诸生。秀渊，闽县人，壬寅举人。梅峰，莆田人，官古田知事。肖絜，闽县人，精法律，官推事。冠生，侯官人，北京大学毕业，官至福建盐运使。铁庵，公女夫，官学部主事。第一集，诸人请社名，名之曰“说诗”。西园为省议院院长，故贡院地后有剑池冶亭，公不游四十三年矣。与西园谈及，西园因于清明日觞公池上。社人皆集，西园先有诗，公次韵。①

陈衍《同人请社名口占二十字》：结社求名字，何如即说诗。所期无害意，莫但解人颐。②

正月二十日（3月10日），何振岱在《东方杂志》1920年第17卷第5号《文苑》发表《杭州泛湖杂诗寄陈仁先》《寄题苍虬阁》二诗。《杭州泛湖杂诗寄陈仁先》，《何振岱集》未收。

《杭州泛湖杂诗寄陈仁先》：舟行情俱移，去岸才数武。烟光来亲人，流碧落霜宇。澹然远近间，轻鸥带三五。一时诸峰意，依依对忘语。平生爱踪迹，尤慕旧俦侣。世情有迁变，此水足肺腑。我舟定何适，小泊便佳所。风自湖心生，晴寒峭于雨。

---

① 《侯官陈石遗先生年谱》卷六，《陈石遗集》，第2037页。

② 《陈石遗集》，第293页。

湖气升为烟，颜色自相媚。余映及冈峦，与明兼与翠。浸深看弥好，根株俱有致。正缘不分明，濛濛存画意。一舟并我行，低篷列巾髻。雁边送忽遥，先过烟中寺。波空影自飏，我桨但徐曳。残雪猛飞来，秋老芦花外。

午阴敛水容，铺作半湖暝。片云过山去，还我大明镜。日光闪中流，照见荇藻净。荡漾千金蛇，吐彩无时定。虚明既澈底，呈露益幽靓。游鱼停复趋，亦各适所性。

前湖信浩渺，后湖弥澄静。千踪此一束，过桥又异境。我尤爱后湖，梅花同酩酊。忆梅兼忆雪，旧抱与幽冷。其南有硕人，邁轴事深屏。性对松菊成，日与羲轩永。开窗朝百灵，心光郁孤炯。不负鹿门期，待予买烟艇。

移舟向三潭，全湖为少缩。山山赴树停，岸岸随桥曲。天光坠深圆，亭深月意足。造次挟万影，冷然浸寒玉。老妻挈儿女，尤赏在径竹。徘徊不忍去，衣袂润浓绿。逢亭且复坐，坐久茶声熟。从中一花明，无风泻微馥。

我来兹五度，一秋而四冬。揽象结性赏，皆在萧寥中。此游直浮家，凌寒弄翠篷。诗清接空吹，影瘦怜山容。姿年已去我，何慕春华浓。适来照残醉，犹及霜枫红。亘以暝天霞，流来萧寺钟。冬游政尔佳，回复直无穷。①

二月初六日（3月25日），何振岱在《东方杂志》1920年第17卷第6号发表《于山戒坛石壁古榕下作寄慧明杭州》《闻仁先自京都归杭州喜寄》。《何振岱集》均未收。

《于山戒坛石壁古榕下作寄慧明杭州》：怒蚪倚苍烟，下踞山中石。鳞鬣经千霜，化为双峭壁。繁青烂蒙顶，偃蹇无余隙。阒阴生苔钱，破皱出羃𪖷。此中添飞淙，势与韬光敌。

① 《东方杂志》1920年第17卷第5号，民国九年三月十日上海商务印书馆发行。

山僧款吟侣，菰菜出香积。衔杯起古愁，一醉万斛释。凉风天际来，群虫响暂息。佛光落孤塔，照耀一千尺。不见悦禅人，凄凄坐秋夕。乘高望寥空，海气压楼白。

《闻仁先自京都归杭州喜寄》：灯火因缘欠一庵，奚分地北与天南。等遥偏爱湖山好，少憩应知寝食甘。帘底荷花消夏气，墨边松色拂烟岚。君以所画松见贻。相看心性应无阂，凉月虚明满碧潭。①

春日，何曦侍奉母亲游览福州螺洲，作诗《庚申春日随母大人游螺洲途中作》。

五月十八日（7月3日），何振岱访郑孝胥，言今日将返福州。②

五月十九日（7月4日），郑孝胥为何振岱书扇，曰："无人而不自得，非圣人不能言之。虽慕为君子，而检其胸次，常若不自得者，此必于流俗势利之见不能自遣故也。行乎富贵，行乎贫贱，行乎夷狄患难，所行者何事也？爱人，仁也；损己，义也。行此而已。彼所自得者，不以所入而有异，必矣。"③

六月十五日（7月30日），何振岱寄荔枝二簏给郑孝胥。④

九月十三日（11月22日），郑孝胥为何振岱代魏子渊求书堂幅大字四幅，每幅五字。⑤

冬至日（12月22日），何曦与同学刘若洲、黄慧端侍何振岱游览福州乌石山沈氏涛园，作词《壶中天·庚申冬至日偕同学若洲慧端随侍家大人游乌山沈氏园登清冷堂》。

---

① 《东方杂志》1920年第17卷第6号，民国九年三月二十五日上海商务印书馆发行。

② 《郑孝胥日记》，第1832页。

③ 《郑孝胥日记》，第1832页。

④ 《郑孝胥日记》，第1836页。

⑤ 《郑孝胥日记》，第1849页。

是年，张清扬随夫兄林黻桢（霜杰）官南翔镇。[1]

是年，郑容在王寿昌家教读，病项疽，卒，年五十三岁。刘崧英有《挽无辩》云：“穷巷褐衣无外慕，天乎一疾忍相侵。颇能玩世工谐谑，微怪绳诗过刻深。尘榻犹存孤士迹，秋坟不死古禅心。平生气类今余几，晨夕思量泪满襟。”[2] 郑容与何振岱少年相识，相交多年，曾有《寄梅生》云：“才说当年便断魂，旧游还有几人存。别君十日深相忆，风雨黄昏只闭门。”[3] 郑容去世后，何振岱作《哭无辩》四首怀之，其一有云：“独怜昨宵梦，欢好如平生。”其四云：“回首但凄清，俯仰成今古。”[4] 哀伤沉痛。后己丑年（1949）作《题坦西所藏郑无辩先生墨迹后》云：“郑子诗卷辉吾闽，遗墨犹为人所珍。书法不及诗句隽，要自清妙无纤尘。君生惟事蒙养正，布袍疏食安长贫。犹倾余囊资故旧，月继粟米终其身。诗篇大宜供独坐，称许无间郑与陈。太夷、听水。紫藤花庵有继响，无辩斋与同千春。”[5] 后何振岱作有《无辩斋诗后序》，载《榕南梦影录》。郑容《无辩斋诗》，1913 年曾印行，后萧奇斌等复为搜得数十首，合前集再次刊印。

> 《无辩斋诗后序》：君少与予毗邻，以贫托市廛，习贾偶出，所为诗皆清新可喜。予稍资之，使返为学。君乃挈徒居罗山寺旁一阁，煮粥插花，读书不辍。其明年遂课徒自给，至老弗改业。尝有所爱，至刺臂血写诗赠之，又分所有以赡其贫友，久之弗倦，亦未尝偶暴于人。尝题座右云：“愿读

---

① 连天雄：《“销魂笛里斜阳”——记词人张清扬》，《福建文史》2007 年第 3 期。

② 《榕南梦影录》卷上，第 23～24 页。

③ 《榕南梦影录》卷上，第 55 页。

④ 《何振岱集》，第 190 页。

⑤ 《何振岱集》，第 374～375 页。

破万卷书，为天下血性多情男子。”予语君：“血性多情，不尽由读书，果多读书，则血性多情又其肤廓者也。”君不谓然。三十后，若有所悟，其视人生之离合聚散乃至漠然不措意。岁己亥及谢赌棋先生之门，先生见君诗，喜曰：“才如郑生，盍出应试。”君以不乐科举辞。一日天寒，先生手银数饼，语予曰：“郑生衣薄，授之使加棉也。”君捧银泣曰：“师恩暖人，忍不受哉?”自是益感激奋励。平日少容饰，善谈谐，一生足迹不出百里外，顶有烧痕如戒僧，顾未尝一拜佛看经。年四十，配林孺人卒，有一子，遂不再娶。家于所馆，天未明，独走小西湖上，看水弄石为乐。顾性嗜歌曲，海上名伶至吾州，忘寝食与游，谓胜见寻常人多也。而君所自处，则穷巷荒屋，绳床草荐，萧然若方外人。郑海藏称君诗“暗飞自照，故不思求知于人”，太傅螺洲陈公谓君诗“足娱独坐，非由外入”，其见赏如此。岁辛酉，客王晓斋所，病项疽，卒年五十有三。葬北门某山之阳，予为书墓石曰“诗人郑无辩先生之墓”。君少与碧琴及予游，若弟兄，今君与碧琴皆亡，予里居凉踽，如在异乡。重序君诗，不禁为之泣下云。①

萧奇斌等《无辩斋诗启》：郑无辩先生以布衣优游里巷，吟咏自适，其诗虽学唐宋，能独写其天。癸丑间，何枚生、林雪舟两先生为之校录百篇印行。近岁所作，造诣益深，惟不自爱惜，散佚者多，同人为之蒐集，又得数十首，合前集而付诸手民。印订既竣，略志数言，以告爱读先生之诗者。萧奇斌、林肇民、吴挺生、陈韵琴同启。②

按，郑容卒年，何振岱记“岁辛酉，客王晓斋所，病项疽，

---

① 《榕南梦影录》卷上，第51～52页。

② 郑容：《无辩斋诗》封底，民国间第二次排印本。

卒年五十有三”，《侯官陈石遗先生年谱》卷六及龚乾义《无辩逝将葬矣作此挽之》，皆将郑容卒年系于“庚申”，“辛酉”盖何振岱后来追忆所误记。

【编年诗】

《杭州泛湖杂诗寄陈仁先》《寄题苍虬阁》《于山戒坛石壁古榕下作寄慧明杭州》《闻仁先自京都归杭州喜寄》。

民国十年辛酉（1921） 五十五岁

【事迹】

二月二十九日（4月7日），何振岱向郑孝胥求书“清安室词”（张清扬词集名），郑孝胥书即复之。[①]

春，何振岱编次女弟子张清扬《清安室词》毕，并撰《清安室词序》，于福州刊行之，署“辛酉春古闽何振岱”，内封面书名即丐郑孝胥所题者。

五月十二日（6月17日），李宣龚向郑孝胥谈及陈衍编《近代诗钞》，郑孝胥说：“吾将致书叔伊，勿以吾诗入选。”[②]

五月，何振岱编次张清扬《潜玉集》毕，并撰《潜玉集序》，刊印之，内封面书名为陈衍所题。

> 何振岱《潜玉集序》：予选录《清安室词》既毕，君又有诗一卷，曰《潜玉集》，更为编次，并付手民。君性耽词翰，而体孱善病。尝读《庄子》“寓于无竟，所以穷年也”，慨然曰：“自古学人之心莫不如是，顾有未得少尽其心以成其才，岂非有所谓命焉者耶?”然君时有不病及无人事之累，则初未尝一日弛学。即病，犹且方书《本草》与所耽书籍相

① 《郑孝胥日记》，第1864页。

② 《郑孝胥日记》，第1871页。

旁午于病榻之旁。所为诗多从积忧沉疾得之，即散逸去不问。其自手写以存者，仅有此卷。今君方舍置一切，习为净业，别有所为“无竟”者取以自寓。搜章索句，且列戒中。予谓昔者香山居士有“以诗为佛事”语，诗而可佛事为也。取之性中寄于物表，幽深窎远，将并无迹象之可求。诗事进而佛事益修，诗与佛事奚必歧而二之耶？君颇韪予言。因即书之，以序君之诗。辛酉五月何振岱。①

六月二十五日（7月29日），郑孝胥收到何振岱寄荔枝四百颗，遇风，迟二日始到。

六月二十六日（7月30日），郑孝胥作一诗报何振岱。②

郑孝胥《何梅生寄荔支海舟遇风迟二日始至》：滔天挟惊飙，倾城减风采。朱襦褪轻红，溅浪越沧海。勃然闻异香，知子性不改。相哀久摧郁，差喜平生在。何人识此味，肝胆付真宰。盛时虽已左，孤抱犹能待。老夫方病暑，进食去若浼。岂辞为一尝，渴吻终无悔。③

七月，张清扬病逝于苏州桂和坊，年仅四十二岁。是年张清扬将《清安室词》及《潜玉集》交何振岱选定序而刊之。张清扬曾点检平日词稿交付于何振岱，云：“此清扬半生幻中之尘而梦中之影也。少时耽之，长而未斁，每当忧来无倪，托以毫素，停云延伫，玄览莫涤，婴疴积悸，屡用自悔。病中《百字令》一阕，略叙微衷而未尽也。今欲取前尘往影而灭之，消之，转恐尘尘相续，影影交迷，即离灯轮，非触目眚。姑留此为尘为影者，取证本来，幸为序而存之。”何振岱云：“予昔居章门，与君论倚声之学，以为浚源风骚，无囿令慢，含洁吐芳可以昭真性焉。君

① 张清扬：《潜玉集》卷首，民国十年刻本。

② 《郑孝胥日记》，第1875页

③ 《海藏楼诗集》，第301页。

深然斯旨。后三年，君避地海壖，病况萧寥，词境一进。逾年南归时复有作，繁愁弥襟，益以幽咽。君性绝机敏，万趣希微，先物而感，亦触物而悟，大心飙发，潜照内晶。”① 生前舍置一切，潜心事佛。何振岱有词《长亭怨慢·哭清安》有云“撇断尘缘，朵莲孤往、合依佛。百缄红泪，看字字、啼鹃血。老去不胜悲，苦劝我、莫因悲切”，《凤凰台上忆吹箫·胥门奠清安》云“早晚消兵故里，待杯酒、浇汝青山”，《八声甘州·清安殁已经年归骨无期枨触旧事书此志哀》云“留得伤心句，欢处都愁……长笺哀墨，烛泪空留”等句。② 叶可羲有《张潜玉传》，记其事甚详。

叶可羲《张潜玉传》：张清扬，字宜悦，又号潜玉，侯官人。父秉铨，由进士出宰广西临桂县事。母邱伯馨，知诗书，善音乐，兼能绘画。所居擅池亭之胜。君习母教，自幼嗜倚声之学，涉笔便佳。年二十二，适林垚堉。堉客食，以君从。丁未至南昌，适吾师何梅叟先生在沈中丞涛园幕，君从受业，称弟子，自是词学愈进。沈巡阅使翊清赏君诗，荐为某校文史教员，识山阴女子周演巽绎言，为莫逆交。绎言工书，并善诗词，五周先生孙也。阅六年改命，展转居上海，又年余归。家贫体弱，所居恒瓶花茗椀，位置整洁。而工愁善病，所作漫令，吐音凄楚，半在病榻中。吾友何健怡，于君为表甥女，君雅爱之。尝闻健怡述君生平，使人跂思，恨不及见也。君晚好佛，青磬红鱼，经声呗韵，时时相续。有时拈香默祝，泪下如雨，不知所忏为何事；抑有所默祷，不欲人闻也。喜赋晓月，吟夕阳，尝谓：“人生好景光中，如梦如影，如过云飞烟，其景妙绝，善会心者，虽在一瞬间，能留而永之。非梦非影，亦云亦烟，不能与人言，亦

① 何振岱：《清安室词序》，《何振岱集》，第 28 页。

② 《何振岱集》，第 395～397 页。

不能以诗词写之，任其化为清愁，弥漫空际，四海之大，必有同趣共赏之，彼不知有我，我亦不知有彼，而彼我皆相聚空光中，胜缘自结，宁必当前眷属之为依托者乎?”嗟乎，如君所言，知其伤心矣。君里居八年，其兄公绂桢，知南翔县事，迎至署中，居二年余，病卒苏州，年四十有二。男子子二。君弥留时为书与梅叟师，云须念十余年师弟之情，为归其柩。师感其言，百计为营归土，有所阻，至今厝于西关外西林寺云。所著有《潜玉词》上下卷、《清安室诗》一卷。叶可羲曰：吾闽女子善倚声之学者不多其人，南宗一派，实至清安转手。然而才高命蹇，以清安之禀，所业仅至于是，是为未尽其才，天为之也。虽然，才命相妨，独清安一人已哉？噫。①

按，何振岱《长亭怨慢·哭清安》云“雁天惨楚”，《八声甘州·清安殁已经年归骨无期枨触旧事书此志哀》云“时节又是新秋”，知张清扬逝于是年七月。

九月二十七日（10月27日），严复在福州郎官巷居所去世，年六十九岁。②

是年，薛裕昆携家人在北京任职，福州同乡铨叙局秘书陈叔厚前来提亲，说服薛裕昆将爱女薛念娟嫁与其子陈星卫。③ 薛裕昆是著名女词人薛绍徽的胞兄，曾给薛绍徽《黛韵楼词集》作序，颇具评论家法眼。

是年，陈衍作《梅生画秋山旅行簏见贻以诗为报》《心与以惠泉瀹龙井茶一杯分饮三年前曾同到惠山也》。

陈衍《梅生画秋山旅行簏见贻以诗为报》：绝爱秋山作

---

① 《竹韵轩集》，第26～28页。

② 《严复年谱新编》，第425页。

③ 陈侣白：《此恨绵绵无绝期》，《今如楼诗词》，第67～68页。

旅行，几回有约不能成。忽从清簟疏帘底，眼见高林霜叶赪。负担提携忙各役，仆夫骑从态横生。何曾尽与诗人事，写自诗人倍有情。

陈衍《心与以惠泉瀹龙井茶一杯分饮三年前曾同到惠山也》：飞符调水几千里，小别惠山将四年。分得一瓯青玉色，恍如重坐竹炉边。①

是年，刘敬纂修《金门县志》毕，凡二十四卷，原稿存于金门县署，今佚。刘敬抄有副本，今藏福建师范大学图书馆。②

是年，何遂《参观欧洲大战记》由重庆军事日刊社出版。

是年岁暮，新编《福建通志》告成，何振岱参编其中《艺文志》。

《侯官陈石遗先生年谱》卷六：岁暮，新《通志》全稿告成，凡六百余卷，约一千万言。除《盐政志》为公犹子大弥先生编；《水利志》为陈益卿先生编；《艺文志》为梅生师分类；《职官志》为吴樵笑先生编；《地理志》则郑星帆先生编，公删改十七八；《山川志》叶伯璁先生编，公分为《山经》、《河渠志》，窜改几尽。此外字字皆一人手自编纂，多数易稿者。其新创门类为前志所未有者，如《通纪》二十卷，《方言志》十三卷，《艺文志提要》七十六卷，《艺文志附录》四卷，《版本志》八卷，《金石志》三十卷，《山经》三十五卷，《河渠志》十一卷，《儒行传》五卷，《酷吏传》、《滑稽传》、《宦者传》各一卷，《分类列女传》七卷。其改名目者，为《高士传》五卷、《高僧传》七卷、《列仙传》一卷、《道士传》二卷，而新政不在此论焉。所采取必载出处，皆主广义，宁繁毋简，曰此史料也，以备后人删节可也。③

---

① 《陈石遗集》，第 307 页。

② 刘敬纂：《金门县志》卷首，福建师范大学图书馆 1959 年油印本。

③ 《陈石遗集》，第 2039 页。

【编年文】

《清安室词序》《潜玉集序》。

【编年词】

《长亭怨慢·哭清安》《满庭芳·题清安小影》《琐窗寒·湖上为迦陵题慧明遗照》《凤凰台上忆吹箫·胥门奠清安》《双调望江南·杭州旅馆送别迦陵》。

民国十一年壬戌（1922）　五十六岁

【时事】

1月7日，《德宗景皇帝实录》告成，陈宝琛以副总纂官加“太傅”衔。①

是年，福建军阀混战，王永泉联合许崇智攻李厚基，后王永泉、许崇智内讧。秋，第二次闽粤战争爆发，闽人多避兵上海。

【事迹】

春，陈宝琛在永泰小雄山听水第二斋举行雅集，何振岱、黄懋谦、王寿昌、郑孝柽、王允晳、陈宝璠、陈元凯、周愈、王迈等人皆与其会，以王寿昌子王迈年最少。②

三月，高向瀛作诗《三月既望拜螺州文诚公墓下感作即送弢庵太傅还朝》。③

八月，何振岱、高向瀛前往上海，刘敬留在福州，“三生会”暂罢。高向瀛《郁离岁纪》云：“（辛亥）前数年，梅生在里，约刘章甫钦、陈主钦明、襟宇（陈海鳌）、龙生及余六人，为真率

① 《陈宝琛年谱》，第412页。

② 《默园诗集》卷前彩页，及王真《二十年来同怀回忆录》。

③ 《还粹集》卷三，第9页。

之会。月一集。未几，章甫下世，主钦外出，襟宇久不与，独余三人继续不辍。壬戌冬罢会。岁暮，梅生亦作怀人赋以报。迟数年，更绘《三生图》纪焉。”① 真率会散后，何振岱、刘敬、高向瀛三人组成“三生会”。高向瀛《赠何枚生序》：“无何，章甫谢世，主钦远出，襟宇久不至，独余三人者往还酬酢无虚岁。因皆以‘生’为字，戏呼为‘三生会’云。期于壬戌重九偕游石鼓，听钟信宿，为三生之石题名纪念。其秋，福州会有兵事，君与余先后挈眷走沪，登高之约不果。”② 高向瀛《刘龙生七十双寿序》：“梅生北游，兹会遂已。”③ 何振岱与高向瀛在上海仍旧往来吟唱，同游杭州西湖。何振岱后有诗《忆同高子圣湖中》云：“冲寒孤棹迷南北，万花镜里两诗人。”④ 是时厦门大学寄函聘请何振岱为国文教员，郑孝胥闻听此事阻止之，何振岱即将聘书辞退。⑤

秋，自上海寄诗龚乾义，索和。龚乾义作《悭与沪上诗来索和却寄》，龚诗后载于《国学专刊》1926 年第 1 卷第 3 期，题作《何梅生沪上诗来责和即寄》。

> 《何梅生沪上诗来责和即寄》：经年有句逮岩关，喜甚真将雪涕看。多石久判无我与，微波曾不鬲前欢。松廊跫响疑来屐，江阁寥青想倚阑。借欲因风吹就汝，秋霄举袂已惊寒。⑥

秋，何曦避兵由福州至上海，直到本年底仍在上海，有诗《秋间避地申江》《沪楼即事》《壬戌申江除夕》。

---

① 刘学洙：《刘龙生生平简介》，连天雄辑、刘学洙编、黄万机校订：《惜园剩稿》，2004 年内印本，第 13 页。

② 《环翠楼文存》卷一。

③ 《环翠楼文存》卷三。

④ 高向瀛：《赠何枚生序》，《环翠楼文存》卷一。

⑤ 连天雄：《南华老人二三事》，《坊巷雅韵》，第 131 页。

⑥ 《国学专刊》1926 年第 1 卷第 3 期。

九月二十八日（11月16日），郑孝胥约何振岱、高向瀛、文达公、陈衍、黄葆戊、赵叔雍、陈艳秋、周梅泉晚饭。①

十月十六日（12月4日），何振岱、高向瀛自沪来拜访陈曾寿，后同至法相寺（位于杭州三台山东麓）。夜晚，陈曾寿听何振岱鼓琴。第二天，陈曾寿同何振岱入城买琴弦，午归，夜谈甚久。第三天何振岱、高向瀛过西湖，至照胆台访一蜀僧，闻其能诗画。夜晚，陈曾寿请二人素餐，夜谈甚久，听何振岱鼓琴。第四天，陈曾寿送行二人。②

十月十九日（12月7日），同年董执谊六十岁寿辰，何振岱为撰寿序，中云："熟于乡邦典故，有就咨者，必倾数以告。"③董执谊送古砖致谢。④

十一月二十九日（1923年1月15日），周演巽同褚迦陵来上海看望何振岱，第二日即回杭州。⑤

十二月初八日（1923年1月24日），周演巽卒于杭州，年四十二岁。何振岱《慧明居士遗稿序》："壬戌腊日终于杭州。"⑥

> 周演巽作《拟古绝笔》：有泪不堪掬，咽作心上酸。有意不可宣，迸为双泪泉。泪干眼欲枯，意结心自煎。郁伊复何事，悽怆摧肺肝。恨铸九州铁，悲化重泉烟。悲恨诚如

---

① 《郑孝胥日记》，第1929页。

② 陈曾寿著，尧育飞整理：《陈曾寿日记》，凤凰出版社2023年版，第55页。

③ 徐吾行：《关于〈闽都别记〉之版本刊行和编纂者及其年代等问题初探》，《闽都别记与闽都文化研究文集》，海峡文艺出版社2011年版，第30页。

④ 《何振岱日记》，第433～434页。

⑤ 《雏蝉剩稿》卷首，第3页。

⑥ 《何振岱集》，第27页。

何，坠落伤芳妍。芳妍徒自伤，断茧休缠绵。①

周演巽是何振岱早期得意弟子，后何振岱为之刊印遗集传世，何振岱《九月初十日理慧明遗稿始毕是日君初度》云："残稿零星半手书，客中为尔拾琼琚。留名何补飘零恨，成帙聊存忏悔余。"②《谛华兰路寓宅见所供慧明小影》云："何悲忏后肠仍断，一恸神存质已亡。"③《琐窗寒·湖上为迦陵题慧明遗照》云："问怎生、参尽枯禅，悲来一昔柔肠碎？只庄严法相，瓶枝相对，凄凉灵几。"④ 何振岱另作诗《二月十三日杨庄奠慧明》。何曦有《西湖杨庄拜周先生殡所诗二首》。

何曦《西湖杨庄拜周先生殡所诗》：东风花底谈经暇，听说湖烟锁两峰。岂意清波门外路，却成载酒哭遗踪。

湖湾行处草萋萋，回首林园黯旧题。怕读零篇思往事，乌山楼外暮云低。⑤

冬，叶可羲北上旧京就学，⑥ 途中游览杭州西湖。⑦

冬，何振岱寓居上海，邻人四明庄怡庵待其甚厚，是以何振岱将这一时段所作诗命名为《德邻集》。⑧

冬，吴石与同乡王碧奎结婚。

《吴石遗书》：余年廿九，方与碧奎结婚，壮年气盛，家中事稍不当意，便辞色俱厉。然余心地温厚，待碧奎亦克尽

---

① 《慧明居士遗稿》卷下，第19页。
② 《何振岱集》，第203页。
③ 《何振岱集》，第203页。
④ 《何振岱集》，第396页。
⑤ 《榕南梦影录》卷下，第61页。
⑥ 叶可羲：《竹韵轩记》，《竹韵轩集》，第18页。
⑦ 叶可羲：《游杭州西湖记》，《竹韵轩集》，第22～23页。
⑧ 《何振岱集》，第134页。

夫道。碧奎既能忍受余之愤怒无怨色，待余亦甚亲切。三十年夫妇，极见和睦。[1]

是年，陈海瀛入陈衍所主持说诗社。[2]

是年，郑元昭曾回到母家，作词《南浦·壬戌重过怀德坊外家感念昔游怆然成赋》。[3]

【编年文】

《慧明居士遗稿序》。

【编年诗】

《鼓山达摩洞忆九鹤》《闰五月廿夜赴华鬘双骖园之约剧饮纵谈至晓受露荔归长句书寄》《忆旧再寄龚华鬘》《杭州车中野望》《湖边五更》《初泛春湖》《晚湖》《韬光寺前》《二月十三日杨庄奠慧明》《辛甫花室前廊》《石屋》《卧病寄视菊叟》《苏州酒舫》《天平山白雪亭上即目》《春晚雨中》《闲行》《绎如楼上小饮》《记梦》《诚斋诗有所居蒲桥小孙艺花庭中名曰幼圃予新营三弓小圃颇有种植书此寄示北居儿孙》《和施芝园登邵武严羽诗话楼》《答迦陵问报书》《江楼待月寄怀华蔓》《海上中秋邻人四明庄君怡庵以酒馔见饷感赋》《楼居秋晨》《九月初十日理慧明遗稿始毕是日君初度》《谛华兰路寓宅见所供慧明小影》《净室》《香山旅舍》《晚眺》《南窗曝日》《冬日偶书》《避兵野寺病中闻施子元自鹭江归书寄》《杭州湖边夜半对月》《海上小除夕示岚君并怀子畴京师》《岁暮怀人》。

【编年词】

《八声甘州·清安殁已经年归骨无期枨触旧事书此志哀》。

---

① 《吴石诗文集》，第63页。

② 《福建省文史研究馆志》，第140页。

③ 《天香阁词钞》稿本。

民国十二年癸亥（1923） 五十七岁

【时事】

正月二十八日（3月3日），陈宝琛出示录谕：溥仪命郑孝胥为总理内务府大臣，畀以全权。①

九月，曹锟贿选总统，舆论大哗，陈遵统愤而辞职，回榕任全闽高等学堂教习，后受聘为福建协和大学中文系主任兼教授。

【事迹】

正月初八日（2月23日），郑孝胥以诗集赠何振岱。②

正月十六日（3月3日），郑孝胥致李宣龚书，请陈衍《近代诗钞》中勿抄其《海藏楼诗》。《近代诗钞》选郑孝胥诗194首。

正月二十日（3月7日）何振岱、高向瀛、黄葆戉约郑孝胥至同兴楼午饭，郑孝胥以《货畚图》诗及《书味庵图册》并交何振岱。③

正月十三日（2月28日），陈曾寿与人同至杭州何振岱处听其弹琴一曲。第二天，陈曾寿与胡嗣瑗到王乃澂处早饭，何振岱、高向瀛也来，陈曾寿听何振岱鼓琴一曲。郑孝胥约陈曾寿晚饮酒，并约何振岱、高向瀛。④

二月初四日（3月20日）黄葆戉访郑孝胥，交来何振岱画《书味庵图》。⑤

---

① 《郑孝胥日记》，第1987页。
② 《郑孝胥日记》，第1940页。
③ 《郑孝胥日记》，第1941页。
④ 《陈曾寿日记》，第63～64页。
⑤ 《郑孝胥日记》，第1942页。

二月，陈三立受陈宝琛之托为其弟陈宝璐作墓志铭。[①]

二月，陈衍游杭州西湖，遇林之夏、何振岱、王真等，同至陈庄看仁先所临李龙眠白描佛像。[②] 陈曾寿在陈庄听了何曦、王真、王闲三人吟诵词，夸奖她们三人犹如白芙蕖般招人喜欢，她们的吟诵犹如黄鹂鸟叫般悦耳动听。[③]

四月十七日（6 月 1 日），何曦、何知平奉母游览无锡惠山，何曦有《惠山寻泉癸亥四月十七同沣弟等母大人游无锡》《惠山归途晚景》诗。

六月二十八日（8 月 10 日），陈衍求郑孝胥书《近代诗钞》封面，郑辞不书。[④]

六月，刘崧英卒，年六十岁。周愈称刘崧英弥留之际嘱托家人请何振岱为之作诔词，何振岱《清广州盐大使謇公刘君哀辞并序》，叙述刘崧英之性情、文学、书法、绘画，及二人过往交游，有云："我家君宅，巷北巷南。闷来走觅，醵饮解馋。劈蠔如山，买鱼一篮。我提君挈，趁趁两髯。霜菊初上，大列瓶甔。小轩无尘，吾党四三。脱巾恣谑，鼓掌骋谈。天地喜色，灯火清酣。"[⑤]

九月初六日（10 月 15 日），何振岱赠郑孝胥铁观音四瓶。[⑥]

九月初九日（10 月 18 日），郑孝胥在电车上遇高向瀛、黄葆戉，同往半淞园，何振岱亦到，饮茶摄影而去。[⑦]

---

① 陈三立：《诰授奉直大夫翰林院庶吉士刑部主事陈君墓志铭》，《艺兰室文存》附，第 1 页。

② 《侯官陈石遗先生年谱》卷七，《陈石遗集》，第 2042 页。

③ 《寿香社——中国最后的传统才女群》，第 191 页。

④ 《郑孝胥日记》，第 1959 页。

⑤ 《何振岱集》，第 126 页。

⑥ 《郑孝胥日记》，第 1967 页。

⑦ 《郑孝胥日记》，第 1968 页。

九月初，陈衍受厦门大学校长林文庆之聘，任该校中文系教授。

《侯官陈石遗先生年谱》卷七：厦门大学校长林文庆，是闽清黄绂丞乃裳女夫也，由绂臣知公，聘主大学文科教授。书中以“公办学数十年，不能不为乡邦服务，且厦地亦世外桃源，既避兵在沪，不如来厦”要之。乃遣眷归里。自于九月初应聘至厦，荐门人龚惕庵先生乾义为国文讲师。大学学舍为三层石楼，背南普陀，面海。九日，与叶俊生、龚达深南普陀登高，归小饮，二人先有诗，公和之，历数平生登高赋诗故事。①

九月初九日（10月18日），褚寿康为周演巽《雏蝉剩稿》作序。褚寿康字迦陵，杭州人。

九月，何振岱为周演巽遗著《雏蝉剩稿》作序。此文《何振岱集》未收。

《雏蝉剩稿序》：壬戌十二月，周生绎言在杭往视其女，生病归而疾作，延三日卒，是为十二月初八日。其弟伯喈与吴君谛华为余言如此。当前月念九日，君尝同褚生迦陵来海上视余，翌日回杭州。初四日迦陵书至，君附注笺，末云：即返其阑路沪居。不谓终不得相见也，悲乎。君于丙辰年至闽授女子经，适太姥山高僧楞根上人驻锡白塔禅院，因就听说法，皈依佛教，受五戒而去。集中有寄太姥法师诗，即纪其事。今年二月，予昉得至湖上，哭之于杨庄殡次。迦陵示所收诗词遗稿两卷，先就诗稿选留若干首归迦陵付梓。君性根颖异，克承家学，辛亥岁始问业于予，而体道希真，则得于太姥上人为多。夫释家离语言文字，而君乃结习犹存，予

① 《陈石遗集》，第2043页。

为编次诗稿，正以其悟心究彻非予所知，而慧性之流宣则于斯可见，庶得与知君者共见之也。癸亥季秋东越何振岱。①

九月，程宗裕为周演巽《雏蝉剩稿》作序。

十月十四日（11 月 21 日），何振岱有书致郑孝胥，乞作隶联。十六日（11 月 23 日），郑孝胥复何振岱书。②

十月，褚德顺为周演巽《雏蝉剩稿》作序。

十一月，上海商务印书馆出版陈衍编《近代诗钞》二十四卷。

按，《近代诗钞》选入何振岱诗作一百四十一首，在闽籍诗人中数量仅次于陈宝琛、郑孝胥。陈衍有《近代诗钞叙》，作于本年六月。③ 王真言："石遗师所辑《近代诗钞》，梅师诗入选者一百四十一首。石遗师尝语余云：'梅生诗之精华，选入《诗钞》者，均为必传之作。'余近搜辑《觉庐诗补遗》，始觉师刊行之《觉庐诗稿》，选入《诗钞》之诗多从删，即存之者与《诗钞》所选者，句亦有所不同，想当时或被石遗师篡改，而觉庐刊本仍用原稿也。"④

秋，何振岱应柯鸿年之招，举家北上，住北平柯家，教其子女。柯家买宅于城东，有园一亩，名澹园，中修有一楼，供何振岱一家居住。何振岱《柯兄澹园先生哀辞》："壬戌之秋，避地居吴，逾年君招为北游，为新园中一楼居予。"⑤ 何振岱与柯鸿年交谊颇深，常有诗文来往。何振岱《心与斋诗话》中谈及与柯鸿年之交往。

---

① 《雏蝉剩稿》，卷首第 3 页。

② 《郑孝胥日记》，第 1971 页。

③ 《陈石遗集》，第 640 页。

④ 《觉庐侍谈别抄》。

⑤ 《澹园遗稿》卷首。

《心与斋诗话》：癸亥秋，予客居海上，故人柯澹园招为北游，葺园中一楼居予。君嗜觅句，与其族人补庐及所亲苏禾龛倡和，每一篇成，必就予磨之，得意处喜见颜色。夏日每同逭暑于北戴河，所居面大海，时闻风涛声。日斜即策驴上西山，回绕深松，至其岩颠，遇雨归，衣履尽湿。相与劚蚝命酒，酒半话少年情事。旧居在学宫旁者，老榕几树，修竹几竿，比邻左右若而人，谁兴谁替，无不呈见心目间。盖转瞬四五十年，有如旦夕也。君诗中每有思乡之作，如所云“秋事粗成秋色好，不归故自负家乡”，亦觉黯然心伤矣。①

不久，何振岱赁居南池子，凡八九年。

《觉庐诗存》卷首：癸亥冬，故人柯澹园招为北游，即主其家。既而，赁南池子一宅居之，凡八九年。②

何振岱旅京期间，与陈宝琛过从甚密，时有诗文来往，出游唱和。是时陈宝琛笔墨生涯甚为兴隆，而年垂八十，精力不济，又不满于门下学生所作文字，闻听何振岱到京，喜出望外，遂请之代劳撰文。叶可羲《何梅叟先生传（代作）》：“居沪不久，应故人柯鸿年邀，往北京课徒。时吾乡陈太傅宝琛，于先生极为器重。应世文章，常倩先生代笔。《我春室文集》注‘代’者，皆其所代作。”③ 何振岱在民国二十九年（1940）十一月十八日（12月16日）日记中说：“陈太傅。予于谢师座上识陈公。直至癸亥（1923）冬至北京，谒公承留饭，以言氏敦源墓铭及丁氏墓铭属代笔，承称赏。自是常为公分劳，沾润不少。每花时月夕，公命车见招，为山水游。十余年北居，叨公德爱，亲炙慈辉，作小楷

① 《榕南梦影录》卷下，第11～12页。

② 《何振岱集》，第134页。

③ 《竹韵轩集》，第24～25页。

书见赠，凡数十纸。名公折节礼士，近世难得之矣。”[①] 陈宝琛曾为其代撰之文作按语云：“大作清婉，读之口角生香。”“大作平实坚致，而出以冲夷，醇乎醇矣，衰朽心向往之而不能至，循诵再三，无可增损。”陈宝琛对何振岱所作之文，“间有更易一二字，亦与何函商”，“所得不管多少，每篇概给百元为酬”。自何振岱旅京至陈宝琛去世，此项收入可二万元，何次子能够自费留学法国，靠此挹注云。”[②] 何振岱与陈宝琛相识的时间应在 1898 年至 1903 年间。

冬，吴石经族人介绍，从何振岱习诗文，[③] “爱好词章从此始”，[④] “后随何梅生先生学诗，以不谙音律之人，短时就学，即能吟咏”。[⑤] 何振岱对其颇为赏识，吴石曾“以无暇治旧学为恼”，何振岱以“故治军本儒者事。远者不论，明之俞、戚，清之曾、胡，其明征耳”、“吾与君第求务其实可也。专经之学，留俟他时，不为晚也”相劝，并云“眼中之人如子者少”以勉励。[⑥] 吴石终为一代儒将，现存其印章中，即有一枚刻“戎马书生”字样。[⑦] 吴石旅京期间，又由何振岱介绍向陈宝琛学习，吴石画松技法即师承于陈宝琛。[⑧]

是年，许承尧任渭川道尹。[⑨]

---

① 《何振岱日记》，第 531 页。
② 吴家琼：《故友何振岱生平事略》，《何振岱日记》，第 651 页。
③ 《冷月无声：吴石传》，第 40 页。
④ 《吴石诗文集》，第 55 页。
⑤ 《吴石诗文集》，第 62 页。
⑥ 何振岱：《答吴生》，《何振岱集》，第 78 页。
⑦ 《冷月无声：吴石传》，第 6 页。
⑧ 《冷月无声：吴石传》，第 43 页。
⑨ 《徽州地区简志》，第 521 页。

【编年文】

《清广州盐大使謇公刘君哀辞并序》《答龚华鬘书》《慧明居士遗稿序》《张氏茹荼轩文集序（代）》《雏蝉诗稿序》。

【编年诗】

《二月十三日杨庄奠慧明》《九月初十日理慧明遗稿始毕是日君初度》《谛华兰路寓宅见所供慧明小影》《杭州车中野望》《湖边五更》《初泛春湖》《海上中秋邻人四明庄君怡庵以酒馔见饷感赋》。

民国十三年甲子（1924） 五十八岁

【时事】

正月，郑孝胥在北京奉召内务府总理大臣。五月，辞内务府总理大臣，命在懋勤殿行走。①

【事迹】

三月，郑孝柽作《甲子三月宣南杂诗》二十首感怀旧游，何振岱为撰《宣南杂诗题后》一律云："少游梦境总迷离，骨肉天涯更系思。丱角光阴抛竹马，白头吟赏及花时。高楼翠箔间灯火，春路香尘旧履綦。我亦有怀在南国，只能图画不能诗。予有感旧图十六帧。"②

九月十一日（10月9日），林纾病逝，年七十三。③ 何振岱作挽联云："匝地秋声，魂魄终依陵树碧；参天石色，画图晚及雁山青。"④ 林纾《畏庐诗存》有《寄怀何梅生》诗，云："何郎

---

① 叶参等合编：《郑孝胥传·年谱》，《民国丛书》第一编第88册，上海书店1989年版，第31～32页。

② 郑孝柽：《稚辛诗存》，抄本。

③ 《林纾年谱长编》，第431页。

④ 《道真室随笔》卷一，第36页。

贞整复聪明，林轴纵横藐百城。专集西湖成绝作，词家南产孰齐名。不妨浊世高标格，愈信风人富性情。累约山游偏未就，空劳函札订将迎。”[①]

九月，陈訚为周演巽《雏蝉剩稿》作序。

十月初二日（10月29日），郑孝胥访何振岱，晤陈宝琛。[②]

是年秋，郑元昭为《慧明居士遗稿》作序及赞，何曦亦作一序及诗。

郑元昭《慧明居士遗稿序》：慧明居士丙辰夏初来闽授林氏女子经，予女怡亦从学焉。君与予相觌，深相契也。还往既密，闲日辄思楼月园蕤，无有晨夕，而孤所赏，于是君之遭遇予皆晰之。太姥山僧楞根者，有高行，适至会垣白塔禅寺，君因周四香居士介为弟子。师为说法，授五戒而去。余杭褚生迦陵与君密友，屡书速君行。君母何太夫人，侨居江右，君亦思归省，遂离闽。其明年，复至杭，襄褚生学校事。后二年戊午，予避地沪壖，为西湖游，君又省母于赣，不得见。见迦陵，知君湖居之况。壬戌秋，予又以乱至沪，甫卸装，而君适至，是为重阳后一日，君生日也。所居相距稍远，君旬日一至，谋以余屋见处，不果。是时君课读在沪，而时时视迦陵于杭。仲冬月晦之夜，忽偕迦陵来视予，燕饮欢甚。十二月朔晚，车送迦陵入杭。初四日，以书见告，云即当返沪。后五日，君弟伯鬯来云，君在杭染疾卒矣。为惊绝失声，悲不可喻。盖予于君久别甫晤，异乡暂聚，计亦良得，万不意君之遽止于斯，人生梦幻泡影，乃有如是耶？君性灵敏谨重，好为诗词，其于天机默寓，皆得攫

① 林纾：《畏庐诗存》卷下，清宣统二年至民国二十三年上海商务印书馆排印本，第31页。

② 《郑孝胥日记》，第2023页。

而写之，以寄其窎远之趣，然而哀音凄韵，时亦流露不能自抑。虽栖心禅悦，殆尚有未能忘者耶？抑其郁既宣，中乃瘉谧，学道初步，是亦一阶，以视泛无所结、指顽为空者亦迥异矣。集中所作在闽为多，尤多与予唱答之作。回念前踪，不堪重读。太夫人函督为序。嗟乎，君才之美、行之洁，受之于天者厚矣，而厄于人者何其酷耶？予虽欲有所言，而所欲言非一序可尽，则为述与君聚散之缘，以弁君集，亦聊以慰太夫人之意云尔。甲子秋日，三山兰屏郑元昭书于京师寓楼。①

郑元昭《慧明居士赞》：穆然有涵，葆其晶兮。郁然有宣，建其诚兮。约躬洁养，孝道贞兮。无慕于世，复奚足以撄兮。峨峨太姥，灵师所居魂兮。往依其无，隔于太虚。郑元昭敬题。

何曦《慧明居士遗稿序》：天之所以与人者，丰其外矣，多俭其内，苟足其内，则必靳之于外，理果然乎哉？绍兴周绎言先生，好学而有懿行，其生平遭际有转不逮于世俗之人者，是所谓美其内者，而天故靳之于外耶？虽然，先生既优于学，复美其行，孝亲教弟而外，得师友之辅，是固足以自悦，而世俗之所谓幸者，复奚足希乎？予始见先生书法，闲逸秀润，诚有过人。及丙辰春，先生至闽请业于家君，既馆林氏授两女子课，家君命予亦附读焉。乃向闻先生之德艺，于是岁晤识其人，而喜可知也。林园相聚，数月并得读所作诗词，则益知先生之真性果异于常人者，固宜乎其不谐于俗也。每于晨夕间隙散步园中，栏边亭角，花影夕阳未尝不神凝而目注，若有所枨触然者，先生其亦古之伤心人欤？予夙

---

① 《慧明居士遗稿》卷首，“序”第1～2页。

好山水游，先生浙人也，时从话西湖烟水之胜，恨弗即身到其地。追先生反杭，约他年相访于湖上。后二年，余从两大人至杭，而先生适以省母归江右。又三年，予偕朋辈从家君杭游，而先生已没矣。方予扁舟容与过先生旧游之地，不禁悄然长叹，而悟人世聚散之缘信有所谓前定者也，先生当深知之矣。先生诗词成刊，爰志数语，以为之序。东越学生何健怡。①

何曦《西湖杨庄拜周先生殡所》：东风花底谈经暇，听说湖烟锁两峰。岂意清波门外路，却成载酒访遗踪。

湖湾行处草萋萋，回首林园黯旧题。怕读零篇思往事，乌山楼外暮云低。②

薛裕昆《题慧明居士遗稿》：凤泊鸾飘事可悲，前尘回首黯吟思。轻飞弱絮浑成果，已死春蚕尚有丝。纪实未干慈母泪，抒怀漫比断肠词。落花红入斜阳恨，搔首空阶独立时。③

按，薛裕昆此诗见中国国家图书馆藏民国十三年排印本《慧明居士遗稿》，复旦大学图书馆藏民国十三年排印本《慧明居士遗稿》未收此诗。这两个版本题词页存在差异，国图藏本在浔阳刘佩玖《哭慧明居士》后多两首诗，即薛裕昆此诗和闽侯吴懿《读浙中慧明居士遗稿》，复旦藏本无此二首。除此之外，国图藏本卷首多郑元昭《慧明居士赞》、何振岱序、郑元昭序。

仲冬，周愈作《于山万岁寺记事》，记周演巽事。

周愈《于山万岁寺记事》：吾宗女子山阴周绎言，丙辰年至闽授经林氏，才行昭闻，穆然师资也。文词书法尤美，

① 《慧明居士遗稿》卷首，“序”第3～4页。

② 《慧明居士遗稿》卷首，“题词”第3页。

③ 《慧明居士遗稿》卷首，“题词”第3页。

不鄙谫陋，时以画事叩余，为言皴石钩树诸法，言下多悟。予绘古松于所居斋壁，女士为作长歌纪之。太姥山瑞云寺楞根师者，高僧也。适驻锡于山之万岁寺，女士夙耽白业，予为介于楞根师，师开堂说法，女士洁斋和南，欢喜听受，师为锡法号曰慧明。灵山香火，一日净缘，解缆分程，未尝忘念。其后七年，慧明自杭州归西，盖后清安居士一年云。清安者，亦修持佛法，与慧明雅故，卒于苏州。莲天聚影，各证净因，五浊凡尘，知无余恋也。楞根师今岁自山中来，闻慧明化去，为合掌诵佛。而予记忆前事，如见法鼓声中香云静袅时也。甲子仲冬，东越佛弟子周愈谨记。[1]

冬，周演巽《慧明居士遗稿》刊行。集中涉及何振岱、郑元昭的诗有：《述怀呈梅生师》《次韵答岚师》《寄岚师病夜不寐忆所示句》《早起园中呈岚师凝若》《呈岚师》《次韵岚师》《梦湖楼呈梅岚二师》《别岚屏师》。涉及张清扬的诗有《和凝若姊》《答凝若》《辛亥季秋晦日送别凝若姊》《过凝若故居》《赠凝若》《忆旧和凝若》《虞美人·喜晤凝若》《蝶恋花·和凝若赋雪》《声声慢·题凝若影片即送之赴申》。

周演巽《述怀呈梅生师》云：望穷雁影暮江昏，寒雨潇潇昼掩门。岂有才华堪世妒，敢将疏懒负师恩。纵教饥渴心宁害，幸托诗书道可尊。一语倍生空谷感，天涯勺水是知言。[2]

是年，谢章铤《赌棋山庄余集》五卷刊行。有高向瀛乙丑（1925）序、林欣荣戊午（1918）序。

是年，许承尧辞职返回故乡歙县。晚年寓居沪上。[3]

---

① 《慧明居士遗稿》卷末。

② 《慧明居士遗稿》卷下，第 2 页。

③ 《徽州地区简志》，第 521 页。

是年起，刘蘅随陈衍学习古文。①

是年，施秉庄与姊秉端、妹秉雅合刊《泉山甲子元旦画册》。

是年，郭则沄多与何振岱、三六桥谈诗宴聚。“梅生孤狷寡合，独与山人（郭则沄）契”。②

是年，郭则沄有诗赠何振岱。

郭则沄《赠何梅叟》：先生霜鬓狎烽烟，竹屋论诗意洒然。此事故应通性命，其人原不计流传。十年沧海心成史，一夜青山语近禅。君举前人名句：“曾为一夜青山客，未忍无情过板桥。”谓颇具禅理。人境结庐车马绝，风襟犹见义熙前。③

【编年文】

《清诰封淑人丁母黄太淑人墓志铭（代）》。

【编年诗】

《元宵遣兴》《哭庄贞丞》。

民国十四年乙丑（1925） 五十九岁

【时事】

二月十八日（3月12日），孙中山先生逝世。七月，曾仲鸣任国民政府主席汪精卫的秘书。

【事迹】

正月，吴石离京，任南苑干部学校上校教官。④

---

① 《刘蘅馆员诞辰115周年纪念展作品集》，第68页。

② 《郭则沄自订年谱》，第58页。

③ 郭则沄：《龙顾山房诗集》卷五《结霞集下》，民国二十五年栩楼刻《龙顾山房全集》本。

④ 《冷月无声：吴石传》，第312页。

正月，王寿昌卒，① 年六十二岁。后何振岱辑《榕南梦影录》，未能尽收王寿昌之诗作，王真搜得全稿，手写付印，请何振岱作序，何振岱为之作《晓斋遗稿序》云："王君晓斋幼承家学，好读古书。既游海外归，常思有以自见于世。……公余广购书籍，冥心纵览，所得弥深，人莫之测。予年三十许，访识君于海上。其后同处里中，益相密迩。……偶为古今体诗，自写襟抱，无所规仿，而纵笔所至，往往神与古会。"②

按，《郑孝胥日记》乙丑年正月廿九日记："梦旦来，言王子仁已卒，儿女十余人，甚困。"③

三月下旬，陈衍七十寿辰临近，门生故旧撰文称祝，南汇朱鸳福撰六千余言长文，何振岱见之称赏，为之书屏，计四十二幅。

> 《侯官陈石遗先生年谱》卷七：三月下旬，乃捆载寿屏百十幅归，文则有散有骈，有长至五千余言者，门人黄秋岳撰。秋岳骈文，公常以为能集清代作者之大成，此篇尤其精心结撰者。南汇朱鸳福技正惟杰，公荆兄同寅也，见秋岳作，欲以长胜之，所作凡六千余言。鸳福留学美国，精西文西学者，斯以难矣。梅生师见之大称赏，愿为之书，计四十二幅，书法古雅可宝也。④

四月十四日（5 月 1 日）陈衍赠王真诗文集。王真《道真室随笔》卷二《匹园侍谈录》："乙丑四月十四日，侍坐匹园，石遗师以所著诗文集刻本相授，云：'吾从来未尝以此赠人。'"⑤

---

① 《福州人名志》，第 18 页。

② 《郑孝胥日记》，第 2042 页。

③ 《郑孝胥日记》，第 2042 页。

④ 《陈石遗集》，第 2047 页。

⑤ 《道真室随笔》卷二，第 41 页。

闰四月二十三日（6月13日），黄孝纾作《跋福州西湖志后》载《大公报》。① 因《西湖志》触动他“闽粤本其故居，胜游乃其夙志”之好，故作此跋。黄孝纾（1900—1964），字公渚，号匑厂，福州人。少治经学，喜考据，精训诂，亦善画。历任北京大学、北京师范大学、青岛大学、山东大学文科教授。著有《匑厂文稿》六卷、《碧虑商歌》、《劳山集》等。

黄孝纾《跋福州西湖志后》：西湖之名，不始于浙之明圣。若惠州之丰湖、鄞县之月湖、以及川亭十里，《水经注》燕池之胜；葑山百顷，唐志记鄚州之馈。并锡佳名，载详往牒。良以重坎定位，因方响之自然；积薪争高，亦林泉之不幸。拘隅之谈，达识弗取焉。而吾闽之西，亦会城西隅之灵境也。水晶宫阙，纪琼软之来游；菡萏春风，传玉带之佳什。金凤珠蜕，微闻水香；白龙寺吐，空纳塔影。射鹰比于选楼，梦蝶更于偃盖。考球场二十九所，访断碣三十六宫。沧桑迁贸，陵谷非故。盖自五代闽王疏治以来，至于千百余岁矣。山川金粉，足埒于南朝；日夕笙歌，何殊乎东浙。而世人不知访，都人不知奇。湖吻缩畜，废为寐邱之由；游屐胥疏，谁问无诺之国。读是志，固不禁兴废之叹、箫客之思矣。然而核其图说，按其山川，怀古者动俯仰之概，选胜者有清邃之慕。则悲者自悲，而乐者自乐。将非闽中山水为天下之奇，而西湖风景又一郡之胜乎？夫其洪桥十里，帘影隔灯；朝日半林，楼光在水。亭树东南，以葭兼为界；画碧涨日，夕与江海为往来。鱼陂几叠，蛤港百野。荔子秋丹，卢橘夏熟。每当春和景明，延爽追幽。芙蓉万丈，环以春山。榕阴满城，隔以轻雾。聆晚风之唱，荷叶盎叩通船；倚斜阳

① 此文见民国十三年十一月十五日（星期六）《大公报》，署名“匑厂”。

之阑，柳丝斜而入画。欢郎之沿同蛋娘，乐其明觌。其或穞坦赴海，帆同鸟飞；钲鼓应节，舟离龙哄。钟声动而霞采落，画帘卷而塔影入。江豚拜浪，嫖姚可观；鱼虾上湖，尺寸皆市。如志所记，固东南奥衍之区，尘外栖息之境也。骛史纷华者，以陈揎为本；怀乐闲暇者，以山水为息壤。而况余也，闽粤本其故居，胜游乃其夙志。而乃薨童靡客铫为家，故乡岁时之记。闻之父老，邱庐往来之所；见之画图，亦可以凄怆伤心者矣。嗟乎，日月代谢，速于迈邮；愚智同期，深于怀土。是以曾城日暮归，慕其故枝；秋空日斜，白云恋其朝岫。则夫上通天之表，痛哭穷途；赋登楼之章，负盟江水。如吾今日者，尚何言哉？鱼杭饶衍，水木明瑟之景，其胜也如彼；□烽转徙，宜室流离之感，其繁也如此。下且尘迹梁庑，低首马坂。怆世情于其局，将谋食于佣奴。修陵种耦，已伤本根；北惟树橘，徒悲酸苦。茫茫来日，未可冀于息肩；悠悠故山，但能形之梦寐。其可回忆，复何如哉？所望烽燧载宁，尘跰少息。猪肝无味，马角堪归。访西禅之寺，藉定道心；问大梦之山，容参睡谱。则斯言不废，宜为先声，附缀简末，以俟异日。癸亥冬日跋。

中秋，褚寿康为周演巽《雏蝉剩稿》作《后序》。

秋，叶可羲由表兄杨天健出面，通过何振岱长子何维刚引荐，在北京拜何振岱为师。①。

是年，何振岱为《文忠公日记》签题，又为《孟晋斋文集》谢章铤跋语加按语。

王真《我春室杂稿摭存》：乙丑口月三日，林仲立以《文忠公日记》四厚册来索题，文忠平生日记不断，即此一

---

① 叶可羲：《惇畴大兄六十双寿序言》，《竹韵轩集》，第 34 页。

端，已见盛德。

四日，借到同治中《孟晋斋文集》二本四卷，会稽寿桢祖香撰，卷首有先师谢子题字，九行。略云："自明以来治古文者宗八家，近则桐城。高者狷洁，下者虚剽，有志之士欲变而入秦汉，亦欲如此君者鲜矣。虽然古文贵理，功在真积，讲学家平衍，注疏家破碎，词赋家姣滥，皆无当于载道。"又云："今之考据家第可谓言之有物而已，其于言中有物之理未梦见也。"振岱案："先师于古文，主学韩而不满于方、姚之末派，非薄方、姚也。"①

是年，薛念娟与陈星卫之子陈侣白在北平出生。是时陈星卫之父陈叔厚对待这一房子孙颇为冷酷，薛念娟性格倔强自尊，难以忍受。不久后陈叔厚带领其妻妾迁回福州。②

是年，魏怀任农商部工商司第五科办事兼商标局审查员。③

【编年诗】

《过南屏悼雷峰塔去年八月十七塔圮距建塔时一千二百余年》。

民国十五年丙寅（1926）　　六十岁

【时事】

冬，国民革命军在福建省内取得全面胜利。

【事迹】

正月十六日（2月28日），叶可羲等陪何振岱在北京中央公园赏月，作诗《丙寅元宵后一夜随梅叟师暨健怡仲玉二同学中央公园赏月》。

---

① 王真：《我春室杂稿摭存》，《道真室随笔》卷一，第33页。

② 陈侣白：《此恨绵绵无绝期》，《今如楼诗词》，第68页。

③ 《民国十三年农商部工商司同人齿录附肖像及略历》，第54页。

三月三十日（5月11日），何振岱在日记中记录中外贸易逆差之状况。

《灯痕酒影·丙寅三月三十日》：今日阅报载，去年英国输入中国机器一项，得二千万元零六千余元，美次之，日次之，德又次之，计已三四千万元，其余舶来之品鸦片、洋货等等，每年皆万万两银。假使中国之土化为黄金，亦将流尽，加以武人争战，炮弹各类，多购从外国，所失又不知若干。国贫则弱，况内乱不已，此后不知何所底止。杞人之忧，安能已已？①

三月，何曦作词《一枝春·丙寅三月廿九日早初见西府海棠》《扬州慢·南归依亲竹韵同学时为我分劳因其新轩初成赋此赠之》。

四月初八日（6月17日），何振岱给吴石授课，在日记中言："归寓已九点，阅秋泉信，阅耐、坚信。吴石来，说书，十一点半去。"②

四月二十三日（6月3日），何振岱在日记中谈及对苏轼诗歌的看法："苏诗宏大，包涵甚广，中有精细处，诚大家也。读书多，胸次阔、才气大，合此三者，始成大家。舍此，任尔如何搬弄，总是小家伎俩也。"③

五月十五日（6月24日），何振岱在日记中记郑孝胥论时人诗及治学语。

《灯痕酒影·丙寅五月十五日》：五点半起，为怡改诗数首，食牛乳，往寻苏戡。行至公园前雇车，至西安饭店，坐谈。苏云："不见两年矣，体气狠好。狠好。"问皇帝学问，

---

① 《何振岱日记》，第12～13页。

② 《何振岱日记》，第19页。

③ 《何振岱日记》，第29页。

云："每日强请讲《通鉴纪事》，已至四十七本。晴初为讲《大学衍义》，两日即止。上多小病……时事甚熟。劝其学拳，不听。"言次，茶房进豆酪、烧饼。予云："已用早点。"君乃自食，且谈。云："弢老初年，诗染陈、龚习气，尘土多而蹊径大熟，不严删之，恐为全诗之累。晚年大进，字足意足，略略吐言。笔又瘦硬，较南皮为胜。仁先诗清，而言禅理处，则野狐禅也。笔未挺，骨亦未坚，其初年诗言理者多不佳。夏敬观则多隔膜，秋岳多渣滓，言无奇矣。众异则肆无忌惮，妄自尊大，如'四海知予霜满鬓'之类，可笑。高涤庵却有内心，惟一下笔则陈言相因。"问予多作诗否，曰："去年约近百篇。"曰："多为人乎？"曰："皆自为之。"曰："总是自为之好。"曰："南皮晚语弢老云：'有新作学问方法否？'曰无之。曰《左传》有用，宋学有用，诗则白香山有用。谓香山骨里与韩同。"①

五月十六日（6月25日），何振岱书《兰亭集序》赠何维深，落款云："丙寅五月十六日，北京东城寓斋雨中临陆继善双钩本《兰亭》，东越何振岱付深儿玩赏。"今存墨迹。

五月十七日（6月26日），何振岱在日记中记友人陈明之学问、性情，述以友辅仁、亲善齐贤之理。

《灯痕酒影·丙寅五月十七日》：陈叟主钦年六十有七矣，居相距十余里，数日必一见过，而予顾乐之。叟之意趣，于予不尽同也。叟长于《易》，而予未知《易》；予喜览群书，叟以为杂；予治诗古文，治书画，叟以为末；予爱山水花竹，叟不一顾赏；予尝小饮，而叟不近杯杓；予不乐交游，而叟多所相识；予好琴，叟亦好琴，而叟更浅于予。其

---

① 《何振岱日记》，第40～41页。

相合者甚少，惟语予《易》义，予喜听之，然与叟交不专在是。自夏变于夷，纲纪弛然，邪说蛊人，人心惛酥，中下之人，咸薰其毒，舍利欲几无所好。悲夫，五官百骸皆具，而心性不存焉者十八九是，是强名为人耳，岂可亲耶？叟虽未比于古之有道人，而老不辍学，不忘忧世之心，心性有存焉矣。心性存则人也，人则可亲矣。叟之视我，或亦以其有可亲也，而不远之，故所趋不尽合而相与乐无间。世固有同趣齐心而相聚不离者乎？恐自古不可多有，得其人于奔利沉欲之外，而肯称说诗书，无夷狄邪秽之风，是蒙泉硕果之仅存者矣。若陈叟者，不已胜人千百也哉？①

六月二十日（7月29日），何振岱在日记中记对诗心的理解，云："诗之佳处，全在有诗心，若无诗心，虽杜甫、李白，亦不能佳。李、杜冠绝千载，正是心佳耳，才学其次也。此意绝少人知之，如有能知之者，多是菩萨转世。"②

七月初一日（8月8日），何振岱在日记中叹教学不易。有云："教字不敢自称。自教学生至今，教出几人？细思之，无半个成就者，其中途多为魔魅牵去，不肯回头。我不善教，彼亦不善受教。"③

七月初四日（8月11日），何振岱在日记中称赏其妻郑元昭诗，云："岚君绝句极佳，声情皆近唐诗，当奉和。"④

七月初四日（8月11日），何振岱在日记中表达诸子要友爱之意。有云："吾与畴（何维刚）书，论兄弟相爱，凡数百言，不答一字，岂以我言为非乎？抑必不欲和兄弟乎？叔昭之子相

① 《何振岱日记》，第44～46页。

② 《何振岱日记》，第66页。

③ 《何振岱日记》，第72页。

④ 《何振岱日记》，第79页。

爱，第一使人羡慕。兄弟无心，万事无可言，有心兴家者，试思之便得。”①

七月初八日（8月15日），何振岱在日记中记不欲何维沣学陆军。有云：“上灯时，沣信两封并至，云欲学陆军，为国出力，此子愈想愈错矣。纵是学得陆军，从何处出力？亦徒作孳耳。明日为书与详论之。”②

九月二十三日（10月29日），陈宝琛七十九寿辰，下午五时，何振岱同柯鸿年往拜寿。③

九月二十四日（10月30日），何振岱至德国医院探望陈宝琛。谈及吴石，陈宝琛言其诗已为何振岱邀入正路，何其幸也。④

十一月十七日（12月21日），何振岱整理本年诗作。有云：“检今年诗，删去卅七首，存五十二，添入者不计。”⑤

十一月，为黄葆戉撰《寄题青山农邻谷草庐》。此文《何振岱集》未收。黄葆戉为高向瀛从婿，鬻书海上，号“青山农”，何振岱颇赏其篆隶。⑥

> 《寄题青山农邻谷草庐》：少谷子迟清亭，在吾州鳌峰邵氏祠中，予前三十年尝览其遗址，诵“婵娟犹在乱云中”之句，慨然于心也。近年黄君蔼农告予以“少谷子墓在西郊梅亭，昔王子衡千里赴少谷子之葬，盖即其地”。君于毗近数十武卜一吉地，葺庐于其旁，因名之曰“邻谷草庐”，海上诸名公多为绘图题咏，君亦以见属。按，少谷子才行著于明

① 《何振岱日记》，第80页。

② 《何振岱日记》，第87页。

③ 《何振岱日记》，第96页。

④ 《何振岱日记》，第96页。

⑤ 《何振岱日记》，第114页。

⑥ 《环翠楼文存》卷一。

洪武间，至今几六百年，而黄君尚友古人之意，乃于其草庐而寓之。少谷子抗疏被谴，归游名山，翛然有出世之思。黄君尝厌城居之嚣，与其高足弟子数辈，植果木万株西郭外，为庐欲徙居之，不果，转而鬻书画于海上。其与少谷子仕隐之迹不同，顾其澹宕清逸之思，未尝有异也。昔者宋牧仲、计甫草二公皆修明贤之墓，后人盛称之。今君重少谷子，因重其幽居，以名其草庐，后之人称少谷子者，并及于君，可知也已。谨书之，以验吾言。丙寅建子之月，愚弟何振岱敬题。①

十二月二十九日（1927年2月1日），何振岱收到高向瀛撰《赠何枚生序》，祝其六十大寿四条幅，由黄葆戉书屏。何振岱在当日日记中记："颖生赠序，蔼农书，写作俱佳，书款为'序石交寄赠梅生道兄'，如此书法，确合古文家法也。"②

高向瀛《赠何枚生序》：余友何君枚生，孤介嗜学。光绪丙午四月，与余初见于上海柯氏之寓庐。君为柯贞贤观察课子，时余有公事居沪，里中郑澹庵太史驰书告君，谓"必订交"于余。族子赞鼎过沪，君旧徒也，君因赞鼎以语余，余将归杭州，闻而遂造焉。余方喜新学，君笃信古籍，谈数刻而别，不相闻者数年。辛亥国变，余自浙归，独居侘傺。癸丑八月，刘墨泉丈招入自闲吟社，社中多知名士，君在焉。未几，社事废。君特好余，数过余家环翠楼及刘龙生大令之惜园。刘君，余族妹婿，归隐后始相习，与君同受业于长乐谢枚如先生，故友善。每春尽冬日，余楼雪丁香花时，洎惜园梅花开，君无日不留连花下。其间尝约刘章甫、陈襟宇两孝廉，陈主钦布衣，为真率之饮，月再集，多就余并刘

① 何振岱手迹。

② 《何振岱日记》，第129页。

君家，各醵钱数百，薄酒蔬食，讲论不厌，稍异俗之饮博征逐，或酒食交游通声气为名高者，众咸怪之。无何，章甫谢世，主钦远出，襟宇久不至，独余三人者往还酬酢无虚岁。因皆以“生”为字，戏呼为“三生会”云。期于壬戌重九偕游石鼓，听钟信宿，为三生之石题名纪念。其秋，福州会有兵事，君与余先后挈眷走沪，登高之约不果。然共在羁旅患难，过从加亲，得尽见君妻子。逾年，君再应柯君聘，移家旧京，距戊戌计偕越两纪，朝市陵谷，感慨何如。惟晚年旅食，犹得骨肉聚处，浇酒赵州之土，怀贤燕国之台，以壮其游，以昌其文，亦足豪矣。余偃蹇归里，益杜门谢人事，过刘君，恒念君不置，君则存问馈遗无间。岁时怀人之赋，忆旧之吟，久要写诚，连篇累什，即论学论文，悉臻䜣合。余何修而得此于君哉？顾念君今年六十，余亦五十有九。昔孔子大圣五十学《易》可以无大过，蘧伯玉大贤五十而知四十九年之非，吾辈万不敢望生知之资，声入心通，无所违逆。第希圣希贤之微尚，假年以长，知非寡过，奉以终身，吾两人当共勉之。至于文字结习，嗜好殊俗，君幽怀高致，善为湛深微渺之思，如“灞桥风雪中，驴子背上”，如“曲终人不见，江上数峰青”，诗境宜画宜禅，洵为不食烟火者矣。余虽癖山水、解吟咏，其多材艺远不逮君。独是强立不倚，哀乐过人，读君赠诗《忆同高子圣湖》中“冲寒孤棹迷南北，万花镜里两诗人”之句，未尝不幸君之引为同调。嗟乎，人间何世，赵邠卿乱，思遗老之言，不啻为吾二人设也。君标格似晋人，时有纸笔精思，藩溷常满，文章自娱，得意忘食之概。德配郑孺人，胪川名媛，澹庵女孙行，耽书忘贫，有“女博士”之诮。五子皆能读书，一女尤明慧，传其经学。陶氏莱妇五男，左家娇女，君兼有之，晋代之人物，固应有晋代之家庭也。余识君于沪，同避地于沪，今序述交谊，复将之沪，促从婿黄蔼农书以遗君。蔼农鬻书海上，号称“青山农”，君颇赏其篆隶。昔年欲属题三生之石，今竟为吾书赠君之文。又余知君自壮至老，由浅而深，君适两主柯氏，君于柯君实总角交，白首故人，相视莫逆，终始离合之际，岂真佛家常说“三生石上旧因缘”者，非耶？《诗》云：“他山之石，可以攻错。”不揣冒昧，附断金之义，聊效切磋。高楼风雨，蛰居岁寒，旷然有“停云八表”之观已。①

是年，叶可羲从北平毕业，返回福州，次嫂已随兄长宦游国外，遂将其旧居整理为读书所，命名为“竹韵”，取意东坡“不可居无竹”之句。②

是年，王闲入北京培华女子中学进修，后旅京廿余载。③

是年，高向瀛有诗寄何振岱，表达续约三生会的心愿。

高向瀛《寄何梅生北京》：丁香似厌人间浊，高过岑楼竟登屋。清明上巳尽迟开，雪肤花貌贞幽独。好友诗询花信风，故人书念雕阑曲。海藏楼外樱已阑，转眼吾家花事速。春花如雪春雪融，诗情风景分南北。却思悯忠古寺春，卷幔闻香艳冰玉。多恐今年游客无，飞弹漫天新鬼哭。围城玉貌总萧闲，隐几读书宁废学。人生适意忧乐忘，春昼闭门皆是福。经旬风雨几番晴，数日巡檐欢亦足。对花诵诗弥忆君，平视未尝容伧俗。双鬟好事君旧徒，能共画师来剥啄。多情更问惜园梅，石交长愿三生续。④

---

① 《环翠楼文存》卷一。

② 叶可羲：《竹韵轩记》，《竹韵轩集》，第 18～19 页。

③ 《福建省文史研究馆志》，第 173 页。

④ 《还粹集》卷三，第 17 页。

【编年文】

《周母何太宜人家传》。

【编年诗】

《十月十五先叔母陈太孺人忌日感作》。

民国十六年丁卯（1927） 六十一岁

【时事】

三月十七日（4月18日），南京国民政府成立。28日，南京中央政府会议任命杨树庄、方声涛、谭曙卿等十四人为福建省政府委员，杨树庄任主席。

【事迹】

正月十三日（2月14日），何振岱同郑孝柽至陈宝琛家，陈宝琛出《鳌峰载笔图》观赏。图为周凯作，张际亮题长篇七古，诟梁章钜殊甚，末有谢章铤跋，记原委详尽。何振岱认为此为乡邦一故事。①

谢章铤《鳌峰载笔图跋》：恭甫先生经术文章，人所共知，无庸言矣；其主鳌峰讲席，扶植士类，众所争仰，更无庸言矣。先生先有《恋云》《校经》二图，题词殆满。《载笔图》则专为修《福建通志》而作。……志告成矣，方将迻写校刻，而先生弃宾客。某中丞者素以文学自结于先生，里居相望，因筑室微有违言，而芥蒂未能忘也，乃乘隙修怨，倡言新志乖义法。……乃捆载全稿归之，阳推中丞为删定。……迟之又久，委托非其人，以钞胥为作者，毁新返旧，新稿全付一炬，令旁观者无从校证。……题图诸作，则

① 《何振岱日记》，第136～137页。

侯官林文忠公七律已定是非大概，而建宁张亨甫孝廉之七古，叙述尤悉，句下夹注，详而确。……章铤拟辑录一编，以遗来者，庶几公论之不泯乎？……今是图归于陈伯潜阁学，修志之举，发自阁学曾祖尚书公。今得是图，毋亦有香火因缘者乎？志虽亡而图当不朽已。长乐末学谢章铤跋于致用书院之维半室，时年七十有六，光绪乙未。①

按，谢章铤辑《陈乡贤鳌峰载笔图纪事辑录》稿本，今藏福建省图书馆。《辑录》抄录高澍然《与郑方伯王观察论通志兼辞总纂书》、林昌彝《射鹰楼诗话》、何则贤《蓝水书塾笔记》、《福建新通志经籍》、林则徐《题鳌峰载笔图》、张际亮《题鳌峰载笔图》、刘存仁《有询予通志稿者感赋》等。

正月二十一日（2月22日），陈宝琛欲刻高澍然《抑快轩文集》，将函商陈紫澜（樵琴）筹款，拟请何振岱为总校，陈懋豫（用刚）分校。陈几士（懋复）商印谢章铤集。②

正月二十三日（2月24日），何振岱母亲忌辰，“早起，坚庐来，耐亦至，忿怒而去。予同岚乘小车至畴家先拜。坚、怡、深顷亦至。予同怡出市酒箔果色先供。十二时同深至长安街，肩祭品者始至，上献后再拜。”③

正月二十七日（2月28日），何振岱祖母龚太宜人忌辰，何振岱自出定菜五椀，买酒、买箔烛、买饼供祭。④

二月十五日（3月18日），何振岱在日记中说：“午后，畴来，仲玉来，各出盘蔬为壶碟之会。”⑤ 所谓壶碟会，即与会者每

① 《赌棋山庄文又续》卷二。

② 《何振岱日记》，第141页。

③ 《何振岱日记》，第150页。

④ 《何振岱日记》，第151页。

⑤ 《何振岱日记》，第147页。

人各出菜一种，聚会时可拼凑一桌菜肴。这种方式，后成为寿香社聚会的主要用餐方式，可省去主会者许多招待的麻烦。王真《壬寅秋日招琴寄蕙愔璞庐及闲妹小集道真室并组诗社喜赋》："吾师何梅叟，最喜碟子酒。忆昔花盛时，花香涌窗牖。一老坐中间，弟子环左右。觞咏各尽情，此乐十年久。"① 此诗说的就是寿香社的壶碟会之情状。除壶碟会外，据参加过寿香社活动的卢和先生说：除聚餐、吟诵之外，寿香社的日常活动还有飞花令、诗钟、诗牌等节目。②

二月，何振岱作《先弟蔼亭诗叙》，署"丁卯仲春何振岱叙"。③

三月初三日（4 月 4 日），上巳，何曦侍奉双亲游北京北海，作诗《丁卯上巳从双亲大人北海泛舟》。

三月，高赞鼎侍何振岱游燕郊西园，作诗《侍梅叟师游西园饮于花下西园即环溪别墅》，"同游者有补叟及王耐轩、坚庐姊妹，师母亦挈敦畴、敦良、敦敏昆季与焉。"诗云："诗翁六十健且温，胜情胜具资回旋。"④

四月二十八日（5 月 28 日），高赞鼎作诗《四月二十八日访梅叟师补大汤山》。⑤

初夏，陈衍作《石遗室诗话叙》。⑥

七月二十九日（8 月 26 日），郭曾炘在赴北京中央公园途中遇何振岱、林开謩、柯鸿年等人。⑦

---

① 王真：《道真室诗集》，1970 年代油印本，第 18 页。

② 《寿香社——中国最后的传统才女群》，第 172～179 页。

③ 《榕南梦影录》卷上，第 13～14 页。

④ 高赞鼎：《斐君轩诗钞》卷一，1951 年油印本，第 3 页。

⑤ 《斐君轩诗钞》卷一，第 3 页。

⑥ 《陈石遗集》，第 698 页。

⑦ 郭曾炘：《邴庐日记》，谢海林点校：《郭曾炘集》，人民文学出版社 2018 年版，第 529 页。

九月二十五日（10月20日），高向瀛访何振岱，何与之偕往中央公园。①

九月，何振岱与陈紫澜搜集已故友人诗，同辑为《榕南梦影录》排印刊行，沈觐慜、高赞鼎校字。书分二卷，上卷龚葆銮、何振崑、张焕玙、姚铮、沈复、刘钦、刘鸿寿、释福慧、项郦、林有赓、郑容十一人，下卷刘崧英、林钟钦、庄端、王寿昌、邱琼姿、张清扬、周衍巽七人，共录十八人。

《榕南梦影录序》：余与陈君荃庵欲录刊诸亡友遗诗，荏苒未就，心尝歉然。今春客居稍暇，爰就所存诸稿而手理之。九鹤、无辩、墨泉及余弟善铭之诗，皆经荃庵选定，命之曰“榕南梦影录”。付印既成，乃为之序曰：昔余弟善铭，生而饶病，独耽为诗，即甚病不辍。友人龚九鹤，深嗜古书，其于诗若夙契。二人者，年皆不及三十，名声未立，而存稿俱不过十之二三。方九鹤年十六七时，端居读书，所与游惟余辈二三人。爱厚期深，旁及文字，纠违摘非，虽严无忤。及甚心惬，则又叹赏于无穷。九鹤既逝，余与荃庵各为远游，久之，荃庵游益远。余从章江归，寥寂相存仅郑君无辩而已。自是未楼、复轩、章甫、景屏诸君间有唱酬，而新知忽忽遂又成故，乃十余年来次第凋零。至益卿、无辩、墨泉、贞丞，亦各以病逝，城南旧游，于是十九尽矣。嗟呼，兄弟欢稀，朋侪会寡，琴樽语笑，幽明断隔。言念平生，犹得于零章断句中仿佛遇之，则知万尘皆空，惟有文字因缘，死生无间，是所悲也，亦所幸也。是录也，昔人慕侣忆旧，有先我为之者，顾吾亦第行其不容已之心，非仅求循其已然之例。计自九鹤以下十三人，人数篇，或只一二篇，益以方

① 《晴赏楼日记稿》，第4页。

外一人、闺媛三人，都十七人。张、周二生，皆及余门；绮兰阁女士，则张生之母氏，类附焉者也。丁卯九月，福州何振岱叙于旧京。①

十月，国民党福建省政府成立。应省政府主席方声涛之邀，吴石回闽任省政府军事厅参谋处处长。②

十月十八日（11月11日），何曦随何振岱前往天津，与舅母家人相见，第二天返回北京。③

十月二十八日（11月21日），陈宝琛访何振岱，陈自念一律赠高向瀛，诗云："五年相见总清癯，温抑嵚崎色转愉。生就性情于古近，老来肺腑似君无。凤鸾漂泊吾知命，豺虎纵横世贱儒。耄耋河清终有日，书楼善保不赀躯。"④ 此诗刘永翔等整理《沧趣楼诗文集》未收。

12月20日，人文科学研究所在北京大甜水井胡同九号成立，负责《续修四库全书总目提要》的具体编纂工作，何振岱、王式通、梁鸿志、江瀚等十九人被聘为研究所研究员。12月26日，人文科学研究所举行第一次会议，讨论《提要》应先著录目录，分经、史、子、集四大部，由各研究员认领一部或数部以便搜集书目，何振岱认领经部和集部。

按，何振岱只是参与《续修四库全书总目提要》书目的搜集工作，没有参与《提要》的撰写。何振岱平生师友著作亦有列目其中者：龚葆銮《碧琴遗稿》一卷（稿本）、何振昆《蔼亭诗存》一卷（抄本）、姚铮《未楼诗》一卷（排印本）、刘崧英《听鹂馆诗》四卷（稿本）、林有赓《怡庐诗草》四卷（抄本）、沈复《养

---

① 何振岱、陈紫澜辑：《榕南梦影录》卷首，民国十六年排印本。

② 《吴石年表》。

③ 《晴赏楼日记稿》，第5页。

④ 《晴赏楼日记稿》，第5～6页。

碧斋诗集》一卷（抄本）、林钟钦《崇轩诗》二卷（英华书局铅印本）、王寿昌《晓斋诗》一卷（抄本）、释福慧《应候虫吟》一卷（稿本）、邱琼姿《绮兰阁诗》一卷（稿本）、张清扬《清安室诗》一卷（民国十年刻本）。①

是年，薛念娟一家回到福州。②

是年，王真随何振岱故宫文华殿观画。

王真《道真室随笔》卷三《读画琐记》：丁卯，余客旧京，曾侍梅师造故宫文华殿，观画琳琅满目，美不胜收，其深留于印象中者，略记数种。③

是年，陈衍作《梅生自都摹宋人雪景图见寄报以长句》。

陈衍《梅生自都摹宋人雪景图见寄报以长句》：高人数载去乡关，饱看京畿雪后山。写出蹇驴诗满载，寄余野鹤鬓同斑。折梅远赠情犹浅，命驾相思愿未还。便欲钓鱼台再到，白鱼黄酒共酡颜。前六年弢庵曾雪中招游钓鱼台。④

是年，高向瀛作诗《螺江太傅赐诗宠行次韵寄谢》。

是年，张子仲入何振岱之门学诗。张子仲《河西精舍诗存自序》："丁卯岁，始及先师南华老人何梅叟之门，侍坐听讲者期年，方敢以诗呈，师莞尔曰：'士先德行而后文学，子诗性情敦厚，才华内敛，其勉旃。'嗟夫，余以贫故糊口四方，读若作往往间断，业弗能精深，负先师期许矣，能无恧乎！"⑤

【编年文】

《先弟蔼亭诗叙》《榕南梦影录序》。

---

① 中国科学院图书馆整理：《续修四库全书总目提要（稿本）》前言，齐鲁书社1996年版。

② 陈侣白：《此恨绵绵无绝期》，《今如楼诗词》，第69页。

③ 《道真室随笔》卷三，第16页。

④ 《陈石遗集》，第395～396页。

⑤ 《河西精舍诗存》卷首，第3页。

民国十七年戊辰（1928）　　六十二岁

【事迹】

正月二十三日（2月14日），郭曾炘在日记中记何振岱不喜步韵诗云："前阅迪庵致沄儿书，述何梅生之论，甚以步韵为不然。余谓此亦难概论。吾乡诗家太夷、梅生皆不喜步韵，而沧趣老人则最工步韵。"①

二月十七日（3月8日），何振岱为陈曾寿题《苍虬画册》并送还。②

二月十八日（3月9日），何振岱应日本东方文化事业总委员会中人之请在北平柏园水榭中宴会，各赠小本《论语》一册，装订精致可玩。③

闰二月二十五日（3月16日），何振岱赴陈宝琛法源寺看花之约。④

闰二月二十八日（4月18日），郭曾炘出京城游览，顺途到何振岱处，后同车到灵清宫，再与诸人出城。⑤ 郭曾炘与何振岱同车游大觉寺。⑥ 陈宝琛有诗《闰二月廿十八日同匏庵稚辛季友梅生迪庵嘿园午园游黑龙潭大觉寺》。⑦

春，郭则沄作《梅生有诗见怀次答》。

郭则沄《梅生有诗见怀次答》：楼居萧瑟似羌村，曾喜

---

① 《郭曾炘集》，第578页。

② 《晴赏楼日记稿》，第10页。

③ 《晴赏楼日记稿》，第11页。

④ 《晴赏楼日记稿》，第15页。

⑤ 《郭曾炘集》，第595页。

⑥ 《郭曾炘集》，第684页。

⑦ 《沧趣楼诗文集》，第215页。

巾车过小园。散木孤全宁有道，危棋三叹欲无言。山游可念刚微雨，梅生近于雨中游西山大觉寺。芳候相思欠一尊。弹指沧波如换世，篇诗记取刻舟痕。①

五月初九日（6月26日），陈宝琛致信何振岱，欲其孙纮拜何振岱为师。曰："梅生仁兄足下：得手书，碌碌未复，又已数日，想著述益赡，至用驰仰。改本张序，弥益坚栗，读之味美于回，感荷之极。小孙纮今岁十五，欲令从学，俾稍知涂径，以端其始末，未知可容纳否？积雨成晦，旧京如何？望而却步。草草奉讯，敬颂暑安。宝琛顿首。初九日。"②

五月十二日（6月29日），何曦读郑孝胥写在绢帛上的《夜起庵赋》，其日记云："稚辛伯携□□伯所书绢一方来，《夜起庵赋》高明可诵，此绢可称写作俱佳，珍品也。"③

按，郑孝胥作有两篇《夜起庵赋》，一篇作于1927年3月，一篇作于1935年9月，皆有序。此《夜起庵赋》是1927年3月作。

五月十五日（7月2日），何振岱得陈宝琛赠诗及所书谢章铤赠言，其在日记中写道："弢老信来赠诗一首并为书先师赠言，楷法精好，可保存也。"④ 谢章铤所书赠言手迹，何振岱1923年至北京遗失，深以为憾。是以本年夏初，何振岱请陈宝琛为录写一通，陈宝琛又承题作一诗《梅生姻仁兄属录谢枚如先生赠言感题似正》，首句云："大师本性积为文，晚岁传衣独畀君。"⑤ 何振

① 《龙顾山房诗集》卷十一《袖骊集上》，第6页。

② 陈宝琛：《致何振岱书札》（七），陈昌强点注：《陈宝琛史料四种》，《近代中国》第十九辑，上海社会科学院出版社2009年版，第359页。

③ 《晴赏楼日记稿》，第24页。

④ 《何振岱日记》，第178～179页。

⑤ 《何振岱集》，第454页。

岱 1948 年有《感旧》四首，其四为陈宝琛作，中云："公谓大师意，累传独畀君。"①

五月，撰《楞公大师第二次进院祝文》。时福州缙绅请楞根上人重回怡山长庆寺主持院务，于是年闰二月吉日举进院礼，何振岱特撰此文祝之。此文《何振岱集》未收。

> 《楞公大师第二次进院祝文》：出会城西数里，有怡山长庆寺焉。自唐咸通间懒安禅师居是寺，至今千有余年，数得高僧主之。宣统初年，吾州绅耆延楞公大师为寺住持。公本福鼎瑞云寺主，居怡山经时，道不行去。久之，寺中矩矱稍弛，绅耆等相与谋复旧观，爰先鸠赀治其残圮。既竣工，则谓掌院必得其人。公去怡山几二十载，禅行益高，不思复出。佥谓欲昌兹寺，微公莫属，而公亦以聘问数至，情笃礼隆，固却不可，以今年闰二月吉日驻锡山中，举进院礼。是日也，法筵盛张，华竹呈秀。瞻灵山之胜会，颂琳宫之增莹。群意交孚，顶礼凫藻。公亦感怀今曩，凡所怀未施者，将次第施之，于以绍前徽，作后准，有余泰也。道之宏也，每几经纡回而后成，及其既成，功果乃胜前。《易》需卦有孚元亨贞吉，孟子云"虽有镃基，不如待时"，盖即此义，禅家谓之机缘熟时。耳公之道，必俟再起而后行，意机缘之说，实有缘者耶？予别公久，怀思无尽，公主兹山，吾归不寂，文成欲寄，心随之往矣。戊辰仲夏，发弟何振岱拜撰并书。②

五月，蒋介石任命何遂为黄浦陆军军官学校"代校务"（代理校长，副校长主持校务）。

六月十一日（7 月 27 日），陈纮（陈宝琛次子陈懋侗之子）

---

① 《何振岱集》，第 348 页。

② 释证亮编：《西禅小记·宗传》，民国三十一年刻本。

来从何振岱受业。[1] 陈宝琛致何振岱信札第十二云：“梅兄坐下：纮孙得附门墙，至深欣幸，顷寄寿文见示，绳削处可以端其趋向，不止文法。”[2]

七月十三日（8月27日），陈衍召王真在其匹园看月小饮谈文章。

> 王真《匹园侍谈录》：戊辰七月十三日，师召余匹园看月小饮谈文字。以余文字太平坦少波折，问须读何家之文，答如晁错、贾谊之文，柳文亦宜。余以古之名人多有笔记，师见闻多，何不作笔记，答以无暇及此。[3]

七月十八日（9月1日），何振岱在日记中感叹诸子学业不讲。有云：“诸子书来，大半皆世事浮泛之语，分毫不涉学问，可知其无意于书史也。子弟一离书，种种俗气皆得入之，年愈长入愈深，此真无可如何者耳。”[4]

七月二十日（9月3日），何振岱看梁启超文章，其在日记中记：“看梁氏论中西文化。”[5]

七月二十二日（9月5日），何振岱乘电车至灵境晤陈宝琛，观陈所作三首《踏莎行》词，欲抄出，陈未肯，记得两首。[6]

七月二十九日（9月12日），何振岱读近人哲学书，在日记中记：“午后看《易经》。……往宜园看近人哲学书。”[7]

八月初一日（9月14日），何曦与何维沣往六条南板桥访郑

---

① 《何振岱日记》，第181页。

② 陈宝琛：《致何振岱书札》（十二），陈昌强点注：《陈宝琛史料四种》，《近代中国》第十九辑，第361页。

③ 《道真室随笔》卷二，第2页。

④ 《何振岱日记》，第187页。

⑤ 《何振岱日记》，第188页。

⑥ 《何振岱日记》，第189页。

⑦ 《何振岱日记》，第191页。

琴士，郑弹《良宵引》及《秋江夜泊》，何曦认为指法坚缓，颇有可取。何曦抚《平沙》《鸥鹭》两操。郑琴士为何曦写泛音调弦法一纸。[①]

八月初二日（9月15日），邵英戡来信告何振岱已归里。[②]

八月初四日（9月17日），何振岱到景山后大街五号刘孟纯宅。[③]

八月初七日（9月20日），何曦填《洞仙歌》词半阕，初九日续完《洞仙歌》词。午后又续一首。[④]

八月十二日（9月25日），何振岱教何曦《水仙操》首半段，十三日授《水仙操》头段完。[⑤]

九月初一日（10月13日），何振岱同郑岚屏同饮联句得一诗，诗曰："拥被同听雨（梅），潇潇故里声。映书红烛冷（岚），隔枕暗蛩清。酒暖呼偕饮（梅），钟调爱自鸣。诗成檐滴缓（岚），客趣满秋更（梅）。"[⑥]

九月初八日（10月20日），何维沣离开上海赴巴黎，家人诵佛祈祝平安。[⑦] 何振岱在日记中言："今日沣儿由上海往巴黎，计程卅十五日，至十月十三四乃可到也。"[⑧]

九月十二日（10月24日），何振岱往灵境谒陈宝琛，见陈宝琛新填词四阕，借抄不肯，因试记之，记得两首，[⑨] 即《月下

---

① 《晴赏楼日记稿》，第36页。
② 《何振岱日记》，第193页。
③ 《何振岱日记》，第194页。
④ 《晴赏楼日记稿》，第37页。
⑤ 《晴赏楼日记稿》，第38页。
⑥ 《何振岱日记》，第214页。
⑦ 《晴赏楼日记稿》，第43页。
⑧ 《何振岱日记》，第220页。
⑨ 《何振岱日记》，第226～227页。

笛·促织和彊村韵同愔仲作》《南楼令·中秋莹园待月》，均存于陈宝琛词集《听水斋词》。

九月十三日（10月25日），何振岱在日记中记对抚琴的看法。有云："今日温《水仙操》并《汉宫春》熟。予今于琴守此两操，不必弹他操，儒者抚弦，意在养心，无取乎江湖琴匠，必以多弹若干曲见长也。"①

九月十四日（10月26日），陈宝琛遣人请何振岱同往西山看枫叶。② 何振岱在日记中载："弢老使人来请，遂往。稚辛已至，雇两汽车，往西山看红叶，予同弢老、稚辛一车，几士、虚谷、钟贤一车。"③ 一行人先至西山饭店食点心，雇藤轿偕往狮子窝，憩秘魔崖。过觉生寺，观华严钟。陈宝琛有诗《重阳后五日同稚辛梅生师子窝观红叶憩秘魔厓咸侄复儿从》。④ 是日，何振岱梦见清安道人（张清扬）。⑤

九月二十日（11月1日），五更，何振岱枕上得《清平乐》。词云："钟有人醒，秋气窗棂冷。月色天光浑不省，只觉新来宵永。　风林叶叶争鸣，喧中梦境能清。我自闻根无垢，安能禁汝多声。"⑥ 此词《何振岱集》未收。

九月二十四日（11月5日），许承尧访何振岱，谈约一点钟离去。⑦

九月二十四日（11月5日），陈宝琛填《惜秋华·看菊罗氏

---

① 《何振岱日记》，第229页。
② 《晴赏楼日记稿》，第44页。
③ 《何振岱日记》，第230页。
④ 《沧趣楼诗文集》，第218页。
⑤ 《何振岱日记》，第230页。
⑥ 《何振岱日记》，第238页。
⑦ 《何振岱日记》，第244页。

园用梦窗韵》词，题款云：“梅生词家正之，戊辰九月廿四日宝琛。”①

九月三十日（11月11日），许承尧访何振岱，向何借陈宝琛诗，以纸属何振岱写诗。何日记记：“谈顷去，彼此口音不畅，谈亦不畅也。”②

九月，陈宝琛填词《南楼令·中秋莹园待月》并书赠何振岱，云：“不倚声五十七年矣。蜷居海壖，与愔仲习，偶有庚和。老丑效颦，多见其不知量。写质梅生词家，幸有以教之。戊辰九月，八十一叟陈宝琛。”③

九月，刘蘅与王闲相识。刘蘅后有诗《坚庐六十赋祝》：“戊辰重九节，与子初识面。一笑示相知，高谈喜见性。中岁同师门，晚年犹共砚。寒暑凭屡更，嗜书情不变。”④《赠同学五姊妹》其五云：“燕京作客我中年，吾子韶龄貌若仙。诗画名家才可贵，儿孙伟器福兼全。”⑤

十月，何振岱为方兆鳌《晚读轩诗存》题诗。此诗《何振岱集》未收。

> 《晚读轩诗存题辞》：早岁识方君，中心识温粹。晚来诵君诗，抒慨乃尔邃。微独工持论，亦复善纪事。古波与今云，诡谲不殊致。然犀恃灵照，铸鼎岂私畀。聊泄苍宰悲，并雪穷黎涕。诗亦史之遗，小雅是其义。君言规韩孟，深涩去铦利。论体诚有然，言心焉有二。故都正寥寂，微吟惜气

---

① 《沧趣楼诗文集》，第274页。此词编年用《陈宝琛年谱》之说，见第524页。

② 《何振岱日记》，第247页。

③ 《沧趣楼诗文集》，第272页。此用《陈宝琛年谱》之说，见第524页。

④ 《蕙愔阁集》，福建逸仙艺苑诗辑之五（下），第30页。

⑤ 《蕙愔阁集》，福建逸仙艺苑诗辑之五（下），第45页。

类。围炉拨峭句，雪天足风味。无嫌数款扉，有诗思走视。戊辰十月，弟何振岱敬题。①

秋，何振岱为郭则沄《龙顾山房诗集》作序。此文《何振岱集》未收。

《龙顾山房诗集序》：学使郭君蛰云出所著诗集见示，属为之序。君才思敏捷，承累代家学，早有见于时。浙中故山水窟，君輶轩所至，寓意游览，一一纪之以诗。其所为流畅华赡，若高岩出云，古涧飞湍，略无滞机涩响也。近七八年则又变为幽渺，为沉郁，为激楚苍凉之音。又若策骑穷边，观落日平沙，不胜其怅惘。盖诗随时变，有不知其然而然者。夫天地万物无不变者也，阴晴明晦，寒燠燥湿，日迁于吾前，而喧寂舒郁，聚散行违，人事亦如之。其不变者，吾之性趣，根于天者耳。根于天者，变犹不变，无沦吾真可矣，诗又岂有定体哉？又闻君日来耽于禅悦，屏嚣处静，契于大机，自兹以往，吐音必静，著色后素，所谓得诗之真者，益昭融无碍。夫孰能测其所至乎？戊辰秋日愚弟何振岱谨序。②

十一月初六日（12 月 17 日），邵英戡致信何曦，告之已就苏州振华女校之聘，何曦认为“较诸所谓投身政界者当见清静”。③

十一月十一日（12 月 22 日），何曦得知四弟何维澄在里中不善之状，在日记中云：“晚，里中林氏书来，告四弟在里，沾染恶习，种种悖理处，令人可气。林氏连来两函，直诉四弟，顿使父亲因之生气，无法劝改，殊可恼耳。”④

① 方兆鳌：《晚读轩诗存》卷首，1960 年石印本，第 3 页。

② 何振岱：《龙顾山房诗集序》，《龙顾山房诗集》卷首。

③ 《晴赏楼日记稿》，第 49 页。

④ 《晴赏楼日记稿》，第 49 页。

十一月十六日（12 月 27 日），何曦得知二弟何维沣在巴黎办事成功，在日记中云：“今晚得二弟巴黎来电，谓所谋成功，两星期后可由西伯利亚回国。双亲闻之均为欣慰，实一可喜事也。”①

十一月二十日（12 月 31 日），何曦续完词作《临江仙·剑意》，呈父何振岱改后，众多称赏，何曦也自觉惬意。②

十一月二十日（12 月 31 日），陈宝琛填词《锦缠道·冬至》，题识云：“梅生词家正之，戊辰冬至后九日宝琛写呈。”③

是年冬，在京书肆结识戴海珊，海珊名锡章，四川开县人。光绪二十年（1894）举人，民国间任《清史稿》协修，著有《西夏纪》二十八卷行世。后戴海珊回乡修县志，何振岱撰《送戴海珊归里序》饯行。

> 《送戴海珊归里序》：予之遇君自戊辰冬，在旧京城东书局，至今三载有余，欢好无间。君光绪甲午举人，援例为法部主事，在清史馆任编纂且十年。著有《西夏史》二十八卷，已刊行；又有《西夏丛记》二十八卷、《邦交志》十余卷。予皆得而观之，渊博翔实，积数十年心力以成之，非苟作也。君性清简，无他嗜，惟嗜古书。所聚已数万卷，仍以暇时过各书肆，得未见本则大喜，即重价必购取之。予数向君借书，君又数以佳本见贻。与君谈，明实笃挚，无偏倚之见、隐匿之词，盖古绩学之士，不图于今得见之也。④

十一月二十四日（1929 年 1 月 4 日），郭曾炘卒。

---

① 《晴赏楼日记稿》，第 50 页。

② 《晴赏楼日记稿》，第 50 页。

③ 《沧趣楼诗文集》，第 275 页。此用《陈宝琛年谱》之说，见第 527 页。

④ 《何振岱集》，第 87 页。

十一月，许承尧作诗《冬月寄何梅生》。[1]

许承尧《冬月寄何梅生》：冬月意最洁，萧然宜旅人。庭枝更禁寂，炉火别为春。之子城闉隔，论交气类亲。此时应见忆，予抱试微陈。

十二月初八日（1929年1月18日），何振岱往宣武门外中央刻经处，讲经数种，归途入刘若洲家，下午回寓。何曦随从。[2]

按，刘若洲是何曦同学，何曦有词《壶中天·庚申冬至日偕同学若洲慧端随侍家大人游乌山沈氏园登清泠堂》。

十二月初八日（1929年1月18日），何振岱作《己巳腊八日供佛粥有怀许疑庵》，诗云："依旧双弓沾佛米，相望南北月如弦。"[3]

冬，吴石前往日本学习军事。[4] 在日本求学期间，吴石与何振岱诗书来往，吴石有《山游呈心与师》《奉和心与师寄怀》。《奉和心与师寄怀》云："长天珠玉喜遥将，捧诵先熏一炷香。漂梗天涯劳见忆，春风座里岂能忘。"[5] 后九一八事变、一二八事变相继发生，吴石遥念中国，作有大量诗章。《时事》云："惊传辽朔播风尘，遗恨无端耻辱新。政事方深棋劫局，斯民几有瓦全身？"[6]《万族》云："崇朝蹙国三千里，绝塞烽烟无数堆。正恐衣冠沦草莽，可堪寰宇满雰埃。"[7]《闻北警感赋》云："朔风猎猎星

---

① 许承尧撰，汪聪、徐步云点注：《疑庵诗》，黄山书社2014年版，第167页。

② 《晴赏楼日记稿》，第52页。

③ 《何振岱集》，第229页。

④ 《冷月无声：吴石传》，第48页。

⑤ 《吴石诗文集》，第30页。

⑥ 《吴石诗文集》，第35页。

⑦ 《吴石诗文集》，第35页。

斗寒，目断海天泪如注。”[①]《神州》云：“极目神州里，陆沉深可悲。”[②]《有感》云：“故国安危总系思，春光到眼转成悲。可怜一掬伤时泪，袖手天涯看败棋。”[③]《停杯》云：“停杯频看剑，牢落意难平。眼底一泾渭，胸中万甲兵。”[④]

冬，刘蘅招陈衍游螺洲。

《侯官陈石遗先生年谱》卷七：冬半，刘秀明招公及余游螺洲。……一宿而返，并游陈太傅沧趣楼。[⑤]

是年，高赞鼎赴日本学习法律，作《赴日本渡海作》，有云：“悽然怀吾土，臊腥腾不休。”[⑥]

是年，薛念娟夫陈星卫只身前往外地任职。从此后二十年间，陈星卫未回福州，也几乎从未向家中汇款。薛念娟独自抚养一女二子，长女读至高等师范，长子及次子读至大学。[⑦]

是年至1939年，何维深时到故宫及文华殿观画，并记录所观画作，后成《静娱楼观画录》。

何维深《静娱楼观画录弁言》：本编就余旅京部分年间（一九二八年至一九三九年）观自故宫及文华殿所展出前人画本精粹之品，意会而心倾者，撷其神采，略申拙见。已经著录者，未遑详校。其题跋，择所悦者录之，又因展出时放置玻璃橱中，无从度量尺寸，只凭目力约之。原稿由隋唐迄明清，计有百五十余则，遭散佚后，只得七十二则，亦过眼

---

① 《吴石诗文集》，第36页。
② 《吴石诗文集》，第36页。
③ 《吴石诗文集》，第40页。
④ 《吴石诗文集》，第43页。
⑤ 《陈石遗集》，第2055页。
⑥ 《斐君轩诗钞》卷一，第9页。
⑦ 陈侣白：《此恨绵绵无绝期》，《今如楼诗词》，第69页。

云烟之缘耳。[1]

是年前后，何振岱在《与叶生超农》中说："吾授学数十年，及吾门不下二三百人。"[2] 可谓广收门徒，此年后何振岱继续收徒，所收人数不详。

【编年文】

《学书杂识跋》《侯官郭文安公墓志铭并序（代）》[3]《清故广东知县吴君墓志铭（代）》《楞公大师第二次进院祝文》。

【编年诗】

《晚读轩诗存题辞》《橘棋携视释戡元日诗有自哀自乐岂关人之语窃谓此即诗大序在心曰志之旨也因推君诗意奉同一律》。[4]

民国十八年己巳（1929）　六十三岁

【事迹】

三月，留法归国的何知平与王闲在上海结婚。随后旅居北京近廿载。[5] 何曦在己巳年四月初一日日记中言："此次翼之竟归沣弟，实有夙缘。然其中经多少悲欢离合，人世沧桑，又有不胜感叹者。顷，观彼伉俪堂中行礼，无意中念成两句，曰：'堂中今日双飞燕，枕畔当年百啭莺。'盖翼妹曾从余睡，同榻深谈，将及一载。不料此日之为吾家弟妇也。"[6]

---

① 何敦仁：《静娱楼观画录》，《福州画院》（总第一〇八期），2022 年内印本。

② 《我春室尺牍》，第一组《与叶生超农》第十五通。《与叶生超农》的作年时间，据卢和《寿香社——中国最后的传统才女群》，第 38 页。

③ 郭曾炘卒于本年，姑将此文系于本年。

④ 此诗见李宣倜等：《岁朝唱和集》，民国十七年刻本，第 10 页。

⑤ 《王闲诗词书画集》，第 199 页。

⑥ 《晴赏楼日记稿》，第 63 页。

四月二十九日（6月5日），吴秀明由王闲介绍，欲从何振岱受业，习词章之学。① 吴秀明，即刘蘅，字秀明，因夫吴承淇，故称吴秀明。前一年重阳节，刘蘅与王真、王闲在福州相识。

四月，陈宝琛书词两首赠何振岱，其一《忆旧游·丰台芍药》，题款云："梅生词家正律。己巳四月宝琛写呈。"② 其二《庆春泽·蒙赏藤花饼分饷同褉园》，题款云："蒙赏藤花饼，褉园分尝，赋此督和，感作写就，梅生词家正定。己巳四月宝琛。"③

五月初三日（6月9日），何曦拟抄一部父亲诗集，在《日记》中说："今晨枕上敬诵父亲诗，极有乐趣，拟手抄一部，终身诵之。"④

五月初八日（6月14日），姚定黎遣人向何曦求婚，何振岱允之。她在日记中写道："吾生之大事，于是定矣。……有生以来，抱卓立含晶之旨，而竟有今日之举，深自惊惕，如在醉梦，不知所云。"⑤

按，姚戡（1881—1943），字定黎，号憶斋，福州人。北京陆军军医大学毕业。著有《憶斋遗稿》，《榕南梦影录》录其诗。

五月十四日（6月20日），日人铃木吉武持长尾雨山手书名刺求见郑孝胥，将往北京大学留学，求为介绍住京名士，郑乃以名刺令访何振岱。⑥

---

① 《晴赏楼日记稿》，第65页。

② 《沧趣楼诗文集》，第280页。此词作年用《陈宝琛年谱》之说，见第534页。

③ 《沧趣楼诗文集》，第281页。此词作年用《陈宝琛年谱》之说，见第534页。

④ 《晴赏楼日记稿》，第65页。

⑤ 《晴赏楼日记稿》第66页。

⑥ 《郑孝胥日记》，第2338页。

五月二十一日（6月27日）午后，吴秀明（刘蘅）来拜何振岱为师。[①]何振岱对刘蘅颇为赏识，寄予很大的期望，多有往来书信，谈诗论画，勉学劝导。《答刘生蕙愔》云："词人乃有清趣，不为骇俗之事，必当有殊俗之心。天机清妙者，定不我迂。"[②]《与刘生蕙愔》云："画笔全是天地灵气，洁净精微。由此守之，勿他趋，可到南田，再上可窥衡山，非浅学者所能知。吾尽放心不画。画之一事，吾弟成之，即我之成，欢喜快慰，不可言喻。要知老人不妄赞，妄赞害人。进境是好，不说亦是误人。假如弟之工夫未至，老人妄言已至，是大罪也。今能到此境，惟望精益求精。一艺之长无止境也，自满则止。有美不自知，亦无以守。吾弟一艺之美，于为师者有极大之光荣，弟其勉之。"[③]《与刘生蕙愔二则》其一云："昨夜四更睡醒得一好题目，思为一小文，又思此题良好，特写与君，请亦作一篇见示，何如?"[④]《答刘生蕙愔二则》其一云："天道人事时时转变，我想如是如是，他变了出来，又是一番境界，所靠得住而不转变者，惟自己寸心。立定主意，要做何等功夫，到何等境界，可以按年月时辰成就某种功效，中间虽有世事阻碍，而我做得一分，就算一分。日计不足，岁计有余，此是一种忍耐积成之事。"[⑤]《与刘生蕙愔八则》其一云："然用心于文字比用心于尘事较好一点。文字苦中有乐，尘事则苦乐不相掩，聪明智慧为无益之消磨亦太自苦耳。"其四云："君体弱不可久坐，约一小时之久即须绕室徐步数分钟，再来伏案。"其五云："岱今年诗比去年多，亦比去年好

---

① 《晴赏楼日记稿》，第67页。

② 《何振岱集》，第59～60页。

③ 《何振岱集》，第59页。

④ 《何振岱集》，第60页。

⑤ 《何振岱集》，第60～61页。

些。看弟之诗，亦极进步，上海、南京诸名人览弟诗皆极称许，以为无上妙品也。……诗文字必须苦心细改，不可提笔即成，即成，无深味也。”① 《答刘生蕙愔》云：“闻舍间寒梅已花，弟肯以杯酒徘徊花下，为我慰问此花否？”② 凡此种种，自诗文相谈、人生感受以至于日常关怀，均言辞恳切，细致入微。③

五月，何振岱为刘瀛《闲居十八年剩草》撰序。《何振岱集》未收此序。

《闲居十八年剩草序》：刘君耕云自山右解官归，年甫五十。所居光禄坊宅，有楼面乌石山，君取李白“苍苍横翠微”句名之曰“横苍”，而自莳杂花卉。楼下长罂短甀、卵石尺松，蓊然成小园林。佐以名书法帖，晨夕徜徉于其中，兴至为诗，无所规仿。予与君居连墙也，君诗成必以视予。岁壬戌，予游海上，既而北来，居七八年未归，君辄见念。今夏，邮诗一帙曰《闲居十八年剩草》，属予序之。予尝谓诗之有益于人也，惟真有其心者受之，有其心矣，目遇神游，无非诗境，故即服官任剧，不损雅趣。抑所操持且矫然有以异于人，观晋唐以下诗人之从仕者，率可见也。及其去繁之简，去嚣之寂，身心并适，诗笔益舒，出处动静，盖莫不受诗之益，不自觉焉。其有为之而无益者，必其非真有心者耳。夫所谓真心者何也，曰澹然物外，不随俗而趋，而泽物之心未尝忘也，庶几近之。虽古之贤者，亦岂能舍是而别有所谓诗哉？君之诗多成于归田后，既归，时益艰，恃胸中有诗，随分自乐。吾观君之能闲居，虽深造于道可也，岂但

① 《何振岱集》，第62～63页。

② 《何振岱集》，第64页。

③ 郭毓麟：《三十年代的寿香诗社》，政协福州市鼓楼区委文史组：《鼓楼文史》第1辑，1988年内印本，第31～35页。

诗哉？盖躁人畏寂喜近俗，自泪贞者常因寂而奋于成，朱子谓前辈皆从静中数年得之，其可征也。君诗多哀音，何也？曰病呻劳谣，自然之致。君于此十数年中，正有怆然不能已者，苟知古人伤心之故，则当无疑于君之诗矣。予游且倦，欲归旧居，将时时过君，倚楼望南山，以寄其悠然不尽之思。诗外有事，又微闲者，莫喻之，君其有契于吾言。己巳仲夏何振岱。①

五月，上海商务印书馆出版陈衍《石遗室诗话》三十二卷本。

6月，吴石在方声涛帮助下，由福建省政府官费保送日本留学。

六月，何维深向乃父何振岱索诗，何振岱书扇赠之。今存此扇，诗的首句“燕京三月春始浓，抱城水碧冰初融。”②

八月初一日（9月3日），柯鸿年病逝，享年六十三岁。何振岱撰《柯兄澹园先生哀辞》（《何振岱集》未收），后又作《八月朔日澹园没期年矣感赋》云：“鳌首蓬山路渺茫，露华凄冷想琼房。多生慧业神难灭，八月秋风岁又凉。无复明灯谈卯角，犹因宿草一沾裳。蹇驴飞雨莲峰下，梦近黄楼断夜肠。”③

《柯兄澹园先生哀辞》：君字贞贤，晚号澹园居士。予少与君同邻里，挟书入塾，时时相值也，已而相契。君美风仪，而吐属闲雅，诸童子皆不及。是时制科方盛，君治艺文早成，年十三应童子试，十六入马江船政学校，寻派游学海外六年，归充船政教职，为生徒讲《论语》，详考《乡党图说》。或嗤君故技难捐，君殊自喜，寻赴鄂就幕。戊戌，予计偕过沪，君饮予酒楼，谈旧业良欢。芦汉铁路议成，君之姓名且上闻于朝，窃喜故人才缊骎骎然将尽见于时也。甲

① 刘瀛：《闲居十八年剩草》卷首，民国十八年排印本。

② 此承何靖女士提供资料。

③ 《何振岱集》，第234页。

辰，予赴汴闱，归至海上，留君寓，为课子。己未，乃去之南昌，而君以孤介不容于时，失职。其冬，与君同归里，至马江，迓者未至，有茶商某以所乘船受君曰："是柯君耶？虽未谋面，然知其多庇乡人，义声昭远迩，吾当为乡人少致敬恭也。"夜泊市酒馔，晋却之不可。壬子，君复归省墓，存视兄贞丞，继而挈子侄重游海外，归理商业。予蛰居里闬，时游吴越，则过君沪壖园亭，周览花树以去。壬戌之秋，避地居吴。逾年，君招为北游，为新园中一楼居予。君嗜觅句，自谓文字结习消除实难也。族人补庐茂才为司笔札，又侄婿苏君者时相唱和，一篇成必就予磨之，得意处喜见于颜。尝营别墅于北戴河，夏日偕余及补庐往逭暑。西山面海，松数万株，共策蹇跻岩巅，遇雨归，衣履皆湿，劚蠔烹鱼，命酒相温。酒半，话少年所居学官之旁老榕几树、竹几竿，毗邻谁氏，若兴若替，以及社赛乡傩箫柔鼓阗、杂沓喧聒之状，皆依稀若遇之，相与叹喟，以为朋侪谈谐是诚闲居者之至乐也。丁卯春杪，君忽遘病。其秋，徙居津门就医，几一年复返。今年仲春，应海外故人之招，既往复病，北归经月，竟至不起。呜呼哀哉。君之才行，知君者多能述之，予以故旧密迩，于君离合生死之感较难为怀，因为词以申哀，虽未能尽而有不可已者。其词曰：呜呼，声气之感诚有其不自知者耶？予与君兄弟，丱角言笑，其间踪迹远迩，而各有不能忘者，孰实为之？阅世尘之起灭，乐皤首而相依。每缘今而溯曩，悟万化之推移。方君年之鼎盛，业见颖于囊锥。欻戢翼以高举，亦藏畔而委蛇。伤雅废而夷侵，方鲸鲵而扬鬐。秋声肃其殷林，闻嗷禽之苦饥。怅隅惠之弗宏，徒憗然而嘘唏。敞梦魂于歌泣，映青阳之芳蕤。萎蕙华于夕露，怨鶗鴂之春啼。蕲达生以自广，与析理于几微。矢岁寒之相保，勗道业以无违。养冲龢而俟命，夫岂河清之难期。胡一往之莫遏，郁孤绪于千悲。愧弗能为子益，羌内咎其奚辞。搅肝肠而流酸，抚陈迹而凝思。炯心光而永照，灵上下兮鉴兹。呜呼哀哉。愚弟何振岱顿首拜撰，愚侄惟沣敬书。①

后作《八月朔日澹园没期年矣感赋》怀柯鸿年："鳌首蓬山路渺茫，露华凄冷想琼房。多生慧业神难灭，八月秋风岁又凉。无复明灯谈丱角，犹因宿草一沾裳。蹇驴飞雨莲峰下，梦近黄楼断夜肠。"②

九月，柯鸿年《澹园遗稿》在北平刻版印行，石卓立、庄以临、章宾、苏学雍校字。前以珂罗版印有陈宝琛、郑孝胥、林开謩、陈震、薛肇基、陈紫澜、黄懋谦等题赞，王闲绘《澹园图》，陈宝琛、林开謩、林敭桢、何振岱作诔文，何振岱并撰《澹园居士遗稿序》。柯鸿年与何振岱唱和之诗有《海上和梅生见寄绝句四首》《六月廿日和梅生再游北戴河》《生日梅生赠诗奉和》《夜中赋诗一首次日急欲就正梅生乃久候不至因而再成一律》《秋夜雨中柬梅生》《重阳柬梅生》《春间即拟归旧京看花因病未已不果行至四月中旬始同梅生散步公园感而赋此》《梅生将南归书此志别》《前诗意未尽复得一绝句》《海中看月有怀梅生却寄》《江上寄梅生》。

《澹园居士遗稿序》：君尝谓："天地间之奇境隐伏显布，非意想能穷、言议可尽者，皆为诗人而设。诗人之心，与人同见而殊观，同遇而异感，故其所诣往往超万象而凑单微，是所谓至神至妙者也。吾尝一登天目山，沿重岗，历深涧，险绝几坠舆。又于钱塘江观秋潮，卷天飞雪，大荡尘胸，昉知万物情状，其出于天然者，皆无尽量。又数游海外，多遘

① 《澹园遗稿》卷首。

② 《何振岱集》，第234页。

奇观，欲心摹而手纪之，每恨吾才不足以副。”余曰：“即君所云，不谓之深于诗不可也。且人之为诗，亦言其心所欲言，无以訾掩真，以俳伤雅，亦随分足以自见。顾崑山有云：‘虽杜与韩，岂尽诗文之能事哉？’”君韪吾言，时出所作，不少深语，曰：“吾鸣吾天，固未有人之见存也。”君既捐馆舍，余为检其箧存遗诗仅百余首，皆近数年来所手订者。其少年所作多佚，间存在林荔园稿中，为录数首附后。盖君之能诗，自少已然，晚境郁怀，聊复抒寄。皺诵其性情之作，固无愧于古之诗人，矧于文字之外别有其可传者耶？愚弟何振岱谨序。[①]

柯鸿年《梅生将南归书此志别》：凄凉离绪两情同，坐对无言意自通。五载相依如手足，一朝分别各西东。平居节概贫尤见，早日文章老益工。我梦故乡君梦客，相期把晤梦魂中。

柯鸿年《前诗意未尽复得一绝句》：别离本是伤心事，垂老尤难遣此情。与子白头身尚健，重逢应不待来生。[②]

柯鸿年《江上寄梅生》：翦烛幽斋语到明，回舟江上雨初晴。忆君把卷桐阴里，不卷重帘午梦清。[③]

八月初三日（9月5日），何曦与姚定黎结婚。何曦在1929年十一月初二日（12月2日）日记中说：“计自结缡迄今，整达三阅月。”[④] 在1938年八月初二日（9月25日）日记中说：“今日为结缡之纪念日。”[⑤] 则何曦于本年八月完婚。何振岱《与叶生超

① 《澹园遗稿》卷首。

② 《澹园遗稿》，第16～17页。

③ 《澹园遗稿》，第21页。

④ 《晴赏楼日记稿》第72页。

⑤ 《晴赏楼日记稿》第129页。

农》“小女八月初三日于归”，① 知何曦于本年八月初三日结婚。据此函，叶可羲欲赠金钿贺何曦婚事，何振岱婉拒。又据此函，何振岱要求叶可羲作词至一百十首，将为其刊词集。

十一月三十日（12月30日），何曦料理自己诗词稿，拟重抄一遍。②

十二月初八日（1930年1月7日），作《己巳腊八日供佛粥有怀许疑庵》诗寄许承尧，许承尧答以一诗。

许承尧《何梅生寄腊八日供佛粥见怀诗作此报之》：积雪病众植，顾乃苏莓苔。空庭扫残白，黯绿已缘阶。生意喜潜滋，复爱晴日佳。此时履綦绝，我友诚可怀。怀人忽得书，高咏传分斋。粥味去年好，今年嗟离乖。奇寒创心骨，威被天之涯。瑟缩各一方，何地容我侪。逃威抱佛脚，佛亦闵而噎。问识慈悲未，窗前开蜡梅。③

十二月十四日（1月14日），郑孝胥在日记中记郭则沄刻诗集，何振岱序之。④

冬，吴石考入日本炮兵学校。

是年，陈衍、王真开始编纂《闽侯县志》，于次年完成全稿。

是年，王闲在北京中山公园展出国画作品，颇得社会知名人士好评。⑤

是年，施增乾卒，年六十三岁。⑥ 贫无以葬，何振岱卖画数帧，寄葬故人施子元及其母亲。

---

① 《我春室尺牍》，第一组《与叶生超农》第三通。

② 《晴赏楼日记稿》，第74页。

③ 《疑庵诗》，第180页。

④ 《郑孝胥日记》，第2266页。

⑤ 《福建省文史研究馆志》，第173页。

⑥ 《榕南梦影录》卷上，第37页。

《卖所画山水数帧得值寄葬故人施子元及其母氏》：事有艰难始叹贫，偶然遂意亦缘因。残冬呵笔冰窗畔，卖得青山葬故人。①

是年，王真开始编纂《侯官陈石遗先生年谱续编》，详记陈衍53岁至75岁事迹。

王真《续编陈侯官年谱跋》：石遗师年谱，公荆兄所编，仅至五十三岁三月而止，自是常阙趋庭，致悬而有待。岁乙丑，公荆归道山。戊辰，真自都旋里，得侍绛帷。其明年，乃请续编是谱，仍以诗文集、日记为根据，而参以请益，遂凑成七卷。②

是年，何振岱为同乡洪毅《痴洪梅谱》题诗二首。

《题痴洪梅谱》：纸窗炉火唐花影，此味年来亦久谙。旧京度腊，皆拥盆梅。不见漫山香雪海，每从画里忆江南。

洪君画梅得梅意，临发经过索赠诗。去去吴中花正好，一枝枝与谱清夷。杨补之号清夷长者。

宽孙先生以善画梅名闻海内兹繇北方南行，承惠访索诗，谨书七言绝句二首奉赠，即希雅正，弟何振岱。③

是年，福建省政府刻就新《福建通志》三百二十余卷。

《侯官陈石遗先生年谱》卷七：是岁刻就新《通志》三百二十余卷，装订九十余本。分类零售，行销各省。先是，岁在辛酉，全志告成，规定刻费每月二千银元，限三年蒇工，八阅月而兵事起，才刻百余卷而工停。乃陆续募捐数千元，刻事羁縻勿绝而已。丁卯十月，省政府续筹刻费月八百元，限二十个月竣事，复刻百余卷，尚余三百余卷未刻也。

---

① 《何振岱集》，第229页。

② 《陈石遗集》，第1937页。

③ 洪毅：《痴洪梅谱》，民国二十一年石印本，第9～10页。

己巳，续议筹款三万元刻完全书，而乱事又起矣。①

是年，高向瀛有诗《依韵和惜园》，有云："主人久闭门，读书中有得。嘉招惟二三，欣赏乘时急。"②

是年，陈曾寿有诗《寄何梅生》云："独对梅花发，思君正此时。清宜高士传，瘦入四灵诗。见月因怀友，焚香默课儿。闲情竟何属，黯淡写朱丝。"③

【编年文】

《与陈蠖庵论筮卦书》《澹园居士遗稿序》《柯兄澹园先生哀辞》《闲居十八年剩草序》。

【编年诗】

《己巳腊八日供佛粥有怀许疑庵》《卖所画山水数帧得值寄葬故人施子元及其母氏》《题痴洪梅谱》。

民国十九年庚午（1930）　六十四岁

【事迹】

正月初一日（1月30日），陈宝琛居天津英租界，作七律《庚午元旦即事》。诗成后，曾寄示何振岱请正。

陈宝琛《庚午元旦即事》：五年无此好风日，八十三翁喜献春。爆竹彻宵喧梦甚，桃符比户照眸新。民劳得勿真思汉，居陋犹堪托避秦。却为乡邦忧乱兆，开门节度亦无人。④

① 《陈石遗集》，第2058页。

② 《还粹集》卷四，第1页。

③ 《苍虬阁诗集》，第321页。

④ 陈宝琛：《致何振岱书札》，陈昌强点注：《陈宝琛史料四种》，《近代中国》第十九辑，第361页。

三月初三日（4月1日），上巳北海修禊，郑元昭作《庚午上巳同心与修禊北海》诗。

三月初十日（4月8日），陈宝琛同何振岱、林志钧等游旸台山观赏杏花。陈宝琛作诗《清明后三日同季友栗斋熙民梅生子有宰平策六次贡幼实述勤吉庐看杏花阳台纮孙从》。[①]

闰六月初六日，内侄女郑蒲（芷汀）病逝，年三十一岁。作《哀内侄郑芷汀》悼之。何曦作有《哭郑芷汀表妹》《芷汀表妹亡后对其所制瓶中象生花感赋》。何维深有词《高阳台·庚午年津门有悼》。后何振岱为撰《孝女郑芷汀墓志铭并序》。

庚午闰六月初七日日记：天未明醒，念郑家此时不知如何，百念纷起，不可为怀。顷复睡去。六时起坐，七时半诵经，九时作笔记、看报。是晚畴、深回，云四妹已于昨夜八时廿五逝世，予不禁长号下泪。听畴述其病中用药等情，感慨万状。呜呼，尔竟如斯，岂吾所及料耶？痛哉。[②]

春夏间，许承尧作诗《雨中游西子湖寄何梅生》。[③]

六月十五日（8月9日），陈宝琛为刘蘅《蕙愔阁诗》撰序。

陈宝琛《蕙愔阁诗序》：开卷一片清光，写景言情，皆能出以酝藉，实受学于何梅生，得所宗矣。身丁奇衰之世，习居纷华之域，而不为异说所摇，俗嗜所染，携稚山居，挥弦作画，消此长夏，其有得于中者欤。无怪所为诗有山水之音，无脂粉之味也。循此以进，吾螺闺秀集不当为留一席

① 《沧趣楼诗文集》，第224页。

② 《何振岱日记》，第271页。

③ 《疑庵诗》，第185页。

耶？承淇招同梅生为香山之游，出其配修明女士诗卷相视，为识其后。庚午六月望日八十三叟宝琛。[1]

闰六月十八日（8月12日），何振岱访郑孝胥。二十日又造访，谈久之。[2]

闰六月十八日（8月12日），何振岱到陈宝琛处，同陈宝琛合影。[3]

六月十九日（8月13日），何振岱同陈宝琛坐车至天瑞楼晚饭，并到郑孝胥处辞行。[4]

闰六月二十一日（8月15日），王允皙病逝，年六十八岁。病重日，陈衍往探视，靠近其耳边说："顺其自然。"王允皙作谢道"见道之言"。于是日晚作绝笔书与陈宝琛。王允皙早年受知于陈宝琛，多有唱和，交谊甚深，后因政见不同，十年不相通问。几日后陈宝琛于天津收到绝笔书，感痛不已，作《水龙吟》词哭之。郑孝胥在本年七月初二日（8月25日）日记中云："林季武来，言王又点、梁众异、李释戡等于段祺瑞之攻张勋，皆求在前敌功，及又点归闽，与弢庵绝不通问者十年，弢庵寄与诗词亦不答，故将死而愧耳。"[5] 王允皙《碧栖诗》有《奉怀枚生愈予惕庵三兄》，其一云："何郎诗绝人，下手剧风雨。妻孥虽呻吟，怀抱自取与。前年买菊蕌，崎岖事荒圃。情随孤芳发，梦与秋云语。古人望不见，翳影返环堵。夜弦忽复清，千里在延伫。"[6]

---

① 刘蘅：《蕙愔阁集》，福建逸仙艺苑诗辑之五（上），1983年排印本，第1页。又见福建省文史研究馆编：《蕙愔阁诗词》，福建美术出版社1993年版，第118页。

② 《郑孝胥日记》，第2293页。

③ 《何振岱日记》，第272页。

④ 《何振岱日记》，第273页。

⑤ 《郑孝胥日记》，第2294页。

⑥ 王允皙：《碧栖诗词》，民国二十四年排印本，第17页。

《梅生海上寄诗奉答》："吾子多师信我师，超然畦町复奚疑。秋怀自合临风远，禅味真成饮水知。渡海妻孥耽苦行，投林猿鸟怅幽期。三年茗色墙西月，得再弦诗夜向迟。"①

七月初二日（8 月 25 日），陈宝琛将王允皙绝笔书出示何振岱。② 同日，又出示郑孝胥。③ 陈宝琛托何振岱为王允皙编次遗稿，何振岱有诗《编次碧栖丈遗稿粗毕感赋》云："平生出手腐成奇，气压群儿意不屑。北池长忆凭栏语，同能独胜谁当绝？知君耿耿有难忘，秋潮梦断亭江月。"④ 后王德愔有《予早岁及见先辈诸君赋得十首以示景仰》其十诗，为其父而作，注云："先严碧栖公，词崇碧山、白石，江南名士极为称赏。"诗云："趋庭忆昔客京华，诗酒追随故老家。倾耳文坛评艺事，碧山词笔世争夸。"⑤ 何振岱在是日日记中载："到弢老家，弢老方卧，闻予来即起，出王又点信见视，信系闰廿一夕所书，又点即以是夕亡，亦奇也。又点聪明，通文字，理不胜欲，婪于所得，投身要人，多为所侮，而君怡然不较，此可怪叹者也。"⑥

七月初十日（9 月 2 日），吴承淇到何振岱处取陈宝琛所写扇去，午后，何振岱到市场买纸，遇到刘蘅。⑦

八月初八日（9 月 29 日），何振岱母亲生日，供茶饼、麦花饼祭。云"母亲若存今年九十五矣"。⑧

① 《碧栖诗词》，第 18 页。
② 《何振岱日记》，第 275 页。
③ 《郑孝胥日记》，第 2294 页。
④ 《何振岱集》，第 234 页。
⑤ 《琴寄室诗词》，第 5 页。
⑥ 《何振岱日记》，第 275 页。
⑦ 《何振岱日记》，第 276 页。
⑧ 《何振岱日记》，第 287 页。

八月十四日（10月5日），何振岱父亲生日，何供馈十簋祭拜。[①]

九月十一日（11月1日），何振岱看画谱，改订本年诗，午后曹经沅（纕蘅）来访。陈宝琛亦来访，言何振岱所作文甚佳，送润笔费。[②]

九月十二日（11月2日），陈宝琛与曹经沅、何振岱、冒广生游香山退谷，作诗《重九后三日梅生鹤亭纕蘅招游退谷》。[③]

九月十七日（11月7日），何曦在日记中记陈宝琛絮叨旧事："午后陈弢老来，以客厅炉未生火，乃延之至吾之外书室，与家君所谈，多先朝前辈故事。此老多言，且善记忆，每来必絮絮不休，亦可哂也。"[④]

十月初四日（11月23日），刘蘅往万寿山养病。[⑤]

十月十一日（11月30日），何振岱作《题林宰平所赠尊闻录》。

> 《题林宰平所赠尊闻录》：林君宰平以高赞非记述黄冈熊十力先生语《尊闻录》赠，尽一日夕全篇阅毕，契意处加圈点以醒己目。篇中心得语良多，而志在明己以度世，尤见魄力胸次。宰平有此良友，宜其意境之日高也。庚午小春十一日书。[⑥]

十月十四日（12月3日），何曦在日记中谈论叶可羲词作，云："昨见叶超农所作《冰花词》，平仄失叶，韵亦多讹，又寓意太露，此道虽小，精亦非易也。"[⑦]

---

① 《何振岱日记》，第291页。

② 《何振岱日记》，第298页。

③ 《沧趣楼诗文集》，第228～229页。

④ 《晴赏楼日记稿》，第104页。

⑤ 《何振岱日记》，第300页。

⑥ 《道真室随笔》卷一，第33页。

⑦ 《晴赏楼日记稿》，第106页。

十月二十八日（12 月 17 日），何振岱改作《郑澹庵侍读墓屏》，送交陈宝琛。①

十一月二十三日（1931 年 1 月 11 日），谢章铤生日，何振岱设祭，请林宰平来共拜。②

按，林宰平早年与何振岱同出福建提学使王锡蕃门下，又同是谢章铤门人。本日何曦在日记中亦记："今日为谢山长生日，父亲大人命备酒果荤菜，陈设东厢内以供谢像。约林宰平先生来午餐，宰平于吾兄弟辈呼之为舅祖，渠亦谢先师之门人，与家君为同学也。"③

十二月初八日（1931 年 1 月 26 日），刘敬、高向瀛在里小集，高向瀛作《和惜园招饮》，有云："腊日花时得几家，陶然并坐醉流霞。嘉招社课添诗兴，旧侣京尘感梦华。"④

是年冬，李宣倜作《夜过北云久谈》诗云："此际剧思何梦桂，高山取次引琴弹。"注云："谓何梅生。'高山如故丝弦在，懒向旁人取次弹'，潜斋诗也。"⑤

是年，以年谱体例相询于梁鸿志，梁鸿志撰《与何枚生论年谱体例》，云："书来，承以年谱体例见询，以志之愚，何足语此。窃就平日所略知者，为公述之。年谱即年表之变体，唐以前无年谱，宋始有之。其始皆追述前人，其后有自述。……今人著述，自命革新，摇笔即来，不讲体例，有非吾人所能想见者。即以年谱而论，年谱出年表，与行状、行述迥别。自述年谱，无异于自为年表，亦与自序悬殊。盖行状为碑传之一体，固宜付子孙朋辈为之，若托于

① 《何振岱日记》，第 304 页。
② 《何振岱日记》，第 309 页。
③ 《赏晴楼日记》，第 110 页。
④ 《还粹集》卷四，第 5～6 页。
⑤ 李宣倜：《苏堂诗拾》，1957 年油印本，第 8 页。

司马迁、王充之自叙平生，亦宜别著一文，不当同系年之例。弇陋之见，如是而已。某公自述年谱，海隅僻处，尚未寓目，若别创新例，如行状、自序之类，则非下学之所敢知也。”①

是年，魏怀任国民政府立法院立法委员。②

是年，吴石刊印诗集《东游甲稿》，收入游日诗85首。

【编年文】

《孝女郑芷汀墓志铭并序》《题林宰平所赠尊闻录》。

【编年诗】

《庚午元日摹释迦佛像一尊于慧明所书金刚经上》《题林宰平所赠尊闻录》《八月朔日澹园没期年矣感赋》《戊辰清明后曾同稚辛雨中游大觉寺已逾杏花之期去年复往适当花时而君在里中今年同人又有看花之约书此却寄》《哀内侄郑芷汀》《郭鲁斋逝两月矣感念旧事书此》《八月朔日澹园没期年矣感赋》。

民国二十年辛未（1931）　六十五岁

【事迹】

正月初二日（2月18日），《华报》发表王真《道真室随笔》：“何丈梅生，受谤愤甚。石遗师谓之曰：‘凡人至无骂之者，必是没出息东西。’”此指民国初年编纂《西湖志》受谤事。

按，何振岱纂《西湖志》受谤事，据吴家琼《何振岱晚年不满陈衍之由来》云：“有郑天放者，列举该志遗漏及不合体裁处，载于施景琛所办的《大同日报》，并说这错误乃因何振岱宠信其挚友叶心炯所致，好像他人没有责任似的。何受兹指责很愤怒。经查系林宗泽从中捣鬼，因此对林极为不满。迨此次修纂《通

① 梁鸿志：《爰居阁丛录》，上海图书馆藏稿本。

② 《中国国民党百年人物全书》（下），第2456页。

志》，林宗泽也在分纂之列，叶心炯经何介绍也任分纂。林宗泽藏书很多，又长目录学，馆中材料多由林供给。林宗泽是陈衍所创办的福州说诗社的弟子，所以与陈很亲密。叶心炯与陈衍则比较疏远，相形见绌，以为陈对他与林宗泽有了清白眼之分，怏怏于心，便一五一十函诉于何（何客北京）。何信为真，对陈不满实基于此。”[①] 另林家溱《观稼轩笔记》载录有时人驳新修《西湖志》数处不合体载语，云：“何梅叟《西湖志》甚博采，为其生前得意之作。近于破簏中检得数纸，对于是志，颇有微词，姑录之：一、《第宅》列《园亭》下为不合法。《三山志》列《山川》于《寺观》，为朱竹垞、钱竹汀所讥，《曝书亭》《潜研堂》二集俱可覆按也。二、《古迹》与《园亭》分晰不甚明瞭。三、《冢墓》《碑碣》二门，只录濒湖者，余可删，且冢墓以爱憎为去取，终为士论所攻击。四、《人物》须增改，《方外》只留开化寺，余可删。五、《渠浦》所列夹注古今体诗，可删。六、《名胜》一门，诗文当入本门夹注。七、图改列首卷，宜增水道一图，须添开化寺；新增八景仅留竞渡、修禊二图，余可删。八、‘西湖社’尚未建筑，删之为是。”[②] 此或即是郑天放所作。

正月初二日（2月18日），何振岱至何遂处，见赠汉砖一枚、拓印汉瓦二本。[③]

正月初二日（2月18日），《华报》载莲客《碧栖词人韵事》，录存王允皙致陈宝琛绝笔书。莲客即王真笔名。

> 莲客《碧栖词人韵事》：碧栖先生，禀才俊逸，聪明绝世，而骀宕不羁，风流自喜，大有杜樊川之遗风。收瞻交

---

① 吴家琼：《何振岱晚年不满陈衍之由来》，福建省政协文史资料委员会编：《文史资料选编》，福建人民出版社2001年版，第56页。

② 林家溱：《福州坊巷志——林家溱文史丛谈》，第325～326页。

③ 《何振岱日记》第321页。

结，门无停宾，常日周旋士大夫之间，无不倾倒焉。工于填词，为海内所推许。其锻炼苦吟，语虽近于玉田、碧山，而腔实宗于白石。有请唱词于先生者，必举白石。而尤喜其《扬州梦》之“杜郎俊赏，算而今、重到须惊”，并《琵琶仙》之“十里扬州，三生杜牧，前事休说”诸阕，先生其亦有意以自况乎？何丈梅生，极称先生所谱之《点绛唇》，有“天接平桥，酒旗风外迢迢路”之句，谓非身历太原，不能知其描写之工。余亦喜其《满庭芳》之“似吾庐半亩，旧种青青。何日归来散发，人间事、露冷风清”句，诚不食人间烟火气者。先生早岁奔走南北，浸广交游。某年春闱报罢，与友黄某流连沪渎，友乃取资于先生，卒至丧其资斧，电鬻田产，赀至而债复举，其慷慨周急辄如是。晚岁归里，仍寄情风月，尝被恋者峻拒，曾有“昔日楼中梦，今日梦中楼”之吟。将娶姬人某，友人均以为规，而先生百折不回，迈然独往，卒如所愿。有五言律诗一首，即纪其实，诗云：“已放杨枝岁，偏迎桃叶时。若非见颠倒，反谓得支离。四面纵君看，寸心不自疑。尊前如再问，暂笑总强悲。”真挚淡远，殆香山之作矣。去岁六月得病，自知不起，处置家事，一一有序。平日最眷某商人妇，有同生死之盟。病里支离，尚难忘情，复以一千金遗之。唁者诗有：“乱后都无避足地，老来唯有养颐天。”即指此也。迨病垂危，石遗老人往视，先生体已渐冷，一息奄奄，石老迩其耳诏之曰：“顺其自然”。先生尚能颔首，拱手作谢状，曰：“见道之言。”先是，郭君舜卿临存其疾，先生语之曰：“我来清去白也。”弥留之前一夕，力疾作书与陈弢庵太傅，词语恳至，点画不乱，一如平日。有根器人，到头自脱，其明晰有如此者。然一情牵掣，到死不悔，是知女儿之情长，不独英雄气短。

附录绝笔书："弢公至鉴：允晳觉此十年中，所腐心切齿，与公未通一字，而为弥天之罪者，莫如此事。朝夕向空顶礼问讯，谓可作覆，不意其仍复因循至今也。而空前绝后未有之事，未有之境界，盖惟公开之。既读复藏者，不知凡几次也。今俄顷人耳，不可不一白于公前。晳三十以后，即躬受公之庇荫，直至于今。耿耿之心，亦未尝俄顷忘也。晳今此书，为寻常叩门走别之书，愿公得之，知晳尚能刻刻顾念恩情，无敢下侪于狗豕，如今世俗之足为鄙夷者，于愿斯足。至世俗之见，则愿其迁流，无复足惜，而公之胸次，固无日不在山嵉岳峙、水流花放中，无俟晳之更赘一词也。王允晳顿首。"

正月初四日（2月20日），何振岱访黄孝纾兄弟，谈约一小时。[①]

正月初五日（2月21日），《华报》载莲客《碧栖词人韵事》（二）。

莲客《碧栖词人韵事》（二）：前年陈君几士省弢庵太傅于津门，碧栖先生就求太傅墨迹，太傅以先生久疏音问为责，经君婉言再三，太傅乃欣然，录与先生共游旧作数阕，且以示正于先生。君既归赍先生，且请即书以慰老人，而先生终以贪懒爱忙，诺而复爽。字既高悬，函仍缺谢。迨至弥留之顷，乃萌慊慊也。绝笔书有云："而为弥天之罪者，莫如此事。"即谓此。又云："而空前绝后未有之事，未有之境界，盖惟君开之。既读复藏者，不知凡几次也。"即言太傅所书贻之词也。太傅闻先生逝，将撰联挽，嗣得书，感痛良稠，乃易谱一词为唁，苍凉凄楚，顿见衷情。噫，龚生之

① 《何振岱日记》，第322页。

逝，尚有故人；元伯虽亡，不无死友。聆此哀音，益增海内有心人无限之感矣。附录陈弢庵太傅所作挽词于后："十年望断来鸿，发函乃出弥留顷。苍凉掩抑，死生之际，一何神定。我欲招魂，海天飞雹，巫阳焉讯。念百回千结，那时情味，盈眶泪，如泉迸。　石帚清狂无命。恁荒波、日亲蛙黾。颓唐尔许，不应真个，江郎才尽。丛稿谁收，审音刊字，吾犹能任。却自怜老髦，君还舍我，就何人正。"右调《水龙吟》。

二月初六日（2月22日），午后石芝来访何振岱，下拜，谢为其母撰文，润笔仅六十元，以陈宝琛情面少入四十元。何振岱日记中记："文字生涯，每为人簸弄，可叹。"①

正月初八日（2月24日），郑孝胥访何振岱，与何振岱同观严伯玉宅。②

正月初九日（2月25日），郑孝胥约仲藩、伯材、稚圃、立材、贻书、陈半丁、何振岱到东兴楼晚饭。③

正月十一日（2月27日），何振岱到春华楼赴林清畬席，郑孝胥首座，复同赴李宣倜席。④

正月十五日（3月3日），卓功庸以所创草书九法见赠，并出视郑孝胥所题一七言古诗，诗为赋体，何振岱颇赞美之。⑤

二月十二日（3月30日），邵筱珍在《集美周刊》1931年第269期发表诗歌《登好望角》（三月三十日发行），诗云："望角由来是泪门，羁人到此总惊魂。即今市舶多安稳，双塔明灯普

---

① 《何振岱日记》，第331页。

② 《郑孝胥日记》，第2317页。

③ 《郑孝胥日记》，第2317页。

④ 《何振岱日记》，第323页。

⑤ 《何振岱日记》，第325页。

照恩。”

正月二十四日（3月12日），福州《华报》发表金罗汉《道真室聆音记》一文，记王真抚琴情形，云：“吾友林子建瓴，审音律之士也。日昨李澜平、吴炳年集于道真室，荟中西之乐，各奏厥长。先由室主道真抚七弦《平沙落雁》一操，抑扬推拍，纵横骆驿，若微风游絮，高崖堆石，古音幽渺，非屏息寂声，莫能聆其趣也。……殿之以道真续抚之《鱼椎问答》一操，尤觉清越旖旎，耐人寻思。室主于度律审音，辄有精微之论，艺术天才，群深景仰。座间尚有其昆玉仲敏、乔倩两兄，仲敏好西乐，乔倩则中西兼嗜，宜其独有神会。惜余钝质，不谙声律，深惭子期之遇，有辜伯牙之音矣。爰以为记，聊留他日之爪尘耳。”

二月二十五日（4月2日），何振岱理王允晳词稿。陈宝琛又以王允晳诗稿请何振岱整理。①

二月二十一日（4月8日），陈宝琛携家人与何振岱等游旸台山看花。老幼十八人同出西直门至大觉寺，时辛夷花盛开，何振岱同陈宝琛合影。② 陈宝琛作《辛未清明后二日复游旸台山南塔院西峰寺大工一带花开正盛》诗。③

二月二十七日（4月14日），何振岱先祖妣忌辰，供点心拜祭。④

春日，何振岱夫妇到北京柏园看牡丹，郑元昭作词《浣溪沙·辛未春日柏园看牡丹和心与》。

季春，何振岱夫妇到北京中央公园赏牡丹，郑元昭作词《浣溪沙·辛未季春同悦明居士中央公园赏牡丹居士得浣溪沙一阕余

① 《何振岱日记》，第335页。
② 《何振岱日记》，第333～334页。
③ 《沧趣楼诗文集》，第233页。
④ 《何振岱日记》，第336页。

亦和之》。[1]

三月初七日（4 月 24 日），同李宣倜、曹经沅游北京西郊万寿寺。李宣倜有诗《三月七日同梅生纕蘅游西郊吴园万寿寺海棠皆盛开归过萃锦园笼烛花下商略小饮分韵得塘字》。[2]

三月十九日（5 月 6 日），同李宣倜、曹经沅、溥儒、溥僡等游极乐寺，“茶烟笔砚皆具”。[3] 李宣倜有诗《三月十九日同梅生纕蘅心畬叔明昆季重游极乐寺欲于国花堂前补种海棠纪之以诗》云：“城南种柳太寻常，商略招堤补海棠。长为旧京留胜迹，乾嘉风物国花堂。”[4] 何振岱《北京极乐寺补海棠记》记补栽海棠事。

《北京极乐寺补海棠记》：极乐寺海棠甲天下，语闻已久。予戊戌至京师，有仅存者。后廿余年再至，则绝少矣。客夏，偕曹、李二君游寺中，偶谈西湖孤山梅宜补。予曰：“若图近者，即此地补海棠，岂不善耶?”二君谓然。同邑郑叟闻之，先捐百金为倡；北居诸老各随分出赀，推李君董其事。既得佳本，遂于今年清明后四日，集国花堂前，督补凡若干株。按《顺天府志》，极乐寺在西直门外高梁桥西三里，至元间建，明成化中重修。清乾隆时，海棠、丁香俱盛，寺前池荷亦多，更有四松参天，数百年物也。今皆无之。海棠性宜寒，受风雪严，入春著花弥懋。苟无人厄，虽百年长存可也。相传此寺当时红云蔽霄，车骑杂沓。谓甲天下，诚非虚言。乃不数十年，摧残凋敝一至如是，伤已。吾闻之，清季势家争营园囿，尽锄寺中所有以实之，攫有数之名花，毁

① 《天香阁词钞》稿本。

② 《苏堂诗拾》，第 14 页。

③ 《何振岱日记》，第 342 页。

④ 《苏堂诗拾》，第 14 页。

多年之雅泽，其亦花之盛美有以召之耶？虽然，盛衰常理耳。当其盛也，有与之俱盛者，京曹士大夫处时清平，得以从容游宴，托物为娱；及其衰也，亦有与俱衰者，风雅道微，人材凋替，不独一花一木之不蒙其庥。窃谓时当于今，天下事之缺而待补者何限？心至而力弗及，无如何耳。心至而力得及，姑且为之，其能追盛于往时与否，可置勿问。此补种兹花之微旨也。至于培植庇护，毋更厄之，则不能无望于后来同趣之士焉已。众谓不可无记，属予援笔书之。①

四月十一日（5 月 27 日），何曦携小女往天津，其丈夫姚定黎在天津处馆，首次同父母分离。何振岱是日日记中载："此女自生我家，皆在父母旁，嫁后犹同居一年有八个月，今日其为分离之初乎？"②

四月十七日（6 月 2 日），何振岱到弓弦胡同，赴李宣倜生日会，十人同席聚会。其长兄李潭舫五十四岁，是何振岱二十五年前在南昌藩署同事。③

四月二十日（6 月 5 日），何振岱为同乡刘放园书一扇，至十一时。④

四月二十三日（6 月 8 日），郑孝胥访何振岱，并约曹经沅、李宣倜等到春华楼晚饭。⑤

四月二十四日（6 月 9 日），林清畲约郑孝胥到公园晚饭，何振岱、董季有在座。⑥

---

① 《何振岱集》，第 104 页。

② 《何振岱日记》，第 342 页。

③ 《何振岱日记》，第 352 页。

④ 《何振岱日记》，第 353 页。

⑤ 《郑孝胥日记》，第 2328 页。

⑥ 《郑孝胥日记》，第 2328 页。

四月二十五日（6月10日），林宰平、何振岱、曹经沅、向仲坚访郑孝胥，郑与何振岱、曹经沅、向仲坚同到颐和园，遇到周立之，从后山步至谐趣园。何振岱发愿：要在极乐寺补栽海棠。郑孝胥捐百元，栽海棠三百株，使经沅任其事，今年十月成之。[①]

四月二十八日（6月13日），郑孝胥到北海，赴何振岱会贤堂之约。[②]

五月初一日（6月16日），何振岱至陈宝琛处谈诗文，在日记中记："九时，到弢老处，弢老方偃卧，遽起示予顾锡爵文，似不知文者之所为。谈陈伯陶诗有夸张处。又言某老为寿赞之非体例。云某某罪在必诛之列。"[③]

五月二十六日（7月11日），祖父秩铨公忌辰，何振岱供十二簋祭。[④]

六月三十日（8月13日），陈宗蕃访何振岱，说周某有女欲读书，延何为之师。[⑤]

七月初六日（8月19日），何振岱访郑孝胥。郑与何振岱、大七、九六同到颐和园，步后山至前湖吃饭，泛舟至龙王堂，出至玉泉山饮泉乃去。[⑥]

七月初七日（8月29日），郑孝胥到北海，与大七、九六同至吉祥听戏，蒲子雅约晚饭，坐有贻书、季友、何振岱、林宰平、秋岳。[⑦]

---

① 《郑孝胥日记》，第2328页。
② 《郑孝胥日记》，第2329页。
③ 《何振岱日记》，第355～356页。
④ 《何振岱日记》，第361页。
⑤ 《何振岱日记》，第366页。
⑥ 《郑孝胥日记》，第2336页。
⑦ 《郑孝胥日记》，第2336页。

八月初一日（9 月 12 日），刘蘅、吴承淇将回福州，前来辞行。①

八月二十二日（10 月 3 日），王式通去世。王式通临终遗嘱诗稿请何振岱选定。何振岱辛未八月二十五日日记云："李十三来，为凑一联，云式通遗属诗稿托予定之。"②

八月二十八日（10 月 9 日），郭则沄五十初度，南北词社词人竞相作词张之，积有数十阕。何振岱代陈曾寿作序。《郭则沄自订年谱》云："何梅叟为仁先代作序言，胡愔仲书之，黄君坦为浙江寅僚代作序言，邵幼实书之，皆一时杰作。"③

九月初九日（10 月 19 日），重阳节午后，同李宣倜游北海，"坐松石间，上抱翠亭吃茶"。李宣倜有《九日琼岛同梅生》诗。

> 李宣倜有《九日琼岛同梅生》：霜风吹泪入重阳，破碎河山照眼伤。孤塔撑空空突兀，荒城背日日凄凉。几年丧乱妨高会，千里灾祲念故乡。丹桂黄华秋自好，却怜郁绪负杯觞。④

九月初九日（10 月 19 日），何振岱为洪毅《痴洪梅谱》题辞。此文《何振岱集》未收。

> 《题痴洪梅谱》：予客旧京垂十年矣，每隆冬雪夜，辄拥盆梅吟赏为娱。因念江南旧游及吾乡刘、吴二园，所见梅花尽多佳植，即吾家负墙三五树为予手种者，闻已高逾屋檐，都足深人思念。今兹尺许盆中，正所谓慰情聊胜者耳。同乡洪君宽孙，承其家学，以善画梅称，日者枉过，出所画梅花盈帙，属为题语。予方久客思乡，见君之画，如见南中梅花

---

① 《何振岱日记》，第 377 页。

② 《何振岱日记》，第 377 页。

③ 《郭则沄自订年谱》，第 73 页。

④ 《苏堂诗拾》第 11 页。

虬枝粉萼之致，不觉胸郁顿舒，乃叹洪君之画之能移我情也。君尝囊所画赴海外，为彼都人士所欣赏。若其画学之深、画笔之美，则海内名流为君题咏者多已及之，无俟予之赘言。辛未重阳日世愚弟何振岱敬题。①

九月初九日（10月19日），刘蘅、王德愔、叶可羲、王真等在福州仓山淇园合祀陶渊明，重组诗社，并写图纪之，周愈为之润色。时何振岱在北京，为图作跋，有《祀陶图题跋》。

《祀陶图题跋》：予年弱冠时，与龚九鹤、郑无辩诸君诵陶诗而慕其为人。每岁秋花盛开，陈陶公像，荐以菊酒而拜献如礼，至九鹤既逝，此会遂散。其后三十余年，里中诸生王德愔、刘蕙愔等复有祀陶之举。是岁辛酉九月，诸子集于藤山蕙愔园中，各写树石楼阁成图，周丈雨渔以善画名，为润色大半，属予记之，因书大略如此。②

按，此文载王真《道真室随笔》，文中“辛酉”二字殊不可解，疑即“辛未”之讹，或是手民致误，故将此文暂系于此年。时何振岱在北京，未与此会，故文中有“里中诸生”、“诸子集于藤山蕙愔园中”诸语。

九月二十三日（11月2日），同何维刚到陈宝琛处拜寿，同清如行至其家西京畿道官房四号。③

秋，何遂编印《绘园古鉴》，乃所辑古瓦拓片，国家图书馆现藏有二册。

十月二十九日（12月8日），高祖裘卿公忌辰，供馈八簋。④

---

① 《痴洪梅谱》，第75～78页。

② 《道真室随笔》卷一，第33页。

③ 《何振岱日记》，第385页。

④ 《何振岱日记》，第392页。

十一月二十三日（12月31日），谢章铤生辰，何振岱谋供馔。①

十二月初四日（1932年1月11日），魏怀任国民政府文官处文官长。② 至1945年1月18日，在林森、蒋介石先后两任国民政府主席内，魏怀一直担任国民政府文官处文官长。③

十二月初七日（1932年1月14日），到德国医院探视陈宝琛。本月何振岱数往德国医院探视并谈诗。④

是年后，改字梅叟。改字缘由，据吴家琼云："一九三一年福州著痞林梅生伏法，何以己字与林名相同，认为不详，且年逾六十，已足称叟，遂改'生'为'叟'。"⑤

是年，摄一影，作六十五岁造像，寄赠友人周愈，并于照片上书一诗云："大好修行侣，堂堂周四香。两心松上月，齐结定中光。有志休嗟老，相怜永不忘。白云前约在，归与理禅林。"署"辛未六十五造像自旧京寄"。⑥

是年，陈衍主无锡国专讲席。

是年6月以前，陈声暨编、王真续编、叶长青补订《侯官陈石遗年谱》家刻本印行。

是年，何维澄往日本留学，吴石作《喜敦诚至》："相聚艰危里，还同异域游。看居袱被至，解我满腔愁。客意新梁韭，波光旧海虬。嘉言今共识，莫享但思修。"⑦ 并请何维澄课其幼子吴

---

① 《何振岱日记》，第396页。

② 《中国国民党百年人物全书》（下），第2456页。

③ 刘刚、焦洁编著：《总统府要员传略》，广东人民出版社2003年版，第56页。

④ 刘建萍《何振岱年表》，《何振岱评传》，第264页。

⑤ 吴家琼：《故友何振岱生平事略》，《何振岱日记》，第649页。

⑥ 周愈后人藏老照片。

⑦ 《吴石诗文集》，第39～40页。

韶成。①

是年，林葆恒纂《闽词征》六卷刊行。有陈衍、杨寿楠序及自序，收宋徐昌图至民国邵英戡共260人1443首词，其中收清代闽籍155人729首词。杨序云："近代词流踵系，雅道日尊。勋名如云左（指林则徐），则范希文之'黄叶''碧云'；忠爱若弢庵（指陈宝琛），则苏子瞻之'琼楼玉宇'。聚红制谱，飞翠传笺，虹桥之烟水皆香，乌石之林泉弥韵，倘无人亟为蒐辑，恐此后又付之销沉。"② 陈序："子有提学归里展墓，告余将有《闽词征》之刻。询其宗旨所在，则曰：'世有诋闽人填词，音韵不叶者。吾将执斯集以辟之，乞以一言弁简端。'"③

按，《闽词征》录何振岱妻、二子及数位学生之作，独缺何振岱词，原因是何振岱不欲入选。林葆恒纂《词综补遗》卷十三云："梅生为谢枚如先生高足弟子，古文词皆得其传。晚耽禅悦，谓词近口业，悉屏不刻。然其词实温馨端雅，视碧栖又别具手眼。"④ 何振岱平日诗词之作，除亲友与学生外，极少示于人前，有集刻成付与友人，一再严令不许外传。何振岱《答田生古序书》其二云："鄙集刻成约八百篇，甚欲奉寄，深恐为乡人所知。盖吾乡能者极多，其才气皆可畏，万一偶闻于人，则应付甚难。与君数十年骨肉之交，特以奉览，欲君为商证得失耳。"其三云："鄙集邮寄不易，俟觅可托之人。君若有亲信人到里，请以数字见示，亦可付去。惟千万勿转视第二人，添我一段麻烦。"⑤ 陈兼

① 《冷月无声：吴石传》，第58页。

② 叶申芗、林葆恒辑：《闽词钞 闽词征》，福建人民出版社2014年版，第428页。

③ 《闽词钞 闽词征》，第429页。

④ 《词综补遗》，第1244页。

⑤ 《何振岱集》，第81～82页。

与《闽词谈屑》云：“梅生则淑身如玉，耿介自守。……曾刻其《觉庐诗集》，已祷赠矣，旋复悔之，遍函亲友索回。时陈伯冶（世镕）方莞南京某图书馆，连夜嘱同人分录一本，而后送还。现陈琴趣（泽锽）处，尚有其一本，书面上加书‘莫视他人，幸勿愆约’八字，其谨慎如是。”① 郑侥有诗句云何振岱“孤怀未许别人知”②，王德愔亦有诗句“名句应传千载后，闭门未许俗人窥”③，正合其之谨慎为人。何振岱虽然不想其词作收入《闽词征》，但还是鼓励其学生将词寄给林葆恒备选。何振岱《与叶生超农》：“林某将刻续抄闽词，吾弟前已送三阕，兹可更抄几篇备选。如何?”④《闽词征》收叶可羲《鹊桥仙·听雨》词末句：“荼蘼开到可怜春，况洗尽胭脂颜色。”叶可羲有一方“荼蘼词女”图章，想是为此词而刻。⑤

是年，黄曾樾《陈石遗先生谈艺录》由上海中华书局聚珍仿宋版印行，该书辑录陈衍谈艺之语。

林庚白《陈石遗先生谈艺录序》：岁辛亥，余年十六，方读书京师大学，始识石遗先生。越十有五年，纳交于黄子荫亭。荫亭新自海外归，时相过从。出似所作诗古文辞，类渊雅，跻于作者之林。因为言石遗先生于商量旧学，雅极殷拳。荫亭亦既饫闻先生名，深以得及先生之门为可乐。如是者又三年。荫亭与余邂逅南都，则知其有《石遗先生谈艺录》之作。问序于余。余受而读之。其于诗古文辞，凡所论

---

① 沈泽棠等著：《近现代词话丛编》，黄山书社 2009 年，第 132 页。

② 郑侥：《忆何南华先师四首》其一，《容楼诗集》，第 239 页。

③ 王德愔：《予早岁及见先辈诸君赋得十首以示景仰》其六，《琴寄室诗词》，第 4 页。

④ 《我春室尺牍》，第一组《与叶生超农》第八通。

⑤ 《寿香社——中国最后的传统才女群》，第 82 页。

列，皆鞭辟入里，能抉其奥，不作一肤浅语。而臧否选体诗、桐城派古文，以暨近人樊山、伯严诗各则，与余所见，几合符节。独谓刘后村诗仅工七言绝句，似未知后村之真者。后村诗无一体不工，盖出入于杜、韩、苏、黄、东野、临川间，淹有诸家之长，其尤胜处在写实，甚美。以此法作诗，庶几近数十年以来之中国，可一一于诗歌表而出之。今之语体诗，瞠乎后矣。不谂先生以为何如？《谈艺录》文笔隽永，叙述简洁，读之如饮龙井茗，清芬沁人心脾。有志于旧文艺者，人手一编，余知其于诗古文辞入门之途径，必有获也。信惟荫亭足以传先生，亦惟先生之孳孳于商量旧学若此其笃。余别先生九年，睹此编，犹恍然置身于便坐雅谈时。噫，先生远矣。民国十九年八月，众难林庚白序于秣陵。①

按，1938年2月8日，钱锺书在巴黎客寓将1932年除夕陈衍论诗之语记为《石语》。钱锺书在《石语》"前记"中云："犹忆二十一年阴历除夕，丈招余度岁，谈宴甚欢。退记所言，多足与黄曾樾《谈艺录》相发。"② 刘学洙《唯恐丹心付逝波》："黄曾樾曾拜在闽派同光体诗坛巨擘陈衍（石遗老人）门下学诗，有《陈石遗先生谈艺录》传世。上有林辰（庚白）序言及先生自序。他在自序中言及：'丁卯孟冬初弦，由董纯丈介谒先生（陈衍）于文儒坊三官堂之匹园，呈诗文为贽。师年七十有二，精神矍铄，长身斑白，貌清癯，望之如六十岁之人。谈论精彩焕发，娓娓无倦意，乐育之意，睟面盎背。嗣后每遇休沐，常随杖履，其说诗旨趣，大抵散见于所著书中，有所请益，必为畅言。退而录之，以备遗忘，随闻随记，无有汇次，名曰《谈艺录》，纪实

① 《荫亭遗稿》，第684页。

② 《陈石遗集》，第2176页。

也。’丁卯即民国十六年（1927），黄曾樾从陈石遗受学后，诗功更为大进。这本薄薄的《谈艺录》学术价值甚高。当代福建著名学者陈祥耀认为：‘是千古必传之作。’这本早于钱锺书《石语》的‘千古必传之作’，出版后即负盛名，而屡经劫难，散失殆尽，仅为图书馆中之珍藏本，知者已甚少。比起前几年钱锺书隆重推出的洛阳纸贵的《石语》，何等寂寞！学术成果之显与不显，幸与不幸，何判若天渊耶？”①

是年，何维深考入华北大学国画系，次年与同系花卉专业郭昭华相识，两人情投意合，后结为夫妻。郭昭华之父郭葆昌是故宫博物院委员、著名文博家。②

【编年文】

《题痴洪梅谱》《祀陶图题跋》。

【编年诗】

《红叶和郁离》《大雪蠖庵见访》（约作于本年）。

民国二十一年壬申（1932）　　六十六岁

【时事】

三月，伪满洲国建立，郑孝胥至新京，奉命为国务总理。③

【事迹】

二月二十六日（4 月 1 日），何振岱有诗《初冬寄林狷庵圣湖》，载《东华（东京）》1932 年第 45 期（昭和七年四月一日发行）。此诗另见《何振岱集》，题作《寄友人圣湖》。④

---

① 刘学洙：《惜园旧事》，贵州教育出版社 2014 年版，第 65～66 页。

② 《静娱楼诗词·后记》。

③ 《郑孝胥传·年谱》，第 34～35 页。

④ 《何振岱集》，第 235 页。

三月初五日（4月10日），陈曾寿题何振岱画作。

王真《读画琐记》：曾见陈曾寿先生题梅师画云："梅生先生人品高洁，偶尔作画，翛然意远，若不食人间烟火者。其画正以不能甚工，全然士夫气，与时流相去何啻霄壤之别。壬申春三月初五夜，小雨初过，苍虬题。"①

按，陈曾寿此画，即何振岱庚午闰六月三日（1930年7月28日）所画《南山翠屏》，今存其后人处，笔者曾寓目。题词粘在画的上头。"其画"纸本作"其妙"；"苍虬题"纸本作"苍虬题记"。

春，为同乡洪毅所画墨松扇面集撰序。

《洪宽孙先生写松扇面集序》：松于众木中为品最贵，《戴记》称其"贯四时不改柯易叶"，《庄子》亦云"受命于地，唯松柏独也"。自唐以来画松者，杜诗所云，足见大概；其余若李营邱之蟠松、刘松年之雪松；马远之松，以破笔为奇；叔明之松，则直干并峙。皆能写岁寒之姿而具贞人之操。是故笔为心画，指欲生春，超群轶伦，良有以矣。同里洪君宽孙，既善画梅，有画本行世。兹者，厂肆又以君所作墨松便面若干张付印，君问序于予。予不能画，安能以言张君？为述古之善画松者数人，书以奉君，知君必有深得于是也。壬申春日，枚叟何振岱。②

季春，陈明卒，年七十三岁。何振岱应陈明长子陈璞章之请，撰《陈主钦先生墓表》，中云："处叔季之时，欲以古道易世风，而尺寸无所资，徒抱耿耿之心以老以终，一无所悔。以为舍是而有他慕焉，则非道之所宜，而修之于身，有未尽也。此其志可悲，而所守之贞亦不易及已。……平居屏绝嗜好，静寂孤寄，

---

① 王真《读画琐记》，《道真室随笔》卷三，第27页。

② 洪毅：《闽县洪宽孙写松扇面集》，民国二十一年北平京城印书局珂罗版印本。

信古道之必可复行。谓世道之不古，若人心之邪害之也。人心之沦于邪，有导之使然者也。每举程子阳无可尽之理之言遐思而深绎之，凄然涕下不能自已。”①

卓掞《水西轩词话》甲稿一卷乙稿一卷成于是年暮春。有卓氏《识语》，云：“适忉庵同年自海上寓书索观，爰缮已成者为甲稿，先邮商政，余俟赓续云尔。壬申尾春，侯官卓掞幼庭识。”卓氏另有《惜青斋笔记·词话》，不详成稿年代，此稿是《水西轩词话》的增改稿，应采信增改稿。《惜青斋笔记》录有何振岱词作并有赏评。

七月初，何振岱同夫人郑元昭返回福州。《觉庐诗存》卷首：“壬申七月初，偕内子南还。”② 郑元昭有诗《壬申秋日回里寄怡儿北京》。③

八月初一日（9 月 1 日），陈衍偕王真等出游华山，经南京、徐州、开封、郑州、陕州、潼关、华阴，到达华山，又作长安游。④

八月初八日（9 月 8 日），何振岱一家由北京回到福州。叶可羲作诗《壬申中秋前七日马江迎接梅叟师》，何振岱作诗《舟至马江亲朋来迎》，郑元昭作诗《壬申秋日回里寄怡儿北京》。

八月十六日（9 月 16 日），刘蘅等弟子陪何振岱游螺洲，刘蘅作《壬申八月既望梅师泛舟螺渚蘅等诸弟子从游》诗。

九月十四日（10 月 13 日），晨兴学书，戏作两绝句云：“麾墨闲为径寸书，桂花香透碧窗虚。老来自悦无多事，却在龙蛇入腕初。”“麓翁手有金刚杵，我亦闲情托笔端。书画皆为游戏事，

---

① 《何振岱集》，第 118～120 页。

② 《何振岱集》，第 134 页。

③ 《何振岱集》，第 489 页。

④ 《侯官陈石遗先生年谱》卷八，《陈石遗集》，第 2069～2070 页。

可怜辛苦博微欢。”①

十月十九日（11月16日），丁酉同年董执谊七十寿辰，撰《执谊同年七十正寿序》。此文《何振岱集》未收。

《执谊同年七十正寿序》：昔贤有言：“人若有意为善，随其时地皆有所可尽之心与其当尽之力。”窃叹斯言平实近情，视矫语高远而行不逮者殊别。及观于吾同年董公执谊，不阶爵位而为善于乡，数十年有如一日，益信是言之为有征也。夫才高者意常广，驰情于不可知之域，每薄当前小善为不足为。岂知雷雨经纶时至，则施非其时，孰能强为者。不如随时随地见义必赴，取之当前而即是。昔汉昭烈以间出之英而诫其后曰：“勿以善小而弗为。”彼岂无所见而然哉？盖昭烈初时尝周旋于郑高密。高密大儒，践履笃实，故昭烈得其梗概，而耻为欺世之言，是亦可为后人之则矣。君稚龄侍先德琅山公于上杭教谕署中，□□皆诗书、俎豆、揖让、祁济之事。长而从师，又多闻名流讲论，凡于□□□嘉言懿行，一一识之于心。至于见之行事，觉有如是乃安，不如是则不□□，盖得力于父师之教有独深矣。君自为诸生，即襄育婴堂事。其后，如工商之业有益世务者，如种棉、织布以至竹纸、蜃蛤、盐荚之属，皆尝一躬亲其事，知其盈绌之所繇然。以视注虫鱼、役丹墨、迂疏寡效、为世诟病，相去不亦霄壤乎？然君既有经务之才，乃再却舅氏幕宾之招，力治举业，不愿以他途进。既登贤书，仅一与计偕，即缘丁忧停科，以至废科举归。乃随例挑取盐官，又不终事而归。其明年，谘议局开，被选为议员，不久辄舍去。键扉静憩，不干世事，其进退行止之间，翛然无所羁牵如此。顾所汲汲视为

---

① 《觉庐侍谈别抄》。

不可缓者，自修宗祠外，又修宗乡贤崇相先生祠，复多方搜考，得其旧址于乌石山曰太虚亭者，新之为别业。里中修文庙，佥推君董土木事，三年寒暑，不懈于时。有议废诸神祀之不经者，吾州城隍庙祀闽越王驺郢，君征宋、明诸志，以视当事，得仍旧制。更拓其西衢之路，以通车毂。其附设善社故有储贮，为官亏蚀，君又间请于有司，得分所资，而恤嫠、掩骼、施给医药诸善举，得以复行。凡君之力所得为与其心所能尽，莫不举焉。其力与心违而事在不可废者，虽暂不□举，而亦擘画明晰，以待诸他日。倘有贤者起，就而谘之，若倾囷箧而与之耳。盖君于乡邦文献资料，搜罗富有，数百年兴废沿革之由，周知无遗。乡人修方志者就叩所疑，咸得意以去。前辈留心乡事，若王应山、陈惕园、郭兼秋诸老外，于君必首屈一指。夫君之无慕于外，能自行其志，岂有他哉，曰勤约而已。其兴息动止，皆有□□年。观君之为人，殆类檀默斋、李畏吾，而非刘海峰、程鱼门之流所可同日语也。君六十时，予在海上，尝为文寿君，别垂十年，君已七十之□。予适从旧京归，君强健如昔，子姓益有树立，欢慰之余，复掞此文侑觞。言有复而不厌者，诗人长言不尽之旨也；文不涉铺张者，朋友以直相与之情也。因君之为人，而得随时随地皆可为善之意，则又古者故旧相勖之义，非可期诸寻常者也。君新葺一斋，有池有石，乡居无事时相过从，瀹茗、焚香，诵放翁“天为与年尤与健”及“安知不作希夷叟”之句，与为笑乐，是亦吾人余年之至幸矣。谨序。岁次玄默涒滩阳月，年愚弟何振岱顿首拜撰并书。①

---

① 八闽文库编纂委员会编：《福建文献集成初编》第180册《藕根斋存稿》，福建人民出版社2020年版，第525～528页。

十月，何振岱主持寿香社雅集。叶可羲有诗《祀陶小集》："雁讯过重阳，秋光犹皎洁。菊影满疏篱，霜风刚十月。山居无俗情，结社承前哲。尊酒约同侪，瓣香向靖节。六经循鲁道，千载功犹烈。每披饮酒诗，使我中情热。玉垆袅轻烟，神灵思仿佛。胜游有微尚，雅咏得清悦。"① "前哲"指寿香社初开时何振岱、龚葆銮、郑容、陈紫澜四人。

是年冬日，撰《无梦轩遗书序》。《无梦轩遗书》，合肥朱景昭著。朱景昭字默存，清咸、同间诸生。以通经史，达实务而蜚声士林。其孙朱家珂于1933年印行是书。王真《觉庐侍谈录》记何振岱语云："《无梦轩家书》，合肥朱景昭撰，可与《曾文正家书》参读。文正多论学，此则全论心情，甚有益于世道人心。"② 此序与《何振岱集》有所异同。

> 《无梦轩遗书序》：天下之建大功、立大名者，惟无欲功名之心，始足以当之。运智虑、殚精力、剪暴植良、拯民水火之中，人不及为而我为之，抑我无自为之机，得人而佐之，以有为皆无须固必者，何者？君子之心，修己而已，而安人即在其中。若舍修己而思安人，则功名正嗜欲之尤，强者互争，弱者适承其难，罪且无极，功于奚有？且夫天下本自安也，自夫人有不修之己而始不安；戢乱者，戢不修之己，使之自修，人己并安，何待于有安之者？故安人云者，非君子所欲矜言之也。当咸、同时，天下骚然，一时人才蔚兴，乘以发迹者不少，吾不谓乘时之非豪杰也，然而有时可乘，独退然行其修己之事，不亦贤之尤贤者乎？合肥朱公默存，与同邑徐公子苓，俱以绩学有盛名。徐公失职，买牛躬耕，余读其《敦艮吉斋文集》，未尝不仰其高风。及至旧京，

① 《竹韵轩集》，第72～73页。

② 《道真室随笔》卷一，第18页。

朱公文孙家珂以公遗书见示，受而读之，说经论文，皆不袭前人，古文具体桐城，家书全卷尤语语深挚，读之使人涕下而不可收。呜呼，至矣。公居诸侯幕府，与同参军谋者率跻高位以去，公则数立大功，承荐引不受，谓天下事非求富显所能任也。其所毕生汲汲，则惟在寻常伦纪、日用行习之间，自谓“为学有真得，教人亦以内行为先、读书为要，收效不小”云云。当公之时，天下事莫大于用兵，公谋于军有大效，乃所志转不在是，岂其轻重故与人殊哉？兵者危事，世无终古用兵之理，而伦纪行习，乃民生日用之常。孟子轻人爵于公卿大夫，而尊孝弟忠信为天爵，诚爵于天，虽不爵于人，何莫非贵？故人爵者，苟无天爵以重之，百年旦暮，不过草木同窳耳。君子立身自有其不可泯灭者，视人世所争，一若轻埃浮尘之悠飏于前，非有意贱之，足于天，无慕于人，有固然也。吾读公书，恍然于古之圣人有天下而不与，以至一介之士能轻万乘而乐穷居，皆此修己之精神所结而不能自已。斯得断言之曰：不修之己，不能安人；既修之己，不待言安人。人本自安，无必于安；惟修己，则安人自在其中。此朱公之心也，无欲功名故也。壬申冬日，古闽后学何振岱谨序。①

十二月，林庚白作《雪夜怀人绝句并序》九十七首，中第九首怀何振岱，云：“誉我神童少小时，梅生精绝画如诗。无端老去恓惶甚，渔火江枫伴石遗。”②

是年冬，梁鸿志作《寄何梅生福州》。

梁鸿志《寄何梅生福州》：林间病叶与霜零，楼上吟人酒半醒。佳趣待分何圣可，纸窗风雨一灯青。

---

① 朱景昭：《无梦轩遗书》卷首，民国二十二年排印本。

② 《丽白楼遗集》（上卷），第204页。

故乡无物系人思，剩有湖梅不入时。太息梅边人渐老，忍寒巡遍最南枝。①

是年，郭则沄作《同梅叟心畲缫蘅释堪国花堂补植海棠》。

郭则沄《同梅叟心畲缫蘅释堪国花堂补植海棠》：补花西来阁，故事留诗在。兹堂亦燹遗，荒翳如我待。往时榜国花，花尽堂未改。老根不肯灰，抽荣出魁瘣。破窗风飕飗，枯池石嵗嵬。焉知乾嘉前，籍甚词流汇。布金愿恐奢，花价今亦倍。郑翁太夷移春手，灿灿百珠琲。结轨幸及闲，执鉏肯辞猥。几时锦幄成，醉我香云海。披榛访明碑，补志将有采。何不为诗人，吾惜钤山宰。寺旧有严分宜碑。②

是年，吴石《最新军事航空述要》由故宫印书局出版，并将书款捐助用于发展中国航空事业。③

【编年文】

《祭陈蝬庵文》《洪宽孙先生写松扇面集序》《执谊同年七十正寿序》《无梦轩遗书序》。

【编年诗】

《晨兴学书戏作两绝句壬申九月十四日》，④《初冬寄林狷庵圣湖》《春夜检旧箧得竹均乙丑诗有感》《南归发旧京过长安街作》《别儿女》《舟至马江亲朋来迎》《理旧书》《初冬林秋扬招予及龙生颖生芑州伯璁雨渔小西湖泛舟傍晚饮于酒楼》《至日祭先儿辈皆外出与岚君对饮感作》《除夕竹均从游湖上探梅小饮得诗》。

---

① 梁鸿志：《爰居阁诗》卷七，民国二十六年刻本。

② 郭则沄：《龙顾山房诗续集》卷五《戒香集》，1936 年栩楼刻《龙顾山房全集》本，第 3 页。

③ 《吴石年表》。

④ 《道真室随笔》卷一，第 37 页。

民国二十二年癸酉（1933） 六十七岁

【时事】

仲秋，《沤社词钞》二十集刊行。无序跋。中收闽籍词人林葆恒词18首、郭则沄词25首、黄孝纾词19首。《沤社词集同人姓字籍齿录》载有闽人梁鸿志之名而未收其词。

【事迹】

正月初一日（1月26日），同刘敬、高向瀛聚会。《癸酉元旦》云："白首还乡原一乐，青樽结社复三生。"[①]

正月初二日（1月27日），拜访高向瀛，约同访刘敬，高向瀛有诗。

高向瀛《首春二日梅叟枉过明日约同农老小饮山楼》，云：芳讯相将访惜园，新年裘帽叩柴门。压寒数点支深院，送蜡疏花映粉垣。老树殿春生意转，瓯兰报岁古欢存。笑迎二妙成三友，快日山楼共一尊。[②]

正月初七日（2月1日），何振岱在《青鹤》1933年第1卷第6期发表《放庵记》。[③] 是记盖为林开謩七十而作。此文《何振岱集》未收。

《放庵记》：古之君子有慕于往哲，每乐取所名以署厥居，盖志之所向，话以勿忘，犹孟子尚友之义也。吾乡林公夷俶方伯，尝于厥肆得改七轩画《一树梅花一放翁》图，方颐广颡，绝肖己貌，因名所居曰"放庵"。按《宋史》淳熙

① 《何振岱集》，第246页。

② 《还粹集》卷四，第10～11页。

③ 《青鹤》杂志社编：《青鹤》，大东书局上海《国闻周报》分社民国二十二年（1933）2月1日发行。

二年，陆游自荣州受蜀帅辟为参议，以不拘礼法，人讥颓放，遂自号“放翁”。蜀帅者，范君至能也。以范公为东道主，而有放翁为之宾客，的千载一时之盛，于此而犹有虚文之拘焉，岂所谓解人者耶？以放讥者，俗见浅也。不辞而受其名者，君子之微情也。盖放之云者，非弛然自慢之流足以当之。大贤以上繇戒慎恐惧，而得从容无碍之一境，遇其所知，以神相喻，而迹在所遗耳。放翁早承先绪，谦谨内持，中年以后，游于张敬夫、朱紫阳之间，德性薰陶，益深以粹，其安约守素、修身翼道之旨，屡见于篇章。不居道学之名，自有修为之实。今夷俶方伯渊源家学，自筮仕至退老，无非谨惕存心，被服儒者，而不挠之介节，即寓于澹定无求之中。上视渭南一叟，殆有同心，岂以形貌酷似疑为陆氏后身已哉？予昔游江右，尝客公所，北来十载，每春秋佳日，辄与公相遇园林山水间，公或出诗篇见示，宛然放翁闲适之作。于是，公年亦七十矣。昔放翁七十，当宁宗践祚之初，再领冲祐祠禄，犹不能无待于外。公则燕居多颐，安受诸公子之养。所居城南灵境，与螺洲太傅至亲密迩。论述先朝文献，竟日不穷。此为放翁晚年未有之乐，然则所谓放焉者，其用意为敛为静，不为纵为弛。繇是养之瘉密，发之亦瘉光。放翁七十以后成诗益多，拜衔亦益进，其前验也。公所处之时，虽与之不同，而天厚之以过人之福，其亦无有限量焉，是固有不以尽似为同者矣。何振岱撰。

正月初九日（2月3日），重开三生会，在刘敬惜园雅集，十二日复聚，何振岱有《看梅题惜园》诗，高向瀛亦有诗记其事。

高向瀛《立春前一日惜园招同梅叟小饮花下》：今年花较去年肥，人事天时相与微。十载三生温旧梦，先春取醉亦知几。

高向瀛《春日梅叟约往长庆寺看梅阻雨有作》：放翁死后需家祭，万树生前千亿身。萧寺掩关逢雨日，草堂打坐寄诗人。隔尘香远闻思寂，下笔神来送喜新。六十五回春好在，心肠铁石老犹伸。

高向瀛《立春后二日梅叟邀同默尚秋敭寿堪燕集惜园》：惜园酒盏与诗篇，今岁梅花较有缘。十载初归嘉此客，三生相聚望如仙。雪香深处真成海，晴雨阴时亦得天。春后春前新意足，喜闻游屐盛西禅。①

正月十五日（2月9日），王真三十岁生日，其时陈衍为其作媒，未果。

《侯官陈石遗先生年谱》卷八：元宵真三十初度，公自苏州寄两绝句云："逊抗机云以后天，所钟英气异前贤。元灯本属黄崇嘏，正是男儿授室年。""容易丁香复海棠，满珍九十好春光。及时且种琅玕竹，消受清风夏日长。"其时公为真执柯不成，诗中盖寓此意也。②

春，许承尧作诗《寄何梅生》。

许承尧《寄何梅生》：穷林槁卧徇幽寻，抱影能温过好音。识面各生迟暮感，久要坚守泬寥心。惺惺酒德廉非易，忽忽花时恨惯禁。风雨打窗声未已，夜阑持与梦俱深。③

五月，黄曾樾作《北宁道上》。

刘学洙《唯恐丹心付逝波》：研究黄曾樾诗的闽中诸先生，无不推崇他的《北宁路上》组诗，这组诗是诗人爱国诗的代表作。九一八事变之后，继之山海关失守，平津危急。作者行旅于北宁路上悲愤至极。当时北宁路沿线从北京至山

---

① 《还粹集》卷四，第11页。

② 《陈石遗集》，第2073页。

③ 《疑庵诗》，第223页。

海关（榆关），允许日本多处驻兵。这是1901年晚清政府签订丧权辱国的《辛丑条约》的产物。1931年东北沦亡之后，日本关东军又于1933年1月占领榆关，把战火引向热河。热河沦陷后，长城各口抗战失利。1933年5月，中日又议《塘沽协定》，划长城为界，让日本在长城以南建立新控制区，进一步向华北扩张。这个待签的卖国《塘沽协定》传出，激起了全国人民的极大愤怒，抗日浪潮高涨。黄曾樾的《北宁路上》即写于此时。诗共四首："榆关不守守滦河，灞上群儿奈尔何。来吊桥头新战迹，居人能说已无多。"写的是山海关失守。"纵教海水都成泪，难写塘沽过客哀。解事飙轮如电掣，不容北望首千回。"直指卖国的"塘沽协定"。"车厢睡眼正惺忪，震耳枪声顿地隆。料想是人应不尔，断知豺虎挺威风。""狰狞钺目虎狼军，行旅谁叫与兽群。一带津榆存告朔，收回失地漫云云。"诗人对日本虎狼军狰狞兽行万分愤怒，对国民党当局空言抗日的"告朔"官样文章表示愤慨，对收回失地之空言不存幻想。据先生第四子黄骝回忆，许多年之后，"父亲在听到《长城谣》《松花江上》都很悲哀，甚至泪流满面"。先生真是一位充满爱国激情的诗人。①

六月，王德愔生日。刘蘅赋诗《德愔生日题赠》、王闲赋诗《德愔四十初度赋此寄赠》祝贺。

十一月初二日（12月18日），吴畲芬病终里第，年六十八。数年后，何振岱应其长子吴家祺之请，为之作《长乐吴敬宸先生墓志铭并序》。②

十二月初八日（1934年1月22日），将女弟子周演巽癸丑年

① 《惜园旧事》，第62页。

② 《何振岱集》，第113页。

所书《金刚般若波罗蜜经》捐藏福州怡山西禅寺。

释证亮《西禅小记·经藏》:《大乘金刚般若波罗蜜经》手书:民国癸丑年,山阴女弟子周演巽泥金书一卷,为祝业师福寿。癸酉年,佛成道日,南华老人捐藏。①

冬,何振岱与夫人郑元昭复北上赴北京,看望生病住院的何维深。《觉庐诗稿》卷首《燕台续集》目下注云:"辛(癸)酉冬,复挈内子北游。以子深撄疾,医药之余,偶寄吟咏。"②

按,"辛酉"乃"癸酉"之讹,系原书刻本手民所误,考何振岱行迹 1932 年壬申七年返乡,1934 年癸酉冬又赴京,可证。

是年秋冬,林庚白在《晨报》上撰《孑楼诗词话》,中有一则载录何振岱诗。

林庚白《孑楼诗词话》:十三四岁时,见何枚生先生所作《张园》一律,爱诵不去口,今且二十余稔,先生犹健在闽中,爰录之,以实吾诗词话:"侵晓张园车马静,散痾最爱近林塘。更无人与分荷气,只觉风来尽露香。驰道双环松影合,红楼一角柳阴藏。归途见日才檐际,续梦犹能半枕凉。"此诗可谓"不食人间烟火气"矣。"驰道"二字,余终以为疑,盖"驰道"之为用,与今之马路异,似未可一概也。先生诗,于各体皆工,《游西湖》有句云:"钟定声依无际水,诗成意在欲开梅。"传诵海内。③

是年,黄濬作《琵琶仙·和碧栖丈韵丈归道山四年偶检遗札酸心旧游追和集中此解志感》词,追怀王允皙。词云:"乡国寒梅,别离后、褪尽婵娟颜色。哀笛吹断斜阳,空林乍凝碧。归梦远、思量也懒,但萦忆、筱墙凄寂。颓雪澄瞳,枯禅集頠,吟对

① 民国三十一年刻本。

② 《何振岱集》,第 135 页。

③ 《丽白楼遗集》(下卷),第 893 页。

朝夕。　叹浑似、三影清才，奈桃杏飘零老词客。燕市更无残酒，浣歌呼行迹。长着我，江关倦旅，梦么弦、记豆屏侧。岁晚凄绝红牙，自怜柔笔。”①

【编年文】

《陈主钦先生墓表》《放庵记》《长光吴敬宸先生墓志铭并序》。

【编年诗】

《癸酉元旦》《春夜检旧箧得竹均乙丑除夕诗有感》《神光寺寻宋梅不见》《喜晴》《看梅题惜园》《十三夜四鼓梅花下看月》《十四日游旧绘春园梅花十余本盛开》《长庆寺宋梅著花冒雨往看》《楼望》《以江田谢夫子遗像与龙生谨题其右》《望云中群松意景奇绝》《鼓山雨中归途作》《过旧学宫感昔》《喜深儿自旧京归》《螺江望北楼书楼借得书数种题赠几士》《同子深浴温泉至家大雨》《夜过万寿桥》《送子深北行就学》《江夜》《小重阳日浴温泉忆郑无辩》《九月十四日闲居即事》。

民国二十三年甲戌（1934）　六十八岁

【时事】

正月，溥仪在长春“登基”，称“满洲帝国”，改元“康德”，任命郑孝胥为国务总理大臣。②

是年，福建新《通志》分卷单行本（共三百三十卷，未完）刊行。陈叔侗《民国〈福建通志〉志书提要》云：“民国 11 年至 23 年间陆续刊印之《福建新通志》分卷单行本，共只三百三十卷（未完）。”何振岱撰写其中的《高僧传》，并对《艺文志及存目》

① 黄濬：《聆风簃词》，民国三十年刻本。

② 《郑孝胥传·年谱》，第 36 页。

进行分类。[①] 此后《福建通志》续纂部分未见何振岱参与。

【事迹】

正月二十五日（3月10日），何振岱颇肯定何维深诗作，在日记中云："至深，见所为诗，新颖有意，胜于时流，此子若勤学，或可继吾志也。"[②]

二月初七日（3月21日），何振岱表示不愿出示未成著作，在日记中云："平生著书，多未卒业，更不能轻于对客，以损光阴。"[③]

三月十四日（4月27日），何振岱在日记中录王真《满庭芳》（断籁吹寒）词，乃和何振岱之作。[④]

五月二十三日（7月4日），何振岱祖父秩铨公忌辰，供八椀。[⑤]

六月二十三日（8月3日），何振岱曾祖母薛孺人忌辰，供五簋二盘。[⑥]

七月二十六日（9月4日），何振岱在日记中记对简体字的态度，云："今日报载，部颁推行简字三百余字，皆前世所摈为伪体者，乃摭拾以布为教，所谓见侏儒一节知其全体也。呜乎，陋劣不知耻，一至于是。"[⑦]

八月初八日（9月16日），何振岱在日记中制定习书规程："自是之后，每日临古碑帖，皆写全本，留为成绩，以验进退。"[⑧]

九月初一日（10月18日）刘蘅生日，刘蘅作《甲戌四十自

---

① 《福建史志》2016年第6期。

② 《何振岱日记》，第410页。

③ 《何振岱日记》，第413页。

④ 《何振岱日记》，第419页。

⑤ 《何振岱日记》，第428页。

⑥ 《何振岱日记》，第442页。

⑦ 《何振岱日记》，第453页。

⑧ 《何振岱日记》，第458页。

寿》（四首），何曦作《蕙因同学四十初度赋赠》[1]。

冬日，何振岱为梁鸿志《爰居阁诗》作序。此篇未收入《何振岱集》。

《爰居阁诗序》：善乎，吾友梁子众异之为诗也。曰："吾之于诗取自娱而已。"夫自娱之与娱人相悬远矣，而瞢然自许为娱，与有存于中实足以自娱者，相悬又远焉。何者？中有所存乃有真娱，真娱之于人，庄子所谓"泰定天光"，屈子所云"内美"，皆是物也。诗家有得于是，初焉用爱好务多为哉。众异之诗，予见之最先。君年十三四已有声邑庠，是时予方丧同学友龚子碧琴，意惘惘不自憀，一读君诗，心为之折。初碧琴论诗，谓宜完所受于天之分，无骛于外来，其旨与君近。碧琴有才无年，所志未就，君则潜颖方擢，孤秀已启。予有所作，辄就君磨，君亦猥好予，晨夕相与无间。吾州城西南隅乌石山者，胜境也。山颠石壁镵大士像数尺许，香火余地，有楼数楹，君读书其中。夜深人静，风啸月高，大江浮光，近在几案。君冥心独处，与造物之真机者游，予亦时来同之。尝笑谓君耽寂如是，可以学道，岂仅蒐猎文史云尔。既而君举于乡，先后赴汴闱。一昔沿颍水访君，车灯猝灭，几泥葑田，刁处乍睽，意不自禁，即君亦然。予归江南，君且北游京师，自是阔别乃阅十有余年。君既出与人事，多识海内贤士大夫，周览四方名胜，闻见宏广，而夷险、顺拂、舒郁之情，毕泄于诗，其境日辟而其言日昌。诗者，人心之神，自有其冶之甄之，潜转而密迁之，俾不能狃于其故。昔贤之诗皆远游一变，涪翁之言诚然，而有不尽然者。变者所遇，不变者所存，使其所存缘境而变，

[1] 此诗见刘蘅、何曦：《刘何二女子诗课合印》，民国二十五年影印本。

奚足以永千载之思而长留于无穷？故论诗于其变，不若于其所存。众异之诗，工矣。自其所存观之，宁徒工焉已哉？略举以征：君昔居旧京，有《忆故山》诗云："谁信出山仍面壁，此心曾誓佛前香。"其后又有寄予诗云："倚楼看镜身将隐，听雨焚香子最工。"盖心摄闻思，回光内照，故虽浩穰纡轸，每有抱独处寂之思。濬此一源，其所派衍而支流者，皆有所从，发以为之本。然则诗非所以为娱，为有其真娱者寓之，遂以成为梁子之诗，不亦善欤？予耽诗结习殆与君同，而才思远不君若。君将梓其诗，属为之序，意以予习于君，独能微窥君美者。寒天呵笔，爰就平生离合之迹与所相默契者书之。依稀旧日山中，一灯荧然，吾两人者促膝对语时也。甲戌冬日世愚弟何振岱。①

冬，选定王式通《志盦诗稿》，撰《志盦诗稿跋》。王式通子王荫泰《志盦诗稿跋》云："辛未八月，先公寝疾，始检视藏稿，曰它日果刊刻者，宜得何君梅生、孙君公达为我定之。荫泰敬志不敢忘。甲戌夏，遂偕黄君坦以诗稿请何先生商订。"②

《志盦诗稿跋》：志盦先生博学丰才，余晚居旧都，始获亲炙。尝同蒐书录，密迩之日为多。先生熟旧闻，善谭吐，而于诗文源流正变，尤善剖析而得其汇通。偶有举似，必罄怀相告无所秘惜，所谓多闻而直谅者矣。既散处年余，先生遽归道山。一日，李释龛诣余，云："先生病革时，遗属以所著诗稿付君订定。"今夏五月，哲嗣孟群偕黄君坦枉过，述先生意如所闻。自惟谫陋，恐累见属之明，又重违遗言，则谨为汰存去取，不敢云当，尤以前后次序未能尽晰为歉也。嗟乎，先生往矣，城东诸友，或存或没，无复往日之

① 《爰居阁诗》卷首。

② 王式通：《志盦诗稿》卷末，民国二十七年刻本。

欢。余今者犹得于此遗墨中讽咏往复，如接先生语笑意，文字因缘信有如释家所云夙缔者耶？惜无繇起先生一证之也。甲戌冬日，古闽何振岱谨跋。[①]

是年，吴石于日本陆军大学毕业，返回国内，入职参谋部。[②]

是年，王真任职福建省政府财政厅。

王真《题画剩稿》：甲戌年，闽度支署移址玉尺山。余忝末僚，得朝夕出入于其中，习公文于蔡丈贻谷。江天秋霁，烟松翠竹，犹使人意难忘也。丈索画，漫写此图，聊以志念。[③]

是年，王真弟王迈卒于开封，年二十九岁。[④] 何振岱挽之以联云："旅怀益病犹深甫，词句伤心过碧山。"陈衍作诗悼之。《侯官陈石遗先生年谱》卷八："真弟达之名迈，自号乔倩，能为诗词，妙解音律。卒。公哀以廿字云：'君家有广陵，才调绝千古。哀哉共无命，玉树埋黄土。'公用王逢原故事恰切，不仅姓同而死年亦同也。"[⑤]

【编年文】

《得蕙因到里书》《陈主钦先生墓表》《爰居阁诗序》《志盦诗稿跋》。

【编年诗】

《甲戌除夕蕙愔寄诗承以道功为言书答》《寿林坦西同学六十》《弢老惠百子莲小菊各二盆》《先师谢夫子生日具鱼酒梅花致祭》。

---

① 《志盦诗稿》卷末。

② 《吴石诗文集》，第57页。

③ 王真《题画剩稿》，《道真室随笔》卷三，第37页。

④ 《全闽词》，第2469页。

⑤ 《陈石遗集》，第2077～2078页。

民国二十四年乙亥（1935）　　六十九岁

【时事】

四月，郑孝胥辞伪满洲国国务总理，并作诗《四月十九日辞国务总理得允》。

【事迹】

正月初二日（2月5日），说诗社同人预祝陈衍八十寿辰，宴于匹园。王真与施秉庄、刘蘅、王德愔、方声沺觞陈衍于可然亭。[①]

正月初七日（2月10日），为同乡李景堃撰《愉园诗集序》。此文《何振岱集》未收。

> 《愉园诗集序》：予久客旧京，夙闻李君次贡工诗，其得诸传诵者，零章断句而已。前数年，昉得就读十数篇，叹为难得，尤喜其《雪前》一诗，能状欲雪未雪景象之奇，为前人所未道。于时，君方游海上，年余归，又游大连，既又与所知偕游华山，独跻其巅，继游济南，游江南杭州，归又过郑州至武昌，转游庐山，循江入海，历南洋群岛。又年余，出游江南。予亦好游，既衰而慵，又有所牵阻，不得如愿。君则视千万里若户庭，乘兴辄行无疑滞，不能徐霞客，亦殊有戴鹰窠一闻华岳襆被遽往之风。且每游必有述撰，行箧所载诗稿半焉。去年春杪，君南行，濒行属予序君诗，诺而未报。岁暮君归，乃索得君全稿，竟日夜读之遍，灿若烟云之生纸上，奇峰绝壑，殊俗异境，纷然其骈陈于吾前，妙笔精思，盘旋回合，矫然略无所倚傍。尤有独至者，诗中于骨肉

---

① 《侯官陈石遗先生年谱》卷八，《陈石遗集》，第2078页。

交游、离合悲愉之故，长言往复，怆恻缠绵，可以感人心而式浇俗，是则未可仅以声韵求之者已。昔顾氏亭林以学者不出游为面墙而立，诚以读书行路有相济之功，而性情之激发，必有江山朋友之助。君性谊挚厚，而复锐于游览，经壑寻邱，在他人徒以侈遐观者，君则藉以养其天倪，宜其发而为言卓尔足以有立也。君出螺洲陈太傅门下，而石遗、散原二老亦所严事者，诗学渊源之宏远，人所共知不待言。乙亥人日，愚弟何振岱谨序。[①]

正月十五日（2月18日），元宵节，陈宝琛应林葆恒之邀，在市楼共饮后，独游灯市，不意感寒，归而疾作。2月27日，陈宝琛往北京德国医院治疗。3月5日病逝于京寓，享年八十八岁[②]。郑孝胥作《陈文忠公挽诗》：“弢庵功名士，文字兴不浅。少年负盛望，腾跃至贵显。中间忽垂翼，在野久偃蹇。六十方还朝，乃复丁国变。仓皇作遗老，耄及志未展。一生若三世，老眼差自遣。石交惟蒉斋，极意为论辩。何至抑忍堪，相轻似微褊。其诗必可传，五言晚尤善。和章兼细楷，重叠盈箧衍。衔悲检残墨，驹隙余一泫。”[③] 何振岱书挽联云：“一恸暮云垂，月断灵光空有泪；横流人海急，魂归兜率岂忘怀。”[④] 后何振岱多次至法源寺祭拜。1948年何振岱有《感旧》四首，其四为陈宝琛作，念及弢老相知赏识之深谊，末两句云：“惠书连百纸，见重逾同群。酬知十五载，白首忘辛勤。”[⑤] 吴石则以“门下再晚生”名义送去挽联，云：“先君承香火再传，何期小子跻堂，曾受推恩申矩矱；

① 李景堃：《愉园诗集》卷首，1954年自印本。

② 《陈宝琛年谱》，第630～632页。

③ 《海藏楼诗集》，第427页。

④ 《冷月无声：吴石传》，第44页。

⑤ 《何振岱集》，第348页。

四海痛老成忽邈，岂但乡人思德，相将洒涕满松榆。”[①] 王德愔《予早岁及见先辈诸君赋得十首以示景仰》其二云：“谢傅豪情世几多，当花对酒每狂歌。觚棱夕照休回首，晚节文章永不磨。沧趣楼主人陈弢庵。”[②]

初春，许承尧作诗《寄海上同游诸子兼怀梅叟纕蘅》。[③] 是年许承尧另作诗《答梅生二首》。[④]

春，何振岱为吴石《东游甲乙稿》题写书名并撰序。此文《何振岱集》未收。《东游甲乙稿》收吴石诗歌 254 首，庚午（1931）之前为甲稿，辛未（1932）至癸酉（1934）为乙稿。

> 《东游甲乙稿序》：古者文武之途未尝分也，故军礼居五礼之一，而治军为儒者分内事。孔子以未学军旅答卫灵公，以问非其所问托词以谢之。然夹谷之会，子称有文事者必有武备，因之从容而却齐师，圣人之情亦可见矣。且圣门弟子身通六艺者七十二人，即后世以儒生为名将如史书所载者，亦不可枚举，彼沾沾焉，谓随、陆、绛、灌之不兼文武者，何足以知天下有志之士哉？予同里吴君虞薰，家世业儒，君幼承庭训，喜读书，能为古今体诗，以国家多故，奋而习武，东游入陆军大学，肄业有年，以余暇赋诗。选录百篇为《东游甲稿》，兹复以所得若干首为《乙稿》，徇其友人之请，将合梓之，问序于余。余览君诗骨清而语洁，览物写景，皆有会心，而跃马横戈，悲歌慷慨，尤不胜其故国河山之感。盖其身之所经、目之所触，正有耿然不能自已者。劳者谣而病者呻，读君诗亦可知其志矣。虽然，君年方盛壮，后此有

① 《吴石诗文集》，第 50 页。

② 《琴寄室诗词》，第 3 页。

③ 《疑庵诗》，第 250 页。

④ 《疑庵诗》，第 258 页。

为之日正长，立身之道、经世之猷，所当旦昔策励者，必已精而益求其精，是君之自期与予之所以期君者，方至远且大也。诗笔之工乃君余事，顾已有可观如此，根柢深者枝叶必茂，洵哉。乙亥春日，友生何振岱谨序。①

春，王真撰《二十年来同怀回忆录》刊印行世，乃为纪念亡弟王迈而作。

《二十年来同怀回忆录》：弟名迈，字达之，行六。姊余妹闲，皆以一岁相差，故兄弟十二人中，迹尤密迩。竹马簸钱，无游不偕。青灯课读，有书必共。二十年往事，忽忽如梦。梁昭明太子所谓"追忆谈绪，皆为悲端"者也。

当是时，始学琴于何梅师，弟于琴一操便能，音韵清越，师谓之天才。旬月之间，琴既成，诗亦成篇。先君喜甚，恐体弱不胜劳，每早各给牛酪一瓶。

嗣后弟不学英文，专习法语，肄业于沪震旦大学，盖志在欲步三长兄之后尘，渡洋留学也。乙丑遭先君大故，长兄未归，诸弟尚幼，家计日困，家慈苦心以维。弟知夙愿难酬，居常郁郁致疾，间作间愈，学亦旋读旋辍。尝自叹云："一生大志恐为病躯所限矣。"

尝随陈太傅弢庵、何师梅生、王丈碧栖、郑丈稚辛作听水第二斋之游，十数人中，弟年最少。自号"惨绿少年"，秋芙老人常以"惨绿"非年少名之所宜，当时余不置意，今乃叹老成之先见矣。②

三月二十九日（5月1日），溥德有诗《园中夜月与宝瑞臣傅沅叔珏生周立之何梅生曹纕蘅坐海棠下同赋》，载《东华（东京）》1935年第82期（昭和十年五月一日发行）。

---

① 《吴石诗文集》，第11页。

② 民国二十四年排印本。

四月初八日（5 月 10 日），陈衍在苏州庆八十大寿，章太炎赠寿联。

《郑孝胥日记》四月廿四日：奉天《文艺画报》载谑陈石遗诗，其题名曰“隆公”：阴历四月初八日，陈石遗在苏庆八十寿。章太炎贺以一联云：“仲弓道广扶衰汉，伯玉诗兴启盛唐。”石遗大喜，悬之中堂。一时贺客见者，咸誉其堂皇而贴切不置。有善谑者独曰：是联用陈姓典虽极工稳，然以赠散原，未为不可。且既有“伯仲”，安得无“叔季”，吾已得“叔季”一联：“叔宝风流夸六代，季常约法有三章。”用杂剧“跪池”故事，不亦同样贴切耶？次日，复谓人曰：有了两联，装头安脚，便成七律一首。辞曰：“四月南风大麦黄，太公八十遇文王。仲弓道广扶衰汉，伯玉诗兴启盛唐。叔宝风流夸六代，季常约法有三章。天增岁月人增寿，一树梨花压海棠。”石遗有幼妾。闻者莫不喷饭。①

仲夏，何振岱为刘蘅《蕙愔阁诗》作序。②

八月初七日（9 月 4 日），何振岱同何曦往公园看溥心畬画展。③ 刘蘅有诗《回忆三十六年前客居京郊是岁春先师南华老人率其长公子东畴女公子健怡及蘅游溥氏萃锦园园主人款客殷勤且出唐宋名迹十数幅皆向所未曾见者得饱览之事过时迁犹堪寻味赋此志感》，则同去观画者还有何维刚、刘蘅。

八月，福州西禅寺楞根方丈六十寿辰，何振岱撰《福州怡山长庆寺方丈楞公大师六十正寿序言》，同友人叶龙骧、叶心炯、

① 《郑孝胥日记》，第 2644 页。

② 刘蘅：《蕙愔阁集》，福建逸仙艺苑诗辑之五（上），第 4 页。又见《蕙愔阁诗词》，第 119～120 页。

③ 《何振岱日记》，第 458 页。

林则铭、周愈、陈钊、林星赓、吴承祺称祝。此文《何振岱集》未收。

《福州怡山长庆寺方丈楞公大师六十正寿序言》：荀子曰："学莫便乎近其人。"斯言信哉。人之有道也，威仪攸摄，一从亲炙，神为之移，受益有莫大焉。圣人时雨之滋，无待言矣。次焉者，亦如冈玉流辉，渊珠献媚，使人自敛其浮鄙之气。若荀淑、戴良见黄宪而竦然惊、罔然若有失；元紫芝天人眉宇，见者忘名利心；程明道如泥塑人，学者就之如坐春风。皆威仪有以相摄也。佛以象教摄听法，亿众于一座光中，皆欢喜信受。微特佛然，马祖一喝百丈，三日耳聋，黄柏为之吐舌，摄与受其皆异人乎？予尝蜷跼闾里，一闻楞公大师从秦屿来，则郁绪顿舒，及接语笑奉筵席，不知心累之所自消。予集中诗志乐之篇，为公作者十九，惟公来不旬时辄去，去则怅然不能忘怀。夫使我无尘事之羁者，载书从公入山，岂非夙心所深愿哉？戊戌之夏，公襄戒鼓山主羯磨，得盘桓晨夕，平生山游，斯会为最。自是乃与公别经十年，慕念良苦。辛未，公以绅耆礼请重掌怡山院事，予撰寄进院文，谋归益切。壬申秋归，相觌极欢，山中斋天，予同默尚拈香绕殿，皎月隐檐，曙色映树，光景奇绝。每诣山楼，恒留连难去；出寺，公必远送，尽目乃已。今兹别又年余，闻公邑中被兵，赖神灵默护，铃铎无恙。初秋，公六十诞辰，默尚、四香笃予言献寿。公之法脉繇来已具，予首撰公怡山进院文，中距今三十年，公深入佛海，殆不可以蠡测无已。言其威仪外，著者闻之，忧生于欲，公抱愉履龢，六时自在，绝不有烦蹙之色，惟心常清净，故偷起于慢。公兴息语默，初不矫异，自然合矩，惟身持恭敬，故弛繇于惰。公杖锡所驻，必蠲洁整齐，具足庄严，惟习勤不匮，故教本于身。公之徒众，循守清规，所属缁侣并佩明训，惟躬行率先，故凡兹禅修，实类儒行，而诣微证奥，公则别有其独喻者存。然公之功行亦无秘不可宣，盖教三道一，虽有能申其旨，不能尽畅其义。公所说法，因机起用，理圆义通，无毗兹舍彼之执。以予钝根，宜不屑之诲，然且善譬曲导之。予耽文辞，公曰："文字般若，可以为佛事。"予习操缦，公曰："通禅须知音。"予讨《易》义，公曰："昔恩上座尝授《易》于一举子，宋僧智周、明剑锋和尚皆善言《易》，《易》固不可以不解。"予披《指月录》《五灯会元》多弗省，公以"上元心灯"启之。又，予募建护国仁王长年道场，苦力微，公为拓寺中藏经阁，遴高行僧八，众按日课诵，公亦日课《仁王经》全卷，以近日欧美赞同祈祷世界和平大会证之，则知救菑消劫，有与公同心者。而公之觉人度众，悲智双圆，真以菩萨身住世者也。嗟乎，真修难遇矣。学者欲明心性，安所得师，公金玉之相，几经追琢，成章既久，奚照不煜，暂迩之足息尘想，密迩之庶契真如。吾今乃知无隐之机在于无言，知来之智繇于告往，同弗同也，修无修也，住不住也，近其人摄其威仪，斯已得之，缘不我铿，吾将偕默尚、四香依公以老矣。按淳熙《三山志》，怡山寺创于隋世，高僧代兴，唐荔宋梅，古泽犹存，今我楞公，以人天师，嗣响振法，摄有缘大众同向斯道，善气长则戾气消，否运终而泰运始，公之功德绵延，与渟峙以无穷。公之寿嘏遐永，且为远近所托荫。于时秋宇澄霁，法会宏开，想见祥云生霄流彩，讲座灵巘嘉征，亦我师之瑞应也。谨序。旃蒙大渊献律中夷则之月，三山何振岱拜撰并书，愚弟叶龙骧、叶心炯、林则铭、周愈、陈钊、林星赓、吴承祺同拜祝。①

九月初三日（9月30日），何振岱先弟何蔼亭忌日，何振岱到何维沣处供馔。②

九月二十九日（10月26日），王真将何振岱所选琴谱抄录成帙，题曰"怡情悦性——道真室琴谱"，并题一跋。今存残编。所选琴谱有《鸥鹭忘机》《平沙落雁》《渔樵问答》《秋江夜泊》《水仙操》《石上流泉》《洞庭秋思》《古琴吟》《阳关三叠》《梅花三弄》《汉宫春》《普庵咒》，附有《指法》《怎样上弦》。

王真《道真室琴谱跋》：余操缦已三十多年，虽能稍领古音之奥妙，但旋弹旋辍，终未能达到深造愿望。今年秋，将梅师所选旧谱抄之成帙，决心下一番功夫，自得新声，唤回旧心，因琴以存心，此余所以眷眷于琴也。乙亥九月晦日书于道真室。③

十月二十九日（11月24日），何振岱高祖忌辰，何振岱供五篹。④

12月16日，何振岱在《青鹤》发表《黄太夫人八十寿序言》，黄太夫人即黄懋谦之母。此文《何振岱集》未收。

《黄太夫人八十寿序言》：昔曾南丰在福州上执政书，以己年六十、母年八十有八，不能御母而南，即书问往还，非累月逾时不达，意欲求迁近畿，以免《北山》之怨、《陟屺》之嗟。盖为子恋亲之情，挚切宜尔，不为过也。然在唐时，欧阳詹氏亦吾闽人，官京师，为国子监四门助教。韩文公与之契，谓詹父母以詹得官为乐。詹在侧，虽无离忧不乐；詹

① 福建省图书馆藏排印单页。

② 《何振岱日记》，第462页。

③ 《道真室琴谱》，卷首。

④ 《何振岱日记》，第472页。

在京师，虽有离忧，其志乐也。是故人子之于亲，为欧阳四门，则可以远游；为曾南丰氏，则《北山》《陟屺》之诗，不能不时时在念。大抵以父母之所志为衡，而离合远迩，可无问焉。吾友黄君嘿园母氏陈太夫人，明达有宏度，谓男子固宜有四方之志，无事常守家乡。嘿园盛年，即资之游学。丙午游江右，居林簃疏学使幕中。宣统庚戌以拔贡朝考一等供职学部，改革后迻教育部，旋入疆吏幕府。不久由桂省奉调还都，供职府院。数欲迎养，而母意则安于乡居，及君弟樾园亦远游口北，长蒙盐分局，太夫人昉有就养意。乙丑五月，慈轩北来，骨肉团聚，其喜可知。而北地苦寒，旅居未惯，嘿园之继室王夫人适以病卒，太夫人悒然不愉，乃复南归。今年十月，为太夫人八十设帨之辰，嘿园具《事略》，笃予为侑觞之词。按《略》，太夫人系出吴航，为陈再皋公长女，自其为女，釐丝服训，已有祥女之称。年二十有一，嫔于黄，为子京先生继室。于时姑雷太夫人在堂，体孱善病，兴息需扶掖。太夫人曰："事亲之道，吾习之矣，察所欲恶而顺之为从违，庶几得之。"先生方营甘旨于外，知太夫人之能孝事其亲也，则一以内事委之。太夫人量药调糜，悉躬悉亲，一切饔飧盐豉、盘匜湢牏琐事，亦弗假于婢媪；伏腊宾祭、供馈施与，尤腆约得宜，戚党皆啧啧称贤孝。以是先生虽常在外，如其在家，而威姑得贤妇，亦忘其疢疾之在身，谧然以终其天年。先生既丁内艰，营丧葬毕，复匆匆去里。太夫人女红余晷，则督子女诵读，虽在髫龀，一举止语默，必导以义方，持家之苦、抚育之劳，而皆不欲远人知之。乙未冬，先生自蜀归，自是倦游不出，以己亥冬捐馆。太夫人一恸晕绝，举家惊骇，俄而瞠目语侍者曰："适罔迷中，陡见一室金光，一菩萨著竹叶绣衣，擎瓯水令饮曰：

‘我来救汝也。’”遂以清醒。盖太夫人素事佛虔，持斋诵经，无有间辍。濒危得佑，感应之理，洵不诬哉。予之识嘿园也，在癸巳年，君年十七，游于邑庠，与予同出山左王季樵师门下。释菜之日，相遇于城东，翩翩年少，称其才华，是时君诗名已著，所与倡和为王君又点、林君肖蝓、李君拔可，皆诗中健者。及游螺江太傅陈公之门，所诣益深。沈敬裕公尝语予云："嘿园诗有渠矱，师友薰陶之力居多。"义宁陈散原先生亦盛称之。今者，嘿园于诗已名一家，官职清华，而才名闻于海内，以是荣其亲，馨馐洁膳，具白华诗人之风，有不羡三公之养者矣。天地之道，屯与泰相倚，故屯之卦有亨道焉，以善居贞故也。太夫人有家之始，君子于役，既以妇职代子，复以母道兼师，所处之境，可谓屯矣。然而贞以居之，事循其道，而职尽其心，境虽屯而心已亨，无内郁不申之气，因以迓家门昌炽之祥。今者大耋之年，神明强固，凭筵受爵，兰玉葳蕤，一堂之上，愉愉如也。天之以厚嘏偿贤母之德，俾晚景大亨，夫岂偶然也哉。昔紫阳朱子有寿母诗，备庆颂之礼，知诗篇献寿为大贤所不废。嘿园年垂六十，有母足慕福命之亨，远媲唐宋诸贤。当此家山良月，兰堂腾觚，知必有介祉新篇，以悦慈颜者。若予之文，亦奚足以揄扬盛德也哉。①

按，此文又见黄懋谦《默园诗集》，题作“黄老伯母陈太夫人八十正寿序言”。《默园诗集》收郭则沄《黄母陈太夫人八秩寿序》，乃乙亥秋黄懋谦请郭则沄所作寿母文，何振岱此文亦当应黄懋谦之邀而作。

① 《青鹤》，1935年第4卷第3期。

十二月二十三日（1936年1月17日），是何振岱生日。本年生日将近，高赞鼎作诗《心与师诗云所馈熟鱼为人乾没屈指生日期近再奉冬笋以佐寿觞》。

冬，刘蘅、何曦《刘何二女子诗课合印序》刊行。凡收刘蘅诗61首，许承尧评点25首；凡收何曦58诗，许承尧评点27首。何振岱作序。

> 《刘何二女子诗课合印序》：及门刘蘅与吾子曦，相笃以诗，就所学观之，略亦成章。予恐其蔽于吾言，无繇推以广也。歙县许疑庵先生，诗学宏深，予所心服，因属二女各写数十首，为之请益于疑庵。既承评点，远近亲友有欲观者，遂付印成帙，以代钞胥。乙亥冬日，梅叟何振岱。①

是年，龚乾义卒，年六十三岁。何振岱同龚乾义青少年时相识，多有诗文唱和，何有诗《闰五月廿夜赴华鬘双骖园之约剧饮纵谈至晓受露荔归长句书寄》，云："故人嚜黑临高楼，见我执炬行城头。"② 后何振岱曾寄书于龚乾义，《答龚华鬘书》云："所望世事消平，归来课蒙以老，燃竹城头，仍觅山楼之夜，则岂徒吾两人之幸也。"③《江楼待日寄怀华鬘》有"松际瀹茶应念我，城头然竹再寻君。此情忍向天涯忆，忆共山楼坐夜分"之句。④ 龚乾义逝后，何振岱作《祭龚华鬘文》，又作《哭龚五愓庵》四首，追忆当年城南旧游之事，其二云："诣子谈深常竟日，送予目尽始回头。"其四云："寒菊酒香秋社后，疏篁瘦影废城南。"⑤

---

① 《刘何二女子诗课合印》卷首。

② 《何振岱集》，第195页。

③ 《何振岱集》，第48页。

④ 《何振岱集》，第202页。

⑤ 《何振岱集》，第267页。

是年，王允皙《碧栖诗词》二卷刊行。有李宣龚甲戌序。另有陈宝琛、黄濬、诸宗元题词。

是年，郭则沄《龙顾山房诗余》六卷刊行，《侯官郭氏家集汇刊》本，有徐沅序。词凡243首。

是年，王仁堪《王苏州遗书》十二卷刊行，有樊增祥撰、陈宝琛书《故镇江府知府王公祠堂记》，赵春年序，郭则沄、王孝绮跋。

是年，林葆恒《忉庵填词图题咏》一卷印行，有陈宝琛《摸鱼儿》手迹一帧、填词图四幅、王履康《忉庵填词图叙》。收录陈宝琛等55人55首词、陈三立等14人24首诗。

是年，吴石出版个人著作《近代战争与国防之本质》。

是年，何遂收藏甲骨文拓片，由南京中央研究院历史语言研究所制成黏装拓本，定名《何叙甫藏甲骨文》。

是年，许承尧得厉鹗手书《宋诗纪事》墨本，属何曦题诗，何曦作《许丈疑庵属题所得厉徵君手书宋诗纪事墨本》，有云："乾嘉诸诗老，于叟肩随否。叟独爱好之，每引为深友。"①

【编年文】

《愉园诗集序》《东游甲乙稿序》《福州怡山长庆寺方丈楞公大师六十正寿序言》《黄老伯母陈太夫人八十正寿序言》《祭龚华鬘文》《东莱赵氏楹书丛刊序（代）》《刘何二女子诗课合印序》。

【编年诗】

《子雅移桂花两本经月重开闻香感旧得小诗四章》《寄怀华鬘》《哭龚五惕庵》。

---

① 何曦：《晴赏楼诗词稿》，浙江文艺出版社2006年版，第83页。

【编年词】

《齐天乐·乙亥燕山仲秋忆故里林家同竹均看月》《陌上花·乙亥重九北海挹翠轩》。

民国二十五年丙子（1936） 七十岁

【事迹】

二月，李宣龚重印《支社诗拾》第三版并作跋。

李宣龚《支社诗拾跋》：右《支社诗拾》初刻于光绪辛卯，为福州吴玉田镌板，印行无多。迨宣统己酉，先世父偿园先生需次皖省领官纸局事，始用铅板重印，阅今二十余年，又散佚殆尽。顷释戡十三弟从行箧中检得一册，相顾惊喜，校读一过，亟用仿古活字重印第三版，存诸《丛刻》中，并依作者姓氏次第系以出处，备后之人之稽考。计凡十有九人，今健在者，则石遗年丈为岿然灵光，而刘楚渔同年当时年最少，南北乖违，久缺闻问，盖亦垂垂老矣。丙子二月李宣龚谨跋。①

春，许承尧作《寄何梅生白下二首》诗。② 又作《梅生装弢老遗笺成册敬题其后》，中云："梅叟尤我私，狷好谬坚取。老惭才不副，诣匪言能举。泪滴海中桑，人天落何许?"③ 又《拔可招同梅叟无畏饮墨巢赋赠梅叟》诗云："梅叟诗心如嚼雪，净彻中边清在骨。因物赋形了无着，神理绵绵故超绝。冲然不废花竹喜，适尔时成山水悦。遥情澹契孤见赏，怀袖书陈香未歇。忽庆

---

① 周长庚等撰：《支社诗拾》卷首，民国二十五年排印本。

② 《疑庵诗》，第264页。此二诗又见《国闻周报》第十三卷第四十期《采风录》。

③ 《疑庵诗》，第267页。

重逢沧海滨，撋目凝看熨中热。十年不见癯未甚，微有霜痕上毛发。……嗟君循海将告归，我亦重寻故山辙。生平踪迹寄劳歌，老作词人自知拙。晨鸡不鸣珠在褐，六合沉冥艰此别。抱诗亦自足怡颜，千载悠悠井中铁。”①

春，何振岱与陈三立在北平海甸合影。今存照片。何振岱《春日出游怡沣二儿及坚庐正仪兄弟辄挈壶榼以从所至有诗辄命书之得十四首》其六云：“一朝三遇庐山叟，风日晴和胜处游。我与先生同一忆，海棠花底话苍虬。”注：“海棠胜处辄逢陈散原丈。”②

是年春，同黄懋谦、高赞鼎造拜郭则沄，郭有诗记之。

郭则沄《蛰园花下独坐适嘿丈梅叟迪庵见过因订诘朝饮约》：花中姚魏贵者伦，三丛两丛为我春。石围栏护作香国，别有绝艳歌紫云。深紫两丛，朵大如盘，尤胜。楸阴支榻坐移晷，日气四合风微薰。老狂爱花胜惜屋，遮藏半亩悭赁人。芳期悬的岁一践，烂缦几日如云奔。今朝快事有并合，三客携手俱造门。迫衰欢绪万金直，微意差可知者论。骎骎立马此何世，鷦螟天地吾园存。好春在怀亦在眼，香雾暖入茶烟痕。风光如此足自犒，但恐啼鸟嘲空樽。飘英莫待一分减，火急飞柬张酒军。③

闰月上巳（4月23日），高向瀛有诗《闰上巳招龙生看花因病未至有诗寄意次答并怀梅生》，云：“何叟天涯君里许，花时真赏靳衔杯。”④

四月十七日（6月6日），王真在福州《华报》上发表《叙七

① 《疑庵诗》，第268页。

② 《何振岱集》，第270页。

③ 《龙顾山房诗续集》卷七《亦云巢集》，第7～8页。

④ 《还粹集》卷四，第24页。

弦琴》。

王真《叙七弦琴》：风霆变激，万窍号呼，鼓天地之气，而籁生。喜怒动作，哀乐循行，宣人心之声，而籁亦生。故曰：有天籁，有人籁，发人籁莫如天，写天籁莫如人。于是或喜其喜，怒其怒，乐其乐，悲其悲，随其所感，而郁于怀，郁必宣之。故寓于器而法为声，钟、鼓、琴、瑟、磬、笛、笙、竽、篥、篪皆是也。然全天、人籁之美者，则众乐中琴德尤优。琴之为乐也，声澹而韵远，节高而音微，混之不浊，扰之不烦，刚而不勒，柔而不漫，徐疾有体，动静无适。飋飅抑揭，洒然若清风之徐来；推拍冷沦，凛然若秋月之澄江；□獐注绰，浏然若寒泉之洒木；遭回寥缪，悠然若絮之于游丝也；盘桓纷絮，而若崩云之裂崖也；抽拨顿挫，而若骇涛之惊石，使人心神俱化，不知琴我之谁适。昔孔子闻《韶》思唐虞之遗风；吴季子札观乐而知八代之兴衰；天神下降，师旷《白雪》之奏；子期知伯牙高山流水之志。晋是道也，琴之为德大矣。余素好琴，既学数引，久益之嗜。安居之暇，每以自娱，不能知其概，然以洗虑栖心，亦不云无补也。①

五月十六日（7月4日），福州《华报》载高屋撰《王真与七弦琴》一文。

高屋《王真与七弦琴》：王真字耐轩，别署道真室主，为陈石遗老人之女弟子。工书擅画，七弦琴之技尤精，得何振岱先生之秘传，堪称十闽能手。家备蕉桐数张，均属上品。闲居偶抚，其勾拨顿挫，克到精娴，真使山石欲裂，万籁无声也。②

仲夏，何振岱南行返乡，住金陵两月多，又到上海，冬初归

---

① 《华报》，1936年6月6日。

② 《华报》，1936年7月4日。

里。《觉庐诗草》卷首："丙子仲夏，南行住金陵两月余，稍览栖霞及金、焦、维扬之胜。至沪，为朋辈少留。冬初归里，于是遂已七十之年矣。"① 何振岱挈眷返回福州，金陵之学生故旧迎往南京，游览名胜。歙县许承尧闻何振岱南下，到沪相会。② 何振岱在南京住吴石家③，同吴石、高赞鼎、黄懋和等人游赏唱和，有《至南京数日高蓨堪及弟子台黄挺生吴虞薰黄曾樾予二子泮澄集高宅斐君轩缩影为图诸生皆有诗予亦题其右》《泮儿送予至南京主吴虞薰家留数日复北返途中寄一诗来诵之恻然因书以答》《吴生虞薰及四儿澄暇日常从游吴中山水偶书寄示旧都儿女》《游栖霞寺观六朝石壁佛像》《吴宅坐月书虞薰语》《焦山同蓨堪虞薰》《扬州杂诗十二首同吴虞薰作》《蓨堪虞薰同游嘉兴烟雨楼》等诗，在上海有诗作《喜晤疑庵》《留别疑庵》等诗。为吴石作《吴宅坐月书虞薰语》，诗云："吴君对月语酸辛，云近高年意倍亲。乐与先生操几杖，自怜身是少孤人。"④ 为许承尧作《留别疑庵》诗云："老色淡相照，孤馨如寒梅。自凭古肝胆，贶我好言词。甚恐偶遗忘，神听手笔之。持以书我绅，奉之为师资。黄山与闽海，耿耿心相随。身存会相见，为子哦唐诗。"⑤ 高赞鼎作《心与师自旧都返里过金陵就余斐君轩招集诸同砚酒后缩影命题》诗，诗云："吾师归路此间经，为爱生徒轨暂停。结夏鱼蔬先一醉，入山松瀑更同听。披风竹韵垂轩远，遇雨林光绕座青。能障烟尘凭只手，留图常拱戴匡星。"⑥

---

① 《何振岱集》，第 135 页。

② 叶可羲：《何梅叟先生传（代作）》，《竹韵轩集》，第 25 页。

③ 何振岱：《喜吴虞薰归》，《何振岱集》，第 362 页。

④ 《何振岱集》，第 272 页。

⑤ 《何振岱集》，第 276 页。

⑥ 《三代高吟》，第 13 页。

六月初六日（7月23日），何振岱应何纂甫（何昂）、何叙甫（何遂）昆仲之邀，游览南京栖霞山（摄山），何遂为何振岱制《栖霞蜡屐图》，题“中华民国廿五年丙子七月廿三日偕长兄昂陪梅生前辈游栖霞山写此”。何振岱作《摄山游记》，此文《何振岱集》未收。

《摄山游记》：余夙闻江表摄山之胜，两过秣陵，未尝一览也。岁丙子夏日南来，何君纂甫、叙甫昆仲邀为山游。君故有庐山中。亭午一饭，驰车至栖霞寺。寺前南斋，明僧绍碑，一亭覆之，碑字似褚书之《圣教序》，背刻“栖霞”两大字，雄秀可喜。游人涂垩石上，瓦砾堆趺，望之生慨。入寺，正殿供毗遮卢、如来佛两石佛，首像繇海外送回，以尝示灵于彼都也。殿后塑落伽山观音大士。手瓶水倒泻，瓶量有限，而水量无穷，受霑溉者亦几忘佛力之所至矣。循廊右转，观白石塔，塔高五级，隋文帝建以藏舍利者。予读文帝立塔诏，限州人布施钱，人不得过十文，是犹不轻用民力者，其为贤惠也欤？环塔岩石，皆著佛像。烈日中不耐久立，寺僧为雇竹兜假盖，陟千佛岩凿龛位，佛高低相间，岩缝小洞，一石人手锥危立，则石工自制像，殊壮岸。一艺之精，求称于没世，良有以夫。稍上，为纱帽峰，右折至白鹿泉，相传白鹿导人至此，得泉因名。左近观禹碑，盖摹南岳石刻以壮山观者，吾闽郡学亦有之。以渴憩松枰，有老人卖茶，苍髯古貌，疑有道隐者。坐顷，闻松涛声洒然从山际来，若笙笛协奏，为之肃然意静。因想陶贞白、陈希夷辈终日寝馈松风中，绝无一丝尘嚣侵扰，两大荷叶其得仙也，其有助之仙焉者也。此足深人思也。数转，路益峻，遂至天开岩，石壁四五丈，耸起夹峙，中间一径斜迤而上，杂树蓊之，阴森幽窎，寒气冒衣裾。徘徊仰眺，不能舍去。窃谓一山之势，此为最奇者矣。纂甫曰："是也。充而广之，黄岳、雁荡、天台之胜，岂遽过之哉？游山如读书，视会心如何耳。"君言殊开人意。底一线天，一石陡然，中空见天，奇崛亚天开崖。缘冈右转至畅观亭，一片江光，平铺松际，其下众石荦确，牛蹲羊伏，若考牧成图。以天色将暝，不尽览而归。予垂老欠山水缘，兹游何君力也。叙甫擅指画，为予制图，因就所见记之。福州何振岱。①

是年秋，在南京为黄懋和（挺生）题其先世祖黄任手书诗册。

《题黄莘田墨迹》：吾乡前辈自书其诗墨迹流传为后人所宝重者，端推瓯香、十砚二老，诗与字两艺，每不能并美，而二老则兼之。此册为十砚老人真迹，多至五十余纸，可谓富有矣。挺生我友弆此异宝，晴窗净几，辄展览玩，洵养性怡情之一助也。何乐如之。丙子秋日书于金陵寓斋，何振岱。②

八月，陈桂琛选评《近代七言绝句初集》出版，中选何振岱《壶尊》诗，评曰："此诗竟体属对，录之以备一格。"诗云："倦将求息何能息，强自为宽那得宽。静看飞云闲看鸟，既凭庭树又凭栏。"③

九月初九日（10月23日），何振岱撰《晓斋遗稿序》于上海，署"丙子霜降节次何振岱书于海上寓楼"。④

九月，王真整理其父王寿昌《晓斋遗稿》付刊，并作跋云：

① 何遂绘《栖霞蜡屐图》。

② 《黄莘田墨迹》，福建省图书馆藏册页。

③ 陈桂琛选评：《近代七言绝句初集》，《同文书库·厦门文献系列》第三辑影印民国五年八月玉屏学会初版，厦门大学出版社2018年版。

④ 王寿昌：《晓斋遗稿》，民国二十五年商务印书馆石印本。

“廿年结念，悲喜于以交集矣。”①

秋，何振岱书《楷书真言》赠刘蘅，款云：“右佛说真言十种，蕙愔道人无量寿。丙子秋日书祝，三山梅叟何振岱。”又题曰：“蕙愔道人晨夕礼佛，有常课，敬为盥沐，书真言十种，以资持诵，度己度人，取诸是而具足，幸共勉之。丙子秋仲，皈依佛弟子何振岱。”②

十一月十四日（10月27日），张苏铮拜何振岱为师。其《踏莎行·艺兰》注云：“丙子月当头夜作，时负笈师门才一日也。”③

十二月二十三日（1937年2月4日），七十寿辰，林志钧、梁鸿志、黄濬、李宣倜等皆有诗祝之。何曦亦作《丙子腊月父亲大人七十双庆献诗》。

林志钧《梅生诗老七十生日南北远隔寄此为寿》：旧都倦旅欢情薄，空蚁冲泉燕巢幕。君行更觉气类孤，闭户城隅坐萧索。颇闻客次多新诗，桃李扶舆远寻壑。养空而游解者稀，人乐端宜有天乐。买舟抵里岁云暮，排日招邀鸡黍约。陶翟相携赋退居，清福由来在澹泊。君年七十如始壮，用《新序》楚邱先生语。献寿欣逢春有脚。寿日恰立春。真从袖里出年芳，定喜添孙见龙箨。君家寒舍近里许，正合跻堂进杯杓。萦魂通梦天一方，何日乌山共烟屩。此时悬想君兴居，佛号经声出虚阁。日融茗椀光浮浮，人静鸭炉香漠漠。庭除净扫冬迎晴，梅老见花红破萼。三商而眠高春起，大云孤飞栖鸟作。窈怀密意自低回，画境诗心转恢拓。风光未觉属他人，白苋紫茄足收获。先生高坐慎观斋，偶出旁人称矍铄。

① 《晓斋遗稿》卷末。

② 《刘蘅馆员诞辰115周年纪念展作品集》，第64～65页。

③ 《全闽词》，第2381页。

疏凝气岸隔情涂，何物泥尘还摆落。①

梁鸿志《何梅生七十生日》：本州山寺与湖船，记共论诗四十年。得寿政缘生活淡，逃名差觉性情便。襟怀画趣兼琴趣，心迹梅边更水边。今日迎春还祀灶，试栽花竹养风烟。君生日为十二月二十三日，今岁适立春也。②

黄濬《何梅生七十》：儒冠耿介照乡枌，不分诗声世得闻。梅格政如高士节，琴心疑有妙香熏。开尊此日逢簪胜，执贽他年乞定文。微愿北帆闲浣笔，静中为写故山云。③

李宣倜《梅生七十》：孤赏诗常好，无求道自尊。斯人真物表，于佛见心源。几树梅花发，三生社酒温。君与龙生、颖生二君结诗社，曰“三生”。庞公偕隐处，风月满柴门。④

冬，郭则沄纂《清词玉屑》十二卷刊行，有汪曾武及自序。中多品评闽籍词人词作，间有发明。卷七收何振岱《金缕曲·题砚》词，何振岱《我春室词集》未收，《全闽词》已辑录。

是年初冬抵福州，重启三生会，于刘敬家惜园首集。

高向瀛《龙生招同梅生惜园初集喜作》：三年冷却三生社，月夕花时欠陶写。吴江秋尽忽言归，松菊迎门酒重把。传闻老态今释然，鬓发稍白神潇洒。别来所苦是离群，非曰曲高和弥寡。世难峥嵘怀抱开，乌山笑对曾来者。余生努力续清欢，共保岁寒得天假。⑤

是年冬，三生会第二集，在刘敬惜园雅集。

高向瀛《梅叟移樽再集惜园趣和前诗即事写感》：数日

---

① 林志钧：《北云集》，1963年排印本，第19页。

② 《爰居阁诗》卷九。

③ 黄濬：《聆风簃诗》卷八，民国三十年刻本。

④ 《苏堂诗拾》，第15页。

⑤ 《还粹集》卷四，第25页。

一见课一诗，二老有作皆吾师。贤于博弈无所事，饱食要用心官思。惜园地偏为携酒，高论政恐常人知。纷纶名理善言易，参坐末学难学词。忧天将压问龟筮，居易俟命吾奚疑。得朋知免流俗浼，进德敢惜余年迟。多可少否水济水，前贤面赤传风规。谢公遗墨尤可宝，居业取友意在斯。慎诚旧学公等在，以文辅仁当肩随。①

十一月，三生会第三集，在高向瀛环粹楼雅集。

高向瀛《冬月环翠楼第三集》：微雪开晴好景光，葡萄不醉试分尝。盆兰春气宜同臭，瓶菊秋心尚傲霜。循分无求遗世虑，倦游到老话家常。得天所愿留生趣，麦饭葱汤味最长。②

十二月十九日（1937 年 1 月 31 日），刘敬在惜园举行三生会第四集。

高向瀛《丙子东坡生日惜园雨中观梅第四集》：笠履敲门发坠颠，相看可似玉堂仙。园梅乱落寻香径，山雨低迷逐暝天。胜事招邀诗自好，欢情维系酒为缘。灞桥风雪皆兵气，谁省骚魂与昔贤。

风雨花时亦夙缘，紫裘腰笛共陶然。晋安独有三生社，景祐于今九百年。尚友好编诗账后，喜神相遇寿觞前。后三日立春为梅叟七十双寿。余香收拾吟佳句，坡诗《和太虚梅花》：“收拾余香还畀昊”。如过孤山拜水仙。③

是年冬，陈几士招何振岱、董执谊、周愈、林葆忻等集乌山图书馆赏梅。林葆忻有《陈几士侍卫招集乌山图书馆赏梅何梅生董执谊叶樵石周愈愚陈西园叶伯聪陈杰士同席》诗，云：“橘洲公子风雅师，能致名流不花辱。书气花气扑杯盘，诗家画家岸巾

① 《还粹集》卷四，第 25 页。

② 《还粹集》卷四，第 26 页。

③ 《还粹集》卷四，第 26 页。

服。信知此会论文艺，绝胜寻常谋口腹。”①

是年底，王寿昌《晓斋遗稿》由商务印书馆印行。前冠陈衍、何振岱手书序，后附王寿昌子王迈《乔倩诗词》。

是年，李宣龚重编林旭《晚翠轩诗》一卷附沈鹊应《崦楼遗稿》一卷由商务印书馆印行，《墨巢丛刻》本，卷末录何振岱五古一首。李宣龚《晚翠轩诗集序》：“自戊戌政变，钩党祸作，昔之密迩暾谷者，多以藏其文字为危，不匿则弃，惟恐不尽。……越数岁，大舅沈公涛园以京兆尹出而提刑粤东，予自江宁来，别诸沪滨。忽于广大海舶行李中见一箧，衍熟视之，知为暾谷故物，不钥而启，则晚翠轩之诗与孟雅夫人《崦楼遗稿》在焉。既惘且喜，遂请以校刊自任。”②

是年，高赞鼎有诗《至上海访心与师拔可年丈众异蔼农同游半淞园》。③

是年，何振岱于福州再启寿香社。

按，寿香社之取名，多有不同说法，须作考辨。郭毓麟《三十年代的寿香诗社》：“一九三五年我在魁岐协和大学中文系念三年级时，曾在校内组织七七吟社，专作折枝诗。不久又与同班友王劭在福州成立寿香诗社。‘寿香’二字的取义，是因为有几位老人参加，故以‘寿’字为标志，又有好几个妇女参加，故以‘香’字为标志，其余则都是二十多岁至三十岁的男青年。寿香诗社简称寿香社，不设社长，每月例集一次，轮流作东，地点多在东道家，从晨至晚，设一餐或两餐，另加点心。例集临场拈题，限时限韵，作七绝（二首），或词（一阕），然后轮流评取发唱。余兴亦偶作折枝诗（每人三首），有时各随意朗诵古人名作，

① 《中隐斋诗稿》，第53页。

② 林旭：《晚翠轩集》卷首，民国《墨巢丛刻》本。

③ 《三代高吟》，第14页。

作为文娱。自一九三五年维持至一九三七年抗战后结束。寿香社可算是福州唯一有妇女参加并现场作诗词的诗社。”又云：“当时王劭、梁孝瀚，游叔有和我都在协大肄业，还有一个在银行界工作的苏禾龛，这些人都学有根柢，能作诗词，温文尔雅，同气相聚，同类相求，因而不期然地以利亚药房方声浑夫妇住宅为集中所，成立了寿香社。”又云：“我在协和大学主编中文系刊物时，曾选寿香社诗词若干首，发表在《协大艺文》某卷某期。”① 郭毓麟《鼓楼区传统诗社纪要》：“寿香诗社成立前后仅及两年，由于抗战时期省会各机关学校陆续内迁、社友星散而告结束，然而寿香社名称则沿用至今，洵为创社诸君始料所不及。”② 李可蕃《秀出天南的女吟社》：“由何氏主铎政，成立了纯粹由闺媛参加的女吟社——寿香社，取永葆兰蕙之香的意义。……何氏另有一批男弟子，也经常集吟。但清规甚严，女弟子可自愿参加男弟子的吟会，而男弟子则不能随意参加寿香社的吟会。”又云：“《寿香社诗钞》亦经何氏预为题签，未及手辑，何氏遽于1952年逝世，即由其大公子维刚代辑，是为手抄本，各人分存。”③ 三位作者各有表述，各有侧重。郭毓麟自认为是寿香社的发起人之一和组织者，并对寿香社的命名涵义作出了解释。寿香社之命名缘起，笔者曾百思不得其解，幸好何振岱《寿香社序》尚存世间，寿香社的命名之义，乃可明瞭，其命名之义自如何振岱本人所说是为了祭祀陶渊明而取名。郭毓麟对社名的解释只是望文生义，不可

---

① 郭毓麟：《三十年代的寿香诗社》，《鼓楼文史》第1辑内印本，第31～35页。

② 郭毓麟：《鼓楼区传统诗社纪要》，张传兴主编：《鼓楼文史》第4辑，鼓楼区政协文史资料委员会编委1992年内印本，第40页。

③ 李可蕃：《秀出天南的女吟社》，陈虹、吴修秉主编，福建省文史研究馆编：《闽海过帆》，上海书店出版社1992年版，第80～81页。

信，又说“不设社长”，他把他组织的“七七吟社”与“寿香社”混为一谈。他认为寿香社“一九三五年维持至一九三七年抗战后结束”，这样说是把他发起的“七七吟社”的时间算到寿香社活动时间中了，因为何振岱是1936年回到福州，寿香社的再度开办不可能始于1935年。但他提到的福建协和大学的几位男生参加寿香社，以及他主编《协大艺文》刊发寿香社社员词作一事，则是可信的。郭毓麟所说“不设社长”的寿香社，同何振岱主持的寿香社是两回事，应该说郭毓麟、王劭（王德愔侄）只是作为晚辈参与了寿香社部分成员的一些日常雅集，然非真正意义上的师徒间定课传授诗词的活动。

是年，王闲在北京中山公园展出国画作品，颇得知名人士好评。①

约在是年，薛念娟入何振岱之门。叶可羲《今如楼诗序》谓薛“中年入吾师何梅叟门”。② 本年薛念娟36岁。本年何振岱在福州重开寿香社，薛当在寿香社重开之时入社的。③

是年，吴石成为国民党少将。④

是年，高向瀛作《楞根上人约集西禅寺寄园梅叟上坐即席赋呈》，有云：“楞公太姥贤，久主怡山席。进院前后序，梅叟文留壁。三年旧京归，竹窗话一夕。”⑤

是年，吴石翻译日本松井茂著《警察学纲要》由商务印书馆出版，另有著作《兵学辞典粹编》由兵学研究会出版。

【编年文】

《摄山游记》《晓斋遗稿序》。

---

① 《福建省文史研究馆志》，第173页。

② 《竹韵轩集》，第32页。

③ 邵振绥：《慈园诗词稿》卷首，1980年代油印本。

④ 《冷月无声：吴石传》，第83页。

⑤ 《还粹集》卷四，第25页。

【编年诗】

《至南京数日高蓨堪及弟子台黄挺生吴虞薰黄曾樾予二子泮澄集高宅斐君轩缩影为图诸生皆有诗予亦题其右》《泮儿送予至南京主吴虞薰家留数日复北返途中寄一诗来诵之恻然因书以答》《吴生虞薰及四儿澄暇日常从游吴中山水偶书寄示旧都儿女》《游栖霞寺观六朝石壁佛像》《吴宅坐月书虞薰语》《金山》《焦山同蓨堪虞薰》《扬州杂诗十二首同吴虞薰作》《蓨堪虞薰同游嘉兴烟雨楼》《喜晤疑庵》《留别疑庵》《丙子七十生辰题写本妙法莲华经卷后写者王德愔刘蘅叶可羲王闲又女曦自写全卷》。

民国二十六年丁丑（1937）　七十一岁

【时事】

7月7日，日军在卢沟桥向中国驻军发动进攻，中国守军奋起抵抗，全面抗战爆发。10月25日，日军占领金门。

【事迹】

正月初六日（2月16日），黄濬有诗《何梅生七十》，载《青鹤》1937年第5卷第7期（二月十六日出版）。

正月初十日（2月20日），三生会环翠楼第五集。高向瀛有诗纪事。

高向瀛《丁丑初十日梅叟招同农老小楼第五集》，云："首春十日邀朋俦，秋坪五言诗长留。陈秋坪司马嘉庆戊辰《首春十日邀家舍耀辈集家士辉宅》诗云："吾闻古洛中，真率会九老。此例今仿之，用以集同好。"见其《诗存》。仿古洛中真率会，集士辉宅传觥筹。士辉陈姓东村字，晚存遗稿时文优。明年岁始复招集，伯祖作主赓前游。陈翁更咏七言古，主宾甲子俱已周。秋坪己巳赠高伯祖南屏公诗云："首春招集续旧游，问年俱已周甲子。”注：“主人及众宾皆年过六十。”亦见《诗存》。嘉庆中叶世全盛，耆耇林下皆风流。百三十载及此日，先芬故事何当修。善钧从众少为贵，素心晨夕欢何刘。立春半月旬得霁，梅叟治具临吾楼。吾楼颇著橘州句，乌石一角居此幽。橘隐题吾楼诗：“乌石一角青，卜居无此幽。”登科苦早愧旧德，制义仰望南屏羞。南屏公工制义，乾隆甲寅乡举，将五十矣。湖丞壁记国旋改，岂若建昌老归休。秋坪以建昌同知乞归。后生百事不逮昔，卜饮乃与乡贤侔。差强古稀共杯杓，沧桑未敢天人尤。三生缘法定非偶，继美九老张闽州。①

年初，何遂撰《叙圃甲骨释略》完稿，商承祚、董作宾、陈独秀题词，陈独秀并誊写了全稿。②

初春，何振岱作《画竹示道之》与王真，云：“昔贤画竹皆就镫月下竹影摹写之，取神而已，不求似也。道之世讲新种竹数竿，是隐添无数竹谱，宜其画之逾工欤？时在丁丑初春，寓城外藤山小楼，枚叟。”③

正月二十四日（3 月 21 日），惊蛰节后，何振岱、高向瀛、刘敬在城东明园举行三生会第六集。

高向瀛《惊蛰节后明园第六集》：宵来雷雨急翻泥，小聚城东日影低。犹爱晚桃临活水，渐看稚柳衬平堤。微醺生意心源畅，新浴清机物论齐。南北汤泉输此好，余年亦足称幽栖。④

二月十五日（3 月 27 日），花朝日，陈衍作《说诗社诗录序》。

---

① 《还粹集》卷四，第 28 页。

② 《何遂年谱简编》。

③ 《道真室随笔》卷一，第 33～34 页。

④ 《还粹集》卷四，第 28～29 页。

陈衍《说诗社诗录序》：民国初年，余以总领志局，屏居里门。乡人之喜为诗者，谬以为老马识途，相率请业，余曾略采其诗入《诗话》及《近代诗钞》矣。既而从游者众，成章斐然。方谓相资以老，乃岁月不居，好学短命，零落山丘者，不十年殆以十数。同人伤之，谋梓其遗著，益以平日观摩之作，请为去取，并丐一言张之。余曰：天下之事物，未有历久而不敝者也。善变化之则百出而不穷，亿兆其人，亿兆其面目，变化故也。诗何不然？《三百篇》后，历汉、魏、晋、宋、齐、梁至陈、隋而极敝，初盛唐起而变之；历中晚后五代而极敝，北宋起而变之；历南宋、金、元至明而极敝，不能变也，无自己之面目也。吾东越之诗，隋、唐、五代未能并驱中原，宋以后历西崑、南宋五家、四灵、元四家、明十子，至清道、咸之交而极敝。甚嚣尘上者，且以为太白、岑、高也；奄奄无生气者，且以为王、孟也；叹老嗟卑者，且以为杜陵也。其所抱负犹夫人之抱负也，其所牢骚犹夫人之牢骚也，平浅空泛，无一动人语，亦何必哉？向余常语诸子：诗者，一人之私言。喜怒哀乐他人能代吾言之，与吾能代他人言之，皆非诗也，酬应之作也。若其功候则雅驯其要，已不雅则俗，俗非必薰心势利也。习见之语令人生厌者，皆不雅也；不驯则生，生非必异书僻典也，强凑字句难以索解者皆不驯也。其所以能雅能驯，则在读书更事与平日之为人，非徒于诗求之也。今诸子之诗，有用意刻入、出笔廉悍、工于取势者；有辞条丰茂、稍患才多、进以求精，遂能吐弃尘近者；有落想不凡、出语使人首肯而再接再厉力或不继者；有厌容易而喜艰深、过为奥衍、病在晦涩者。各就所长自择，其不大远。吾平日说诗之恉者，宁为狂简毋为乡原，上焉者足张吾军，次焉者不失为特立独行之士，可矣。吾近得友人书，有云："某也，诗甚工，可入《诗话》，识其人否？"有云："某也，诗初看似甚苦，细读之颇有力量，识其人否？"而不知其皆吾党之士也。吾党勉之矣。丁丑花朝日八十二叟衍。①

二月二十六日（4月7日），清明后二日，刘敬在惜园举行三生会第七集。

高向瀛《清明后二日惜园第七集》：佳日天公贶拜嘉，清明才过可无花。稍含酒意娱春色，最爱诗情在晚霞。野趣须同尘外客，山光惯聚故人家。小楼转眼丁香发，预约寻芳走钿车。梅叟订小楼，花时将率女弟子来观。②

三月初九日（4月19日），高向瀛在环翠楼举行三生会第八集。

高向瀛《三月初九小楼丁香开第八集和梅叟韵》：有楼即有花，对花笑今我。廿年积色尘，万事随因果。及时共倚阑，殿春千百朵。放晴烂熳看，未雨愁飘堕。天仙自化人，见者惊大雅。远归尤梦思，胜情快抒写。素心爱晷刻，玉貌映尊斝。相赏殆忘言，花外皆么么。③

三月十一日（4月21日），何振岱作东，在环翠楼举行三生会第九集，女弟子刘蘅、王真、叶可羲与会。

高向瀛《十一日梅叟置酒约老农为第九集即席作》：五年重见此楼花，好事还随问字车。君癸酉春曾来看花，是日其女弟子刘、王、叶三人亦至此一赏，皆前游者。沉着诗情窥我友，淹留春事盛吾家。合欢杯酒天常净，照影池波日未斜。会得三

---

① 陈衍编：《说诗社诗录》卷首，民国二十六年排印本。

② 《还粹集》卷四，第29页。

③ 《还粹集》卷四，第29页。

生轮转语，泥痕色相漫惊嗟。刘君论轮回甚辨，并有诗推言缘法。①

三月二十三日（5 月 3 日），李宣龚有诗《赠何梅生》，载《国闻周报》1937 年第十四卷第十七期《采风录》。

李宣龚《赠何梅生》：水部梅花不改香，枝头寒暖两相忘。每从闻道兴三叹，难得深言偶一狂。去眼蛟龙憎海气，称心橘抽恋江乡。妻孥能共庞公隐，脱屣人间岁月长。

约在去年底本年春，施秉庄入何振岱之门，姑系于本年。1936 年底或本年春，叶可羲作诗《劝浣秋学诗》，② 或为劝其入何门学诗而作。③

春，何维深病愈，作《丁丑春病愈寄居城东客舍》诗。

三四月间，高向瀛作《梅叟属题陈文忠墨迹》。

高向瀛《梅叟属题陈文忠墨迹》：国初名德韩文懿，会状尚书跻极贵。却羡归田七品官，鸳湖朱十常牢记。饭疏饮水万卷书，乐善津津忘势位。新城文简亦可人，鹿原中书夙投贽。写诗商定几沉吟，殷勤手札亲缄致。朴学斋中廿一通，流传海内争珍秘。螺江太傅殿有清，忠贞余力多材艺。平生师友江田翁，谢枚如先生。入室传衣何叟畀。太傅尝为君补录枚老赠言，有诗云："晚岁传衣独畀君。"交道忘年缟纻欢，斯文一气如沆瀣。十年旅食旧京归，压轴琳琅弥叹逝。韩王身际承平时，国学昌明南北派。麻鞋羁绁历忧危，旨微志晦沧桑泪。朱林微禄尚朝官，岂若卖文老憔悴。风流犹是时世非，会合何常死生大。萧瑟羞称庾子山，百种骚心总忠爱。怜才礼士无盛衰，想见典型笃风义。世亲怀旧更逢君，静对心声

---

① 《还粹集》卷四，第 29～30 页。

② 《竹韵轩集》，第 77 页。

③ 《寿香社——中国最后的传统才女群》，第 19 页。

与心画。①

四月十六日（5月25日），刘敬在惜园举行三生会第十集。

高向瀛《首夏既望惜园第十集旬日后得诗录奉农老梅叟》：僧楼阻听钟，官戒僧传戒。禁令剃度青年，闻本年鼓山受戒只五人。惜园应嘉招，且偿诗酒债。绕屋长新阴，杂花滋可爱。数篮三两杯，有味此酒菜。一室无俗声，杂宾与杂话。人自羲皇人，世非黄农世。焚坑新说腾，风雅催租败。饥饱任飘摇，忧乐郁深慨。好事寻桑溪，结伴鼓衰惫。诸天梵呗音，神往西禅寺。迷阳伤吾行，农老同游桑溪，止于半途村店。洪水游亦废。梅叟欲往与怡山斋，天以水阻。万事有天缘，不容人意在。②

按，何振岱有诗《环翠楼第十二集时丁香盛开主客分赋》，可知三生会至少举办了十二集。此诗纪年未明。三生会，本谱系年仅能考到第十集，第十一集无考。

五月初三日（6月11日），福州西禅寺楞根和尚圆寂。时《福建民报》、福州《华报》皆有报导。后何振岱作《楞根大师祭文》悼之。

《西禅小记·宗传》：第五十八代心源法师智水，字楞根，又自名了幻，福鼎张氏子。离母体二年，有老僧道由者见之，曰法器也，抚养之。七岁延名师授读，以嗣秀崧老和尚。年十五，受具于浙瓯锦屏山常宁寺晓柔法师，研毘尼学甚深。十八岁任瑞云寺住持，二十岁游参诸方，得法于怡山长庆沙湛老人。清光绪三十年主怡山法席，旋归瑞云。民国纪元，八指头陀创中华佛教总会，公与会，著《佛陀救世精

① 《还粹集》卷四，第30页。

② 《还粹集》卷四，第30～31页。

义》行世，见者以为至文。民国二年，在京请《频伽藏经》回山。后主怡山，兼理瑞云，历任福建佛教会长。八年，回福鼎修各殿宇。闽东萑苻起，推公维护寺业，备经艰险，心力几瘁。民国十七年，诸绅董复请公回山护理院务。丁丑初夏，应鼓山圆瑛法师弘传寿戒之请，事毕回山，微觉神疲，三十夜得病，五月初三日辰时端坐示寂，世寿六十有二，僧腊六十，戒腊四十六夏，法腊四十四秋，骨进本山无量光塔，是年六月瑞云寺亦分骨迎葬焉。

1937年6月12日《福建民报·西禅方丈智水昨晨圆寂》：西禅寺方丈智水，行年六十有二，精神矍铄，道貌岸然。昨晨五时许，忽以圆寂闻。据查智水于死前数日，曾由省垣乘脚踏人力车返西禅寺，中途因车夫不慎，覆跌田中，智水虽未跌伤，然已受惊不浅。数日来自觉神志颓丧，但未见有显然病态。前午水即呼召僧徒，嘱以死后殓具，各僧咸疑异不解。迨昨晨五时，水自知不起，着罢袈裟，趺坐而逝，神色如生。寺僧见状，当即报请该寺董事萧奇斌及罗斌等，前往凭吊云。

1937年6月15日《华报》“本报专访”《西禅楞根上人圆寂——福州诗僧又弱一个》：怡山长庆寺（即西禅）当家住持和尚楞根，一字智水，曾受戒于鼓山涌泉寺，为吾闽品学素著之高僧。寿逾花甲，体素壮健，善画能诗，闽中文士如周雨渔、叶伯聪辈，均极推重，与结方外交。西湖开化寺最近改为长庆寺之廨院，开化寺历来和尚，每每不守法规，大开五荤，狎比倡妓。自楞根主持后，力加洗刷，凡湎违佛戒之酒肉和尚，一概屏斥，实行佛门戒律，院风为之整饬，极为当地绅耆乡众所称道。不料上人日前步行寺内鱼池边忽尔倾仆，虽经人救护，然以年事过高，致成中风不遂之症，奄忽数日，竟于日前圆寂，论者谓吾闽诗僧又弱一个。

六月初一日（7月8日），上午九时，陈衍卒，年八十二岁。《侯官陈石遗先生年谱》卷八："七日晚趋谒，侍坐匹园竹林下，公侃侃谈诗，以女子宜多读韩诗，并谈及神鬼之道、死者有无灵魂等，所说玄理，多为前人未道者。入夜尚留少坐而别，孰知遂成永诀，呜呼痛哉。"① 何振岱作挽联："论学心期朱秀水，奇游晚比陆山阴。"② 高赞鼎有诗《闻石遗丈归闽五日讣至哭之以诗》，知陈衍回闽五日即卒。

六月初二日（7月9日），福州《华报》"本报专访"载《陈石遗先生昨夕逝世——吾闽耆宿又弱一个》一文。

> 《华报》"本报专访"《陈石遗先生昨夕逝世——吾闽耆宿又弱一个》：岁非龙蛇，文人厄运，初闻林贻书耆宿之丧，顷又得国学泰斗陈石遗（衍）先生仙逝之讯。先生日前甫从苏州挈眷返里，身体健康，尤胜于前，识者咸谓期颐可希，先生亦以此自豪。前夕（七日）与门弟子畅谈，几逾夜分。提及客岁先生沾病，不药而痊，群羡矍铄，先生闻之喜形于色，且答之曰："阎罗王亦怕我也。"不图昨日午后八时左右，晚膳甫毕，尚与家人谈笑如恒，忽赴溺，觉难支，扶之登床，即不能语，状似中风，医治罔效。先生诸子早世，绕膝多孙。孙光度与孙媳尚留居苏州，光衡学院方卒业，前轮赴申投考交大，其余诸孙尚在稚年。先生生平，以笔墨所入，积资达十万金。前年暑期回里，处理妥协，殆亦早图结束身后事耶？先生著述等身，尤喜诱掖后进，市人士闻兹噩耗，必同声惋惜也。

① 《侯官陈石遗先生年谱》卷八，《陈石遗集》，第2085～2086页。

② 《道真室随笔》卷一，第36页。

夏，薛念娟长女、长子随省立福州中学（即今福州一中）离开福州迁往沙县。[①]

抗战爆发后（1937年7月7日以后），日机时来福州投弹骚扰。刘蔼生迎何振岱夫妇到闽清六都避难，何振岱不惯乡居，夫人又多病，不久搬回福州，住仓前山刘蘅家淇园。[②]

七月初七日（8月12日），郑孝胥作《石遗卒于福州》二诗悼陈衍。《郑孝胥日记》初七日（8月12日）："作悼石遗诗一，访仁先，以诗示之。仁先谓，'太虐'。"[③] 其一诗云："狂且狂之能几时，历诋名教姑自欺。奄然媚世縻不为，使我不忍与言诗。石遗已矣何所遗，平生好我私以悲。少善老睽将语谁，听水而在其知之。"其二云："老如待决囚，死期固必至。勇哉子曾子，得正斯可毙。石遗独大言，阎罗方我畏。入川且登华，八十又加二。诸郎虽蚤逝，晚子还几辈。忽然作长别，盖世信豪气。平生喜说诗，扬抑穷一世。所言或甚隽，所作苦不逮。乃知诗有骨，惟俗为难避。牧斋才非弱，无解骨之秽。"[④] 何振岱晚年有诗《杂书五言绝句》十一首，其五云："已矣无所遗，骨秽终难湔。汲汲夫奚为，高高上有天。"[⑤] 此诗即为陈衍而发。王德愔有诗《予早岁及见先辈诸君赋得十首以示景仰》，其五云："左海声名世已扬，光华述作富词章。通家交谊称前辈，曾共花朝赋海棠。"原注："陈石遗老人有《福建通志》《诗话》诸作。"[⑥]

八月初一日（9月5日）郑孝胥作诗悼黄濬（秋岳）。《郑孝

① 陈侣白：《此恨绵绵无绝期》，《今如楼诗词》，第80～81页。

② 吴家琼：《故友何振岱生平事略》，《何振岱日记》，第652页。

③ 《郑孝胥日记》，第2682页。

④ 《海藏楼诗集》，第478～479页。

⑤ 《何振岱集》，第341页。

⑥ 《琴寄室诗词》，第4页。

胥日记》八月朔："得稚辛八月三十一号快信，并寄来小虎七月十五日与五丁信，言大世界炸死、伤千余人。稚信言，南京所杀十八人，十人为闽人，秋岳父子俱死。作悼秋岳诗。"①

按，1937 年 7 月 27 日，国民政府海军部长陈绍宽奉命在行政院会议上提出报告，将实施在长江江阴段沉船以封锁航道的计划，黄濬当时担任行政院会议记录，当晚即将此事透露给日方，蒋介石严令彻查。国民党宪兵队总司令谷正伦调查发现黄濬嫌疑重大，后来谷正伦策反黄濬府上的女仆莲花将此案破获。1937 年 8 月 26 日，黄濬被以叛国罪判处死刑，公开处决。

九月初一日（10 月 4 日），何振岱书写《仁王护国般若波罗蜜多经》为刘蘅祝寿，题曰："丁丑戌月初吉，何振岱书祝蕙因贤弟双寿。"今存此写件。凡八页，失存一页。落款云："丁丑戌月，学瞻、蕙因两贤弟双庆之辰，梅叟何振岱书祝长寿。"②

九月，撰《楞根大师祭文》。③ 何振岱与楞根大师相交数十载，多有诗作。《四月初五夜鼓山寺畔右楼上楞公过谈既返寺门已键独趺坐东际楼予闻之自往邀回未四更又鸣钟上殿矣》云："心光自炯孤楼月，泉响空鸣万壑雷。"④《披陶隐居集赋寄楞公》云："悄展宝书引孤绪，思公如月碧云端。"⑤《江阁楞根上人夜谈》云："水阁玄言疑佛见，世尘苦趣岂公知。"⑥ 1939 年何振岱有诗《初秋二十日怡山明远阁怀僧楞公》，中云："百趣随公往，孤踪叹我来。……旧栏余旧意，半日独徘徊。"⑦

---

① 《郑孝胥日记》，第 2685 页。

② 此承何靖女士提供资料。

③ 《何振岱集》，第 132 页。

④ 《何振岱集》，第 195 页。

⑤ 《何振岱集》，第 263 页。

⑥ 《何振岱集》，第 177 页。

⑦ 《何振岱集》，第 291 页。

十一月，高向瀛刊印《还粹集》，卷前有林灏深撰《校还粹集竟识后》一文。

林灏深《校还粹集竟识后》：光绪中叶，余与颖生同官京师，朝夕过从，商榷文字，间或议及时政得失，多所抨击。其时年少气盛，以为得所借手，事业可转捩致也。已而君乞外，官浙簿书，鞅掌垂及，十年一日。邮致《春日杂感》五古十余首见视，抚事伤时，意在言外。曩者迈往之志，盖稍衰矣。余亦浮沉曹署，所志百不一遂。而时事日艰，饱经忧患，未尝不叹向者视事之太易也。岁丁卯，复相遇京邸，时距辛亥国变已越十有六稔，星星在鬓，执手泫然，玉宇高寒，人间天上，正如白发宫人话天宝遗事，迄不知涕之何从已。比者于役海上，君乃哀其旧作，都五百余首，属为商订。嗟夫，黍离麦秀之悲，汐社月泉之作，昔之人遭逢衰乱，与世相遗，自绝三光，甘沦槁壤，固已极铜驼荆棘之哀、苌楚无生之痛矣。乃若四维不张，三纲尽斁，裸国相逢，歧途难问，曹社谋鬼之征，伊川其戎之痛，以王船山亡国亡天下之例言之，岂非九幽之下更有九幽？悠悠苍天，曷其有极。而吾辈乃于榱崩栋折之余，为薪尽火传之计，滔滔皆是，享箒自珍，不亦重可哀耶？余与君交最深，身世之感，故不觉言之沉痛如此。至君之文章政事，世所稔知，即以诗论，亦有其可传者在，固不俟余之赘言也。姻年愚弟林灏深拜识。①

按，据吴家琼云，何振岱与高向瀛交情不终与《还粹集》刊印有关。“缘高刊印其《环翠楼诗集》，事先何不知情，及集出，

① 《还粹集》卷首。

福州所谓诗人，摭拾高的诗句，大肆揶揄，何亦窃窃私语。有林坦西与高、何都是熟人，素持两端，从中播弄，造成两老意见参商，聚会中偶相见，略事寒暄而已。高去世，何不往吊。李宣龚以何为隘，信然。”①

十二月二十九日（1938 年 1 月 30 日），高赞鼎得何振岱寄诗，作《汉口小除日得心与师寄诗次韵奉呈》。

是年，北平沦陷后，何维沣往天津避兵乱二载，后回到北平。②

是年，何振岱有《梦荃庵》诗，忆及同陈紫澜数十年之交游：“疏野有天性，相亲百趣便。诗衰游宦后，意具出关前。落月一万里，云边四十年。蹉跎何所就，梦里竟潸然。”③

是年，吴石历时三年编撰反映日本军事和军队情况的《参二室蓝皮本》，弥补国民政府对日本军事情报研究的缺位。

【编年文】

《楞根大师祭文》《画竹示道之》。

【编年诗】

《丁丑元旦》《过城西旧居》《深儿卧病北海医院三年有半既愈同其兄姊缩影为题一诗》《素心兰花》《欲为》《梦荃庵》《山楼看月》《闻半野轩易主感赋寄小铿》《重阳日书示竹韵》《四香道兄五十双寿余既摛文为寿意有未尽更书七言绝句数首语近俳谐聊献斋筵以结欢喜之缘视寻常泛语则当有间也》《坦西寄示令祖濂泉公遗像属题》《丁丑春病愈寄居城东客舍》。

---

① 吴家琼：《故友何振岱生平事略》，《何振岱日记》，第 654 页。

② 《王闲诗词书画集》，第 198 页。

③ 《何振岱集》，第 284 页。

民国二十七年戊寅（1938）　　七十二岁

【时事】

5 月 11 日，日军占领厦门。

【事迹】

正月十五日（2 月 14 日），高向瀛作《还粹集自记》。

高向瀛《还粹集自记》：岁丁巳十月，余五十初度，适重修环翠楼成，陈文忠公自京寄一诗落之，并序以为寿。序中略言“君运丁阳九，身世视渊明差近。自题其楹有‘埋名甘市隐，绝俗爱楼居’之句，毋亦慨乎八表同昏，无是非毁誉之可言，脊脊大乱，且未有止。不啻托赁舂佁牛以自隐，匪独蝉蜕嚣埃而已，宜其诗之气凄而声激也”云云。数语实获我心。兹故节录卷首，即以作余之诗评也可。戊寅上元向瀛自记。①

孟春，《觉庐诗存》七卷付刻，皆经许承尧手订。何振岱《哭许疑庵》其四：“穷居一大事，诗卷资磨勘。异趣恐差池，和衷防泛滥。称美何伤严，剔疵宜再三。审是者几人，惟君胜此任。论才敢望君，齐心庶未忝。去取藉权衡，于我已无憾。”②《诗存》分为《橘春集》一卷（诗 108 首）、《倦余集》二卷（诗 159 首）、《德邻集》一卷（诗 43 首）、《燕台集》二卷（诗 152 首）、《小憩集》一卷（诗 43 首）、《燕台续集》二卷（诗 73 首）、《慎修集》一卷（诗 37 首）。《诗存》共收诗 615 首。卷首有何振岱《自识》云：“《诗草》分集为名，殊嫌琐屑，兹集效尤，知不免俗。惟念年华转瞬，悲欢在心，所历之境地稍迁，而感触亦因

---

① 《还粹集》卷首。

② 《何振岱集》，第 334 页。

以少异。区分集名，便于自览而已。所录自二十岁至七十，凡七集为七卷。此后余年有作，再谋续之。丙子冬，梅叟何振岱自识。”①

按，《觉庐诗存》收谢章铤、陈宝琛、沈瑜庆、龚葆銮、许承尧赠诗以代诗序，未收陈衍《何心与诗序》（1912），且涉及陈衍之诗文均不录，在卷首声明“鄙作不欲干人作序”。何振岱弟子邵振绥（季慈）有诗《有为心与师作诗序者经师却后竟刊所作诗序于其文集中阅之有感》言及此事。② 田毕公有诗《有为吾师心与作诗序者却之喜赋》：“惨淡觉庐集，千秋名有归。在诗言已重，却序意非微。独爱芬芳好，终嫌秽浊非。吾师能自远，不是困柴扉。”③ 何振岱晚年有诗《杂书五言绝句》十一首，其五云：“已矣无所遗，骨秽终难湔。汲汲夫奚为，高高上有天。”④ 郑孝胥在陈衍逝世后作诗《石遗卒于福州》，中有云：“石遗已矣何所遗。”⑤ 何振岱此诗即是有感郑孝胥诗而作。吴家琼认为，何振岱晚年不满陈衍的原因是因为修《西湖志》时，“有郑天放者，列举该志遗漏及不合体裁处，载于施景琛所办的《大同日报》，并说这错误乃因何振岱宠信其挚友叶心炯所致，好像他人没有责任似的。何受兹指责很愤怒。经查系林宗泽从中捣鬼，因此对林极为不满。迨此次修纂《通志》，林宗泽也在分纂之列，叶心炯经何介绍也任分纂。林宗泽藏书很多，又长目录学，馆中材料多由林供给。林宗泽是陈衍所创办的福州说诗社的弟子，所以与陈很亲密。叶心炯与陈衍则比较疏远，相形见绌，以为陈对他与林宗

---

① 《何振岱集》，第 135 页。
② 《慈园诗词稿》，第 37 页。
③ 《四有堂诗集》，第 135 页。
④ 《何振岱集》，第 341 页。
⑤ 《海藏楼诗集》，第 478 页。

泽有了清白眼之分，怏怏于心，便一五一十函诉于何（何客北京）。何信为真，对陈不满实基于此。”[①]

三月二十三日（4月23日）下午二时整，何维深、郭昭华在北京帅府园协和医院礼堂举行婚礼，今存留影、婚书、礼目。[②]

三月二十八日（4月28日），郑孝胥卒于长春柳条路寓中，年七十九岁。[③] 何振岱原与郑孝胥有所交往，郑孝胥附逆后，二人交情不终。何振岱1948年有《感旧》四首，其三为郑孝胥而作，谓：“结庐燕城北，讲经润学子。此愿如果偿，野处扶人纪。一念思定倾，浮桴就枉水。动静杳微闻，天乎容可止。”[④]

春，作鳝溪游，邂逅张宗果。张宗果《春申奉何枚生先生书》云：“戊寅，游东郊鳝溪。是日，夭桃花，溪声宏，溪云溶涌而远至，其东南诸峰深拥数十里，中若宛邱，风窈冥，水淫于潭，视之甚乐。一叟蹶而舆，有为摈介而前者，即先生也。”[⑤] 张宗果系张清扬之从侄。

春，何振岱作《晓斋遗墨跋》两则。《何振岱集》未收。

> 《晓斋遗墨跋》：晓斋先生晚归乡山，托一官自隐，公暇辄喜作书，此联为女公子道之世讲所弆，属为题跋。予按，先生抱经世略未尽其用，郁然以老。今所传遗诗一卷，即道之手写印行者，读之足见大意。此联对句，其亦先生自寓身世之感乎。谨按，先君书放翁诗句为联云：“百岁光阴半归酒，一生事业略存诗。”
>
> 晓斋先生未尝学书而笔势夭矫，自有天然之韵。此乃所

---

① 吴家琼：《何振岱晚年不满陈衍之由来》，《文史资料选编》，第56页。

② 此承何靖女士提供资料。

③ 《郑孝胥传·年谱》，第37页。

④ 《何振岱集》，第348页。

⑤ 张宗果：《块特轩文集》卷二，民国二十九年排印本。

录唐人诗以赠某君者，女公子道之得而弆之，既装成卷，出以视余，犹想见当日官斋无事挥毫得意时也。戊寅饯春日题。①

春，何振岱作《觉簃随录小引》，抄选历代诗以自娱，述及编纂《觉庵随录》之经过与编纂旨趣，后有例言五则，署“戊寅之春梅叟识”，现存二册。《何振岱集》未收《觉簃随录小引》。

《觉簃随录小引》：闲居鲜娱，流览诗卷，就架上所有古今人之作，凡数十种，随意摘录，多寡前后，不为规程，盖于病后懒散之情为宜。数月之后，不觉成帙。因思人生于世，欲槁然无所嗜，如古至人，殆不易能。然世俗之好，大略相同。至于文字，则所好尚同者十二三，不同者十且七八，我之异于人，犹人之异于我，各缘所性，何取强通？陶公奇文共赏，乃在南村之素心人，则知非素心人，未可与于文字之事也。予寡交游，罕遘素心，为自娱计，惟有率我真机，与古今作者，相引于无言之表。其文本奇而我奇之，赏亦何妨从同，其文非奇而适触于我心之奇，遂亦奇之，则赏亦何妨从独。吾甚恶乎拂人之常，故为异论，吾又何取乎徇人之旨而苟合乎时流？且如疑《易》疑《孟》，虽庐陵、涑水之贤，不得谓之非悖，矧反骚纂玄、褒秦黜岳，大违人性，可容附和之乎？吾爱元次山之《恶圆》《恶曲》为独具之至情，人或不赏，吾极赏之。刘正修之舍同游而慕天隅，隘柳下而宽夷叔，人或不赏，吾又甚赏之。谓二子者之言，虽任天之过，终不失其为贤。乃吾之于诗，固取独行己意，独娱之情，然于兴观群怨之旨，未尝敢违。以此绳己，亦以此衡人，固兹录正非话诗，偶有评论，亦不过自娱而已。世

① 《道真室随笔》卷一，第34页。

容有素心者，或肯共赏之乎？三山何振岱。①

按：《觉庵随录》今存二册四卷，抄本，何振岱通篇圈点，间有少量评语，今保存于何氏后人处，多有蠹蚀。

正月十五日（3月1日），王真生日，叶可羲赠以祁刊本《说文系传》，何振岱作《题说文系传》。

《题说文系传》：《说文系传》，钱遵王谓此为惊人武库。先师教人治《说文》，亦屡举此本。道之世兄喜治小学，尝假予旧校小徐本校所藏《龙威秘书》本。兹值道之帨辰，叶竹均君与君雅契，购得祁刊本以赠。小徐本初刻胜于汪本，道之宜宝藏之，须知此本在《小学汇函》中不易得也。戊寅春孟上元，梅叟何振岱识。②

三月，何曦从北京回故里福州。何曦"戊寅七月十七日"日记："归里已将四个月"。③ 何维沣有《戊寅春三月怡姊南归濒行撮影》诗。

五月二十二日（6月19日），张苏铮访何曦，同往乌石山雷霹崖大士殿上香。④

六月，《福建通志》修完，当局就正于何振岱等人。郑贞文《福建通志修纂沿革史》云，《福建通志》于"二十七年六月修完……稿成之后并就正于乡先生陈海鳌、刘敬、何振岱、张琴、高向瀛诸君。全稿预计六月秒完成，随编随刻，于九月刻竣。"⑤

夏，薛念娟携次子离开福州迁往内地，何振岱亲到台江码头相送，薛念娟《予寄呈梅师信中语师节为诗句》云："江干相送

---

① 何振岱：《觉庵随录》卷首，稿本。

② 《道真室随笔》卷一，第34页。

③ 《晴赏楼日记稿》，第128页。

④ 《晴赏楼日记稿》，第126页。

⑤ 沈瑜庆、陈衍纂：民国《福建通志》卷首，民国二十七年刻本。

处，波明晚烟湿。泪眼更回头，吾师犹伫立。”① 经过沙县时，在施秉庄家留宿十日。②

七月初五日（7 月 31 日），何振岱夫妇由闽清归。③

七月，高赞鼎在长沙作《我所思篇》，怀恩师何振岱。

高赞鼎《我所思篇》其三：我所思兮在本师，徘徊老屋方定诗。悄然避氛居山县，枉书说状殊郁伊。更念兵前送日月，吾衰望汝来何时。对云世运有旋转，青山宿约行堪践。何心与师。④

闰七月初一日（8 月 25 日），何曦在日记中透露生计艰难，云：“囊中羞涩，苦恼莫名，诚不知何以维持来日。计自懿得病，迄今两年余，无一日不费余心。”⑤ 懿即何曦丈夫姚定黎。

闰七月初三日（8 月 27 日），何曦在日记中记为生病的丈夫禳灾事，云：“今日为懿禳太岁，午刻请客，德愔、超农、苏铮、念娟俱至，二时分散，余五时返寓。”⑥

八月初五日（9 月 28 日），何曦在日记中记丈夫辞退女仆事，云：“懿竟日闹癖，令人意恼。夜以小事辞去吴媪，返里四五个月换仆女四个。回想北居使令仆役八九载未曾一换，而今万事不由心，悲哉。”⑦

八月初八日（10 月 1 日），何振岱母亲生辰。早晨，何曦挈儿回家拜供。午刻张苏铮、叶可羲俱来，聚谈颇欢。⑧

---

① 此诗作年据陈侣白《此恨绵绵无绝期》，《今如楼诗词》，第 87 页。

② 陈侣白：《此恨绵绵无绝期》，《今如楼诗词》，第 83 页。

③ 《晴赏楼日记稿》，第 127 页。

④ 《斐君轩诗钞》卷三，第 3 页。

⑤ 《晴赏楼日记稿》，第 128 页。

⑥ 《晴赏楼日记稿》，第 128 页。

⑦ 《晴赏楼日记稿》，第 130 页。

⑧ 《晴赏楼日记稿》，第 130 页。

八月二十三日（10 月 16 日），何曦遇到张苏铮、薛念娟、叶可羲、刘蘅、施秉庄诸同学。何曦在日记中云：“晨，元顺携浣桐所赠词与布衣料一件，父谕命归家。晤浣桐，诵其和父《兰花词》，甚佳。因录一纸，并为汀澜乞得所求家父代作寿诗归。午后三时挈强儿归省，从父亲同往城西小湖泛舟。遇林叟与薛念蘐。湖上别来十余载，今朝重睹，山灵应不相识，亭台楼榭几不识矣。晚风寒甚，以父之马褂罩强儿，恐其寒也。归途过叶竹韵家，并晤蕙愔、浣桐、浣秋。竹韵留用点毕，归已上灯矣。”①

九月初一日（10 月 23 日），刘蘅在何曦家办生日素餐会，会后何曦赴刘宅看拜斗。何曦在日记中云：“晨，设供佛堂于南厅，颇见庄严。懿无理，不得不与争辩久之。十一点挈强、苏两儿回家，是日为秀明生日，上午借我家聚会。西禅寺僧厨为办蔬席，客为秀明、德愔、秋农、苏铮、耐轩、雨渔叔，外皆我家人。聚谈颇欢，二点散会。余挈强儿从父亲往刘宅看拜斗，六时返寓。得五弟书。”②

九月初九日（10 月 31 日），何曦赴刘宅拜斗，为生病的丈夫祈求解除灾厄。其在日记中云：“上午十时回家，闻秋声甚紧。从父亲至刘宅，少顷，父先归家，余午刻返寓。晚四时又往刘宅拜斗，时早，回家见德愔、蕙愔、耐轩等来告秋紧，老父母心绪更紧。余以累重不得侍从，此心至苦。谈顷，赴刘宅，晤及曹敦钿之谊母赵太太与其女，前廿余年之旧相识也，至今面熟而忘其姓名，谈旧不禁有感焉。七时垦斗，向斗尊求为懿解一切灾厄。夜外传消息至劣。双亲夜赴藤山。”③

九月初十日（11 月 1 日），何曦担忧因避日军而流寓在福州

---

① 《晴赏楼日记稿》，第 131 页。

② 《晴赏楼日记稿》，第 131～132 页。

③ 《晴赏楼日记稿》，第 132 页。

城外藤山的父亲。其在日记中云："外谣纷纷，迁者极夥，余惟以老亲为念，无计迎养，寸心悒悒。午刻林芳来，知双亲在藤山岭后与王等同住，甚思入城。夜早眠。"①

十一月初九日（12月30日），王德愔请何振岱等人在可然亭就餐。何曦在日记中云："午刻德愔请可然亭午餐，在座者父亲、予、秀明姊、德愔伉俪。饭毕同步行至德愔家。谈顷，余先告归。至家儿辈怕寒，各有愁色，余为具小火温慰之。夜寒甚，重衾不暖。"②

十一月下旬（12月下旬），吴石调任桂林行营参谋处处长。③

十一月二十三日（1939年1月13日），谢章铤生辰，何振岱备酒肴以供，并请林芑洲、叶可羲便酌。④

十二月二十二日（1939年2月10日），何振岱等人在叶可羲处晚餐。何曦在日记中云："午前挈诸儿回家。午后四时先遣荃、蘅两儿返寓。上灯时，两大人先往竹韵处，予与三嫂在家招待来客。迪庵嫂、刘启宇表嫂、陈应祥表兄嫂来点烛。夜在竹韵家设宴聚酌。双亲大人、余与两儿、刘蕙愔、方声藩伉俪、叶竹韵、王道真、薛念娟、周雨叔。夜九时散席。"⑤

是年，陈宝琛《沧趣楼诗集》十卷附《听水斋词》一卷刊行。

是年，林葆恒《瀼溪渔唱》刊行。有徐沅丙子年序、林氏戊寅自跋，收词148首。

是年，许承尧作诗《对梅花作寄梅叟》。

---

① 《晴赏楼日记稿》第132页。

② 《晴赏楼日记稿》，第135页。

③ 《冷月无声：吴石传》，第91页。

④ 《晴赏楼日记稿》，第135页。

⑤ 《晴赏楼日记稿》，第136～137页。

许承尧《对梅花作寄梅叟》：坐拥南枝爱就暄，久禁飘暴已忘言。得存终倚潜神固，甚美应知造地尊。生有不辰同入世，春犹见悦讵非恩。寂寥天末寒香在，郁郁相望试一论。①

是年，吴石出版军事著作《战术讲话》。

是年，黄曾樾将所藏图书寄存美国驻华使馆，后遗失。②

是年，何振岱有收养弃婴之举。

何永菁《忆祖父》：（1938年）一天傍晚，祖父回家途经家附近的闽山巷，见巷边的石砧上躺着一个不满两个月的女婴，便命家中佣人将她抱回，用米糊等喂养在摇篮里，后托人介绍送近郊区农村请育儿的农妇兼养，每月付一定的抚养费。祖父收养弃婴的消息很快传开，此后，每年至少有一两个弃婴半夜里出现在我们的屋檐下，共收养了七八个弃婴。③

【编年文】

《晓斋遗墨跋》《题说文系传》《赠吴家琼序》（约作于本年）《觉簃随录小引》。

【编年诗】

《双骖园前望华鬘旧居怆然有作》《题画梅》《大水》《梅溪偶题》《拟古寄竹韵》《村夜在闽清六都》《七月五日发梅溪》《小庭》《露坐二首》《昨梦》《菊影》《药园有序》。

民国二十八年己卯（1939）　七十三岁

【时事】

民国二十七年十二月，汪精卫脱离重庆赴河内，曾仲鸣随

---

① 《疑庵诗》，第287页。

② 《惜园旧事》，第63页。

③ 《何振岱评传》，第277～278页。

行。本年三月，曾仲鸣在越南河内遇刺身亡。

【事迹】

正月十二日（3月2日），何振岱等到王真家参加她的生日宴会。何曦在日记中云："午后三点挈强儿回家，遇蕙愔、德愔、浣桐亦至，谈至四点半，同往耐轩家。今日耐轩生日宴客，余本欲即归，为众所留。六时半，家父母始至。余返寓九时矣。本日父亲往西郊祭坟。"①

二月二十七日（4月16日），何振岱将往鼓山。何曦在日记中云："元顺来，得父谕，谓将往藤山，命余即归。余九时到家，顷之竹韵、耐轩、念娟同至。余帮理什物，十时后大人出城。余返寓。夜上灯时，父亲由城外至，谓将往鼓山。谈顷，大雨。做鸡子两枚与父亲作点心，雨稍止，命车送父亲回三官堂。父此来命余明日代往取款也。"②

四月初三日（5月21日），何振岱请林坦西、薛念娟等人进餐。何曦在日记中云："今日祖父忌日，上午设供。夜，父亲以祭余肴馔，请林芑叟、叶乃叟、林坦西夜饭。薛念娟来，亦请之食。客散九时许，余返懿处。"③

七月二十八日（9月11日），何振岱请旧徒龚子新小酌，龚谈医理。何曦在日记中云："父请龚子新小酌。此人乃父之旧门人，年已六十五，尤甚康健。所谈医理有甚中肯者，盖已学医廿余年矣。"④

九月初二日（11月14日），刘蘅请何振岱等共九人聚春园夜酌。何曦在日记中云："晚四时挈强等归宁。蕙愔、竹韵亦至。

① 《晴赏楼日记稿》，第138页。

② 《晴赏楼日记稿》，第140页。

③ 《晴赏楼日记稿》，第142页。

④ 《晴赏楼日记稿》，第150页。

蕙请聚春园夜酌。家君、余、强儿、蕙愔伉俪、竹韵、耐轩，又芑叟、雨叔共九人，肴佳。八时半散席，遇应祥表兄嫂。抵寓九时。”①

十月初三日（11月13日），何振岱请客，参加者有：陈右箴80岁，张绍尧76岁，刘龙生75岁，郑莪波与何振岱均73岁，秋扬62岁，宾主六人共400余岁，可谓一时盛会。②

十月二十四日（12月4日），何振岱赴三生会。③

十一月十八日（12月28日），何振岱赴五老会。④

十一月二十三日（1940年1月2日），谢章铤生辰，何振岱备酒肴供祭。何曦在日记中云：“晨，挈儿归为母亲督制丝棉袄。今日为父亲之先师谢枚如山长生辰，年年此日均有备酒肴供祭。本日亦备十簋并蜡梅、菊花两大瓶。请竹韵、道之、秋扬来同小酌。晚蕙姊入城，同至南市购什物。渠等今夜犹有杯杓。余五时半挈儿辈返山寓，朋辈欢聚而不得尽情，余此时之羁绊实为自取之苦，人生安可有贪室家之乐哉。老亲及诸友相送至门前，太息而别。”⑤

十二月初二日（1940年1月10日），刘蘅请励进社午餐，有林芑洲、周愈、何振岱、何曦、叶可羲、王真、苏禾龛、吴成淇参加，社在旧涛园故址。⑥

十二月初五日（1940年1月13日），刘蘅作词，平庸且无说，何振岱为改削数字，竟成佳篇，所谓点铁成金。⑦

---

① 《晴赏楼日记稿》，第153页。
② 《晴赏楼日记稿》，第154页。
③ 《晴赏楼日记稿》，第156页。
④ 《晴赏楼日记稿》，第157页。
⑤ 《晴赏楼日记稿》，第157页。
⑥ 《晴赏楼日记稿》，第158页。
⑦ 《晴赏楼日记稿》，第158页。

是年，周愈抱病，何振岱作诗寄之以相慰，谈论作画之艺。

《四香病后得卅二韵奉慰亦以自慰》：老意即画意，两意常相依。人老意弥足，画老境益微。老眼辨真色，赝象无能绐。老手更猛厉，使笔如画锥。老心尤精细，状物无或遗。老人心手眼，皆比髫年奇。画马坠马腹，画虫化虫丝。画佛得佛相，桃胶染香煤。初画古尊者，跏趺拖长眉。次画两大士，分骑象与狮。迦文卅二相，金光罩琉璃。弥勒掉布袋，笑倒山花开。毫端万亿佛，一一缨络垂。非止自供养，兼与人修持。以画作佛事，功德长在兹。胸中不能舍，乃有一武彝。割截卅六峰，卖与挑菜厮。一峰值几何？腕脱神欲疲。得钱不沽酒，厨头待晨炊。群瞶大张吻，睨子夸画师。此情良可哂，黾勉求无饥。君饥恋家街，我饥行天涯。天涯与家衖，苦乐亦等齐。东风二十载，朱楼怜鷫鸸。柳边认巢痕，徘徊缘芳泥。与君俱老矣，世事无足祈。但愿老常健，得睹升平时。我画虽不工，犹可资自怡。作画记往迹，中有怀人诗。每叹南田语，江山照相思。墨丝皆清泪，世士安得知。与子聊相慰，用歌不用唏。[1]

是年，陈紫澜卒。[2] 何振岱与陈紫澜早年相识，后同辑《榕南梦影录》，交谊深挚。何振岱有诗《怀陈荃庵》，述其一生行迹，感叹故友平生坎坷、自身知己凋零："荃庵才思百过我，焉能沉寂空山老？平生赤手欲缚鲸，十年霜雪辽阳道。一官落拓不称意，谣啄遭伤身仅保。近闻仗剑更从戎，饱看青骓啮边草。诗成险语惊千人，酒罢悲歌视苍昊。可怜天地失清宁，纵是多才须坎坷。碧琴泉下汝穷荒，无辩经过常懒惰。鸡鸣风雨但坐愁，嗟

① 《何振岱集》，第293页。

② 《何振岱评传》，第270页。

我何人共怀抱。”[①] 1941年何振岱展故箧得陈紫澜书，中有“他日山中同研数学”之语，感而作诗，中云：“远出宁忘返，遗言是本衷。一从安塞外，那复有山中？”[②]

是年，高赞鼎有诗稿寄呈何振岱，作诗《题庚子辛丑诗稿寄呈心与师》。

【编年文】

《重修南靖县孔子庙碑文(代)》。

【编年诗】

《赠襟宇》《寄慰襟宇亡书》《已觉》《山楼看月》《己卯端阳阅浣桐书有感》《视竹韵》《江望》《延晖归自沙县喜作》《雨中望女怡》《闻耐寂至北京看牡丹》《荒山苦寂妇病未痊浣秋时来见慰书此志感》《友人招游武夷书答》《初秋二十日怡山明远阁怀僧楞公》《月二首》《月意》《十六夜微雨》《十七夜月奇明》《五更庭中坐月》《寄深儿》《小病述怀己卯季秋》《蕙因返螺渚看橘余旧尝遵此路因遥忆其景为诗寄之》《腊八前同羲怡二子至西禅寺仁王道场上供》《四香病后得卅二韵奉慰亦以自慰》《即景诗》。[③]

民国二十九年庚辰（1940）　七十四岁

【时事】

是年，梁鸿志与王克敏在南京合伙拼凑汪伪“国民政府”，任“监察院长”。

---

① 《何振岱集》，第451页。

② 何振岱：《展故箧得筌庵书有他日山中同研数学之语感作》，《何振岱集》，第301页。

③ 《即景诗》见《晴赏楼日记稿》，第148页。

【事迹】

正月初一日（2月8日），许承尧作诗《元日咏梅寄何梅叟》。

许承尧《元日咏梅寄何梅叟》：蓄意坚待春，春至潜已知。残雪未消尽，新妍看上枝。雪中破初萼，皎立更有姿。坦然为物先，犯难勇不疑。群阴终见夺，一笑迎朝曦。柴门今日开，扶杖溪水湄。见花如故人，寂处应暂怡。[①]

正月，吴石调任第四战区参谋长，南宁作战后，升任第四战区中将参谋长。[②]

正月二十三日（3月1日），今传是楼主人[③]在《中国公论（北京）》第二卷第六期发表《诗话》论何振岱诗歌。[④]

今传是楼主人《诗话》：闽县何梅生振岱，有《姑留稿》，听水、石遗、海藏诸老，称其能诗，清言见骨，戛戛独造，而又不失之艰涩，亦云难矣。《孤山独坐雪意甚足》云："山孤有客兴徘徊，悄向幽亭藉绿苔。钟定声依无际水，诗成意在欲开梅。暮寒潜自湖心起，雪点疑随雨脚来。一饮恣情宜早睡，两峰晓待玉成堆。""钟定"一联，君为石遗书扇，沪上沈子培诸君亟赏之。余居东日，有和友人句云："诗课怕从忙里断，钟声听到静时圆"，似亦未经道过者。

楳生居杭州甚久，诗亦特工，三竺六桥，时有足迹。余最喜诵其《步寻灵隐寺书所见》云："长松老鬣交空翠，晚稻秋香打晴穗。人家树顶偶鸡鸣，草径风前有遗毳。寒流细石引人深，遇涧逢桥聊一憩。铃声沉沉出烟际，小队香篮驮

---

① 《疑庵诗》，第309页。

② 《冷月无声：吴石传》，第98页。

③ 王揖唐撰有《今传是楼诗话》，此"今传是楼主人"即其人。

④ 中国公论社：《中国公论（北京）》，中华民国二十九年三月一日出版。

细骑。野翁山行尽槲笠，越女村装亦高髻。风传呗语惊叶下，三竺相闻隔秋霭。我生于佛不知虔，偏近僧居足吟思。兴来倚石立移时，看竹听泉忘入寺。”又《高昌庙独步看柳》诗云：“曳日摇风意不禁，长堤徐步尽千林。年时莫怨芳华歇，得庇行人且作阴。”亦有寄托，少陵广厦，香山大被，皆此类也。

三月二十七日（5月4日），叶心炯（伯璁）去世。何曦二十八日日记：“闻叶伯璁昨夜作古，甚为惋惜。此叟知医，余幼时偶有感冒不适，父亲便往邀其来诊。及余北游十余年，老父与之不断通信。去岁南归，见叶、周两叟均衰老，大异昔年。最近儿辈偶有不适，亦挈之往诊，犹未酬答之，甚歉甚歉。”①

春，何振岱为王真作《题道之溪山无尽图》。

《题道之溪山无尽图》：道之世讲自以意缀成山水长卷，峰峦重叠、林树参差以及楼台人物，应有尽成，使人览之有欲身游其中之意，可谓能矣。道之勉旃。并进而上，何难与古作者争长邪？吾将拭目而俟之。庚辰小春七十四叟何振岱。②

春，叶可羲得名琴“逍遥游”。该琴仲尼式，桐木，黑漆，长方形龙池凤沼，纳音贴以紫檀木片，蚌徽，紫檀岳尾，青玉轸足；背部龙池上方镌刻行草“逍遥游”三字，琴腹内一侧镌刻楷体“大唐咸通二年雷盛制”铭，一侧朱漆书径寸楷书“吴门张绍修重整”铭。③ 此琴原为龚易图旧藏，龚易图曾作《逍遥游琴歌九首》。琴师刘钦（章甫）曾于龚家教琴，数次对何振岱提及此琴，叹其为“龚氏诸琴之最”。1922年，此琴曾寄藏于王允晢、

① 《晴赏楼日记稿》，第167页。

② 《道真室随笔》卷一，第34页。

③ 此部分“逍遥游”琴具体信息得于实物照片与拍卖信息。

王德愔父女福州亭江旧家。[①] 何曦二月二十九日日记载："竹韵欲购一琴，乃龚易图之旧物，之名曰'逍遥游'。金徽玉轸，断纹斑驳，弹之音甚清越。价要二百金。余为之上弦试音。"[②] 何曦三月初八日日记载："为超农送琴，值百五十元，交与柱兄，此琴归竹韵轩矣。"[③] 张苏铮本年作《竹韵获名琴索诗为贺》。

四月二十三日（5 月 29 日），何振岱往吊叶伯璁。何曦在日记中云："父亲往吊叶伯璁叔。余在家吃蛋燕一碗，至竹韵轩又吃牛乳一杯，盛意不得却也。午后，得二弟挂号信并祝寿款两元。因积翼妹两书未复，即偷闲作答，未完。"[④]

6 月 25 日，《国艺》1940 年第 1 卷第 5/6 期发表何振岱《李香君小景题词》。

8 月 25 日，《国艺》1940 年第 2 卷第 2 期发表何振岱《张清扬女士清安室词稿序》。

六月初六日（7 月 10 日），周愈病危，叶可羲、王德愔、方声澍、刘蘅、何曦同往拜寿，强扶起坐，顷之复卧。[⑤]

六月十四日（7 月 22 日），周愈卒，年六十六岁。[⑥]

六月十六日（7 月 24 日），有阙姓老人来求听琴，何振岱弹一操，何曦弹《平沙》一遍。[⑦]

六月二十一日（7 月 25 日），刘敬卒，年七十六岁。[⑧]

刘学洙《祖父出殡》：旧福州上流社会，印制讣告很讲

---

① 叶可羲：《逍遥游琴记》，《竹韵轩集》，第 21～22 页。

② 《晴赏楼日记稿》，第 164 页。

③ 《晴赏楼日记稿》，第 165 页。

④ 《晴赏楼日记稿》，第 168 页。

⑤ 《晴赏楼日记稿》，第 170 页。

⑥ 《晴赏楼日记稿》，第 171 页。

⑦ 《晴赏楼日记稿》，第 171 页。

⑧ 刘学洙：《"七品官耳"》，《大营巷旧事》，第 9 页。

究，也是等级制度的体现。祖父的好友中以何振岱名气最大，祖父的讣告，题签自当非他莫属。讣告内页是白宣纸铅印死者生平，装订成一本极薄的八开线装本。封面题签为“刘公某某讣告”。不巧，那几天何振岱因病，未亲自动笔，而假手其门生（亦祖父好友）代劳，隶书，下署何振岱敬题，并套红印了他的名章。当时我年纪很小，却颇懂事理，总觉得何振岱太摆架子，即令有点病，写那么几个字，又有何难。何振岱的书法，我小时见过不少。祖父的两把折扇，就有他“松影棋声”的画和极见清刚之气的小字。祖父讣告的题签，那书法绝对无法与他亲笔可比。入殓那天，何振岱倒是来吊唁了。平时他是我家常客，我家大小对他都很熟悉，有时还在背地里笑他走路如风，一副名士派。这天，我抱祖父头默立前厅中央，偷偷瞧见他，天气那么热，仍身穿长衫，风度翩翩，双臂略张，像孔子“趋进，翼如也”那样子，趋至灵前，垂肩俯首，身躯微向前倾，哀戚地哭了几声，徐徐离去。那天来吊唁的人非常多，我至今惟独记住了很讲究古礼的何振岱的举止风姿。解放后，我从报刊上得知，他是福建省上层人士，1952年才辞世。”①

何振岱《悼故人》：秋雨秋风愁思繁，故人落叶共郊原。鹊声深巷亡踪迹，虫语深宵断梦魂。遗墨始珍同手迹，青苔怕过旧柴门。绝怜烽燧惊心甚，不见欢颜到酒樽。②

李宣龚《挽刘龙生同年》：两见子入蜀，终随江水东。一生归隐志，犹是读书功。山与人俱睡，梅伤道已穷。惜园何日到，掩袂向悲风。③

---

① 《大营巷旧事》，第33～34页。

② 《何振岱集》，第296页。

③ 李宣龚：《硕果亭诗续》，民国二十九年排印本。

夏，何振岱患肺炎，女儿与众女弟子不分昼夜，更番侍疾。[①]大病愈后，何振岱作《六月沾暑大病举家汹惧既愈书此记之》三首，第二首言众弟子侍疾事，其二云："环我床前后，杂沓皆人语。不知何所云，相将久靦缕。是时正秋初，天气犹溽暑。诸生劳往还，衣巾透汗雨。深宵留视药，枯坐忍辛苦。隔窗见髻鬟，灯青夜已午。先师有至教，闻道乃可死。钝根无锐修，衰晚成深悔。有如徒死去，无闻将何以。不死戒蹉跎，誓心惜年纪。"[②] 何另有《病后作》诗。

九月，刘蔼生患肺病卒，年六十。何振岱作《伤蔼生》二首。

《伤蔼生》：客岁栖荒山，秋气弥空阔。亲朋各奔散，子独来促膝。晨夕用慰予，好语破萧瑟。今年我病时，子已撄笃疾。我瘳子竟逝，安危不相悉。相知卅载前，垂老益亲切。所望保余年，相怜两白发。胡为舍我去，气类叹孤绝。

夙喜子能书，劲笔起霜隼。抚遍六朝碑，自期正不浅。岂意复工诗，吐音甚清婉。愧我性耽吟，知子乃未尽。令弟补遗墨，端楷书内典。子性倘克明，子德能深蕴。第以余艺言，此世亦已罕。一灵定久存，皎皎照心眼。[③]

按，《福州人名志》（第75页）及《闽清县志》（第907页）均载刘蔼生卒年为1939年，且《闽清县志》载有具体月份是九月及患病原因。何振岱《伤蔼生》作于1940年，中有"今年我病时，子已撄笃疾。我瘳子竟逝，安危不相悉"之句，知刘蔼生卒于1940年。刘蔼生卒年以何振岱所记为准。

十月二十五日（11月24日），何振岱在日记中谈论书法，云："'万毫齐力'四字，乃作书之秘诀。练到此境，纵横曲直，

① 叶可羲《何梅叟先生传（代作）》，《何振岱日记》，第647页。

② 《何振岱集》，第295页。

③ 《何振岱集》，第298页。

无不随意。若有一毫不用命，则力不齐，落纸便有蹇态。守定一心，必练使成，何等快事。无论作何体书，皆以此四字为主，练到熟时，万毫如一毫，齐力便是不着力。此境口谈不知，必练熟乃自知之，徒为人言无益。”①

十一月初六日（12月4日），何振岱在日记中谈论晚年作书之益处，有说：“予每作书，皆有微悟，此后须常习无间。晚年学书非求字好，写时心自然静，一益；有微悟，觉有新意，为之忘怀，又一益。”②

十一月初九日（12月7日），何振岱在日记中赞其五子何维深书法有长进，又赞薛念娟律诗写得好，云：“阅五儿书，笔气锐利，亦复轻圆。此儿善画，而恨其书劣，不意如今乃尔长进，诚一可喜之事，须函勉之。”③ 又云：“念娟律诗头联云：‘残菊恋秋犹顾影，丹枫耐老不知年。’初习为诗有此，所造不可量，为之喜慰。‘丹枫’二字改为‘苍松’更好。”④

十一月初十日（12月8日），沈祖牟来访何振岱。⑤

十一月十五日（12月13日），何振岱在日记中谈作诗禁例，云：“思此后不为人览评诗词，若非甚亲近可信之学子，只宜以‘谦’字应付之，非徒爱惜精神也。予之于诗，有数节禁例，自守甚严，而时人所为适与我相反，不能曲徇之，每戾人意，若曲徇之，则又戾己意。一戒不和韵，二不轻以诗赠人，三诗题十七八人名，可见为人者重而为己者轻，亦宜戒之。”⑥

---

① 《何振岱日记》，第487～488页。
② 《何振岱日记》，第499页。
③ 《何振岱日记》，第508页。
④ 《何振岱日记》，第510页。
⑤ 《何振岱日记》，第513页。
⑥ 《何振岱日记》，第519页。

十一月十八日（12月16日），何振岱拟作感逝怀人诗，“仅就师友渊源所及，以至一语一投一行之合，俱略为列之，各赋一诗，以志不忘，以示子孙并及门笃信者”，[①] 在日记中记与平生师友谢章铤、叶大焯、沈受谦、倪惟钦、龚葆銮、沈瑜庆、陈宝琛、陈三立、王式通、刘鸿寿、陈宝璐十一人相交往事，拟为题目。

> 《庚辰病后随笔》十一月十八日：谢江田夫子。予年卅二始及夫子之门，始知有诸经史之学，受恩深，笃爱如子弟，此毕生不忘者也。有谮予于师前者，师以所贬之词反诘之而皆谓之美。
>
> 叶纯如先生。先生深赏予文词，每甄试多列超甲，猥承延誉，甚为可感。先生督学广州归后，掌教正谊书院，造就人才不少。
>
> 龚九鹤。讳葆銮，号碧琴。君性孝友，能文章，诗词书画皆佳妙，与予相爱若弟兄，相处凡十有二年，恒同食同眠同学业。光绪丁酉秋君病，次年予在北京，君以三月十七卒于福州。廿一夜，予宿魏主政家，梦见君来告予以逝期，予哭失声而醒。及归，乃知入梦之前数日君卒也。重海梦魂，远来言别，心神相感，岂有他人。
>
> 陈散原先生。散老在南昌即称予诗。后十年，予在上海，先生自宁来访，予已南归，陈仁先书为予言之。又后十余年，公居北京，时年已八十余。予往候之，先生伸右手大指云：“君诗了不得。”予谢不敢当。予为某作征寿诗启，某以示先生，既又来告予曰，先生阅予文，凝目久之不辍，曰：“某某只知其能诗，不谓文亦有法度如是也。”先生文高海内，不轻许人。又周大烈语予云，散叟时时称予。予以菲

---

① 《何振岱日记》，第528页。

才受先生之奖许，无以报之，每念及辄怦怦云。

王式通。名书衡，善骈文，有文学名，同事编辑三年。每谓予曰："诗若君者乃真诗也。"予以时贤面誉每如是，但谦谢之而已。其后相见，数以为言，未之信。及君弥留，问疾者多名下士，君特属其子以所著诗稿送予定之，乃知君之见称出于本心也。因感其意，为选定百篇归之。①

十一月十九日（12月17日），何振岱过乌石山沈祠，遇自称七嫂者，系恩师谢章铤之媳，何振岱乃独拜谢章铤座前。②

十一月二十二日（12月20日），何振岱安排谢章铤像位，供花果，陈谢氏著述及墨疏，预祝恩师生辰。午刻供八簋，焚纸帛，行三献礼。次日，像前上香。③

十一月二十六日（12月24日），何振岱在日记中谈其子何维深知其诗，云："深儿摘我诗句作画，所摘皆我苦心经营之作。此儿能解我诗，胜于悠悠漠漠者多矣。"④

十二月二十一日（1941年1月18日），何振岱与沈祖牟语颇久，皆论闽中文献事。⑤

十二月二十二日，沈祖牟访何振岱，以旧书见借，何与其谈旧文。⑥

十二月二十三日（1941年1月20日），七十四岁生日，田毕公（古序）有《何梅生夫子七十四寿呈十二韵》诗，⑦ 此诗后载《新福建》1943年第3卷第1期（二月十日出版）。

---

① 《何振岱日记》，第526～532页。

② 《何振岱日记》，第535页。

③ 《何振岱日记》，第538页。

④ 《何振岱日记》，第541页。

⑤ 《何振岱日记》，第559页。

⑥ 《何振岱日记》，第560页。

⑦ 此诗在田毕公《四有堂诗集》中题作《梅叟师七十四寿奉呈》。

田毕公《何梅生夫子七十四寿呈十二韵》：吾师今年七十四，弟子不觉近六十。敢云拜跪筋力衰，他日还山当侍立。师门一梦尚年时，灯火分明照旧笈。竹林坊底古井畔，老树常见我出入。从游石鼓宿达摩，檐上一星黄熠熠。四更洞云作雨响，开户月色绝江袭。平生此景重记忆，积四十载摹犹及。即今桑海断经过，謦欬微闻觉庐集。北风声里想吾师，领趣但插梅数枝。苦吟爱捻白髭须，添香换烛乐不疲。胜情老去定更胜，乌可为朋花为胜。不需一理委化育，万物本原由心孕。斯文有在吾未穷，愿留坐处春风中。夜深更煮魏昭粥，肃听书声震林屋。

十二月二十五日（1941年1月22日），何振岱在日记中谈及近年授徒难处，云："仆近年在城训蒙，然多不合时好，盖彼所欲学者，仆则无之，仅有一二欲教之者，彼皆不欲受也。"①

是年，李宣龚《硕果亭诗》九卷（诗一卷、《诗续》四卷、《墨巢词》一卷、《词续》一卷、《硕果亭文剩》一卷）刊行。

是年，王真得端砚，赋词绘图，许承尧赠诗。

王真《品画余谈》：庚辰，余得两砚，质式皆同。分其一与竹韵，共赋词纪之，刻于砚背，拓为墨本，并绘《疑庵图》一幅寄赠许承尧先生。先生答诗云："端溪分片石，扪拭被心精。偶写数行字，应流千载名。书逢人日到，图为草堂成。遥谢生花笔，天南寄此情。"②

是年，何曦在《晴赏楼日记稿》载古琴曲名：《平沙落雁》《鸥鹭忘机》《秋江夜泊》《渔樵问答》《水仙操》《石上流泉》《普安咒》。③ 这些琴曲是何曦日常练习之曲，也是何振岱教人学琴之曲。

---

① 《何振岱日记》，第563页。

② 王真《品画余谈》，《道真室随笔》卷三，第34页。

③ 《晴赏楼日记稿》，第176页。

是年底，吴石调任第四战区长官部参谋长。

【编年文】

《题道之溪山无尽图》《曾君文乾墓志铭并序》《暗修篇寄赠林敦民》。

【编年诗】

《林文忠日记题后为仲立作》《题陈诵雒间关集》《读苏文定齐州闵子庙碑文》《人日友人同游乌石山作》《梦》《水仙初花》《题林文直奏请立宪手稿》《雨中寄蕙因》《六月沾暑大病举家汹惧既愈书此记之》《病后作》《题梁文忠崇陵种松第一图》《悼故人》《读刘文靖诗》《答友人》《小园见黄蝶》《月中对菊》《书摩兜鞬自箴》《枕上作》《伤蔼生》《杂题》《道之有所惠书视》《林敦民书来索诗因叙金陵旧游得十四韵奉寄》《题元朱泽民利涉图》《寒月行》《代柬寄长子惇畴并示诸孙》《临石门铭十年忽有所悟喜而书此自勖》《仿赵彝斋双钩水仙并题为道之生日作庚辰上元》。①

民国三十年辛巳（1941）　　七十五岁

【时事】

4 月 21 日，日军占领福州，9 月 3 日，日军退却而告克复。

【事迹】

正月二十八日（2 月 23 日），夜，何振岱裱旧画稿作一小本，又为利亚画小册，题三小姊画，自题画稿。

《自题画稿》：予自少爱画，至老不成一画，遇画史多，皆自负甚，而予不解其美。在外独爱陈苍虬小品，在里爱方琴寄山水，亦小品。二家之作，风韵秀绝，笔端绝无纤尘。

---

① 《仿赵彝斋双钩水仙并题为道之生日作庚辰上元》诗见《我春室杂稿摭存》，王真《道真室随笔》卷一，第 37 页。

问何谓风韵？曰难言也。风韵云者，即风韵已耳。问画以风韵止乎？曰否。何独取风韵也？曰先求不俗也。然则子何不自为之？曰无暇。使吾而早有暇也，吾之为吾有其所为画者自开一境矣。只是无暇，千万恨事，皆在其中。今则老矣，爱画心不绝，不绝之心犹可施之画。苟仅画其意之所欲取而熟之焉，手之违吾意十五，则其如吾意亦十五，其十五之如意，而吾之爱赏于是寄焉不已足乎？此言又似世人之自负而实不分毫同，又不可以言言之者也。辛巳正月何振岱。①

二月二十四日（3月21日），何振岱遣林芳买灰五担修其先坟圹。②

二月二十九日（3月26日），同年董执谊同福清秀才叶佩珊来访，请何振岱为县志总纂，何以学浅年衰，不胜兹任辞。叶坚请不已，何语之俟商之再议。③

三月十一日（4月7日），何振岱遣林芳扫坛下从弟何振崑墓，归说坟正荒芜，恐被占，因思迁移之法。④

三月二十三日（4月19日），日军侵占福州，邵振绥作诗《辛巳三月廿三日福州沦陷》。

四月初一日（4月26日），何振岱作《西禅放生池记》成，又整理《梦影录》未刻诗稿，凡十二人，皆将就绪。⑤

四月初四日（4月29日），何振岱理《西禅小记》。⑥

四月十三日（5月8日），何振岱理《西禅小记》，在日记中

① 《何振岱日记》，第579～580页。

② 《何振岱日记》，第589页。

③ 《何振岱日记》，第591页。

④ 《何振岱日记》，第601页。

⑤ 《何振岱日记》，第615页。

⑥ 《何振岱日记》，第615页。

云："寺志分九门，分装九卷，午前毕。"①

四月十四日（5 月 9 日），何振岱理《西禅小记》。②

四月十九日（5 月 14 日），何振岱理《西禅小记》，粗毕。③

七月十二日（9 月 3 日），陈泽镗作诗《一九四一年九月三日福州光复喜赋》云："破贼忽传收故土，酒杯难喻客怀宽。乃忘入市将何诣，但见逢人各自欢。归兴却同诗兴发，家书直作捷书看。延津奔舸洪塘下，一日能过卅六滩。"④ 张子仲亦有《喜复福州》《劫后归里》诸诗。

冬，叶可羲修整竹韵轩，徙庖为庭，移窗南向，补竹植花，旧观为之一新。⑤

是年，日本侵略者闻听郑傥精通日语，登门欲胁迫其参加"维持会"，郑傥坚辞不从，寻隙逃往郊区。据郑傥外孙萧凯记录，郑傥晚年回忆往事时说："吾堂堂中华之子，岂能作此丧宗辱祖的汉奸耶！"又云："我学法律是欲为民伸张正义，岂能为不法之徒求逃脱而效命乎！"⑥

是年，何振岱有诗《疑庵惠诗奉和代柬》，中有云："别来粥几香，腊八还忆昔。当时我饷君，有如供驻锡。……君歌我须舞，距跃且三百。谓余偶着画，舍君张谁壁。人生报知己，酬笔敢自匿。隆冬呵僵指，为君写松石。松寿譬君龄，石贞喻君德。天地苦萧条，两老互爱惜。身存曾相见，语证香山白。"⑦

---

① 《何振岱日记》，第 617 页。

② 《何振岱日记》，第 618 页。

③ 《何振岱日记》，第 619 页。

④ 陈泽镗：《琴趣楼诗》，（美）博尔德：韦斯特维犹出版社 1988 年版，第 4 页。

⑤ 叶可羲：《竹韵轩后记》，《竹韵轩集》，第 19～20 页。

⑥ 萧凯：《后记——忆外祖父郑傥》，《容楼诗集》，第 317 页。

⑦ 《何振岱集》，第 307～308 页。

是年，许承尧作诗《书王道真叶竹韵铭研小词后并寄梅叟》，诗云："道真擅画兼工诗，一缣半楮人争奇。齐名艺苑耳竹韵，于今铭研征其词。微哦薄咽俱俊绝，想见倚竹沉吟时。墨香沁石更温润，下岩本是幽贞姿。人天慧业付闺闼，蕙愔晴赏同嵚崎。谓刘蘅、何曦。曦，梅叟女。刘与王、叶皆梅叟女弟子，皆工诗。昆山片玉已难得，况乃群彦相追随。传经伏生我所思，天以晚福娱君师。支颐顾此亦足乐，安用戚戚穷年为？"① 又作诗《念梅叟二首》，其一云："举目惊烽火，悬心望报书。数旬无一字，近状复何如。或已支行榻，多应弃故庐。茕茕持老惫，残喘祝能余。"其二云："衰妻闻久病，爱女复愁孱。门下传经者，森森玉笋班。杀机生一夕，腥血满三山。无翅飞相视，忧深冷泪潸。"② 又作诗《书梅叟及梅叟诸女弟子诗画册后》，诗云："眼黑无书至，忧君心胆翻。不虞谁预戒，夺命倘俱存？海内惊文采，兵间碎梦魂。几时哀雁过，寄泪与相温？"③

是年，何振岱向福州西禅寺捐唐人画罗汉一尊。

> 释证亮《西禅小记》卷二《法像》："明远阁。观音大士像一帧，郑千里绘，民国戊辰绅士陈宝琛喜舍。又唐人画罗汉一尊，民国辛巳绅士何振岱喜舍。"④

是年，洪璞师从何振岱学习诗词、古琴。⑤

是年，邵振绥入何振岱之门。

按，何振岱《邵母郭太夫人诔词并序》谓"太夫人年八十时，予尝撰文为寿。季慈寻及吾门"。检文中1941年邵母八十

---

① 《疑庵诗》，第316页。

② 《疑庵诗》，第319～320页。

③ 《疑庵诗》，第323页。

④ 民国三十一年刻本。

⑤ 《璞园诗词》，扉页。

岁，盖是年邵振绥请业于何振岱。

【编年文】

《延晖楼诗草序》《语学视邵生季慈》《林府柯孺人家传》（约作于本年前后）。

【编年诗】

《山中梅花二首》《赠别》《梦故人》《松边见一蝶飞绕久不去异之翌朝复往则杳然矣》《感示怡儿》《经河西南旧路感书》《展故箧得荃庵书有他日山中同研数学之语感作》《小庭杏花盛开自吴中移栽已廿余年》《他日》《书慨》《饯春甚雨》《睡醒闻雨》《廊边小坐》《喜蕙愔自远乡至》《怡山感旧和郭介庵附介公赠诗》《漫赋》《偶兴》《病中》《题阿羲煮药图夏间大病阿羲常为余煮药作图记之》《四更见床前月影》《默忆》《阿羲觇兰花》《即目》《书浣秋十八洞纪游及枫林诗后》《腊月之望得浣桐渝关枣子岚垩书赋答代柬》《哀涵孙》《映月》《祀陶杂言》《题新竹韵轩》《疑庵惠诗奉和代柬》《邻菊》《晚菊》《忆昔》《阅福清叶文忠小草斋诗自叙云熹宗朝再起情形异昔夜不成寐每倚枕索句或谓如此益不能眠曰聊以系心免展转反侧之苦耳余年老多思每妨安睡枕上亦常有诗人无穷达而心为神病其苦一也书此自嘲》《送禾龛之剑津》《南山看梅》《题蔼生吉庐杂咏后》《腊月廿二晨登乌石山》《报岁兰腊底作花赋诗旌之》《除夕》《阿怡》。①

民国三十一年壬午（1942）　　七十六岁

【事迹】

春，许承尧作诗《梅叟寄二老会合图书答》。

① 《阿怡》，见《赏晴楼日记稿》，第184页。

许承尧《梅叟寄二老会合图书答》：一月一寄书，一月一寄画。画来索诗逋，诗去酬画债。相欢以神明，月得一愉快。顷寄画更佳，二老忽坐对。萧闲松竹底，冥想出意态。题诗著其端，微示久别慨。我意殊不然，画境奇可爱。一切造以心，纵横了无碍。造君复造我，离垢永不坏。衰颜返腴泽，不自觉聋聩。因依别成世，更懒问年代。资奉既无需，俯仰未嫌隘。寸天容我戴，尺地尽君载。似还丹久转，或入佛三昧。无颠倒梦想，亦无怖患害。伟哉楮先生，功夺造化大。二老无别离，谢彼应再拜。①

春，何振岱重刊《榕南梦影录》，何振岱有诗《重刊榕南梦影录成设供赋此告卷中诸君三十四韵》云："故人邈云汉，见诗如平生。其异属体格，其同为心声。忆昔少年时，交好犹弟兄。相携共砚席，一艺期诣精。……吾乡同光中，风雅兹相承。品题虽未尽，感旧存余诚。天风韵神弦，来享歌送迎。"② 并作《重刻榕南梦影录序》。此文《何振岱集》未收。

《重刻榕南梦影录序》：岁在丁卯，予客燕台，尝辑先弟蔼亭及亡友龚九鹤遗诗，复得所知遗稿若干首，成上下卷，名之曰《榕南梦影录》，以当时游处皆在里中城南也。时陈荃庵客沈阳，故善蔼亭、九鹤，寄与商定付印。越十有二年己卯，荃庵病卒客邸。逾年，其犹子某归，请予序君诗，以未见定稿，无从作序，检旧存得君诗十余篇。因思取前录推广补编之，本意为诗少不成帙者存其梗概，略仿前人《感旧集》《箧衍集》之例，故已印行之本皆置不收。然近今印本多用活字版，版析欲再觅一本不可得，无辩、涛园、碧栖、耕云各集皆先后印行，已难觅取。涛园丈巡抚贵州有诗百余篇，

① 《疑庵诗》，第327页。

② 《何振岱集》，第313页。

付印时稿已佚。无辩、碧栖印本有限，耕云尤少。故亦须变例，选存大概，少必蒐遗，多则撷精。少至一篇，无从再蒐也；多至数十篇，帙隘不能多容也。因人存诗之意固多，亦须其诗之有足存，不敢滥也；因诗存人之意固少，亦必其为人不失常理，不敢苟也。夫人有秉志宏远，谓文词不足尚者，而吾友罕有是也。澹园病中频属必入其诗《梦影录》中，怡庐、耕云生前皆以诗约为铭墓，附书语甚挚。之数君者，未尝无所见于世，而不忘身后之微名，吾是以知九鹤、蔼亭以下诸作者未必忘情于斯。昔曹子桓有云："富贵荣乐，未若文章之无穷。"近代胡氏石笥亦云："能文章者不死。"合绎斯言，宁皆无见？吾不敢谓掇人遗诗果同于掩人遗骼，第念平时结契情分俱深，虽其人已往，而心光终在。吾取其生前之呕心凝虑仅有遗者，而讽咏焉，而追纵焉，而仿佛如见焉，而冀望于后世不可知之人取而共赏之焉。凡此亦人生所不容已之情，仅以此报亡友，于心已伤，若并是而无之，将何以为心耶？前录十四人，方外一人、闺媛三人。兹录合前综计为三十五人，方外二人、闺媛五人。鸠工于庚辰年，方梓及半，工辍。今年吴君嘉琼续成之，为序大略于此。壬午年春月，南华何振岱序。①

五月初二日（6月15日），黄澄渊修民国《古田县志》排印出版，是书卷二十九《独行传》翁学澜小传记清季从何振岱受业学生十一名，传云："翁学澜，字镜波，增贡生。性敦厚谨慎，英年锐意科名，与林荣桐、郑调元、吴铭新、陈廷镳、叶树桐、郑希濂、叶树棠、徐培沣、陈汉襄、陈世英等计十一人，颜曰襄社，受业省垣名师何振岱，将所撰课文按期邮寄删正，科举告罢始辍。"② 盖

① 《榕南梦影录》卷上，第1页。

② 黄澄渊修：民国《古田县志》卷二十九，民国三十一年排印本，第18～19页。

皆1906年前从何振岱习举业学生。又同卷增贡生陈廷镳小传云："入泮后，与郑调元、林荣桐等结社，同受业省垣何振岱夫子，所撰课文，赞为命中技，科举一罢，以货殖才经纪商业。"① 其中林荣桐、叶树棠、陈廷镳、翁学澜、陈世英五人任民国《古田县志》分纂。

五月，撰《西禅小记跋》，署"玄黓敦牂夏仲，三山老叟何振岱敬跋"。②

秋，何振岱有诗追忆昔日寿香社活动，《秋晚初得菊数十株喜作》其三："一瓶一砚一提壶，社事销沉旧酒徒。花底荡襟风郁郁，笛边忆梦月癯癯。"注云："六十年前与九鹤、荃庵诸君结菊社祀陶。是日列几分座，各供瓶花壶酒，各赋诗记之。"③

九月初九日（10月18日），重阳节，何振岱撰《题先师长乐退叟谢夫子遗像》。《何振岱集》未收。

> 《题先师长乐退叟谢夫子遗像》：先江田师《赌棋山庄集》，已刻者古文、诗词、词话及笔记、偶录，都七十有三卷，附刻者六卷，未刻者尚有数种。《文集》第一卷有师四十有一小像。振岱及门时，师年已近八十，兹像之外，无它造像，因与同学陈晴川聚星以西法缩影请，数请乃许。既而，师以影命匠绘图，图今久佚而影故存，振岱晨夕焚香祀焉。集版旧藏乌石山祥符沈公祠，后移山麓图书馆。今年秋，连江严雪峰先生枉过敝庐，谈及先生遗集，深以乡贤名著有裨于人心风俗，分应表扬，毅然承印，赠送朋契。又以先师影像付制铜板，即弁卷端，俾承学之士仰瞻眉宇，生其向往之思。严先生博雅好古，所著已有成书，而于此静业留

---

① 民国《古田县志》卷二十九，第18页。

② 《西禅小记》卷末。

③ 《何振岱集》，第314页。

心如是，其识量之过人，不亦甚远乎哉？玄默敦牂重阳节次，赌棋受业何振岱敬识。①

十一月十五日（12月22日），辑《观音灵应记补编》毕，撰《观音灵应记补编序》，此书是年仲冬由福州进德善书馆印行。

《观音灵应记补编序》：无锡万氏编《观音大士灵迹记》，采书至数十种，弁以《圣迹纪略》及各经咒，颇为详备。予览前人杂记，尚有可采者，录之。董、郭二君更赠廿余条，乃并所自得诸闻见者附焉。夫以大士之慈照悲愿，布昭大千世界，其于区区纪载，奚足重轻？然吾人夙蒙恩庇，用征灵迹，祈广众闻，俾世上多一信佛之人，即多一向善之人，以之导祥消灾，或有赖也。此篇稍补万氏之阙，仍嫌未足，后有所得，当更续之。世多博雅君子，容有与我同情者乎？玄默敦牂冬至节次，南华老人何振岱。②

十一月十五日（12月22日），郑元昭去世，年七十三岁。郑氏著《天香室诗集》附词，何振岱生前曾欲付梓，终因财力困乏未果，引以为恨。③

何知平《丙戌十一月望日为母亲忌辰舟经渤海湾感作寄呈父亲大人》：忆昔送母归，风前傍母怀。慈颜今不见，海水识儿哀。

海月凄清夜，舟中独客身。家园云水隔，梦里见慈亲。

母去儿还在，儿贤母不亡。持身遵父教，母意定欣然。④

十二月二十五日（1月30日），卢前与沈祖牟一起拜访何振

---

① 谢章铤：《赌棋山庄集》卷首，民国三十一年重刷印本。

② 何振岱辑：《观音灵应记补编》卷首，民国三十一年福州进德善书馆排印本。

③ 吴家琼：《故友何振岱生平事略》，《何振岱日记》，第654页。

④ 《王闲诗词书画集》，第193页。

岱，卢前时任国立福建音乐专科学校校长。

卢前《丁乙间四记·福州十七日》："祖牟约往文儒坊三官堂访问何梅生老先生，梅翁是留闽唯一的诗人，他的七弦琴还没有传人，我想请他在春暖时来永安音专一讲琴学，并请介一弟子到永授琴。"①

十二月，何振岱八位女弟子王德愔、刘蘅、何曦、薛念娟、张苏铮、施秉庄、叶可羲、王真合刊雕版线装《寿香社词抄》，何振岱题签并作《小引》，收王德愔《琴寄室词》35 阕、刘蘅《蕙愔阁词》93 阕、何曦《晴赏楼词》37 阕、薛念娟《小懒真室词》12 阕、张苏铮《浣桐书室词》36 阕、施秉庄《延晖楼词》20 阕、叶可羲《竹韵轩词》89 阕、王真《道真室词》40 阕。

《寿香社词抄小引》：闽词盛于宋，衰于元、明。清季梅崖、聚红两榭，其杰然也。迩者，然脂词垒，盟且敦槃。肇丝好音，协如笙磬。微觉九曲延安，余风未远；是亦三山左海，粹气攸钟者矣。慰予发白，见此汗青。虽小道有足观，斯大雅所不废。用彰嘉会，为属弁言。南华老人何振岱。②

按：《寿香社词抄》共收词 362 阕。《寿香社词抄》的社题有 11 目，它们的名称是：灯魂、新寒、初阳、烟江、汉双鱼洗、酒醒见月、艺兰、罗衫、菜畦、冰花、荷兰池上。八位社员共作投赠词 111 首，占全部《寿香社词抄》作品总数三分之一。作为老师的何振岱受赠最多，达 24 首。

是年，何振岱书《唐碑字势近钟绍京》《晋王中书令十三行》《灵飞经》各一则赠给何维深，前题"深儿雅玩"。

【编年文】

《寿香社词抄小引》《竹韵轩后记》《重刻榕南梦影录序》《陈

① 《寿香社——中国最后的传统才女群》，第 37～38 页。

② 何振岱编：《寿香社词抄》卷首，民国三十一年刻本。

母梁太夫人墓志铭并序》《西禅小记跋》《观音灵应记补编序》《题先师长乐退叟谢夫子遗像》。

【编年诗】

《闲忙篇》《题画赠人》《题赠某翁广西纪游图》《送别》《水仙花单瓣者佳友人以案头所蓄见饷赋谢》《为炳儿题松鹤图》《杂书》《寄梵辉上人溪上仁王寺十六韵》《题浣桐诗词》《和李墨巢掷园有感诗》《重刊榕南梦影录成设供赋此告卷中诸君三十四韵》《秋晚初得菊数十株喜作》《得恒孙等五人小影泰孙身边有其外祖手书轩昂两字甚称其仪宇》《得浣桐张掖书》《病起初过竹韵轩》《送蕙因之沪》《述易为蕙愔作》《寄古序永安》。

民国三十二年癸未（1943）　　七十七岁

【事迹】

正月十五日（2 月 19 日），元宵节，《寿香社词抄》出版后，何门众女弟子设报恩宴，以答谢恩师何振岱。今存报恩宴草拟的请札，署名刘、张、施、叶（刘蘅、张苏铮、施秉庄、叶可羲）。札云："驭工匠如履榛荆，其劳实甚；报精神必具酒脯，自古皆然。迩者词集告成，装潢备善。苦心删翼，既沐师恩；鼎力匡襄，复资友道。谨借烧灯佳节，聊伸献酭微忱。初祖青莲，名家漱玉，亦荐寒渫，并爇瓣香。敬邀文从惠临，毋哂蔬筵不腆。"①

初春，福州怡山西禅寺重建方丈室，为撰联并隶书，镌于石柱上。联云："真空不坏，大众何忧，伫看鲸海回风，还涌中天圆相月；丈室本宽，同参并悦，须信凤山演法，能容广座五千人。"署"癸未初春谷旦，里人何振岱敬撰并书"。

---

① 《寿香社——中国最后的传统才女群》，第 92 页。

春，郭则寿卒。所著《卧虎阁诗》有诗《曾以旧作就质梅生社丈昨承赠诗并赐太姥佳茗赋此奉谢》《呈梅叟》《读静修先生诗赋奉梅叟》，有词《扫花游·吴君嘉琼将梅叟命以榕南梦影录见赠谨呈梅叟》。《曾以旧作就质梅生社丈昨承赠诗并赐太姥佳茗赋此奉谢》云："平生喜孤赏，得句每乘兴。持质丈人前，正义欲修证。卷深成自然，丈人早战胜。殷勤为指揭，明蟾破秋暝。情挚心所钦，辞满未敢听。诗篇荷宠寄，九转出丹甑。坚我守寂意，真境在常定。拜赐亦已多，况复有佳赠。旗枪展新绿，益令心神醒。岧岧太姥峰，静远与君称。读诗更啜茗，神往秋窗凭。寻诗倘山游，吾愿随鞭镫。"①

六月，许承尧为刘蘅《蕙愔阁诗》作序。

许承尧《蕙愔阁诗序》：蕙愔女士诗笔清妙，昔岁见示即曾标其隽句，谓玄寄超悟，夙慧过人。近复寄示近年之作，于婉妙中时见苍坚，风骨更上，工力益深。转徙兵间，每有抒写，俱极沈著。尤奇在读书积理，酝酿深纯，较论古今，目光如炬，正词庄色，侃侃不挠，具征学有本源，绝无浮掠。盖蕙愔实受经于梅叟，能守师说，笃信不疑，皭然孤照，不为俗情所累，斯诚难能而可贵者。陈弢庵先生谓其诗"有山水音，无脂粉味"，弢老知言，足为定评矣。蕙愔兼善琴工画，临江一楼，焚香坐对。同学诸子，皆一时俊流。喁于互应，名师益友，足以相发。宜其意趣高远，雅音清扬，卓然为闺帏之杰也。癸未六月，芚叟许承尧。②

八月，何振岱为郭则寿《卧虎阁诗》作序。郭则寿生前以诗稿就正于何振岱，何振岱选定序之，郭逝后复索诗稿重审定而序之。此文《何振岱集》未收。

---

① 郭则寿：《卧虎阁诗》，民国三十二年排印本。

② 刘蘅：《蕙愔阁集》，福建逸仙艺苑诗辑之五（上），第2页。

《卧虎阁诗序》：昔者吾友郑子无辩工诗，其论诗亦多平实，尝曰："诗人云者，人为重，若人品有亏，虽能诗，奚取？"无辩一生循分守约，初不负是言。岁癸丑夏，忽手一卷诣予曰："此郭君舜卿诗也。"舜卿为吾师恂予叶公之外孙，渊源有自，予夙耳君名。展卷细读，篇斟句酌，含毫不苟，而赋怀抒与，皆有其独至者。乃语无辩曰："美哉此诗，所谓中边俱到者乎。"于时舜卿方自海外归，语默动静，穆然有异于人。予一觌，心敬之，君亦猥好予，有所作必以见视。彼此托业，皆近藤山，晨暮出入，相中途值，未暇一谈。君诗有云："晨兴历衢市，出城便异趣。"又《春愁》云："欢场顷刻身难厕，独向花前坐寂寥"，在嚣抱寂，若惘惘不自甘。予所欲言未能者，而君先之，是所心折者也。窃念古之风人，寓迹尘中而栖心物表，故能以不滓之神写孤造之境。非然者，既物于物，即尘其尘。诗，心声，声不掩心，若眸子不掩其胸中之所存。无辩所谓"奚取"者，恐即指此矣。此意也，君则又已自言之。集中《学诗》篇云："苦心殊未得，独往四无邻。"云"未得"者，谦词也；云"独往无邻"者，不物于物而自得所得，故趣真。趣真，故劳歌逸谣，皆与天机相应。意境如此，岂可一蹴几哉？壬戌秋，予举家北行，旅食燕京十有余年，读君诗甚少。及倦游南归，亟访舜卿，则已长斋向道，精研易象，所托弥高，疑其于诗将不复措意。而君则感时触事，仍有不能漠然于中者，其所为乃更沉测深挚，使人玩味不能已已。去年夏间，君袖全稿属予订定，予校读既竟，为书数行弁首，致敬慕之意。其冬，予以悼亡，承枉过慰唁。入春又蒙见访，适予病困，君亦负疴羸瘠，相对鲜欢。不旬日间，闻君遽撤琴瑟。悲夫，彼此相知至三十余年，文字之契尤为深至，乃回数游处之迹，微特无久聚之欢，亦未尝有竟日之谈。每劝君谢去所职，觅静境自颐，以求其所未至者，君则愀然曰："是夙心也。"不谓相期方深，而君乃遽已耶？呜呼，岂不伤哉？近闻哲嗣伯旸等将奉君诗付梓，因索回前序，略改之，稍述悲怀，无易大旨也。若谓能言君诗之美，则自愧犹有所未尽也。时在昭阳协洽律中夷则之月，世愚弟何振岱拜序。①

郭白阳《竹间续话》卷一：先公诗，素不轻出示人，独以全稿就正于丈。丈既选并序之，致函云："大稿全出性情，不事摹仿前人，自然高贵。时贤何足望君项背？序未征君意，原是恃契妄为也。"迨先公殁，丈复索诗稿，更为审定而重为之序，并选诗若干首，刊于所著《榕南梦影录》。前辈不忘旧，殊可感也，因志之。②

十二月初八日（1944年1月3日），许承尧作诗《腊八日寄何梅叟》，诗云："与君初识面，已是甚寒天。一掬双弓米，相思二十年。海枯桑亦朽，雪苦月逾妍。佛法无今昔，怜君更自怜。"③

是年，何振岱作有多首诗悼念郑元昭，抒其悲怀。《曙色》云："残梦犹堪理，幽魂只不来。"《送先室入窆二月廿二》云："一匮埋嘉玉，焉能不泪垂。麻衣儿捧土，樽酒我浇碑。"《清明三月初二》云："泪湿黄昏微雨后，魂消寒食暗风前。"《望庐》云："今夜月明魂返否，伤心忍傍旧栏杆。"《沣儿书叙金陵别母情形黯然赋此》云："几家离乱能团聚，错是当初轻别离。"《至夜悼怀》云："来生结发曾私誓，向后家居譬远游。孤烛夜曾同晓梦，廿年前宿楚江楼。"《离恨》云："同心夙是红窗友，离恨

---

① 《卧虎阁诗》卷首。

② 郭白阳：《竹间续话》卷一，海风出版社2001年版。

③ 《疑庵诗》，第345～346页。

今成白发天。”《病怀》云：“镜泪红销人往后，梨云白损燕来前。”《烧灯节遣悲怀》云：“肠断殡宫今夜雨，梨花云冷梦无凭。”《黄昏》云：“黄昏忽尔生归思，犹记灯前念我人。”《悲怀》云：“细缯匪华见子御，微虫有馨见子尝。益花盒果子按挲，小园近墅子翱翔。但欣形影同朝暮，不厌淡泊轻寻常。只今何处时一遇，子不我共空彷徨。诚知生前一欢笑，胜于身后千思量。孤栖心绪分无告，咽泪吞声潜断肠。”①

是年，何振岱有《与周生敏时书》，论作画。

是年，李心玉五十，制《九佳图》，何振岱书其端，有“敦品悦学、寓情风雅”语。②

【编年文】

《卧虎阁诗序》《与周生敏时书》。

【编年诗】

《曙色》《送先室入窆二月廿二》《清明三月初二》《望庐》《泮儿书叙金陵别母情形黯然赋此》《赠鼓山知禅上人主象峰方丈前卅年古月禅师曾主此席》《晓梦》《至夜悼怀》《离恨》《病怀》《烧灯节遣悲怀》《黄昏》《欲晓五月十六日》《梦醒见月》《悲怀》《前两年曾作一诗与倜予同学未寄兹检前稿其情已异因改易大半视之》《寿周生敏时五十》。

民国三十三年甲申（1944）　　七十八岁

【时事】

10月4日，日军第二次占领福州，翌年5月克复。

---

① 以上诸诗见《何振岱集》，第315～318页。

② 陈海瀛：《李君心玉六十双寿序》，《希微室家藏文稿》卷上。

【事迹】

春，高赞鼎卒于重庆。[①] 何振岱《题高迪庵诗集》："乙酉春，乃闻君在渝州以微疴遽卒，为之惊怆不已。"[②] 何振岱诗《寄题蓨堪金陵绿斐轩》有"知君能以微官隐，小葺居然野老家"之句。[③] 1936年何振岱在南京曾与高赞鼎、吴石等学生游赏唱和，《蓨堪虞薰同游嘉兴烟雨楼》云："湖山婉婉径幽幽，三客微醺共倚楼。"[④] 陈衍采其诗入《石遗室诗话》，云："高迪庵（赞鼎），梅生诗弟子，诗却是海藏派，而不甚如梅生，殆近与海藏倡和故也。"[⑤]

陈声聪《高士其父亲高赞鼎的诗》：大名鼎鼎的科学家兼科普作家高士其，他的父亲高赞鼎，年纪比我大十几岁，我常以长者相待。赞鼎号迪庵，又称蓨堪，是清光绪末科（癸卯）举人。喜为古近体诗，拜老诗人何梅生（振岱）为师，有《蓨堪诗稿》一卷，何梅生并为之序。原写本我曾见过，不知后来付印行事否？在旧社会，凡是文人总是依人篱下，赞鼎自然也不能例外。在北洋政府时代，当过"灾官"。国民党时代，南北就食，常无定所。抗日战争开始，他以衰弱的身体，本着抗敌救亡的志愿，也不顾长途艰苦，间关到了四川，我与他又得相遇。在多雾的山城里，兵尘劫火中，我们又聚集起来，常在江楼、山馆，或曾经敌机滥炸颓垣败瓦中所仅存的斗室内，刻烛传笺，或定期分题限韵，以抒写迁客悯乱望治的心情。现在我箧中尚存他的诗数首，如《万里桥江山观月》云："江村饮罢爱闲行，万里桥头看月明。

① 高学民：《高赞鼎先生生平简介》，《三代高吟》，第2页。

② 《何振岱集》，第33页。

③ 《何振岱集》，第263页。

④ 《何振岱集》，第276页。

⑤ 《石遗室诗话》，第457页。

归雁数行天远大，啼乌三匝夜凄清。客愁量水将何及，世难如山孰与平。怅怅孤怀无处着，又闻银汉起秋声。”《馆舍卧病不寐二首》其一云：“孤灯孤客况，夜短奈愁多。梦自三更断，人经几病过。朱颜销已尽，素志问如何？栖息仍随乱，千辛总不磨。”第二首云：“管宁当汉末，雅操贯生平。只是自行意，何曾与效贞。斯人千古调，老子此时情。病起谋归去，青山看晚晴。”这是在重庆作的。那时他任国民政府文官长的秘书，备员而已，很不得意，身体更是瘦弱不堪。“栖息仍随乱，千辛总不磨”，想见他的意志还是很坚强的。而“只是自行意，何曾与效贞”，又表现出无所作为的情绪。这种矛盾心理，也是当时政治环境有以使然。

在重庆时，我与他相聚的地点，都在罗家湾曾履川所居的撄宁廙中，乔大壮、沈尹默、陈仲陶、李芋庵、潘伯鹰诸君也常至这里，时有唱和，不久他就一病不起了，识者无不怜惜。他的诗，功力颇深。赞鼎的夫人何咏阁还健在，今年一百岁了，也能诗。高士其后来致力于写科学诗，可以说是深受他那诗的家庭的影响。①

四月初五日（5月26日），表侄林心恪七十寿辰，何振岱撰《坦西表侄同学七十正寿序言》称祝。

《坦西表侄同学七十正寿序言》：予一姑适林氏，旧居侯官学宫旁，距吾居仅一衖。坦西同学之尊人少兰先生，于吾姑为犹子行。坦西早慧，甫十岁即能属文，予方应邑试，以文质于先生，姑问文佳乎？曰可，乃喜。未几，姑病逝，予犹时至君家视表兄成嘉，其后以处馆遂罕至。中年出游大江南北，五十后又挈家北居。既久而归，犹及瞻师母郑太夫

---

① 《兼于阁诗话全编》，第689～690页。

人。当予五六岁时，侍母游姑家，太夫人曾为予盥颒理粥饭，至今忆及，犹如昨日。坦西六十有二生辰，予自北方邮文为寿，琐屑述旧，若酌美酝而醺而寐而惺惺焉，如忆梦中事。坦西之外，岂更有省之者哉？今坦西又当七十之年，此数年中，予皆里处，忧畏辛苦间，多以琐事烦君，而予年衰老，仅蛰居温旧书而已。甚慕坦西之乐得天独厚，有不可及者数端：行年七十，耳目聪明，精力强健如四五十许人，不可及者一也。人生之憾，无过于养不逮亲，君之二人皆享大龄，太夫人且年九十，亲见君禄仕及子孙之盛，不可及者又一也。予寡兄弟，一姊及一从弟皆不禄，君则怀兄老健，怡怡偲偲，使人歆羡，不可及者又一也。人生难得闺门之助，君两娶皆淑女，有高柔终老之乐，悼亡以后，又得簉室，贤能操内政，不可及者又一也。昔人云，子姓之贤非可求而得，君则男女公子至十有余人，有已得禄糈为养者，有尚劬学业图进取者，宝玉明珠，璀璨成列，此岂人所恒有者乎？综计所识亲友，孰载福完美若君者耶？可谓人生之至乐者矣。天地之道，翕者张而郁者昌，再实之木，善养弥芳。溯昔年学宫左右，居人凡百十家，丁口千百，通籍仕者、称富有者凡若，而人转瞬四五十年，今多寂然。吾每过旧游地，徘徊瞻望昔年朝姑之所，门前井甃犹存，其余垣宇尽异，盖不胜慨叹于人事之迁变。然而犹得与君数数往来相衷，犹谈论今昔，所谓“若醺若寐若惺惺焉忆梦中事者”。虞初野记，所不能具，不厌再四言之，是乐事亦幸事也。君亦试思，君有如今之美满，岂非先德之所留贻以为子荫者乎？数十年兄弟交好之谊，若无深切浓挚之言以贡于左右，则非所以厚待我故人而且薄于自待矣，岂区区之心所忍出耶？惟我师大表兄少兰公，一生无外慕，言行谨饬，存心恺厚；表嫂师母，贤孝慈祥，为一家表率。只今知而诵之者，子兄弟外，惟有老叟耳，自兹以往，愿与子共勉之。存一心，行一事，凡可以益人拯物者，虽小必为，其反是者，虽大亦不为，如是而已。世间万事，菀枯盈缩，盖有天焉。笃老之年，一听于自然之天可也，子谓然乎？予愿春秋佳日，常常扶杖过子之居，坐园石上啜茗，看花树云鸟，论养心怡性，为乐能数数焉，即吾两人之深获祐于天也。君领此意，当为我满浮一大白，以垂赏于斯言。谨序。①

四月，为陈声聪《西流集》撰序。

《西流集序》：岁在丙子，同年陈兄鹿庄属撰寿言，为令兄嫂叶太夫人七十侑觞，事略出令侄兼与手，秀净峻整，知其工文，未知其能诗也。今年春，兼与邮致《西流集》，命选订作序。予诗学至浅，益以老昧多病，三阅月未能报命。迩日一再展读，权为选定五十篇，固陋之见，自知无补于高明，徒以刍言献圣，聊备采择而已。按集中大作多从兵间所得，仓卒流离中，都无激怨衰飒之音。惟忆母思家，怀人爱侣，性情之所流露，足以感动人心，作诗根本，诚在于此。尤知君避地缘因在于引身自洁，介然高节，允称雅言。后此树立，不可限量，岂仅以诗文立誉已哉。鄙见如此，聊书以序君集，不知有当万一否耶。闲逢涒滩夏孟，世愚弟何振岱谨序。②

五月初一日（6月21日），夏至，撰《语学视邵生季慈》，末署“甲辰（申）长至节次南华老人何振岱”。

按，邵振绥《慈园诗词稿》卷首录此序，末署“甲辰长至”，盖为“甲申长至”之误。检文中有“前三年季慈来谒”为其母撰寿序，何振岱《邵母郭太夫人诔词并序》亦谈及“太夫人年八十

① 何振岱：《坦西表侄同学七十正寿序言》，裘季铭先生藏抄件。

② 陈声聪：《兼于阁诗》卷首，1956年油印本。

时，于尝撰文为寿。季慈寻及吾门”，邵母生于1862年，1941年八十岁，检邵氏集中行迹，撰序时间皆合“甲申”之年。

五月二十二日（7月12日），林民懿介绍何曦为某小学教授，何曦辞之。何曦访旧徒陈熙润，知文山女中学已写聘函聘何曦为国文专科教授。[①]

五月二十八日（7月18日），何振岱同友人林芑洲及女弟子七人在叶可羲竹韵轩聚谈。何曦在日记中云：“晨九时为陈生说书。施浣秋自南平归，同竹韵来。西禅送荔支来，两盘大核之荔子，坏烂其半，付采廿元。午后小憩，洪守真来，余方汇拙，昨受暑，今日眩晕。晚从父亲往南市，守真从，遇方、施、张、王四友，遂同至竹韵轩，芑叟亦至。二叟七女子会谈至七时，商聚未果，各各散归。”[②]

六月初四日（7月23日），文山女子中学送聘函来。何曦接受聘书并到文山学校任教，其日记有云：“到校八时，监考国文一堂已十一时。”[③]

七月初七日（8月25日），何振岱与寿香社女弟子八人在院中合影，八同学又同至店中合拍一帧。[④]

七月十一日（8月29日），王真赴闽清执教。[⑤]

九月初一日（10月17日），王德愔等为刘蘅庆生，刘蘅赋诗《季秋之朔为予生辰国难未平何敢言寿同学德愔竹韵浣桐道之诸姐妹备酌见召更诵金经为予祈禳赋此鸣谢》。[⑥]

---

① 《晴赏楼日记稿》，第187页。

② 《晴赏楼日记稿》，第187～188页。

③ 《晴赏楼日记稿》，第188页。

④ 《晴赏楼日记稿》，第190页。

⑤ 《晴赏楼日记稿》，第190页。

⑥ 此诗录于《蕙愔阁诗词》。《蕙愔阁诗词》大致按作年编排，此诗前有《甲申元夕》诗，后有《甲申花朝即事》诗，故将此诗系于甲申年。

秋，薛念娟在南平省立女子家事职业学校担任国文教员。是时施秉庄、张苏铮同在这一学校，假期刘蘅亦来小聚，十分欢洽。[①] 后刘蘅有诗《甲申岁暮晤念萱浣桐浣秋于剑津客邸（二首）》。陈海瀛诗《九月念三日浣桐生朝兼为菊会酒次谈及念娟浣秋两女士亦同以辛丑是日生但一为五月一为十一月可谓巧合因成此诗纪之》写薛、施、张在南平生活有云："横舍灯火共，连墙吟声酣"。[②]

秋，何振岱为释梵辉、灵杰编《历代僧伽诗钞》作序，是年《历代僧伽诗钞》第一集《六朝三唐僧伽诗钞》刊刻出版。

《历代僧伽诗钞序》：古之高僧皆工吟咏，昉于六代，盛于三唐，唐僧之诗尤雄一世，宋有九僧各自名家，后此继起有徒，不绝于纪载。谓修行之人不以文字为事者，是不知文字之妙直贯三乘者也。清八指头陀在僧中可谓知诗，初见精一和尚为诗，甚不以为然，一笑曰："此文字般若，尔犹未到此境，慎勿妄言。"既而八指有所入，始悟前训。惟予所见僧家诗多属棒喝一路，直是作偈，不可谓之作诗。夫既曰诗矣，不作则已，作则自有诗之正轸真轨，不当以他体混之，如煮米成饭，煮土则不为饭，熬波为盐，熬沙则不名盐，有其实自不得误袭其名。鼓山、西禅二上人曰灵杰、曰梵辉，诗僧也，从予问诗，尝得悟解。吾闽诗僧，予所及见，前为西禅幻庵一人，楞根则不专为之，今乃得二人，实足为僧门生色。二人者以历代诗家无僧诗专选，因本所见采辑若干首，属予定之。予则去其似诗非诗及名诗而实甚远于诗者，僧家真诗于是乃出其中，众美略备，其于诗家之所应有者亦无不有，当令读者忘其出于斋鱼粥鼓、披缁茹素之

① 陈侣白：《此恨绵绵无绝期》，《今如楼诗词》，第 83～84 页。

② 《寿香社——中国最后的传统才女群》，第 197 页。

手，是为古今方外之韵语一胜纂也。二上人请为之序，用乐为序以归之。甲申秋，南华老人何振岱。①

何振岱《与梵辉上人》：“承访未值为歉。今晨又蒙赐菊四盆，秋斋生色不少。谢谢。唐诗三卷，须细心酌取，或加小批评，容旧腊十六七日选便送去。闻欲多录各诗僧故事，极喜，极喜，有故事系于诗后，亦足增读者之兴趣。此必不可少者。望公多检多抄，大足为斯道生色矣。”②

按：《历代僧伽诗钞》未能全部刻印，今福建省图书馆藏有《六朝三唐僧诗钞》，“唐诗三卷”即指《六朝三唐僧伽诗钞》中收唐代僧诗。《六朝三唐僧伽诗钞·历代僧伽诗钞凡例》云：“是编辑自庚辰（1940）成于甲申（1944），历时五载，稿经三易。初编十卷录四百八十僧诗三千首，后芟其半另增百余篇，辑为八卷，旋复削约仅存百数十家诗八百余首，按代分钞，厘为六集。”③ 今见《六朝三唐僧伽诗钞》收诗僧 43 家诗 190 余首，卷端署“福州何振岱鉴定，长庆寺沙门梵辉、白云峰衲子灵杰合编，保定郭芥子校刊”。

是年，许承尧作《刘蕙愔女士五十索诗》。诗云：“榕城有英淑，诗画喜兼工。静好才人福，冲愉学者风。学勤流誉早，意美驻颜丰。五十如华月，祥辉透绮栊。”④

是年，黄曾樾刊高澍然《抑快轩文集续集》，作《抑快轩文集跋》。⑤ 据《跋》，何振岱曾将黄曾樾辑印《抑快轩文集》未收高澍然二十二篇古文赠给黄曾樾，黄补入《续集》中。

---

① 梵辉、灵杰编：《六朝三唐僧诗钞》卷首，民国三十八年排印本。

② 《我春室尺牍》末页。

③ 《六朝三唐僧诗钞》卷首。

④ 《疑庵诗》，第 349 页。

⑤ 《荫亭遗稿》，第 257 页。

是年，高赞鼎七律《答何敦诚》，诗云："诗筒如响到梅边，句法惊从家学传。两美况看彤管合，五良最爱白眉贤。在官俯仰聊从俗，一室啸亭自任贤。子阻趋亭吾侍坐，可堪万里漫风烟。"[①] 又有诗《留别仲陶并致梅叟师观赏其诗之意》。

【编年文】

《赠蕙愔序》《历代僧伽诗钞序》《坦西表侄同学七十正寿序言》。

【编年诗】

《初春多雨题寄僧越尘》《浴佛之辰有招游鼓山者谢不赴》《晓梦》《观斋中所藏古砚法帖》《雨》《所猎》《初秋廿五夜风雨枕上作》《读谢程山集书后》《晨至西禅寺同偶予季慈德愔竹韵怡儿》《惇畮大儿五十生辰作诗二十四韵祝其进德长寿》《归旧屋》《寒思》《腊月初十夜四更雷雨》《腊月十一夜梦双栝翁就予病榻谓予曰君之女公子诗工乃尔又云乌石山石壁岩安可不一往耶语次笑容莞尔既醒作二诗记之》《与季慈》《漫题》《赠蕙愔序》。

民国三十四年乙酉（1945）　　七十九岁

【时事】

1 月，魏怀免国民政府文官长职；1 月 16 日，魏怀改任国民政府委员。[②]

3 月，吴石出任国民政府军政部主任参事。

5 月，黄曾樾任福州市市长。

> 刘学洙《黄曾樾〈谈艺录〉及其他》：不久，黄曾樾出任福州市市长，我在福州市立初中读书，听过他一次讲话，站在大操场旗杆台上，当时没有麦克风，他的声音洪亮而有

---

① 《三代高吟》，第 39～40 页。

② 《中国国民党百年人物全书》（下），第 2456 页。

感染力，从风度到语言，都不像官僚，倒像个学者。现在才知道，抗日中期，黄曾樾因在重庆郁郁不得志，顿生思乡之情，经好友、前辈章士钊修函向福建省主席刘建绪推荐，回到其家乡永安县工作。黄回永安后，热心致力桑梓交通建设和文教、公益事业，甚得好评。刘建绪乃任命黄出任福州市市长。关于黄曾樾担任市长，还有个风波，当时弄得满城风雨。原来福州正式设市是1945年抗日胜利时，其实1941年省政府已明令设立福州市政筹备处。1944年地处永安县的国民党省政府先委派闽侯县一位县长兼福州市政筹备处主任，不久，福州第二次沦陷，该主任撤离福州市。嗣后，又才委派黄曾樾为闽侯县长兼福州市政筹备处主任，因福州尚被日本侵略军占领，无法到任。第二年1945年5月，福州再度光复，前县长因有原委令在身，市、县铜印未交出，先在福州启印，发表《公告》。随后黄曾樾亦到任，一时福州出现了人称“市、县两府双包案”，都发号施令，成为榕城一大笑话。后省政府明令黄专任市长，前县长另行安排，才了结风波。黄上任后，清正廉洁，不徇私情，连续处置了两起有背景有后台的贪污舞弊案；在处理工潮中，为工人说了一些公道话，招致政界舆论界攻击。福州小报发了不少攻他的报道，给我印象很深。他终于被迫辞职下台了。黄在福州做寓公时，常与我的语文老师王真以诗画交游。她与黄都是何振岱学生。有一次王真老师小疾，我去她家看望，见大方桌上放置一幅墨迹未干的红梅画，她告诉我，刚才黄市长来小坐，我作梅花一幅。可见他们情趣甚雅。黄下台后，一次我在街上忽见他，长袍策杖，信步小巷，俨然一儒士矣。①

---

① 《大营巷旧事》，第21～22页。

8月15日，日本宣布无条件投降。9月2日，日本签署投降书。

秋，福建省级和福州市机关、学校迁回福州。

【事迹】

三月，林葆恒纂《词综补遗》一百卷编成。收词人4800多家词作8000多首，有徐沅、郭则沄序。另有郭则沄等30家题词。

四月初二日（5月2日）。王闲在北京约陈曾寿至公园看牡丹，花已烂漫，有白色数丛甚好。王闲携郑小姐同来。郑乃郑稚辛之女、郑孝胥侄女，气息甚静，谈及旧事，娓娓有情味。陈曾寿赋诗一首赞之，有云："咏絮家风欣未坠，看花近约喜相随。"①

秋，王闲赠陈曾寿菊花，陈曾寿赋《何坚庐夫人赠菊》谢之。②

十一月，陈曾寿为王闲《味闲楼诗》作序。

> 陈曾寿《味闲楼诗序》：严沧浪谓，诗有别才，非关乎学。此知其一，未知其二之言也。为诗者既有其才，尤必深之以学。渔洋于并世诗人独许吴莲洋为仙才，然其诗除一二佳句传诵外，未能尽餍读者之意，后世亦不甚称道之，此仅以才见者之未可恃也。才学兼到者，求之闺阁中，尤不易得。昔朱子谓，本朝妇人能文章者，惟曾相布妻及李易安二人。章实斋言，评妇女之文章，必多假借。此可见其难已。何坚庐夫人，为梅生先生次子知平之室，以诗词两卷见示，殆非寻常闺阁之作所能限也。其天性纯厚，兴感哀乐，不出人伦日用之间，皆得其正而协于风人之旨。古体尤趣博味永，风骨遒上。其长短句无纤巧轻倩之语，亦无近人堆砌晦

---

① 《陈曾寿日记》，第672页。

② 《苍虬阁诗集》，第263页。

涩之习，有白石之清雅、易安之本色，词中可贵之品也。盖不徒以才华见长，非笃于学而资之深者不能也。夫人躬操井臼，抚育子女而终不废学，兼善鼓琴，精绘事，余服其多能而尤敬其锲而不舍，学之日进而未有已也。乙酉冬十一月陈曾寿。①

是年，薛念娟等人随学校迁回福州。薛念娟同长子租住在王真家中。是时薛念娟、王真均担任福州女子中学国文教员。②

是年，李心玉在藤山营造新居，何振岱赋《李心玉藤山新居属题》诗贺之。

是年，何振岱师生因抗战而长期中断的诗词写作、雅集逐渐恢复。③

是年，国民党政府令各省广征抗战时坚贞不屈之士，录为乡贤，福州市府内定何振岱为第一名，何振岱力向当局请辞。④

是年，吴石出任军政部部长办公室主任参事，前往重庆。⑤

【编年文】

《竹韵轩词序》《长乐谢赌棋先生山中抱膝图题识》《序医赠孙皓明》。⑥

【编年诗】

《病中偶书》《朱子有十二辰七言古诗以一句切一字予仿为之而变其体为五言绝句》《任物》《秋洪行》《岚屏分寄诸子诗与书皆手写不懈今亡已三载深儿适家居书此以示并分示诸子》《叶氏

---

① 《王闲诗词书画集》卷首。

② 陈侣白：《此恨绵绵无绝期》，《今如楼诗词》，第84～85页。

③ 陈侣白：《此恨绵绵无绝期》，《今如楼诗词》，第85页。

④ 吴家琼：《故友何振岱生平事略》，《何振岱日记》，第652页。

⑤ 《冷月无声：吴石传》，第123页。

⑥ 此文《何振岱集》未署作年。稿本署写作年月为“旃蒙作詻律中林钟之月”，即一九四五年六月。见萧诏玮：《何振岱知医五则》，《福建文史》2013年第3期。

学林十卷失去二卷已久忽得之志喜》《寒江》《病榻偶书》《林春丞见访即去》《晓庭即目》《雨夕忆往》《方贤瑞尝赠予一筇失去复倚旧杖出门》《四更》《旧作》《枕上杂忆古事》《近晓枕上作》《独醒》《漫书》《安拙示人》《过万寿桥感昔》《李心玉藤山新居属题》《早起枕上有感》《雨夜》《季慈为理所存书感谢》《书惇畴诗稿示嘉勉也》《深儿寄朱氏家藏宋本十三行墨拓两纸精绝题后》《偶作》。

民国三十五年丙戌（1946）　　八十岁

【事迹】

正月，高向瀛得心疾发狂去世，年七十九岁。何振岱没有前往吊唁。[①] 是时三生会仅存何氏一人。是年何作有《三生石》一诗。

《三生石》：信步临溪旁，有石殊磊落。爱其无俗姿，拾取免求索。洗涤更晶莹，三五随参错。最宜映稚松，尤合伴老鹤。力扶才近岸，一坠复深壑。乱沙壅及肩，狞苔填其散。愧我遭逢非，抑汝根性薄。遥念古石交，三生不负约。[②]

5月，吴石调任国防部史料局中将局长。

五月十一日（6月10日），何振岱与及门宴饮福州寿补斋，张子仲作诗《五月十一日觉庐老人率及门同醉寿补斋（丙戌）》。

六月初八日（7月6日），许承尧卒，年七十三岁。[③]

十月二十三日（11月16日），何振岱梦许承尧，有诗《十月

---

① 吴家琼：《故友何振岱生平事略》，《何振岱日记》，第654页。

② 《何振岱集》，第330页。

③ 李艳红：《许承尧生平及书画文物鉴藏考述》，《收藏家》2023年第3期。

廿三晚梦疑庵在余斋头书所作诗甫毕遽去天忽雨君复留醒后书此》记之。[①] 许承尧卒后，何振岱作《哭许疑庵》五首，忆其旧事，痛切不已。其一云：“省书不终纸，失声惟长号。许子今已矣，冷落伤吾曹。”其二云：“相知逾廿载，相见曾几回？”其三云：“白首两相望，九载隔烽燧。留命赏升平，幸存聊相思。”[②] 许承尧《疑庵诗》中有《冬月寄何梅生》（1928年作）《何梅生寄腊八日供佛粥见怀诗作此报之》（1929年作）《雨中游西子湖寄何梅生》（1930年作）《寄何梅生》（1933年作）《寄海上同游诸子兼怀梅叟缫蘅》《答梅生二首》（以上1935年作）《寄何梅生白下二首》《梅生装弢老遗笺成册敬题其后》《拔可招同梅叟无畏饮墨巢赋赠梅叟》（以上1936年作）《对梅花作寄梅叟》（1938年作）《元日咏梅寄何梅叟》（1940年作）《书王道真叶竹韵铭小词后并寄梅叟》《念梅叟二首》《书梅叟及梅叟诸女弟子诗画册后》（以上1941年作）《腊八日寄梅叟》《梅叟寄二老会合图书答》（1942年作）《腊八日寄何梅生》（1943年作）。[③] 许承尧盛赞何振岱诗，王真《觉庐侍谈别抄》云：“许疑庵先生称师之诗：‘谓以人格论，乃天际真人，吹气如兰，神逸不可方测；以诗论，真吾师也，岂止友哉。赞叹俱穷，俯首至地而已。’又谓师‘妙悟已突过苍虬，其它无足论矣’。”[④]

八月十五日（9月10日），中秋，吴石五十初度，何遂作词《百字令·丙戌中秋虞薰五十初度尔汝交期能无对酒当歌一洗胸中块垒》。[⑤]

---

① 《何振岱集》，第333页。

② 《何振岱集》，第333～334页。

③ 《疑庵诗》。以上各诗编年，据此书。

④ 1971年郑丽生抄本。

⑤ 何遂：《叙圃词》，民国二十六年排印本。

十一月十四日（12月7日），王闲同刘蘅来陈曾寿处（时在北京），赠梨膏二瓶、花生酱二瓶。何敦仁也来陈曾寿处。何振岱寄《见怀》七律一首。①

十一月二十九日（12月22日），刘蘅以诗词二卷属陈曾寿审阅，陈曾寿认为："气息静深，闺阁中不易得。"②

十二月初七日（12月29日），刘蘅来陈曾寿处，何敦仁同来，送牛乳粉一筒、奶油酥一包、奶卷两盒，取《诗序》去。③

陈曾寿《蕙愔阁诗集序》：胸无俗虑，笔无点尘，诗中不易得之境也。渺虑而发妙明之心，出尘而现水精之域，如读异书，如接道流，如闻妙香，如入幽梦，得身外身，领味外味。陈思闻梵于鱼山，师涓写声于濮水，人意未经，别有所会，抉幽阐微，达所难显，淡而弥觉其腴，凄而能蓄其怨，此尤诗中胜境，非天怀度世、学养兼至，不足以语此。至于撄伤世变，推究终始，片言居要，正而不迂，质世而无疑，侍圣而不惑，尤非通解深识不办。近世士大夫不少俊才，以诗鸣者众矣。然而功利淆于中，嗜欲夺于外，高论抗言，愤疾慨叹，适为其自欺矫饰之具，哀乐皆非其真，故可以惊众流，不可以适独坐。刘蕙愔夫人为何梅生先生高第弟子，以诗一卷见示，把读过日，洵足以净我之虑，洗我之尘，引人胜地，叹为未经见也。爰缀芜辞，以志钦佩云。丙戌十二月雪后，陈曾寿书。④

十二月十二日（1947年1月3日），刘蘅请陈曾寿至玉华台

① 《陈曾寿日记》，第700页。

② 《陈曾寿日记》，第702页。

③ 《陈曾寿日记》，第703页。

④ 《蕙愔阁集》，福建逸仙艺苑诗辑之五（上），第3页。

（在北平）午餐，陈曾寿说：“自制素菜甚佳，执礼过恭，反为不安。”同席有郭则沄，“已三年不见，病体衰惫甚矣。”[①]

十二月十七日（1947年1月8日）[②]，郭则沄卒，年六十六岁。

十二月二十二日（1947年1月13日），王闲约陈曾寿至其寓所午餐，刘蘅约陈曾寿至同生照相以为纪念。[③]

十二月二十三日（1947年1月14日），八十岁生辰，友人郑孝崧（天放）以诗奉祝。

郑孝崧《寿梅生》：八十老人鬓未华，能书细楷眼无花。而今更与庭梅约，岁岁天寒好作葩。[④]

是年，作《小孙女永瑞》诗，云：“几曾尘耳接元音，流水松风韵古琴。何似小孙娇啼好，隔窗明月凤鸾吟。”注：“时方三岁。”[⑤]

是年或以后，何振岱有文《与高生子云二则》，文中说自己“年逾八十”。[⑥] 高是何的学生，事迹未详。

是年，梁鸿志被判处死刑，年六十五。[⑦]

【编年文】

《琴寄室记》《长乐吴敬宸先生墓志铭并序》（约作于本年前后）《邵母郭太夫人诔词并序》。

---

① 《陈曾寿日记》，第704页。

② 《郭则沄自订年谱》附录二《传记资料选辑》，第132页。

③ 《陈曾寿日记》，第706页。

④ 郑孝崧：《天放阁遗诗》，1951年油印本。

⑤ 何振岱后人家藏杂稿。

⑥ 《何振岱集》，第57页。

⑦ 《福州市志·人物志》编辑组编：《福州市志·人物志》（第1辑），1989年内印本，第74～76页。

【编年诗】

《自娱》《三生石》《为张莼沤题令祖建威将军家传后》《雨霁》《题清中叶诸老墨迹后》《孤夜》《耻言自箴》《檐蛛》《偶题》《梦观有所感也》《清坐》《怀人》《张母方太孺人家传题后》《十月廿三晚梦疑庵在余斋头书所作诗甫毕遽去天忽雨君复留醒后书此》《哭许疑庵》《寄人》《题守真斋壁》《秋夜大风雨怀在客诸儿》《题沣儿自画山水》《胜利之后往时诸友星散惟守真客中见念数惠书牍书此奉寄》《怡儿五十生辰》。

民国三十六年丁亥（1947）　　八十一岁

【事迹】

2 月 28 日，台湾省人民反对当局专制统治的“二二八”事件发生。3 月 17 日，吴石随国防部长白崇禧率领的代表团到台北，调查事件始末，进行“宣慰视察”。①

4 月 18 日，魏怀免国民政府委员职，改聘为国民政府顾问。②

是年，值蒋介石六十岁生日，福建省主席刘建绪率诸僚制锦贺寿，意欲请何振岱执笔序文，并送润笔三千元，嘱托吴家琼示意于何振岱。吴家琼知晓何振岱不喜欢作此文章，为之请辞，云“凡作一篇好文章，尤其是裔皇典重的体裁，必须精力充沛，方有可观，历观各家文集，班班可考，否则江淹才尽，搜索枯肠，竭心力而为之，也觉黯然乏味。”不料数日之后，《中央日报》报道：祝总统寿诞的文，将出古文家何振岱之手。何振岱闻此颇为

① 《吴石年表》

② 《中国国民党百年人物全书》（下），第 2456 页。

不安，请吴家琼至家中商量对策，吴家琼提议何振岱“辞以病，卧床榻”，后前来商议之人见此果不相强，改请陈易园执笔。①

九月二十六日（11月8日），刘鸿寿与夫人陈氏合葬于北关外观音山之阳（刘鸿寿于1916、陈夫人于1939年寿终），何振岱为之作《刘景屏先生暨德配陈夫人墓志铭并序》。②

秋日，何曦安排儿辈为其丈夫扫墓，作词《南乡子·丁亥秋日遣儿辈往扫懿君之墓》。

是年，为榕坡撰三字句联，云：“多读书，少对客，爇名香，酌淡酒；恒静坐，能寡言，忘世尘，信天机。”署曰：“旧见含晶道人有三字句楹联，殊妙。兹仿为之，语意不同，各自率其胸臆而已。书质榕坡老兄，其或不以戒为迂乎。梅叟何振岱，时年八十有一。”此联后登载1948年1月4日《中央日报》（永安版），题作《何梅叟三字句楹联》。

是年，何振岱书条幅“定无后悔惟勤学，各有前因莫羡人”，贻五子敦仁。落款：“敦仁五儿日省，八十一老人振岱录。”今存墨迹。

是年，施秉庄随夫金树人迁居台湾。③

是年，陈泽锽往上海并游南京，何振岱作诗《送泽锽之沪并游金陵》送之，中有云：“邂逅得俊人，所重有肝胆。久矣郁光芒，宁为知者掩。”④

是年，作《闻刘明水将来闽喜作》。

按，刘明水，上海人。民国闽侯行政公署专员王伯秋妻。在福州时，由王真介绍入何振岱之门。抗日胜利后返沪。著有《雪

---

① 吴家琼：《故友何振岱生平事略》，《何振岱日记》，第652～653页。

② 《何振岱集》，第111～112页。

③ 连天雄：《寿香社与福州八才女》，《坊巷雅韵》，第142页。

④ 《何振岱集》，第337页。

香楼诗词》。《全闽词》录其词 1 首。刘明水事迹无多考。

是年，沈祖牟卒，年三十九岁。[①] 何振岱有诗《悼沈祖牟》，云："客腊贻远书，情密语逾挚。今秋偶过谈，赏析意多韪。……考经失通才，探古畴真嗜。悠悠宙合间，孰与忠救僿？"[②]

是年，何遂《叙甫词》刊印。

【编年文】

《刘景屏先生暨德配陈夫人墓志铭并序》。

【编年诗】

《题竹韵轩》《立春之晓》《畏寒拥被床上小儿杂陈文具器用稍倦便睡醒复理书或作书画廿余日书此纪之》《假山》《无题》《送泽锽之沪并游金陵》《东西家行》《书感》《挽甘绎如》《龚永叔哀词》《记梦》《寄视诸儿》《春寒病卧有苦干撰寿序者》《题自画山水》《闻刘明水将来闽喜作》《窗光》《枕上口占》《偶题》《寄长子惇畴》《明水自海上乘飞机至》《嘉琼馈盆兰》《竹韵卧病予未能往视书寄》《杂书五言绝句》《伤孙女豫余长男所出之第三女》《深儿归孟秋十日往哭其母墓》《题张辉如庭训图记》《悼沈祖牟》《神识》。

民国三十七年戊子（1948）　八十二岁

【时事】

是年，南京国民政府迁移广州、台湾，国防部参谋总长陈诚欲将史政局所承管的一批国防绝密档案运往台湾。是时吴石任史政局局长，建议"将该资料先移放福州，理由是'进则回京容

---

① 《三坊七巷志》，第 420 页。

② 《何振岱集》，第 342 页。

易，退则转台便捷’”。① 该部分资料最终只择次要者付运，重要的298箱（八大类六十余卷）则被留下，再由解放军十兵团司令部接收。后资料移藏厦门大学，1997年8月由厦门大学图书馆、杭州大学图书馆、广西师范大学图书馆、东亚古籍研究所合力影印出版，定书名为《中华民国史史料外编》。②

【事迹】

五月初十日（6月16日），何振岱率弟子在福州城东寿补斋雅集合影。参与者：何振岱、方声沛、田毕公、林星赓、林心恪、郑侊、吴承淇、张苏铮、王真、郭昭华、刘蘅、王德愔、叶可羲、何曦、王闲、陈人哲、薛念娟、何知平、何敦仁、张子仲、苏和龛、邵振绥、吴石等。③ 这是何门弟子的一次盛会，邵振绥有《戊子五月初十同学廿人集城东寿补斋摄影》诗。

> 邵振绥《戊子五月初十同学廿人集城东寿补斋摄影》：端阳过五日，人意似春天。雨气含芳树，花光照绮筵。相欢爱良晤，一醉忘华颠。修学留清影，长为侍坐缘。④

五月，福州大水，何振岱所居文儒坊三官堂被水所淹，困于其中。何振岱《洪水行》序云：“合家聚一廊隙，予则盘坐柴盆中，饿两日不粒食，被救乃出，至王耐轩家。”⑤ 王真雇小舟将其救出，迎往己家。《洪水行》有云：“水流入市成洪涛，遍淹民庐丈许高。吾衰弯身木盆里，两日得船从遁逃。”⑥ 郑侊亦有诗《大

---

① 柯玉锜：《博学多才为国效力——追忆吴石将军》，中国人民政治协商会议福州市郊区委员会、文史资料委员会、螺洲镇人民政府编：《吴石将军英魂略》，《福州市郊区文史资料》第8辑，1993年内印本，第33页。

② 《冷月无声：吴石传》，第210～211页。

③ 《容楼诗集》，卷首。

④ 《慈园诗词稿》，第22页。

⑤ 《何振岱集》，第350页。

⑥ 《何振岱集》，第351页。

水行》记是年洪水事，中云：“戊子之夏月在午，山洪暴至挟淫雨。顷刻平地若江河，比屋露檐不尺许。……危立欲为测死生，东邻之喊更凄楚。一墙压我东厢墙，砰然滚作一堆土。我家十七人一楼，楼倾梯析逃无所。”① 李宣龚、林志钧皆有诗寄慰。

李宣龚《闻何梅叟病中避水之苦作此讯之》：睡熟饕餮夜半浮，谁知蚓窍发千沤。挟风雨势穿城入，赴海溪流改道收。负米有人能裹饭，毁家何处可登楼。待看杯水坳堂记，潇洒先生是白鸥。②

林志钧《梅生避水灾所遇殊困拔可作诗寄讯写示次韵和之并寄梅生福州》：真成身世作萍浮，合悟千波等一沤。王景湮流谋不豫，郑侨治水效谁收。补萝长记三官巷，飘瓦遥怀一览楼。三官巷梅叟宅，一览楼余故居，相距不远。八十诗翁称砥柱，祝君安稳似沙鸥。“网罗应不到沙鸥”，东坡句。③

七月，张清扬次子林鄘（健骢），时供职漳州，检其母著述旧版片重新刷印刊行。张清扬《潜玉集》《清安室词》自 1921 年刊行后，版片寄藏于何振岱家。五月福州洪灾，林鄘赶回福州，将版片运往漳州，整理印行，并作《拜撰先母张淑人遗著潜玉诗清安室词合集初序》。

林鄘《拜撰先母张淑人遗著潜玉诗清安室词合集初序》：先母张淑人，讳清扬，字宜悦，别署凝若，为名宦幼翼太守公之季女。生而颖异，幼嗜读书，工诗词，精绘事，琴棋箫瑟，尤其余事。词学常师事梅叟何振岱太夫子，得其蕴蓄，而绵邈过之。先君帆孙府公，服官大江南北，视家室如传舍。先母抚育不孝兄弟，备极劬劳，深宵稍暇，焚膏继晷，

① 《容楼诗集》，第 101～102 页。

② 李宣龚：《李宣龚诗文集》，华东师范大学出版社 2009 年版，第 292 页。

③ 《北云集》，第 122 页。

沉浸典籍。为文悱恻悽惋，然每成迭毁，常叹曰："吾身为女子，留此奚用？"四十后，潜悟禅悦，长斋茹素，体益尫瘠。再期年，弃养于姑苏桂和坊，享春秋四十有二。不孝时方九龄，罔极莫报，风木徒悲。捡拾遗著，仅存《潜玉诗》一卷、《清安室词》二卷，剞劂既竣，以先父终岁转徙靡定，爰拜藏何太夫子处者垂三十年。岁戊子仲夏，榕垣洪潦奔澜，虑或波及，不孝供职古漳，星驰归里，赍至任所。感太夫子庇存之德，兹将付梓，敬叙梗概，聊志谢忱云尔。谨拜序。岁次戊子瓜秋，文忠则徐公五世孙榕城健骢林鄘再拜谨序于闽都文藻云烟过眼楼。①

九月初九日（10月11日），重阳，李宣龚征诗，后印成《硕果亭重九酬唱集》，收陈泽锽《戊子重九墨巢老人招饮有诗次均奉和》、刘蘅《和拔可丈重阳原韵》、王真《和墨巢丈戊子重九》等诗。

是年，刘蘅《蕙愔阁集》诗集二卷词一卷刊行。有陈宝琛、许承尧、陈曾寿、何振岱、吴石序。是年孟夏，何振岱撰《蕙愔阁词序》云："蕙愔词笔清妙，较所选古今体诗尤近自然。"② 夏五月，陈曾寿为刘蘅作《蕙愔阁词序》云："吴蕙愔夫人以所为词一卷见示，气息深静，无近世纤薄晦涩之病，即境别有会心，常语转为妙谛，庶几善学古人者。"③ 六月，吴石为刘蘅作《蕙愔阁诗序》云："吾师南华老人何梅叟先生，以朴学大师针砭世俗，陶铸君伦，巍然负东南重望。吾闽人士莫不思亲炙门墙，撰奉杖履，以求深造。吾族承淇侄淑配刘蕙愔女士，克受心传，且以诗词书画见称于时。其为诗自摅性灵，务去陈言，以清丽之笔，写

① 张清扬：《潜玉集清安室词合集》卷首，1957年台北林鄘印本。
② 《蕙愔阁集》，福建逸仙艺苑诗辑之五（上），第57页。
③ 《蕙愔阁诗词》，第121页。

自然之境，内蕴温厚，外造俊淡，求诸前代，抑亦不可多得者欤？……自维戎马半生，学殖荒落，愧对师门，且沧桑世变，正始音希，当诗亡迹熄之后，感经巫民兴之难，枨触前尘，追怀绪论，百感填膺，盖不能自已。然吾师门下，犹有诗人，而且蕙愔近在吾宗，与承淇侄于喁唱和，彬彬称盛，斯又私衷引为深幸也欤？"①

是年左右，何振岱在王真家突发中风，在陈侣白（薛念娟长子，此时与母亲租住于王真家中）房中休养十余天，家人和弟子们轮流侍候，逐渐康复后回到自己家中。②

是年，何维沣、王闲夫妇携全家返回福州，居文儒坊三官堂（今大光里）老宅。③

是年，林葆恒从《清词玉屑》《粉云庵词》中搜得何振岱词作二首，私下辑入《词综补遗》中。林葆恒纂《词综补遗》卷十三云："梅生为谢枚如先生高足弟子，古文词皆得其传。晚耽禅悦，谓词近口业，悉屏不刻。然其词实温馨端雅，视碧栖又别具手眼。"④

是年，何振岱作诗《次夕德愔同诸友集小斋宴饮唱词》："灯明酒熟唱诗余，海宇新讴总不如。记得圣湖春欲暮，黄鹂声漾白芙蕖。"注云："凡唱诗余，以吾乡音为最。"⑤ 卢和先生认为"黄鹂声漾白芙蕖"一句，是檃栝二十五年前陈曾寿赞美何门女弟子吟诵之语而成，参1923年编年。

【编年文】

《蕙愔阁词序》。

---

① 《蕙愔阁集》，福建逸仙艺苑诗辑之五（上），第1页。

② 陈侣白：《此恨绵绵无绝期》，《今如楼诗词》，第87页。

③ 何琇：《后记》，王闲：《王闲诗词书画集》，第199页。

④ 《词综补遗》，第1244页。

⑤ 《何振岱集》，第346页。

【编年诗】

《元旦偶书》《乍晴曝日》《白菜》《余既从施君代觅水仙花又承浣秋惠寄两根春寒新叶已抽且以自慰》《移盆花向日》《杂书古事》《杂题》《晒日》《新春竹韵轩招饮同浣桐及子怡》《惊蛰前闻雷谚称多雨而竟常晴闲居罕出书示诸生》《题王德愔雨景山水》《花朝季慈集诸友宴饮小斋》《次夕德愔同诸友集小斋宴饮唱词》《林率庐尝馈予墨十二锭文曰丁卯年何氏制盖余初生之年也近复索书赠松烟旧墨一锭亦百年旧制并志之》《寄答黄慧端》《红叶一株予幼时已高平檐数移居他花俱散惟此树独存感赋》《寄怀林敦民上海》《怡儿五十生辰》《偶题》《寄杭州李颖叔并问徐圣禅》《春晚雨后》《又追志先慈孝德五言古诗》《连朝阴雨昨今皆晴喜作》《感旧》《偶题》《隐几》《晓坐即景》《阅陈龙川文集题后》《闲居视陈主钦》《岚君时来入梦皆无一言昨忽梦自外入问予云五儿归今在何处梦中语此第一次也》《闲居偶书》《鳏绪》《洪水行》《读高翥访诸葛道人诗有感》《与儿孙述先祖晚年施人旧事》《僧灵杰近游海外辄有所寄贶赋此报之》《廊前曝日》《瓶花》《豇豆》《墨色兰》《霜天》《午睡》《早睡》《苦旱》《偶书寄长子惇畴二首》《子仲邀浴温泉甚适赋谢》《夜饥》《检旧作小画偶题二首》《生辰》《廿四早晨》《新菊》《雨意》《辉如自绵兰寄诗有宵深风雨对床眠之句书此寄和》《风味》《客旧京时厂肆觅书未得车中与深儿商及旁有人谓予曰此书我有之可奉借也叩姓名曰徐森玉翌晨果以书来》《与古序》。

公元一九四九年（己丑）　　八十三岁

【时事】

8 月 17 日，人民解放军解放福州。10 月 17 日解放厦门。

【事迹】

年初，吴石任福建省绥靖公署副主任，返回福州，住宫巷绛雪山房。[①] 何振岱作《喜吴虞薰归》，回忆当年客居北京、游历金陵往事："吾年未六十，作客依燕都。君来谭群经，灯前衍卦图。爻辞参秦汉，象理探古初。君今逾五十，归里握虎符。干城卫邦土，腰带悬属镂。光阴转目间，仿佛游三吴。世事烟云幻，前后只须臾。遗忘苦未能，一粲扪霜须。"[②]

三月，吴石冒险向中共提供国民党长江江防兵力部署图等绝密资料。[③]

暮春，何振岱为曹经沅遗稿《借槐庐诗集》作序。此序未收入《何振岱集》中。

《借槐庐诗集序》：凡人有独挚之性情，斯有特出之举动，非稽古而得，亦非逐流而然。惟其所赋于天者，不与常人同，故其所以养志而遂其天，亦与常人异。以余所识旧友曹君纕蘅是也。君性耽文学，尤爱名流往来书札。远自晋唐以至明清，凡有大家手笔，凤毛鸿爪，必罗致以遂其愿。故数十年以来，鉴古之精与集古之盛，无逾于君。因所乐在是，凡近贤之善书者，必与之周旋讨论，久而不斁。其于吾里前贤，尤具夙契。是时陈太傅、郑太夷皆旅居天津，太夷鬻书自资，君尤与之习。太夷每日五更起作书，君则如时往观，以助其兴。余北居至津，君引为同调不余遗。余亦间诣君居，览所聚古书家真本，辩论源流，而玩味不尽焉。君今已往矣，屋梁落月，颜色依稀。追念后此文酒之游，邈然不可得，曷胜感喟。今曾君学孔，先世与君有旧，迩谋梓君

① 《冷月无声：吴石传》，第196页。

② 《何振岱集》，第362页。

③ 《冷月无声：吴石传》，第184页。

诗，使余为之序。余不揣固陋，就所躬历而追思之，叹前此数十年人士趋向，俊妙乃尔，于今岂可复得。君有诗卷数帙，多精警可诵之作，风流尔雅，世所共知，无待余之赞美。兹特详其美行嘉言，为世之耽古学者增一旧闻焉，遂序其事以复于曾君云。己丑暮春，榕城何振岱谨撰。[1]

五月，弟子二十五人宴请何振岱于福州半野轩吴氏园，郑侻作诗《己丑五月同学二十有五人宴何梅叟夫子于吴氏园沿闽旧例修光学仪也》。

上半年，薛念娟调任至福州三中任语文教员。[2]

七月，黎生为卓掞《惜青斋笔记·词话》作跋云："炎男先生，侯官小箬乡人，寓福州竹林境，家有池阁之胜，余少时常趋侍焉。先生殁后，所藏词曲为余辗转而得者不少，皆朱墨烂然，真读者人也。此册为其自定手稿，出于女公子誊写者。己丑闰七月黎生记。"[3]《惜青斋笔记·词话》录何振岱词一首，云："何梅生孝廉，为余慎诚社友，善小品文，能诗词，声华籍甚。《高阳台·章门夜闻大风》云：'旋树才喧，排空更厉，天公一噫难平。万窍同号，不知何处先鸣。凄清怨铎都沉响，近深宵、瓦坠垣倾。梦频惊、铁骑边驰，百万军声。　平生漫倚江湖兴。记飞涛千顷，孤舶曾听。快意长风，犹疑击楫□□[4]。几时短发催人老，看飞花、春晚江城。暗销凝、短翼扶摇，莫问青冥。'梅生晚年之作，转多细腻风光。此词作于宣元以前，特觉雄杰，是亦年龄意境为之也。"此段有眉批："落两字，此句应叶韵。"

① 曹经沅遗稿，王仲镛编校：《借槐庐诗集》，巴蜀书社1997年版，第267～268页。

② 陈侣白：《此恨绵绵无绝期》，《今如楼诗词》，第89页。

③ 卓掞：《惜青斋笔记·词话》，福建师范大学图书馆藏抄本。

④ "□□"，《何振岱集》作"堪乘"，第381页。

按，据油印本何振岱《我春室词集》，“章门”作“南昌”、“空”作“窗”、“清”作“钲”、“坠”作“击”、“漫倚”作“浩荡”、“击楫□□”作“鼓楫堪来”、“飞”作“飘”、“暗”作“漫”、“短翼”作“招鹤”、“莫问”作“梦绕”。卓掞，原名祖茂，字幼庭，号炎男，侯官人。清光绪十九年（1893）恩科举人。永泰县佐治官。著有《惜青斋偶草》。

七月二十二日（8月16日），福州解放前夕，吴石携夫人王碧奎同两子女前往台湾，长子、长女留在大陆。何振岱四子、吴石副官何维澄随行赴台。吴石说：“自己的决心已经下得太晚了，为人民做的事太少了，现在既然还有机会，个人风险算不了什么。”① 临行前吴石向何振岱告别：“明天就要出远门，带敦诚到台湾去一趟。福州近期可能有变故，不要担心，守在家里就好，我还会来看老师。”② 在台期间，吴石出任“国防部”参谋次长，甘冒危险，为中共工作。

闰七月初九日（9月1日），陈曾寿逝于上海。何维深作《哭苍虬丈》悼之，序云：“丈于己丑闰七月初九日逝于沪上。”

何维深《哭苍虬丈》：癯颜鹤发诗中叟，呼吸湖光成寿耇。丈旅居杭州湖滨十余年。毫端妙品半医贫，晚岁在北京以售画为生。佚老孤欢任泰否。栀子香寒小院凉，丈喜栀子，有“栀子香寒”词句闻于世。花间渌水相颉颃。风怀缊抱几能及，忘年于我独徜徉。旅京与丈作邻，因常过从。旧畿一别人天隔，剩与觚棱话夕阳。③

---

① 吴仲禧：《勤奋好学精诚效国——回忆吴石烈士》，中国人民政治协商会议福州市郊区委员会、文史资料委员会、螺洲镇人民政府编：《吴石将军英魂略》，第31页。

② 《冷月无声：吴石传》，第197页。

③ 《静娱楼诗词》，第32～33页。

八月，福建省省长张鼎丞登门拜访何振岱先生，请他担任福建省文史研究馆馆长，何振岱以年事已高婉辞。①

十一月二十三日（1950年1月11日），何振岱率门下友生祭奠谢章铤，张子仲作《十一月廿三日为谢赌棋先生生辰梅师率门下友生为位以祝纪以一诗》。

是年，何振岱于箧中检得五十年前补祝百花生日文稿，上有谢章铤手评，作诗《箧中检得补祝百花生日文稿为谢夫子手评者恍惚五十年前意境也》，追忆五十年前师友交游之事。

《箧中检得补祝百花生日文稿为谢夫子手评者恍惚五十年前意境也》：昔与龚碧琴，冠年偕励已。一书有精义，研索忘移晷。同处不记时，早晏分经史。夜阑更秉烛，考究先大旨。缘贫始分襟，受室殊行止。余远居城外。亲存各归省，平谧相庆喜。我行趣京畿，君病滞闾里。升魂及燕都，我寐骤惊起。余与郑氏兄弟同会试在京，梦君来告别。号恸徒仰天，涕下不可止。既及赌棋门，会文寓隐旨。情词入悱恻，承奖而称美。自兹出择交，宁无遇佳士。欲得水乳投，如君者鲜矣。迄今数十年，忆及悲难已。人生贵闻道，宁徒囿悲喜？爰申师友情，抚镜复奚以。②

是年，何振岱为友人龚鸿义作《龚永叔画龙》，诗云："龚生画龙逾十丈，鳞鬣金色胥怒张。金刚摄之缠臂上，赫如旭日生朝光。舒则竟天缩盈尺，龙公变化浑无迹。谁倾海水向禅门，一笑无言佛弥勒。"③

【编年文】

《借槐庐诗集序》。

---

① 陈侣白：《此恨绵绵无绝期》，《今如楼诗词》，第88页。

② 《何振岱集》，第364页。

③ 《何振岱评传》，第38页。

【编年诗】

《正月初三早》《水仙花》《初四早起》《晨暄》《即事》《晓色》《芳园》《正月人日同家人小酌》《渔妇贺年唱歌犹旧声也三首》《夜雨晓晴》《追忆龚惕庵三事》《阴天微雨》《一哂》《平原君》《题所画墨梅赠人》《午前偶倦枕上作》《书旧作律赋稿后》《春夜小酌》《夜雨》《庭梅盛开》《寄张辉如新加坡》《苦旱忽连雨》《雨色二首》《久雨忽晴适吴翁小铿馈葡萄酒感谢》《阴天有晴色》《西廊》《再赠小铿兄》《晴光》《喜吴虞薰归》《余断饮已久近又以桔汁作酒饮之略美赋此自怡》《施生浣秋自海外寄食物书谢》《宵深》《水仙抽叶将花》《春色》《风帽》《代柬答灵杰上人》《漫兴》《续赋水仙花》《即景》《箧中检得补祝百花生日文稿为谢夫子手评者恍惚五十年前意境也》《五言绝句》《晓色》《廿四早》《阅阙史所志孝犬事志感》《书孝犬事因忆亡友刘敬龙生家旧事》《廿五晨》《夜闻雷》《杂言续五六七八》《自发雷先时天气恒阴书感》《廿六早》《家人小酌》《复灵杰上人近惠书后》《盆花》《偶书》《汴试时岳庙故事》《初四早雨》《即景》《前题》《书惜抱轩文集后》《端午节日》《早起》《夜雷雨至晓而晴初七》《晓窗初九》《雨》《记梦》《偶成》《阅近人杂志感白敏中事作》《得旧醅独酌二首》《感赋》《郑板桥画竹题后》《祝晴》《漫题》《新晴》《遣兴二首》《客来》《萧治安悬壶问世活人甚多医术既精医德尤美知者胥钦佩之欲予张以诗因为书此》《病中随笔两诗寄蕙愔》《汾贻属题许鸥香先生画像》《荫亭属题近代诸老墨迹》《题畸庐读画图》《读陶诗》《题坦西所藏郑无辩先生墨迹后》《赠李心玉》《积雨有怀梵辉上人》《题画并序》《忆旧事得一诗赠坦西同学》《龚永叔画龙》。①

① 《龚永叔画龙》，见《何振岱家藏杂稿》。

公元一九五〇年（庚寅）　八十四岁

【事迹】

1 月 27 日，华东军政委员会在上海成立。何遂任华东军政委员会委员、政法委员会副主任、司法部部长。①

春，李宣龚硕果亭花事甚盛，征诗成《硕果亭看花酬唱集》，收刘蘅诗《硕果亭花事甚盛拔翁有诗命和》、王真诗《奉和墨巢丈硕果亭看花元韵》、何遂词《浣溪纱·庚寅清明后一周柳髯约同渊雷访墨巢老人庭中海棠盛开胜侣咸集三载病余久忘此乐不可以无记也》。②

四月二十五日（6 月 10 日），吴石被国民党当局以“通共罪”杀害于台北，年五十七岁。吴石于狱中的遗书中写道：“壮岁旅居北燕，受业于何梅生先生之门，经义、诗词亦见精进，极蒙梅生夫子之赞许。”并作诗云：“天意茫茫未可窥，遥遥世事更难知。平生殚力唯忠善，如此收场亦太悲。”“五十七年一梦中，声名志业总成空。凭将一掬丹心在，泉下差堪对我翁。”③ 是时何振岱年已逾八十，家人未将此事相告。④

是年，题福州金山寺一联云：“傍檐一塔，在水中央，忆昔日栏干，山翠迎人犹昨梦；近渡半篙，回头是岸，问老僧禅定，江潮拍枕欲忘言。”⑤

是年，刘蘅丈夫吴承淇卒。⑥

---

① 《何遂年谱简编》。

② 李宣龚等：《硕果亭看花酬唱集》，1950 年《墨巢丛刻》排印本。

③ 《吴石诗文集》，第 63～65 页。

④ 《故友何振岱生平事略》，《何振岱日记》，第 655 页。

⑤ 何振岱后人家藏杂稿。

⑥ 董俊珏、游伟娟、颜梦：《福建女诗人刘蘅年谱简编》。

公元一九五一年（辛卯） 八十五岁

【事迹】

正月初二日（2月7日），叶可羲五十生日，同学宴集庆贺，何曦作诗《寿叶竹韵辛卯》，洪璞作词《苏幕遮·寿竹韵五姊五十》。陈海瀛作《竹韵世妹辛卯初度宴集序》。

陈海瀛《竹韵世妹辛卯初度宴集序》：叶超农女士所居曰竹韵轩，人即以竹韵称之。竹韵幼时，常至其舅父马耀珊先生许。耀珊，余友也。余亦数过其家，坐中必有数客，或谈艺，或为竹林之游。客去，群儿喧豗，追逐于庭，学客面为戏，张胡邓吃，各肖其状。竹韵饰余之声音笑貌，闖门入，一若余来访。其舅者耀珊辄举以告余，竹韵亦尝自言如是。倏忽四十余年，竹韵已五十，学亦与年俱进矣。所为诗词及无韵文皆工，得其师梅叟嫡传，书法亦酷似之，兼精绘事，通琴旨。过竹韵轩者，则见茗一瓯、香一炉，手一卷书，恭坐而讽诵，声若出金石，殆神仙中人也。性纯笃，与人无町畦，处师友间能尽其道，虑事析及毫芒，然不为谿刻。严于择对，而难得贤如梁伯鸾者，以此偃蹇，至今未许人也。余所见女子嘻嗃无度、弛慢自便，以骄盈取败辱者，其或才偏胜而沾沾自喜者，难必其端操而幽闲也。竹韵非亶瞻才华，故不为跃冶之金，而为韫椟之玉，信乎有含章可贞之德美在其中矣。迩者，竹韵同学各制诗词或画帧，将以辛卯开岁第二日宴集，陈而观之，为竹韵五十生朝庆。余虽年辈长于竹韵，扬觯致语，礼何可废，乃书此诒之，得无涴竹韵轩之壁欤？①

① 《希微室家藏文稿》卷上，第17页。

初春，何振岱为王真《道真室诗集》作序，评王真诗云："所撰别有独领之趣，钩深探邃，有渊源陶、韦，又有逼肖韩、孟者。集中有《龙述》一篇，备极才思，衍牺经潜龙之旨，而复圣门进取之学，莹揭耀映，罔绌于时，益邃乎古，非寻常之见所可蠡测而隙窥者也。"①

正月初七日（2月12日），林葆恒卒。陈海瀛撰《讱庵林先生诔并序》。

二月花朝，觉庐小集，田毕公有诗《辛卯花朝集觉庐》，叶可羲有诗《辛卯花朝觉庐小集》。

春，何振岱为高赞鼎《斐君轩诗钞》作序。

《斐君轩诗钞序》：迪庵贤友为予丁酉同年高君伯谨之冢嗣，自幼从余问学，聪颖善悟，尤嗜古近体诗，神与古会。余深许之，谓久为之，当自名一家。丙子，余自北南归，与君遇于金陵，欢聚累月。后虽间隔，而书问常通。乙酉春，乃闻君在渝州以微疴卒，为之惊怆不已。德配吾宗贤女，名咏阁，以遗诗见示。适余老病，未克为之作序，爰为追志累世交谊，以待采风者掇之云。辛卯春日何振岱。②

春，为孙儿何永镃作《理镃孙案几整齐书此示之》诗，云："洁己乃洁人，圣贤悬为教。家国一理同，修饬无先后。整齐乃要端，内求非外貌。先家为之基，治国是其效。镃今遵我言，心领毋以貌。祖孙一脉传，教忠先教孝。"末署"祖父手书，辛卯春月吉日"。③

春，张苏铮到北京，拜访何维刚，翌年北游关外。④

---

① 《道真室诗集》卷首。

② 《斐君轩诗钞》卷首。

③ 何氏后人家藏墨迹。

④ 何维刚：《赠张浣桐》其一诗注，何维刚：《竹间集》乙稿，1970年代油印本，第15页。

【编年文】

《道真室诗集序》《复洪璞书》[1]《斐君轩诗钞序》[2]《慈园诗稿序》。

公元一九五二年（壬辰）　八十六岁

【事迹】

二月初二（2月26日），何振岱于病中作《与邵生季慈田生古序书》，附诗二首，盖绝笔作。

《与邵生季慈田生古序书》：早起多痰嗽，不觉已十一时，时光之快，甚惊人。吾老年无深友，欲与深言者已少其人。如足下等更不可多得，胸中积事不知若干，书之乃不能尽，不书殊郁抑。足下诚爱我，不惮重叠言之；若厌我，我只得学达摩老佛面壁而已，又将有谁肯与我深言乎哉？附诗二首："一晓熏笼尚觉寒，灶佣为我奉杯盘。窗阴似雨还非雨，檐瓦无声只细看。""孤衾如水更谁温，一饫何曾抵负暄？阿母慈颜还挂壁，绕床襁褓梦余痕。"壬辰二月初二日病中作。[3]

二月初四日（2月28日），何振岱寿终本宅，年八十六岁。后葬西关外金砂山。

何惇畴《述哀》：居丧不赋诗，古礼安可废。悲怀欲谁陈，短歌聊自寄。家贫亲耄耋，远客诚左计。常怀喜惧心，奈乏舟车费。昔人重劝孝，原欲臻至治。此意今已微，孰悯乌鸟志。菽水愿未酬，风木心欲碎。泪眼空烟尘，但觉天地隘。

亲殁已逾月，诸弟无一字。弱妹岂胜丧，生死萦梦寐。

---

① 《璞园诗词》，第81页。原无题，笔者拟题。

② 此序《何振岱集》题作"题高茶庵诗集"，《何振岱集》，第33页。

③ 《何振岱集》，第85页。

去岁奉亲书，责我何濡滞。望我早归来，村醪共乡味。许我诗有成，继武慰亲意。此志今何及，遗训证孤诣。

儿发虽已苍，儿泪应难竭。哀哀陟岵情，瞻望何时歇。昔年忆丧母，胡骑正猖獗。修程今无阻，蹉跎成永诀。行当返故乡，居庐补吾阙。披诵手泽书，顶礼心头佛。春秋承祭祀，兄弟勤相恤。何以慰重泉，家声矢无越。[①]

何曦《述哀五首》：儿泪将干竭，爷兮只不言。哀哀失依倚，惨惨换乾坤。竟抱终天痛，难酬罔极恩。春寒笼院宇，凄绝旧晨昏。

觅食同饥鸟，贫中百可伤。劳忙销永日，咫尺隔高堂。风树含悲久，啼鹃引恨长。雨声和泪泻，凄咽裂肝肠。

江国文星陨，山城旭日阴。琴书皆失所，僮仆尽沾襟。默默慈亲影，酸酸弱女心。分明眠食地，忆昔更伤今。

一失无从觅，方知往日佳。梦魂犹膝下，诀别已天涯。去觅松霞侣，应消寂寞怀。优游蓬岛胜，定与阿娘偕。

景物浑如旧，阿爷唤不膺。堂虚花伴影，砚冷墨凝冰。薄祭今何补，离忧只不胜。人间多苦恨，仙界愿爷登。

《又》：今生负慈爱，心痛无从偿。罔极恩未报，终天恨难量。哀哀十载间，失我爷与娘。分明百踪迹，疑在还疑亡。爷书犹在几，爷琴犹在床。寻爷已不见，遗影悬空堂。爷衰岂不觉，所患羁尘忙。原应屏诸务，珍兹夕照光。长兄客久北，诸弟谋稻粱。我孱且屡空，罪乃疏提防。梦既苦仿佛，魂果归何方。吞声复哽咽，内疚焚肝肠。自爷弃我去，直如身受创。逢欢转成戚，遇戚尤悲伤。哀哀鸟离树，黯黯人离乡。佳日忽已逝，悔恨却绵长。[②]

---

① 《竹间集》甲稿，第2～3页。

② 《晴赏楼诗词稿》，第104～105页。

王闲《哭翁大人》：如山崩圮断人肠，爱子离旁更可伤。时谨之因公外出。庭际梅枯花有兆，床头书乱病难忘。平生令德留遗稿，数载家园侍举觞。慈蔼音容从此杳，灵前空有泪千行。①

田毕公《哭梅叟夫子》：寒花尚吐馨，古琴已绝响。缅思我夫子，悲涕不可仰。生平我能道，一德人共赏。心迹白日彰，性情春风养。啜醨能自程，搜书欲自广。我愧无一似，名山空向往。环顾失所依，苍茫极天壤。

师有好文章，渊源长乐谢。私祭诏我与，一哀无假借。孰知今事师，以此为亲炙。长言苦未终，相见疑还乍。焉能寝馈忘，已是歌吟罢。人天路何处，有梦难夜夜。遗稿积尘高，黯然过学舍。

忆昔陪看梅，宵阑湖上路。朔风酷吹人，曙月犹挂树。此景记历历，百年难一遇。约我寻幽欢，示我耽冷趣。所以我平生，弗屑浮华慕。今师归道山，我亦伤迟暮。孤意倘宜春，西湖当谁付。

雨窗阴影中，苦思类昌谷。此为绝笔诗，贻我一恸哭。回忆问疾时，颜色尚深穆。责我酒约赊，语竟泪难蓄。诚知至今日，瓣香荐寒菊。不如及生时，醉把陶诗读。斯意长负负，惟有心丧服。

田毕公《忆先师南华老人》：已是歌吟罢几回，石榴开后白莲开。蹉跎岁月无佳语，才有微思便着哀。

新词低唱引千春，古调孤弹绝一尘。值得思量今后夜，州城月暗为何人。

高人坐对爱花枝，上市秋馨惜太迟。小酒黄鱼惭不腆，师言我有再来时。

① 《王闲诗词书画集》，第26页。

旧岁花朝酒似潮，分明是泪上春瓢。家僮更作伤心语，累月曾无一柬招。①

郑侊《哭南华夫子四首》：弱冠游师门，忽忽五十载。语默皆春风，愧不自愤悱。至训可终身，恕人勿恕己。退省有未安，常先鸡鸣起。顽铁不可镕，所就无一体。已矣老无师，琴声犹在耳。日暮海云寒，心丧从此始。

师在闽山青，师归闽水瘦。春宇殢穷阴，春物失前茂。太素还其元，至文不数覯。一室风雨心，千秋金石寿。瞻仰感生平，相期抑何厚。晚心许学诗，只自惭谫陋。敢惜衰残身，黾勉今而后。

结念慕圣因，捷户自为政。行以介立危，志以畏荣定。巨眼观古人，诗书托性命。外物莫能侵，道根先已净。磁响发自情，常与黄钟应。旷代读遗编，能无同爱敬。

先探水滨梅，留待洪塘约。师曾约游金山寺未果，诗有“洪塘游约须留待，先探梅花向水滨”之语。珍诗如见人，高风邈不作。岁阑曾几时，犹侍花前酌。古貌支清癯，深谈遣寂寞。喜淡雪菘肥，取暖芳醨薄。良会即此终，所恨过存略。倚遍竹西栏，梦痕总无着。②

邵振绥《挽梅叟师》：春寒渐成阴，黯澹生书堂。庭梅先春归，应恐风雨狂。今师撤琴瑟，山水逾苍茫。魂兮何处招，瞻像摧衷肠。尚忆师生平，一一无或忘。于世有殊尚，风高而行方。待人以古道，色温而言芳。平居阐至理，恬静惟自臧。潜修希圣哲，江汉不可量。语学书所要，勖我学紫阳。尤以道慰勉，不仅凭文章。赠砚并书铭，示意倍深长。晨夕从研磨，照人生清光。所惭鲁钝资，薰陶空十霜。相期

① 《四有堂诗集》卷下，第 86～88 页。

② 《容楼诗集》，第 54～56 页。

重气节，相得逾寻常。柬我日一来，晤言精且详。尚论多古训，静对意悠扬。花前教觅句，佳日同举觞。此景不再得，梦犹杖履旁。病中贻我书，系诗何感伤。谁知乃绝笔，每读泪沾裳。遗著廿万言，性与道俱彰。如石蕴真火，如花喷异香。出集当尽责，定如所期偿。区区未报答，徒自抱心丧。

邵振绥《读梅叟师所贻绝笔书并诗怆然有感》：病榻贻书止此回，瓣香难烬只心哀。春阴窗北凝寒里，多少深言盼我来。

邵振绥《送梅叟师安葬金沙山》：正值花时景色新，奈何遽别可怜春。回看梅树惊先兆，庭梅忽枯。及抚桐棺痛隔尘。长路白衣同辈几，今朝清泪此间频。穆然一对坟前句，更仰吾师孝行纯。师营生圹，撰联云："此地距先茔不远，家人念祖德勿忘。"①

张子仲《哭梅叟夫子》：一代仰文宗，大府崇硕德。三绝尤擅场，誉满江南北。孤峭与时违，寡谐与俗隔。情眷梅花芬，意愉湖水碧。耽寂坐书丛，投老勤不释。中怀湛以宁，微吟瞢易箦。

忆昔谒师初，岩岩懔眉宇。喜予性情真，诱迪输肺腑。灏落渟蓄妙，淡远要窥古。从游各白头，佳日辄相聚。庭前花盛开，檐际月初吐。尊罍近花朝，一念泪如雨。

自惭负咎身，偈促忧患里。怀抱日郁陶，谅我惟夫子。人日诣觉庐，师颜滋莞尔。问我作诗否，胡久不余视。子诗才可造，淬励休中止。不图此箴言，竟为永诀尔。

细雨寒霏霏，春阴黯漠漠。啁啾变征商，物华转萧索。累夕耿不眠，晨兴心屡恶。剥啄惊启扉，涕泗流闻噩。驱车恸寝门，凭和泪已涸。呜乎天壤宽，俯仰失所托。②

① 《慈园诗词稿》，第39～40页。

② 《河西精舍诗存》，第26～27页。

刘蘅《哭梅叟师》：师门尺地皆乐土，志欲登堂天不许。山颓杖履忽西归，孺怀悲绝如失怙。顾我茕茕劫后身，风凄雨晦谁相亲。春风长物推宏爱，施泽何尝遗草艾。滚滚江河宽且深，追思不及师恩大。弟子班行千余辈，衔哀岂独吾姊妹。此际山城一望空，景光无复当年同。謦欬虽存诗卷里，晨昏总在思量中。好梦都随流水去，悲欢离合浑无据。惟有文章一脉真，报恩首事刊遗著。

刘蘅《送梅叟师安葬金砂山》：数仞宫墙未尽窥，忽来哭拜墓前碑。心丧痛洒三年泪，肠断难成一首诗。白骨青山俱不朽，慈颜馨泽永为思。春风归路云相送，蒿里难伸跬步随。①

叶可羲《哭梅叟師》：炉香瓶卉旧帘帷，不见慈颜隐几时。黯黯琴书仍左右，依依杖履失追随。文星虽陨留光久，学海犹波到岸迟。虚负传灯当日意，酬恩无计只增悲。②

叶可羲《金缕曲·壬辰二月初四谊父何梅叟师逝世追念旧恩凄然感赋》：跨鹤归何处，恁霎时，神山望断，惨云愁雾。一室春风惊骤冷，顾砚雷琴谁主。只剩有，文章千古。雅抱灵襟无可拟，返梅魂，倘结孤山侣。人世事，若尘土。　景光那得教长驻，记卅载，追陪杖屐，视同儿女。盈箧缄书遗训在，入眼空催泪雨。叹忙里光阴虚度。煮药图中凭想象，对慈颜，仿佛闻慈语。修旧业，力须努。③

施宗灏《追悼何梅叟师》：闭门思过感离群，梁木倾颓忽地闻。天憖难徼遗一老，山倾安仰痛斯文。升堂迹断虚调瑟，雪涕声吞惨望云。自分此生成朽木，心丧莫答见期殷。④

---

① 《蕙愔阁集》，福建逸仙艺苑诗辑之五（下），第17～19页。

② 《竹韵轩集》，第141页。

③ 《竹韵轩集》，第241页。

④ 施宗灏：《自怡悦斋诗词选》卷下，1983年油印本。

方兆鳌《梅叟挽词》，序云：梅叟寿八十有六，易园书来，云已赴道山，怆赋寄奠。诗云：凄风苦雨入春末，搁我花时泛寒汐。歘然隔海飞书来，一恸文坛老松折。稷园小诗萦梦寐，茶声杳矣不成拍。多雅少风诚良箴，廿载分携意恻恻。平生赌棋与听水，师友渊源作教泽。觉庐集已落人间，改本迟迟未上石。刊诗屏词病侧艳，禅谈毋乃亦刻画。五祖后身文中仙，不因此病反为则。红社榕城不再兴，温馨矧足承嫡脉。近代倚声推蛰园，叟也谦谦愿避席。庸知抗手二窗间，后学正以合双璧。於戏少微星没邻霄台，九原奚自申一得。南云侧望魂欲飞，闽山从此逊颜色。①

李宣倜《挽梅生》：促膝南池馆，联吟北海陂。乱教悬榻冷，病各报书迟。闵默含狂狷，逡巡见崛奇。平生相赏意，谁与定吾诗。②

陈声聪《何梅生丈挽词》：盖代文章伯，萧条付寤歌。境深由理至，气肃得秋多。鱼鸟聊安稳，山林有坎轲。十年抱贞疾，厄闰复如何。③

秋末，何振岱长子何维刚始得奔丧，返归故里校勘先生遗稿，叶可羲为之襄助。④

九月初三日（10月21日），李宣龚卒，年七十七岁。⑤

是年，刘蘅加入中国美术家协会。⑥

【编年文】

《与邵生季慈田生古序书》。

---

① 《晚读轩诗存》，第79～80页。

② 《苏堂诗拾》，第50页。

③ 《兼于阁诗话全编》，第862页。

④ 叶可羲：《惇畴大兄六十双寿序言》，《竹韵轩集》，第34页。

⑤ 《李宣龚研究》，第51页。

⑥ 董俊珏、游伟娟、颜梦：《福建女诗人刘蘅年谱简编》。

谱 后

公元一九五三年（癸巳）

【事迹】

2月，林星赓受聘为福建省文史研究馆馆员。①

正月十五日（3月1日），王真生日，陈海瀛撰寿言。

《王耐轩世妹癸巳初度寿言》：余之识耐轩，自入说诗社始。耐轩固未入社，社人特以宾礼款之。因亦常至，至则论难飙发，不作女曹貌呫嗫故态。余或后至，已于堂庑外闻其声矣。耐轩能琴、能画、能诗词，又能为蝇头书，以其曾及何梅叟先生之门也。琴与词乃独精，画亦洒落有逸致。尝为余绘《希微室酬唱图》，余报以六言。时又为缩写石鼓万松湾之一角，画箑尚藏箧衍中，时一把玩，疑若闻松风谡谡鸣也。耐轩伉爽有奇气，急人之急如其私，与人周旋，不见其有傲岸之色。独至论事不合，则龂龂罔有顾忌。而师事梅叟唯谨，梅叟亦恒称之。往岁戊子，福州大水，梅叟所居南三官堂，地故洼下，水骤至不得出，耐轩急觅雇小舟迎往其家，其笃性情而重风义也类若此。梅叟女弟子耐轩而外，若张浣桐、叶竹韵，于余皆为世旧。浣桐北行，余有《浣桐轩鼓琴读词题图》为赠；竹韵辛卯初度宴集，亦有序赠之。今

① 《福建省文史研究馆志》，第102页。

岁癸巳上元为耐轩设帨嘉辰，顾独无一言相庆，可乎？耐轩曩虽沉浸旧学，今则亦爬梳新说，心识而力行之，矧乃受事于福州大学，教学相长，所得益多，岂第沉浸旧学云尔哉。书以为耐轩庆，庆其学与年俱进，亦与世俱新也。①

二月，花朝，刘蘅与同学十余人在蕙愔阁雅集，以“春宵闻雁”命题赋诗，刘蘅赋七绝一首，以诗意为图并请陈海瀛作序。② 田毕公作诗《癸巳花朝同人集惠庐蕙愔诗佳绝赋赠》，郑侻作诗《题蕙因阁春江闻雁图》，邵振绥作诗《癸巳惠庐花朝》《题蕙因春宵闻雁图》，张子仲作诗《蕙愔以所绘春宵闻雁图嘱题》，洪璞作词《浪淘沙·题蕙愔春宵闻雁图》。陈海瀛《春宵闻雁图序》述此次雅集。

陈海瀛《春宵闻雁图序》：癸巳花朝，蕙愔女士与其同学十数辈为觞咏之集，以“春宵闻雁”命题。蕙愔所作七言绝句云：“花香月影浸柴门，夜色迷离画水村。惟有雁声无着处，着人心上断人魂。”其悱恻动人处，颇似杜少陵之“听猿实下三声泪”，李义山之“为拂苍苔检泪痕”，情景逼真，非仅以凄音苦语胜。蕙愔既以其诗意写为图，图成，属余序。余谓至喧之境，寂者处之则寂矣；至寂之境，寂者处之未见其寂也。岂其境无喧寂，心自喧寂欤？然同此春宵，歌台舞榭，酒绿灯红，至喧也，而水村则寂；同此水村，竹篱茅舍，月白风清，至寂也，而雁声则喧。喧中寂，寂中喧，皆偶然相值。第一入有心人之眼耳，则如怨如慕，如泣如诉，有发于不能自已者，请观蕙愔之画之诗。东坡云：“论画以形似，见与儿童邻。赋诗必此诗，定非知诗人。”若

---

① 《希微室家藏文稿》卷上，第36页。

② 刘建萍《何振岱评传》将此次雅集事系在癸酉年（1933），然未指明文献依据，殆误。（《何振岱评传》，第102页）

斤斤求诸寻常着笔间，失之矣。①

仲春，刘蘅作《蕙愔阁诗》识语。②

五月初五日（6月15日），何维刚为刘蘅《蕙愔阁诗》作序。③

六月二十三日（8月2日），李心玉六十，陈海瀛作《李君心玉六十双寿序》。

陈海瀛《李君心玉六十双寿序》：何梅叟先生诗弟子，余多素识，或深相契，独李君心玉闻名久而未之见也。属有觞咏之集，始数数觏，则知其为人质而无饰，外似绌而内充，非衒玉贾石者比。及叩其生平，则又知君于治国学外，兼通欧西语言文字，既修业英华书院，受美孚公司聘，前后历三十余年，乃老。尝以公事忤某襄理意，某襄理者，美国人也，护前短，言近傲慢。君据理力争弗得直，则拂衣去。已而某襄理病殁，主事者复挽君任主计，深倚重焉。向者海关邮政权操外人，吾国人供事其中者，往往遭白眼或奴视，今已一雪此耻，以为快然，在当日谁则强项如君，能令亢鼻而凹睚者有所顾忌耶？君原籍汀属武平，自其先世徙贯福州，遂家会城。初卜宅藤山逶迤岭，距今新居密迩，其地旧多种梅。君生于斯，得其清高之气，故能洁己自持，不畏强御也。平日喜山水游，曾至西湖、雁荡，辄穷探忘倦，殆兼有胜情胜具者。晚号然海退叟，颜其所居曰“畸庐”。夫难进易退，惟君子能之。退以其时，如四序之成功。然庄生云畸人者，畸于人而侔于天，是能游方之外而冥其内因以保身全生。曰退曰畸，可以观志矣。君之善其身者若此，而所以

---

① 《希微室家藏文稿》卷上，第11～12页。

② 《蕙愔阁集》，福建逸仙艺苑诗辑之五（下），第5页。

③ 《蕙愔阁集》，福建逸仙艺苑诗辑之五（下），第4页。

齐其家利其后学者则亦可知。夫人周美毓女士，温恭淑慎，自其为室女，以至为妇为母，内外亲皆曰贤。子四：葆锟、葆埙、葆元、葆祺，咸能卓自树立。锟、壎依序次嗣君伯兄、仲兄为后。女四，亦各以明惠称。谓非擩染君与夫人之教使然欤？君五十时曾制《九佳图》，梅叟先生书其耑，有"敦品悦学、寓情风雅"语。九佳云者，或绘花事，或题诗词，并书耑，凡九人，故名。今岁癸巳，君六十矣。农历六月二十三日为其览揆初度，盖以荷花生日前一日生也。余既为题《荷香人寿图》，君同门友林君坦西复以侑觞文见属，且言曰："子于心玉，似有文字夙缘。其诗颇为子所称许，恃此而敢请。"既诺之，乃标举题图所未尽者，书以为君寿。①

六月，王真作题画诗。

王真《品画剩稿》：一楼镇海揽群峰，千树绛桃映日浓。遥想朔居勤揽胜，应从画里认游踪。子实先生博雅好古，名迹胜地寻览殆遍。曩在榕城，曾结庐屏山之麓。迩日来书，属画《屏山图》，因作此奉贻。癸巳六月。②

七月，王真作题画诗。

王真《品画剩稿》：得地喜芳荣，灌溉勤朝暮。繁枝浥幽香，绕篱成瑶圃。千载陶令风，共领清秋趣。欣赏乐时康，此意真堪慕。契园先生寄示《艺菊》诗索画，久未报命。兹值假日，为写此帧，聊以塞责。笔墨疏拙，未足供大雅一粲也。癸巳七月。③

---

① 《希微室家藏文稿》卷上，第29页。
② 王真《题画剩稿》，《道真室随笔》卷三，第39页。
③ 王真《题画剩稿》，《道真室随笔》卷三，第39页。

是年，刘蘅任福建国画研究会理事。[①]

是年，陈海瀛作《赠琴寄室主序》赠王德愔。

陈海瀛作《赠琴寄室主序》：庄生云："仁义，先王之蘧庐也，可一宿而不可久处。"言其寄也。宇宙间事物何一非寄？第驰骛利名者，汲汲于所得，戚戚于所失，不自知其为寄耳。王德愔女士署其室曰"琴寄"，寄者，寓也。寓情于琴，得手应心，人与琴盖已合为一矣。女士尝从畏庐学画，从梅叟学词、学琴，皆工。余既读其词、见其画矣，独未闻其鼓琴也。虽然，琴未鼓而五声备，既鼓则一声动而其他四声必有遗者，不能同时俱举。故昭文之不鼓琴，无成与亏者，其声全也。余虽未闻女士之琴，以其词与画卜之，知其于琴亦必触攎如志，唯意所拟也。矧女士之为人，静穆渊懿，想见其端坐一室中，操缦安弦，其疾也不速，其留也不滞，能令听者欸愉忘倦，徘徊而不能去。所谓"愔愔琴德不可测"者，可于其命名觇之。曩余与尊府碧栖先生游，女士方在笄年，今亦已六十矣。白首倡随，而又有《樛木》"逮下"之德，门内雝睿，寖炽寖昌，可庆也。遂书以为赠。[②]

公元一九五四年（甲午）

【事迹】

二月初四日（3月8日），何振岱逝世两周年，邵振绥作诗《甲午二月初四日梅叟师大祥》。

邵振绥《甲午二月初四日梅叟师大祥》：刊集何缘两载

① 董俊珏、游伟娟、颜梦：《福建女诗人刘蘅年谱简编》。

② 《希微室家藏文稿》卷上，第26页。

迟，终丧一奠有余悲。搜求遗稿犹难尽，但望当先副所期。①

春，王真为刘蘅题《春宵闻雁图》。

王真《为人题画剩稿》：春宵好，雁语转凄其。掩卷沉吟人不寐，数声嘹呖听还疑。心绪暗弦知。　篱边望，天阔水云低。月影花光相旖旎，泪痕墨渖两迷离。幽绝画中诗。双调《忆江南》。甲午春为蕙愔题《春宵闻雁图》。②

六月十四日（7月13日）夜，田毕公、邵振绥、郑侻、张子仲、苏禾庵、何维刚、何敦仁在福州西湖小集，田古序有诗，何维刚和作《甲午六月十四夜田古序邵季慈郑愓如张子仲苏禾庵舍弟何敦仁招西湖小集古序有诗索和即用原韵》。③

九月初一日（9月27日），刘蘅六十生辰作诗《甲午秋六十自寿时居鼓山千佛庵》，何曦作诗《蕙愔六十初度诗以祝之》，洪璞作词《千秋岁·祝蕙愔四姊六十》。

9月，何遂当选第一届全国人民代表大会代表（代表单位为福建省）。

何维刚六十生辰（十月初九，11月4日），何曦作诗《畴兄六十双庆奉诗为寿》，洪璞作诗《惇畴师兄六十双寿》。

公元一九五五年（乙未）

【事迹】

正月十二日（2月4日），立春，何振岱众弟子辑录《我春室集》四卷成，分赋、论说、序跋、启、书、赠序、传记、铭箴、碑志、赞颂、哀祭、诗、词十六类，共七百八十余篇。受业表侄

---

① 《慈园诗词稿》，第43页。

② 王真《为人题画剩稿》，《道真室随笔》卷三，第41页。

③ 《竹间集》甲稿，第6～7页。

林心恪撰序。[1] 其中《我春室诗集》收《觉庐诗存》补遗及丁丑（1937）至己丑（1949）年诗作。《我春室集》之取名，王真《道真室随笔》卷一《觉庐侍谈录》引何振岱语："《申鉴》云：'夫物不能为春，故候春以生，人则不然，存吾春而可矣。'予取此意，名斋曰'我春室'。"[2]

十二月初九日（1956 年 1 月 21 日），郑傥、王德愔、刘蘅、王闲福州西湖观梅。郑傥有诗。[3]

是年，何振岱《我春室集》编印毕，邵振绥赋诗《我春室诗文集缮印既毕设供先师案前呈诗告成》。

公元一九五六年（丙申）

【事迹】

仲春，陈培锟为邵振绥《慈园诗稿》作序，中云："曾介季慈于同年友何君梅生续修旧学，迄有成就，今以所为诗词请选定作序，展诵而知季慈学有所本，故言皆有物，且诗心恬淡，词意清真，却有自家面目，寻其意绪，俱从性情流落。至若酬应之作，无不殚精致诚，察其旨趣，在于研求圣道，间有悟道之言，足以护持世教者不少，苟非为学素有根柢，遽能若是乎？"[4]

三月，陈海瀛为郑傥《容楼诗集》作序。中云："偶余，固梅叟先生诗弟子也。梅叟之于弟子，非亶诗也，其所责望者，植品砥行之为重，故门下多佳士。即以诗论，辨而不华，质而不俚，梅叟之诗然，其弟子诗亦莫不然。偶余从梅叟游，步趋惟

---

① 林心恪：《我春室集序》，《何振岱集》附录一，第 452～453 页。
② 《道真室随笔》卷一，第 17 页。
③ 《容楼诗集》，第 88～90 页。
④ 《慈园诗词稿》卷首。《何振岱集》收何振岱所作《慈园诗稿序》。

谨，诗皆中规矩如其人，倜余所独也。至若随时会之变迁而异其立言，非倜余所独也。”①

七月初二日（7月7日），立秋，王真装潢自己近年画作，成四十八叶。

王真《品画剩稿》：庚寅夏，闲居累月，寄情绘事，或背临古本，或追写游踪，随意所至，得四十八叶，置之箧中，忽忽五六年矣。迩日检出，爰付装池。钝拙之作，聊存课稿耳。丙申立秋日识。②

八月十五日（9月19日），中秋，梁寿荣为郑侻《容楼诗集》作序，中云：“君早岁从何梅叟先生游，叟以诗名海内，君亦学作诗，叟初见之诧曰：‘子之诗近乎风雅之道矣，其勉之。’……盖善诗者不于诗中求诗，而于诗外求诗也。君读书既多，又得名师为之启发，遂唾弃凡近，超然尘埃之表，沉浸六艺，尤擅比兴，殆非古人敻绝之境无以位之。”③

10月，郑侻受聘为福建省文史研究馆馆员。④

十二月二十三日（1957年1月23日），何振岱九十诞辰，邵振绥作诗《丙申腊月三日梅叟师九十诞辰同学设供奉祝》。

公元一九五七年（丁酉）

【事迹】

7月11日，何遂在全国人大一届四次会议上做了《对中国现

---

① 《容楼诗集》，第2～3页。

② 《道真室随笔》卷三，第40页。

③ 《容楼诗集》，第5～7页。

④ 《容楼诗集》扉页。

代史研究的几点建议》的发言。①

7月，刘蘅受聘为福建省文史研究馆特约撰述员，1978年后转为馆员。②

八月十五日（9月8日），中秋，何维刚为何曦《晴赏楼诗词》作序，序云："读妹作，喜其有精湛之意，无靡慢之音，翛然不着尘滓，佳处足追古人。"③

是年秋，刘蘅、王真、叶可羲、王德愔、王闲、洪璞、何曦在福州西湖赏菊雅集，并摄影留念，王德愔有《咏菊》《西湖菊展》七绝诗，刘蘅有《西湖菊花大会赋此纪胜》七律诗。④

十月，张清扬次子林鄘在台北重印张清扬著作，名《潜玉集清安室词合集》。封面书签作"清安室词"，乃沿用王允皙旧题签。林鄘撰《再序》，云："戊子瓜秋，由榕之漳，检视诗词刊版，堆存岁久，鼠啃虫蚀，颇多残阙，沉沙积泥，甚费爬剔。乃补罅未竟，奉调鹭江，……公务私酬，不遑宁处。……惟诗词橐稿乃先人遗翰，岂容罹厄？亟摹拓密贮。……吾生有涯，来日苦短，不即付印，恐终不可期矣。适同仁鲁治平君，亲为校缮，幸厥于成，愧无报称，附此虔致谢忱。谨再序。丁酉小阳林鄘薰沐拜手谨序于台北比翼庐。⑤

十二月，郑侊作《容楼诗集自序》，回忆师从郑容、何振岱两位先生学诗之经历，收自壬戌（1922）至丁酉（1957）年间诗作300篇、词作13阕，编为《容楼诗集》，凡四卷。⑥

---

① 《何遂年谱简编》。

② 《福建省文史研究馆志》，第126页。

③ 《晴赏楼诗词稿》，第2页。

④ 福州市文化处编：《咏菊诗集》，1958年油印本。

⑤ 《潜玉集清安室词合集》卷首。

⑥ 《容楼诗集》，第11～13页。

是年，王真参观故宫皇极殿绘画馆。

王真《读画琐记》："丁酉重游大都，参观故宫皇极殿绘画馆，见列有余省所作扇面，用粉描绘花鸟，黑白分明，中微衬以色采。又有无名氏画金叶扇，全用粉填成山石，成为雪景，而山石与树木以黑焦笔干擦之，亦见别致。"①

是年，田毕公《四有堂诗》二卷油印行世（孝义巷四号誊写处承印），前冠何振岱《答田生古序书》作题辞代序，附自识云："《四有堂诗》辑成，师殁已四年矣。回忆师在病中谓余曰：'诗序吾已脱稿，修改后可付汝。'越数日，师卒，觅稿不得。呜呼痛哉。今以此书代序，书见《我春室文集》。古序自识。"② 另有自叙，署"岁丁酉夏月七十七叟田毕公自叙"。

公元一九五八年（戊戌）

【事迹】

9月，何曦被聘为福建省文史馆特约撰述员，"文革"后转为馆员。③

是年，薛念娟自福州三中退休。④

是年，王闲于西湖宛在堂作画⑤，时常参加展出。⑥

是年，林心恪卒，年八十四岁。⑦ 何振岱与林心恪少年相识，交情甚深，晚年忆及二人早年读书旧事，何诗《忆旧事得一诗赠

① 王真《读画琐记》，《道真室随笔》卷三，第19页。

② 田毕公：《四有堂诗》卷首，1957年油印本。

③ 《福建省文史研究馆志》，第132页。

④ 陈侣白：《此恨绵绵无绝期》，《今如楼诗词》，第91页。

⑤ 何琇：《后记》，《王闲诗词书画集》，第200页。

⑥ 《福建省文史研究馆志》，第173页。

⑦ 《三坊七巷志》，第442页。

坦西同学》有“绝忆读书桑竹里，古祠风物太平年”之句。[①] 何振岱有《题林坦西小影四十韵》云：“吾友有林子，髫年丰才艺。见身作宰官，素缊聊一试。……与君少同门，至老相笃爱。相逢话往昔，累夕不能既。君贤我所歆，我拙君弗弃。愿君懋汶汶，入世永济世。树德首于乡，余力将远被。君喜纳刍荛，著手在实际。当务举要端，不费有大惠。”[②] 邵振绥作诗《挽坦西》。

公元一九五九年（己亥）

【事迹】

1月，陈海瀛受聘为福建省文史研究馆名誉馆员。[③]

4月，何遂当选第二届全国人大代表，继续担任人大法案委员会委员。

八月，郑侻《容楼诗集》四卷分订二册油印行世。

是年，王闲在福州市美术工厂绘图谋生。[④]

约在是年，魏怀在福州去世。邹光椿《曝芹献芸：邹光椿文集》（十集）：“我补充一位国民党元老，辛亥革命参加者，福州人，后为国府主席林森的文官长，他叫魏怀（字子杞）。1948年国民政府逃往台湾，他没跟去，而是返回家乡福州，在仓山高湖买一座别墅住下，直到五十年代末死去。我是他的亲戚，叫他舅公。我母亲是他嫡亲外甥女。”[⑤]

---

① 《何振岱集》，第376页。

② 《何振岱集》，第282页。

③ 《福建省文史研究馆志》，第140页。

④ 何琇：《后记》，王闲：《王闲诗词书画集》，第200页。

⑤ 邹光椿：《致报社函》，《曝芹献芸：邹光椿文集》（十集），2012年自印本，第190页。

是年，叶可羲为何维刚作《薏珠词序》，云：“其灵思妙悟，与天机相契者，诚有独到之处，视徒事藻饰、争巧拙于字句间者，盖有间矣。”①

是年岁末，苏南撰《己亥岁暮怀旧诗》，中《何振岱梅叟》云：“‘非同鲁国两儒生，礼教吾徒岂可轻。老重九华圣宏愿，施予绘像见深情。’梅叟晚年又号南华居士，道风文藻，人多尊重。身后门人为刊《我春堂集》二卷。叟尝语余曰：其病甚，祷于九华圣者地藏菩萨，病旋愈。发愿绘圣像二十尊施送。持一尊赠余，余谢以诗云：‘六趣深悲地狱身，九华显化契能仁。南华居士同宏愿，拔得达多出苦沦。’”②

按，苏南，字干宝，南安人。民国时期官漳泉总司令官署参谋长、福建陆地测量局少将局长。系说诗社社员。

公元一九六〇年（庚子）

【事迹】

六月，王真完成《侯官陈石遗先生年谱》第八卷编纂，至此，《年谱》续成全谱，王真有《年谱》第八卷案语。《年谱》共八卷，第一卷至第五卷前半卷，自陈衍诞生至 53 岁（1856—1908 年 3 月），由陈衍之子陈声暨编撰。第五卷后半卷至第七卷，由王真于 1929 年续编，至陈衍 75 岁（1930）。陈衍门人叶长青对第一卷至第七卷作补订，后付刻。③ 今人陈步编《陈石遗集》收《年谱》全谱。

十二月二十三日（1961 年 2 月 8 日），张子仲作诗《庚子嘉

---

① 何维刚：《薏珠词》，1970 年代油印本，卷首。

② 苏南：《河园兄妹诗合订》，1962 年油印本，第 43 页。

③ 《陈石遗集》，第 1936 页。

平廿三日怀梅叟先夫子》。

是年，田毕公卒，[1] 年八十岁。邵振绥作《挽古序》，何维刚作《挽田古序学长》。

公元一九六一年（辛丑）

【事迹】

二月，苏禾奃生辰，叶可羲作词《锦缠道·辛丑花朝适逢禾奃生朝作此兼以为寿》。

六月二十八日（8月9日），王真为林石庐七十大寿作画。

王真《题画剩稿》：六月二十八日为石庐览揆初度，辛未四十，辛巳五十，均寿以画箑。辛卯六十，石庐出纸嘱作画册，事冗，未有以应之。今岁辛丑，石庐七十矣。从旧箧中检得此纸，按其游踪与事迹写成二十四小景为寿，石庐见之，当为酌一巨觥也。[2]

九月，曾克耑《颂橘庐丛稿》在香港印行，中《外篇》卷三十五《论闽派诗》一文将何振岱列于“闽派羽翼者八人”中第三人，并记何振岱佚事。

曾克耑《论闽派诗》：（三）何振岱，字梅生，一字心与，福建闽县人，光绪丁酉举人，有《姑留稿》。《石遗室诗话》有介绍的话如下：“梅生为余书扇，录西湖诗数首，乙庵诸人见之极赏其‘钟定声依无际水，诗成意在欲开梅’一联，实则君诗语能自造，而出以自然，无艰涩之态，或病其隘而不广。余曰：‘以东野之夐绝千古，遗山尚目以诗囚，

① 《百年闽诗（1901—2000）》，第221页。

② 《道真室随笔》卷三，第40页。

于东野乎何伤?'”梅生居乡里的时候很久，他的得名，也不能不归功于《石遗室诗话》的揄扬。但听说他晚年对于石遗先生颇多微词，攻击他不通经学。我不知梅生所指的经学是汉学是宋学，我以为石遗先生对于小学、三礼都下过工夫，且有著作行世，可以说是自恭甫先生以后一人。我并未见过梅生有一种说经的书。我在北京时曾因他的学生高迪庵和他见面一次，谈到古文，我便攻击谢枚如先生的不好（谢为福建书院山长数十年，乃畏庐、梅生的先生，和弢庵交情甚好而其文实不佳，黄公渚对我批评他的文章有土气，我为之大笑击节)，你知道他的答覆是甚么？他说："谢先生的固穷品节，岂是今世一般学者文人所能赶得到的呢?"我当时听了也不免大笑无言。我不好意思反驳他说，我是同你论谢君的文章，而不是论他的人品啊。他旅居北京时，只和同乡来往。有一天陈弢庵请客，有他并约有樊山、实甫诸人，他听有樊、易在坐，他便谢绝不去。我记得我在重庆时，和他学生高迪庵时有来往，后来听说他的诗集刻成，要想跟他儿子借来一读。迪庵告诉我，他在诗集上批有"借与人看，便是不孝"的话警戒他儿子，我听了又大笑说道："他若以为诗可以与天下共见，这才付刻，刻了而不与人看，是何用意，倒不如烧掉了事，何必灾梨祸枣呢?"我这以上的话，都是我亲身所见所闻所说，不惜絮絮叨叨的写出来，也可见他的古怪性情。五百年后如果再有樊樊山其人，我这些话，倒是极有趣的典故啊!①

① 曾克耑：《颂橘庐丛稿》第三册，1961年香港自印本，第1432～1433页。

公元一九六二年（壬寅）

【事迹】

暮春三日（4月7日），邵振绥、苏禾庵、何维刚、王德愔、薛念娟、洪璞、叶可羲小集竹韵轩，摄影留念。① 邵振绥作诗《壬寅上巳同学七人集竹韵轩摄影》，何维刚作诗《竹韵轩小集摄影呈诸学长并序》，叶可羲作诗《壬寅三月三日同学七人竹韵轩小集摄影》。

八月十五日（9月13日），邵振绥作《慈园诗词稿自叙》。②

九月初九日（10月7日），王真组诗社，参加者有王德愔、刘蘅、洪璞、王闲。王真《壬寅秋日招琴寄蕙愔璞庐及闲妹小集道真室并组诗社喜赋》："结社月一集，希踪前贤后。"③

是年，郑侃受福建人民教育出版社委托，出版中楷、小楷字帖两本。④

是年，林星赓卒，年八十五岁。⑤

是年，何遂与其妻子陈坤立结婚五十周年，张子仲作《叙圃词丈金婚纪念》诗。陈海瀛作《何叙圃先生金婚志庆序》。

> 陈海瀛《何叙圃先生金婚志庆序》：往岁壬辰，叙圃先生绘《香台旧栖图》并媵以诗为余金婚贺。越十稔壬寅，叙圃与其夫人陈坤立女士亦结褵五十年矣，乃拜手而言曰：

---

① 何维刚：《竹韵轩小集摄影呈诸学长并序》，《竹间集》乙稿，第17页。

② 《慈园诗词稿》卷首。

③ 《道真室诗集》，第18页。

④ 萧凯：《后记——忆外祖父郑侃》，《容楼诗集》，第318页。

⑤ 《福建省文史研究馆志》，第102页。

“《诗》称‘女曰鸡鸣，士曰昧旦’者，夫妇相儆戒之辞也；又称‘妻子好合，如鼓瑟琴’者，谓其平居燕婉之乐也。”叙圃素宾敬，而不以燕婉忘儆戒。汲汲于革命事，不遑宁处，家事一以埤之夫人，夫人区处咸当。余尝于役，道厦门，造叙圃鼓浪屿寓庐，问太夫人起居，叙圃方以公务他适，夫人亦未之见也。其后闻诸叙圃戚党，则皆称道夫人无异辞。方余之始谔叙圃于广州也，与之语，即喜其洒倪敏锐练达。久乃益叹其为文武兼资者，能诗、能画，尤擅倚声，著有《词梦楼词》，余既为之序。叙圃七十，又赠诗云：“南山射虎浑闲事，独有千秋词梦楼。”盖纪实也。今叙圃居京师议政，余暇与其夫人徜徉词梦楼中，前唱于而随者唱喁，乐何如也。遂书此为赠，匪报也，亦欲永以为好云尔。①

公元一九六三年（癸卯）

【事迹】

十二月二十二日（1964 年 2 月 5 日），何振岱九十七诞辰，张子仲作诗《嘉平廿二日为梅叟夫子九十有七诞辰白头诸弟子假守真室设位奉觞》。

是年，王德愔七十初度，邵振绥作诗《寿德愔七十》，薛念娟作诗《赠琴寄室主人并祝其七十初度》，叶可羲作诗《寿琴寄室主人七十初度》。

是年，薛念娟为何维刚《薏珠词》作序，云：“予读《薏珠词》，觉其雅思清声，辞情兼至，非寻常言倚声者所可拟。大抵君早岁之作，多婉约浓挚。近年乡居多病，偶有吟咏，伤感多而

① 陈海瀛：《希微室壬寅文稿》，1962 年油印本，第 4～5 页。

闲适少，岂兴趣有异，抑亦处境使然？若以词论，可谓净洗铅华，独具风格者矣。夫诗与词虽体制不同，宽隘各别，及其至处，则哀乐感人一也。君于词自谓惬意者少，随手散置，予甚惜之，爰为搜辑写存，以资吟赏，识璞知珠，讵所敢云？知君之不我靳也。”①

是年，叶可羲作《纪事十首》，王真就诗意作画十帧。录叶可羲诗序云：“道之今年六十初度，谓予曰：‘众皆喜人作寿诗，吾独不然。盍将吾二人卅载游踪以诗画纪之，不更愈于寿诗耶？’于是余作纪游诗十首，君就诗意挥画十帧，合成小册，旧悰长留，亦美意延年之祝耳。”②

公元一九六四年（甲辰）

【事迹】

正月，刘蘅迁居东湖新村，作诗《甲辰孟春迁居东湖新村》。

二月初二日（3 月 15 日），王闲、何曦、洪璞聚会赏春。王闲作词《鹧鸪天·甲辰二月二日同怡姊璞庐湖畔赏春临水桃花数株已不见矣》。

二月，花朝，王德愔等集叶可羲竹韵轩联句。

薛念娟《甲辰花朝竹韵轩小集同德愔竹韵禾庵守真惇畴联句》：久雨逢新霁（德），林阴散晚烟。乍晴修竹翠（竹），微暖晚花妍。良辰当今日（娟），耆龄亦年少。�轩招胜侣（禾），玉座礼金仙。始信朋簪乐（真），端凭翰墨缘。神交期永契（畴），美意本无边。妙境披名画（德），清音韵素弦。谐游常论艺（竹），阐理偶通玄。领略闲中趣（娟），逍

① 《今如楼诗词》，第 44 页。

② 《竹韵轩集》，第 179 页。

遥物外天。旧闻传锁院（禾），逸事话屯田。酒醳春长在（真），云消月更圆。诗心如沆瀣（畴），好语喜珠联（德）。①

二月，何敦敬写定《心光楼诗集》，并撰自序，述平生所作诗文经过。

何敦敬《心光楼诗自序》：余幼时入塾，课余每好背诵唐宋诗词。弱冠后，尤喜阅读白乐天、李义山、苏东坡、陆放翁诸家诗集，以其易学也。四十前后，曾撰有《心光楼诗稿》及《余香室文稿》两部，共三百余篇，经先严评定，深加嘉许，谓余初学之作得力于香山、剑南者为多。甲申之秋，日军侵入榕城，余星夜避地剑津，转徙燕溪，长途跋涉，行箧被窃，诗文原稿，全部失落，半生心血，悉付东流，至为可惜。十余年来，因衰老多病，脑力锐减，默写旧诗文及近作，不及百首，姑缮订成册，置之案头，聊以自娱，实不足以示当世之能诗者矣。甲辰仲春上弦，何敦敬自识。时年六十有二。②

九月初一日（10 月 6 日），刘蘅七十，作诗《甲辰七十自寿》。邵振绥作诗《贺蕙因乔迁并寿七十》，何维刚作诗《寿琴寄室主人七十双庆》，张子仲作诗《蕙愔七十生日》。

十月十五日（11 月 18 日），叶可羲等为惇畴祝寿。叶可羲作诗《甲辰十月望日同学数子小集竹韵轩为惇畴寿》。

秋，陈海瀛作《赠蕙愔阁主序》赠刘蘅，有云："蕙愔敏而好学，年七十矣，读不辍。所居东湖楼屋，整洁幽以深，无车马喧，恭坐而摊书作画者，蕙愔也。门无杂宾，所与往来者，率为赏奇析疑之素心人也。"③

---

① 《今如楼诗词》，第 22～23 页。

② 何敦敬：《心光楼诗》卷首，稿本。

③ 《蕙愔阁集》，福建逸仙艺苑诗辑之五（下），第 2 页。

公元一九六五年（乙巳）

【事迹】

九月初九日（10 月 3 日），刘蘅、王真、王闲登乌石山。刘蘅作诗《乙巳重九同耐轩坚庐乌石山登高回忆三十六年前与其姐妹初相见于此极尽新知之乐今秋光如旧人事顿非我之身世独感悲凉赋此示之》。

十二月二十五日（1966 年 1 月 16 日），王闲六十生辰，作《六十自寿》。刘蘅作诗《坚庐六十赋祝》。

是年，刘蘅作诗《追忆南华先师》，有云："一十三年生死隔，几番洒泪倚斜阳。"①

是年，张子仲《河西精舍诗存》油印一册刊行，诗选 300 余首，前有张葆达、陈海瀛、苏南序及自序，末有张烜如跋。

公元一九六六年（丙午）

【事迹】

五月十五日（7 月 3 日），郑侻卒，年八十六岁。②

八月二十七日（10 月 11 日），黄曾樾受迫害致死，年六十九岁。所著《慈竹居丛谈》录有《何梅丈谈艺》数则。

> 黄曾樾《何梅丈谈艺》：梅丈云：诗当分作数种看之：写景要有意旨，言情要有深情，论事须有雅抱。
>
> 梅丈云："画乃笔笔生机，棋乃着着死气。"未经人道。至所云"竞乎得失，均是机械之心"，则人人所知也。

---

① 《蕙愔阁诗词》，第 46 页。

② 萧凯：《后记——忆外祖父郑侻》，《容楼诗集》，第 318～319 页。

梅文云：遗山《赠李文伯》诗，在遗山为变调。

梅文云：黄莘田绝句，有绝好处，可选读者有二三十首。①

秋，王真将陈衍未及整理遗著《花光阁零编》一册别录收藏，今见录其所著《道真室随笔》中。

《花光阁零编识语》：石遗师著述等身，所作有生前未及理董者。殁后，其文孙光度世兄取剩稿分装若干册，题曰《花光阁零编》。余辑师之年谱，光度举其中四册见贶，永思见而喜之，从余假去三册。丙午之秋，永思授命，文物随之俱殉。余之廑存一册者，差幸失而复得，吉光片羽，宁不逾加宝惜之乎？谨略为类次，别录以藏。原稿皆无题目，亦有断烂残阙首尾不完者，又篇中有必须说明者，则谬附笺识焉。②

公元一九六七年（丁未）

【事迹】

是年，王闲旧藏《佩文诗韵》下册为洪水淹失，两年后，王闲于书肆得此书下册，并与前所失版本相符，而原书的主人正是张清扬，卷首署有“张凝若日用”数字。王闲喜极而赋诗《怡姊以榕南梦影录见赠》云：“学业同师承，倚声君称冠。清照疑前身，生晚难一面。颜子偏夭寿，自古留余恨。……得书如得宝，笔迹容细认。君魂虽云汉，助我诗猛进。积思能尽倾，造诣窃自奋。”③

---

① 《荫亭遗稿》，第496～497页。

② 《道真室随笔》卷二，第14页。

③ 《王闲诗词书画集》，第45页。

公元一九六八年（戊申）

【事迹】

1月11日，何遂在北京逝世，年八十一岁。陈海瀛曾为其词集作《词梦楼词题后》。

陈海瀛《词梦楼词题后》：昭氏之琴，未鼓而五声皆备；桓伊之笛，无言而三弄已终。厥惟音由心生，乃能意与古会也。至若移宫换羽，减字偷声。念高寒玉宇琼楼，托豪放铜琶铁板。高宾王之痴语，妙有独专；柳耆卿之慢词，名乃以起。则亦意内言外，足以钵目刿心；旨远辞微，无待焦唇敝舌。婉而能讽，感而遂通，此词梦楼之词所以作欤？同邑何叙圃先生者，亦儒亦将，能画能书。东海则才惟子朗最多，扬州则名与阴铿并重。衍其余绪，工为倚声。白了少年头，誓雪国耻；化作相思泪，愁黯乡魂。谁知悲切入情，缠绵尽致者，乃出自难撼岳家之壁垒、莫欺小范之甲兵耶？仆也见机而私心窃喜，按歌而强舌难调。语匪淫哇泥犁，或见诃于法秀；才虽跅弛《香奁》，敢谬托于致尧。读“天黏衰草”之词，能无敛衽；对“山映斜阳”之句，莫漫操觚。盖惟先生为能具天地之炉锤，擅江山之文藻矣。曩岁曾经鹭岛，一登龙门。茅容养母独丰，在林宗倾心已久；李白封侯不愿，以荆州识面为荣。倘联缟纻之欢，敢吝琼瑰之报。隔海停云可念，犹期得句而传笺；他年旧雨重逢，合与置觥而刻烛。①

五月十五日（6月10日），何维深之妻郭昭华卒。

---

① 陈海瀛：《希微室家藏骈文稿》，1959年油印本，第1～2页。

公元一九六九年（己酉）

【事迹】

春末，何维深作词《齐天乐·己酉春尽赋念昭华》悼念亡妻郭昭华，有云："算多少游踪，趁伊归去。泪洒银笺，冥冥争寄与。"①

公元一九七〇年（庚戌）

【事迹】

是年，何维刚卒，年七十六岁。② 何维刚与何振岱众弟子多有往来，颇多吟集与诗词唱和。叶可羲作诗《畴兄亡两月矣兹检竹间集遗稿怆然有作》。王德愔有诗《惇畴师兄逝世不觉数年其生平精于翰墨能传家学惜为医名所掩人多未识耳》。③

是年，张子仲作《鳌峰大雅堂诗剩自序》。

公元一九七一年（辛亥）

【事迹】

正月初二日（1 月 28 日），叶可羲七十生辰，王德愔作词《庆春泽·祝超农七十寿辰》，刘蘅作诗《寿竹韵五妹七秩大庆》，张子仲作诗《竹均七十》。

四月初八日（5 月 2 日），浴佛节，薛念娟作《临江仙·辛亥浴佛日作》，词云："薄暮投林倦鸟，幻缘过眼空花。意存方外苗

---

① 《静娱楼诗词》，第 108 页。

② 《何振岱家族谱》（何尔强编旧谱、何宏编新谱）。

③ 《琴寄室诗词》，第 58 页。

灵葩。真修居市镇，多事着袈裟。　　彼岸渺冥何许，细参禅理休嗟。心头即佛路非遐。三生因果了，无债客还家。”[1]

七月初六日（8 月 26 日），王真病逝，年六十八岁。王闲作《哭耐轩七姊》二首。从王闲此前同王真诗书来往可知，王真抱病已久。此诗其一有云：“健步豪谈鬓未衰，如何一病竟难医。……奉母终身穷心力，退居十载富文辞。”其二有云：“小少原友爱，相亲已晚年。为何抛我去，从此隔人天。”[2] 刘蘅有诗《哭耐轩七妹》，中云：“四十三年同砚席，中间多少悲欢事。推诚相勖还相亲，不啻雁行常自慰。……怜君撄疾卧床久，我在床前日相守。君家司事岂乏人，调药添衣吾亲手。一场辛苦空回忆，痛绝人亡光景异。”[3] 又有诗《耐轩逝后重到道真室》，有“问我思君情，浅深难自测”之句。[4] 陈海瀛、洪璞各有祭文。后陈海瀛又别撰《王真传》。

陈海瀛《王耐轩世妹永别文》：呜呼耐轩，人生朝露，死也何悲。况婴危疾，非药石针砭所能为，力死又何疑？然人非草木，安能不恻怛而歔欷？呜呼耐轩，君从此与世长辞。琴悬壁间，不复更张而理丝；诗词书画金石束高阁，而不复料治。此皆身外物也，知非君所慕思。亲戚故旧，往来觞咏游览，此亦为世间常事，新陈代谢，如寒暑之相禅，安得永住而不睽离？君所最嫪恋者，不嫁事母，母已将九十，君亦六十有八，乃犹难遂终养之私，此非君所能自主年限于斯。呜呼耐轩，来委时，去委顺，生为寄，死为归，此乃宇宙消息盈虚之至理，君固洞烛无遗。呜呼耐轩，我瞽而不良

---

① 《今如楼诗词》，第 43 页。

② 《王闲诗词书画集》，第 47～48 页。

③ 《蕙愔阁集》，福建逸仙艺苑诗辑之五（下），第 34 页。

④ 《蕙愔阁集》，福建逸仙艺苑诗辑之五（下），第 35 页。

于行，十年于兹，欲往哭君寝门之外而末由也。君应宥我勿訾。君卒于一九七一年八月二十六日，越三日，始荼毘。香台鉫叟陈无竞忍泪撰，嘱谢义耕书以吊之。[1]

洪璞《祭王真文》：辛亥七月十九日，同学洪璞谨致奠于亡友耐轩之灵。呜呼耐轩，多才多艺，女中铮铮。终身奉母，长效北婴。克勤克俭，积有余盈。忧人之困，敦诸友朋。宜乎长寿，以享其荣。云何一病，医药无灵。忆在去岁，同悼师兄。子于侪辈，步健身轻。孰意今日，哭子泪迸。入子之室，不闻子声。呜呼耐轩，觉庐同砚，卅载深情。秋日赏菊，春朝吟莺。挈榼提壶，谈笑风生。我羁俗务，子则常临。敦敦相勉，愧我无成。呜呼耐轩，未克终养，子心所萦。诗文遗稿，后世之名。所幸有妹，不负叮咛。子其勿念，优游天庭。尚飨。[2]

陈海瀛《王真传》：王真字耐轩，自号道真，又曰道之，福州市人。父晓斋，有《晓斋遗诗集》，母刘氏。真幼聪颖，喜读书。比长，师事何梅叟先生，学诗学词皆有得，名闻于时。已而又从陈石遗先生游。先生方主说诗社，社集必同来，每谈论，飚发泉涌，倾一座人。平日性喜山水，先生游华山，真裹粮从。回车至中途，车翻堕桥下，真无恙，而先生伤重不能言，真与随侍先生者悉力救护，良久乃苏。疗养阅数月，始归里，详见其所撰《石遗室年谱》。真自其父没后，出应世务，为本州掾，为中学教师，不嫁事母，数十年如一日。既退休，闲处日多，日必入市市食物，为母佐膳，寒暑风雨弗间。去年冬，胃癌疾作乃已。癌危疾也，两次施刀剜肠胃，卒无救。濒死，犹以不能终养自责，心滋痛矣。

① 陈海瀛：《岁寒金友录》，1980年代自印本，第71页。

② 洪璞手稿。

真多才艺，诗词外，书法及山水画皆工，尤善操琴。《寿香社词钞》，梅叟选其女弟子所为词最精者汇刊之，真词已有若干首刊列其中。未刊者，诗词各一卷，《道真室随笔》八卷，遗稿藏王氏家。真不嫁，犹是在室女也。赞曰：生性率真，弥笃爱亲。咳名勿忝，抱璞与终其身。庶几乎贞不绝俗，而自蝉蜕出尘。①

十月二十三日（12月10日），郑丽生抄王真《觉庐侍谈别抄》赠何敦仁，扉页题识："丽生兄钞赠，敦仁谨诵。"

郑丽生《觉庐侍谈别抄》：王君耐轩入何梅叟先生之门久，所著《道真室随笔》记先生之嘉言懿行甚悉。今春病中复出者，因别钞为一帙以赠敦仁，作为不全之副本，以耐轩完稿付印尚有待也。此所记在吾人读之为儒雅之乡闻，而于敦仁固亦清芬之家乘也。第二辛亥大雪后二日，郑丽生谨书。②

十二月二十一日（1972年2月5日），薛念娟突发中风逝世，③ 年七十二岁。王闲有诗《挽薛念娟同学》，中云："交谊岂寻常，翰墨缘深结。垂老犹耽禅，诗课何曾缺。克己先济人，力穷心未竭。"④ 刘蘅有诗《哭念娟学妹》，中云："君乃温良敦宿性，爱人以德能先施。恨我平庸负知己，从今有泪难尽挥。君之品学世所稀，师门入室名早归。及兹晚岁悟禅理，断荤茹素平杀机。且约禅房我为伴，晨昏与我长相依。"⑤ 薛念娟长子陈侣白有《哭慈亲》诗，序云："1972年2月母猝然中风，我星夜驰回，仅

① 《岁寒金友录》，第51～52页。

② 《觉庐侍谈别抄》。

③ 陈侣白：《坎坷岁月 无尽哀思》，《今如楼诗词》，第99页。

④ 《王闲诗词书画集》，第48页。

⑤ 《蕙愔阁集》，福建逸仙艺苑诗辑之五（下），第35页。

获瞻遗体，对月泫然有作。”诗云：“文海浮沉廿九秋，未能慰母反添忧。湛庐山下云遮路，善化坊前雨打楼。残稿惨经风火劫，丝桐响绝钓樵讴。伤心母去儿来晚，独剩帘凹月似钩。”①

公元一九七二年（壬子）

【事迹】

二月十五日（3 月 29 日），张子仲卒，年七十六岁。邵振绥作诗《挽子仲》。

三月，王闲、叶可羲、洪璞同游福州小西湖。王闲作诗《壬子暮春超农守真同游小西湖》。

九月初八日（10 月 14 日），王闲、何曦、何维沣同游小西湖。王闲作诗《壬子重九前一日同怡姊谨之小西湖大梦山登高》。

秋，洪璞、王闲游鼓山，洪璞作诗《壬子秋日同坚庐游鼓山》。

初冬，叶可羲、王闲、洪璞游大梦亭，洪璞作诗《壬子初冬竹韵坚庐招游大梦亭》。

是年，叶可羲为苏禾嵬诗集作《禾嵬诗序》，云：“予观所作，清新卓越，雅韵覃思，真阳春白雪，非下里巴人敢望齐声者矣。”②

公元一九七三年（癸丑）

【事迹】

薛念娟逝世一周年之际，长子陈侣白返乡祭奠，作《浪淘

① 陈侣白：《寄梦楼诗词——创作与吟诵》，海峡文艺出版社 2016 年版，第 14 页。

② 《竹韵轩集》，第 31 页。

沙》词，序云："1973年2月先慈逝世周年时，我归里拜奠，匆匆又去下放地点，首途前夕作此。"词云："白水绕乌山，双塔依然。慈萱生死别经年，风雨西楼人事改，泪满灯前。 槛外正春寒，月子弯弯，几家惆怅几家欢。明日征车云际去，目断南天。"又作诗《无家叹》，序云："前词既成，意犹未尽，复草此诗以足之。"诗云："漂泊归来小径荒，旧时明月照虚廊。慈亲逝去家何在，剩把他乡作故乡。"①

是年，陈海瀛卒，年九十岁。②

是年，河南省追认吴石为烈士。

公元一九七四年（甲寅）

【事迹】

三月，陈声聪作《艺林五咏》，中《论诗绝句》评何梅生云："闭阁焚香自在眠，一琴只合是无弦。论诗谁喻深微旨，细雨疏花意欲禅。"③

九月初一日（10月15日），刘蘅八十生辰，作诗《甲寅八十作》。叶可羲作诗《蕙愔八秩生朝诸友假吾轩觞祝蕙愔有诗见赠谨步原韵并以为寿》。

是年，叶可羲为王德愔《琴寄室诗词》作序，王德愔作诗《谢超农为琴寄室诗词作序》二首答之，其一云："相勉相期敬且诚，世间难得是真情。羡君品学堪为傅，况是同门契此生。"④

---

① 《寄梦楼诗词——创作与吟诵》，第15页。

② 《福建省文史研究馆志》，第140页。

③ 《兼于阁诗话全编》，第783页。

④ 《琴寄室诗词》，第92页。

公元一九七五年（乙卯）

【事迹】

三月初三日（4月14日），王闲等上巳修禊。王闲作诗《乙卯上巳湖上修禊并访琴寄室作长日游刘王二君未至修明有诗索和》。

七月初七日（8月13日），叶可羲竹韵轩小集，人数不详。王闲作诗《乙卯七夕竹韵轩小集》。

十二月二十五日（1976年1月25日），王闲七十寿辰，王德愔作诗《祝坚庐七十寿辰》，刘蘅作诗《坚庐七十初度》。

是年，洪璞七十初度，叶可羲作诗《寿璞园七秩初度》，王闲作诗《七十自寿并赠璞庐》。

公元一九七六年（丙辰）

【事迹】

夏，刘蘅有赴粤之行，作诗《丙辰夏日喜都儿归里即同赴粤》《赴粤别诸姐妹》。洪璞有送行诗《送蕙愔四姊赴粤》《蕙愔四姊临行来诗步原韵》。

七月，刘蘅到粤，作词《鹧鸪天·丙辰初秋来粤吊黄花岗七十二烈士坟墓追念先兄元栋》，又作诗《居粤多病杂咏》六首。

十月，陈泽锽为王彦行《澹庼诗录》作跋。

《澹庼诗录跋》：余始至上海，主墨巢翁馆中，时多雅集，诗事甚盛。于宾客中揖澹庼，癯然而清，知为笃学深思人也。洎墨巢下世，见不数数。近数年复于兼与许频获奉手，谈艺说诗，以为笑乐，有作必以相示。君记诵精博，见之于诗则隽新典雅，尽去陈言，而神理内敛，蕴蓄无穷。独以晚年多病，时出苦语，兼与每以寒孟目之。去岁君病中曾用伏敔堂诗意成一绝句云：“笼中囚鸟孟东野，冰底寒鱼陈后山。穷状年来看亦惯，不须为我损欢颜。”虽游戏之作，却为君之自写真，至肖也。余诗甚浅，且颇与君殊其趣，君乃屡称许之；余固深愧其言，然亦见君之所容广也。爰跋数语，以志文字交情云尔。丙辰十月琴趣拜稿。①

是年，何维澄卒。②

是年，陈子奋卒。陈子奋（1898－1976），原名起，字意芗，号颐谖、无寐，福建长乐人。幼受父熏陶，善书画篆刻，与徐悲鸿结为挚友。曾任福州市美协主席、福州市国画研究会会长、福建省美协副主席。著有《陈子奋画集》《颐谖楼诗草》《颐谖楼印话》《福建画人传》等著作。陈子奋与何振岱颇有往来，何振岱《庚辰病后随笔》多有二人往来记录，中云“子奋来，以所画谢夫子像见示，甚肖”，陈子奋亦尝为何振岱治印，何振岱为撰《颐谖楼作记》。林健《智慧与心皆许国，中书虽老尚斑烂——介绍金石书画家陈子奋先生》：“他（陈子奋）十九岁那年父亲病逝，与老母幼弟相依为命，以卖画刻印维持家计。古文词家何振岱先生为他的颐谖楼作记中说：‘先德逝后，意芗严母教如父，习艺事自给，书画金石精能超众，求者踵接。’”③

公元一九七七年（丁巳）

【事迹】

秋，王闲、叶可羲、洪璞小西湖赏菊。王闲作诗《丁巳秋西

---

① 王彦行：《澹庼诗录》，福建美术出版社2002年版，第148页。

② 何维澄卒年，承何靖女士告知。

③ 福州画院编：《纪念陈子奋文札汇编》，1980年代油印本，第16页。

湖菊展同叶洪二君共赏赋此并寄苏铮》。

季冬，刘蘅自粤返闽，作诗《丁巳季冬将返闽书告诸姊妹及鲁甥》《自粤返闽居福屿洋郑生家坤处纪怀》。

公元一九七八年（戊午）

【事迹】

是年，王德愔卒，年八十五岁。[①] 王德愔与方声沺育有五女一男，长女方丽清、子方贤毅、次女方顺清、三女方敏清、四女方意修、五女方文。[②] 王德愔生前整理有《琴寄室诗词》，长子为其抄写装订成册。王德愔去世后，王闲为之整理补充，刻蜡版油印。王德愔逝世前一日，王闲得其手札。王闲有《哭德愔》《观菊展追念珊芷》诗。《哭德愔》有云："寻常一寸楮，已成绝笔笺。……相知五十载，踪迹有万千。故乡原多友，爱我似有偏。……唱和诗不少，偶读便怆然。为君理遗稿，魂兮休挂牵。贤德人共仰，岂独文艺传。"[③] 此诗有注："得君手札于逝世前一日。"

是年至1981年，何维沣受聘为福建师范大学外语系法语教师。[④]

公元一九七九年（己未）

【事迹】

九月二十九日（11月8日），何曦作《深弟七十生辰赋诗为寿》为何维深祝寿。

---

① 《琴寄室诗词》，封面页。

② 方文：《琴寄室诗词·后记》，《琴寄室诗词》，第166页。

③ 《王闲诗词书画集》，第87页。

④ 《王闲诗词书画集》，第198页。

《深弟七十生辰赋诗为寿》：幼弟年七十，老姊八十余。南归四十载，记梦若须臾。忆昔家燕京，双亲皆欢娱。看花遍园苑，看画工仿摹。夜睡多连床，出游必同车。弟今苦孱弱，姊病愁未除。春秋难一面，所恨隔遥途。祝弟永延年，绵绵百事舒。即祝福寿绵长。己未九月廿九日，姊曦初稿。①

本年，何曦另有诗《己未中秋前一日守真与坚妹来访喜赋》《己未中秋夜见月忆荃儿时余住浊儿家已将两年》《己未重九感旧作》《己未冬日有感》（八首）等，皆《晴赏楼诗词稿》所未收，今存手稿。《己未重九感旧作》后有注："此数首平淡无味，因病中不敢构思，望弟看，有不妥处明以告我，切切。"

秋，刘蘅迁居上海新村，作《己未秋迁居上海新村自为题壁》诗。

是年，王彦行卒。陈泽镗作《挽澹翁》："几辈曾知爨下音，倚楼岁月去骎骎。后山东野俱能至，囚鸟寒鱼不久禁。君诗有'笼中囚鸟孟东野，冰底寒鱼陈后山'之句。未哭寝门终有泪，再言吟事已无心。书生到死余残稿，题跋情同作诔深。君有《晚悔庐残稿》一卷，嘱余题跋。"②

是年，何维深为叶可羲作《竹韵轩文跋》，有云："今出文稿一卷，谓承师志，亦不乞序于人，余甚韪之。"③

公元一九八〇年（庚申）

【事迹】

五月十一日（6月23日），何曦卒，年八十二岁。

---

① 何曦：《何曦己未诗稿》（笔者拟名），何靖女士藏稿本。

② 《琴趣楼诗》，第36页。

③ 《竹韵轩集》，第45页。

按，何振岱孙女何靖女士藏有其父何维深记何曦去世日期的原始记录："何敦良姊，1980.6.23.2点，农6.11，逝世，82岁。"中"农6.11"为"农5.11"之误。刘蘅有诗《哭健怡师姊》有"书窗假日同消领，世事闲愁概不知"之句。[①] 洪璞作诗《哭健怡》，王闲作诗《哭健怡（辛酉五月）》《再悼怡姊》。《哭健怡（辛酉五月）》："闻病趋看悔已迟，菖蒲照眼只增悲。"注："怡姊曾嘱端午前盼来畅谈，否恐不及。"辛酉，1981年。《再悼怡姊》："上皇宁有诏，端午为期限。匆匆即西归，使我肠欲断。"[②] 如据王闲此二诗，则何曦卒于1981年端午节前后，可知"辛酉"二字作应为"庚申"，是王闲误记所致。王闲《五弟终七日赋示谨之》："姊弟何因相继亡，知君此日最悲伤。"[③] 可知何曦卒于何维深之前。刘蘅有《哭健怡师姐》诗，此诗后即《知平师兄有脊令之悲作此解之》诗，据刘蘅诗，亦可知何维深去世在何曦去世之后。

何振岱《感示怡儿》云："一颗掌中珠，明于天上月。穷愁何所慰，见汝生微悦。汝饥我肠搅，汝病我心结。"[④] 亦有"喜儿诗比兄才郁"之句（《怡儿五十生辰》）赞其才华。陈兼与《闽词谈屑》选其《临江仙·剑意》，评曰："道心侠骨，足为天下女子一洗脂粉香泽之气。"[⑤]

五月二十八日（7月10日），何维深卒，年七十一岁。

按，何维深《静娱楼诗词·简介》说何维深卒于1980年，兹从《静娱楼诗词》。[⑥] 何靖女士曾出示其父何维深住院记录，

---

① 《蕙愔阁集》，《福建逸仙艺苑诗辑》之五（下），第52页。

② 《王闲诗词书画集》，第89～90页。

③ 《王闲诗词书画集》，第90页。

④ 《何振岱集》，第301页。

⑤ 《近现代词话丛编》，第142页。

⑥ 《静娱楼诗词》，扉页。

云："（何维深）卒于公元1980年，农历庚申年五月二十八日上午八时。逝世地：福州省立医院北楼三号病区308（1）房间。"何曦卒后17天，何维深去世。王闲作《悼敦仁五弟》云："早慕夏珪笔法新，晚年词境入清真。漫言画友同嗟悼，从此吟坛少一人。"又作《五弟终七日赋示谨之》云："姊弟何因相继亡，知君此日最悲伤。百年荏苒谁非梦，梦境人间有短长。"①

公元一九八一年（辛酉）

【事迹】

是年，刘蘅参加纪念辛亥革命七十周年会议，作词《蝶恋花·纪念辛亥革命七十周年追念先兄元栋会上即席写怀》。

公元一九八二年（壬戌）

【事迹】

二月，花朝，叶可羲竹韵轩雅集。王闲作《壬戌花朝原约雅集璞庐因璞君沾恙移樽�轩作诗纪之》。

11月，王闲受聘为福建省文史研究馆馆员，又兼福州国画会理事、全国美协成员。②

是年，薛念娟长子陈侣白搜集得薛念娟诗词九十余首，油印为《今如楼诗词》。③

是年，叶可羲为薛念娟作《今如楼诗序》，云："诗中《题惇畴诗集》及《重九登雷劈岩》诸作，声韵铿锵，格律严整，直可

① 《王闲诗词书画集》，第90页。

② 《福建省文史研究馆志》，第173页。

③ 《今如楼诗词》，第98页。

媲美古人。”[1] 又为张苏铮作《浣桐轩词序》，云：“君所为词豪放近苏、辛，婉约如姜、张，雅丽绍二窗，集各家之长，独具风格，造诣之深，非近世词人可望企及。”[2]

公元一九八三年（癸亥）

【事迹】

9 月，叶可羲受聘为福建省文史研究馆馆员。[3]

10 月，《中国民间歌曲集成（福建卷）》收录陈炳铮整理的 15 首薛念娟等传腔的福州方言吟诵调。[4] 陈炳铮乃薛念娟之次子。

10 月，新加坡信士捐款重修怡山西禅寺，释梵辉借此重新影印《西禅小记》，并作《重印西禅寺志前言》。

公元一九八四年（甲子）

【事迹】

二月，释梵辉重新影印《六朝三唐僧伽诗钞》，作《重印六朝三唐僧伽诗钞序》，云：“昉至东晋，迄于晚清，请何师梅叟芟定。一九四四年春，本宗明德、星光诸僧友惧其遗佚，先刻《六朝三唐》一册，并附编者二人诗钞，以为倡始，今垂四十年矣。

---

① 《竹韵轩集》，第 32 页。

② 《竹韵轩集》，第 33 页。

③ 《福建省文史研究馆志》，第 178 页。

④ 陈炳铮：《中国古典诗歌译写集及吟诵论文》，作家出版社 2003 年版，第 295 页。

去夏清禅法师归自美国，见此孤本得以幸存，出资复印流通。”①此次重印，另增宋、元、明、清僧诗30余首于其后，卷前有识语云：“《历代僧伽诗钞》共四卷，已丑夏始刻《六朝三唐僧诗》一卷，尚有宋、元、明、清三卷钞本，因不慎致遭焚毁，今若再行采集原书，亦不易得。兹就本人所忆及者录出，仅三十余首，附唐僧集后，以见一斑。间有忘其作者名号，或脱落字句诗题者，均用□为记，以待考证。戊午春，梵辉谨识。”②

5月，洪璞游北京，后有多首诗写到承德山庄。③

十月，陈声聪为李可蕃《藏舟庵集》作序。序云：“鋫帆素工于写新事物者，而律必求细，语必求雅。”④李可蕃是叶可羲门人。

12月，福州三山诗社成立。李可蕃作文《福州三山诗社开社小启》，作词《唐多令·福州三山诗社成立祝辞》。陈泽锽作诗《福州三山诗社成立赋此致贺》。

是年，李可蕃作《竹韵轩集后记》。李可蕃助叶可羲刊行文集，又助叶可羲刊行词集。

是年，刘蘅到上海旅行。陈泽锽作诗《蕙愔学姊来沪喜赋呈政》四首，其一：“举步轻犹识履声，小楼相见喜还惊。乃知寿骨坚牢甚，九十能为千里行。”其二：“重道南华亦重文，授徒人谓似河汾。少年同学今谁在，白发门生我与君。”其三：“心香一瓣向南丰，文字从来有至公。惭愧天涯头白尽，升堂入室未能同。”其四：“十年龙汉空前劫，多少人间渍泪痕。愿力本来无畔岸，不容地下有沉冤。”另有诗《次和蕙愔学姊来沪纪游之作》：

---

① 梵辉、灵杰编：《六朝三唐僧伽诗钞》卷首，1984年影印本。

② 《六朝三唐僧伽诗钞》卷首。

③ 李仙根：《我对母亲的新认识》，《璞园诗词》，第143～144页。

④ 李可番：《藏舟庵集》，福建省文史研究馆2005年内印本，卷首。

“我春室共坐春风，永忆檠檠盖世翁。在我椭檫犹有愧，与君缄札尚能通。诗词已重连城价，梵贝当扬净业功。老健从知才未尽，但耕破砚亦年丰。”①

是年，张苏铮卒，年八十四岁。② 王闲有诗《悼浣桐》，云：“拟赠南迁团聚句，孰知竟作哭君诗。月圆便缺谁能料，松茂遽彫倍可悲。廿载分携书偏少，今朝追忆泪空垂。倘教翰墨因缘在，但愿来生与子期。”③ 陈海瀛撰有《浣桐轩读词鼓琴图序》。

陈海瀛《浣桐轩读词鼓琴图序》：张苏铮女士者，语其质清心玉映，见于文妙绪环生。有荆布风，择对得梁伯鸾为耦；无脂粉气，倚声与孙云凤同工。我本先识湖州，为诵“人瘦黄花”之句；世莫盛称淮海，难专“天黏衰草”之词。叩所师承，知出爱梅水部；绳其祖武，衍从嫁杏郎中。何所闻而来，造庐匪缘；看竹惟其义，有取名轩。乃曰浣桐，盖非徒赋茗才奇，抑复据梧意远也。尔乃搂攏应节，悉中宫商；嗢噱含和，允谐心手。转轸而匏竹屏息，调弦而金石寝声。释躁涤烦，返醇入化。夫惟秉其静好之性，以能发为绵邈之音。神雅澹有怿其容，质懿茂而寓于器。有如此者，望蒹葭伊人宛在，何其德之愔愔；咏榛苓云谁之思，独无言而脉脉。于斯写韵，岂但有彩鸾逸情；率尔题辞，固犹是元龙豪气。④

---

① 《琴趣楼诗》，第 78～79 页。

② 《福州艺文志》（第 134 页）定张苏铮卒年为 1985 年。王闲《王闲诗词书画集》所收《味闲楼诗稿续集》有诗《甲子人日蕙因假座湖边旧寓五老首会竹韵沾恙未至赋诗慰之》《甲子元宵》，而《悼浣桐》诗居二诗之中，《味闲楼诗稿续集》是按作年编排，故可定张苏铮卒于甲子年。以上三诗见《王闲诗词书画集》，第 98 页。

③ 《王闲诗词书画集》，第 98 页。

④ 《希微室家藏骈文稿》，第 2 页。

是年，包谦六撰《诗人陈兼与》，中述及陈声聪与何振岱相交往事。云："当兼翁四十岁在江西的时候，他的母亲叶太夫人七十大庆，他作了征文启，请何梅生振岱为寿文。梅生见启，以为叙事明白，情文并至，赞叹不置。后来兼翁在重庆，有《西流集》诗一卷，又请梅生作序，序中有'知其能文而不知其能诗'之语。梅生先生亦不轻许人者，其见赏如此。"①

公元一九八五年（乙丑）

【事迹】

8 月 29 日，福建省政协举办林则徐诞辰二百周年纪念会议。刘蘅作诗《纪念林则徐诞辰二百周年》，陈泽锽作诗《林文忠公则徐诞辰二百周年纪念》，洪璞作诗《林文忠公二百周年诞辰纪念》，王闲作诗《林则徐二百周年诞辰》。

1985 年 10 月，陈声聪《兼于阁诗话》由上海古籍出版社出版，第二卷《清风不碍伯夷隘》，专门甄录评骘何振岱诗。

> 陈声聪《清风不碍伯夷隘》：何梅叟（振岱）生前曾自刻其诗《觉庐诗稿》，既散赠，复悔之，分函亲友收回，故外间见者极少。自一九三七年（丁丑）至一九四九年（己丑）十二年之作，由其后昆及门人辑成一卷，曰《我春室诗集》，有蜡印本，印不多，今亦罕有存者。其诗幽远孤峭，真诗人之诗。隽句如"拟貌讯近肥，探衷见前皎。春书密如缕，秋事疏于蓼""古洞受江色，无云常夜光。松梢片月白，檐上一星黄""港缩霞光直，山冥日气焦。竹香连寺远，石骨为泉销""数叶石塔后，斜阳与之红""高天孤雁远，一滴

① 《兼于阁诗话全编》，第 1017 页。

一声秋”（喜雨）、“向来制微功，亦同搏象力”“立马城阴高处望，塔尖留得古斜阳”“钗头瓶上相思苦，未辨花人孰浅深”（对菊）、“山僧自是吟边物，只好遮林傍水看”“静看飞云闲看鸟，既凭庭树复凭栏”“怀人好处惟看月，只记圆时莫记残”“江天最丽惟秋晚，更送斜阳与岸枫”（枫）、“欲为鹤圆巢底梦，澹云一片搁青松”，其为唐之姚合欤？宋之四灵欤？明之钟、谭欤？吾不得而知也。

五古如《闲忙篇》云：“忙多不能闲，天机受废格。闲中任我忙，名忙实至乐。至忙莫如云，希微起岩壑。万片忽垂天，所布绝宏博。一收遂无际，松际伴孤鹤。无心解静观，高处看人错。厥忙正是闲，舒倦甚自若。其次莫如僧，与云相约略。一定五百春，从容申两脚。丝毫无挂碍，亦无有辍作。僧眼甚云眼，不视通幽漠。不以晶莹心，入世受薰灼。嗟予性爱闲，常恨此福薄。云僧无一似，俯仰空滋怍。何不随自然，无用狃今昨。我云亦我僧，此中无住着。”云与僧，盖夫子自喻也。《东西家行》云：“西家市鱼养飞鹰，利其爪牙使侵陵。东家施粟养鸡骛，驱之就食无朝暮。可怜鸡骛只为口，哀鸣不息苦奔走。给养无殊成效殊，西家何黠东家愚。东家自谓学西家，汝奋我勤宁有差。西家无言私自得，只俟东家长毛翮。”《杂题》云：“春风机杼千百家，蚕为虫圣天所嘉。蜘蛛学蚕巧有加，只嗜罥虫网落花。物情所吐视所茹，食叶食虫各肠肚。设痴博古矜读书，可怜吐词如蜘蛛。”天机衮衮，物情脉脉，冥凑单微，妙入无间。

有《病后作》七言二首，写老人病后情景殊真：“敢信豨苓足奏功，更生长是赖天公。可怜举室惊魂定，回想经旬一梦同。无虑无思输木石，易饥易饱甚儿童。只今伏枕闲过日，只当乘船闷阻风。”“欲眠不眠风正凉，强起扶坐慵下床。背灯一萤明泛绿，隔帘何花吹小香。不闻人语惟蛩语，数误月光为曙光。咒尽趾离无一梦，秋宵于我如添长。”又《水仙初花》云：“何限怀人意，含深吐乍成。铢衣来冉冉，罗带弄盈盈。楚水兼天净，碧娥如月明。试春初夕好，香过欲闻声。”末句妙，此盖怀人作也。梅叟诗静而深，为人则介而隘，李拔翁挽梅叟诗有“清风不碍伯夷隘，白日长看原宪贫”，交深语至。①

是年，叶可羲卒，年八十四岁。叶可羲于诗文颇得何振岱真传，王闲有《读竹韵轩诗集题后二首》诗，其一有云：“南华衣钵传君久，多少知音喜问津。”其二有云：“高怀直与云霄接，未许毫端着点尘。”② 是年，王闲作《哭叶超农》，中云：“知君有前修，超脱能无累。病久眉仍舒，临终颜和蔼。卅载同乡居，唱酬多乐事。相亲复相勉，骨肉情何异。”③

是年，王闲作《味闲楼诗稿续集自叙》，有云：“小诗俚句，不足问世，聊当影集，以志鸿爪耳。”④

公元一九八六年（丙寅）

【事迹】

6月，陈声聪《填词要略及词评四篇》由广东人民出版社出版，中《闽词谈屑》、《填词枝语》二文，对何振岱及其学生之词作有所评骘。

陈声聪《闽词谈屑》：王又点（允皙）、何梅生（振岱），

① 陈声聪：《兼于阁诗话》，上海古籍出版社1985年版，第84～85页。
② 《王闲诗词书画集》，第94页。
③ 《王闲诗词书画集》，第101页。
④ 《王闲诗词书画集》，第83页。

又为弢庵之门人，其词乃真词人之词。……梅生与又点性格全不同，又点风流洒落，游幕四方，一宰婺源，看花长安，有杜书记之癖。梅生则淑身如玉，耿介自守。光绪丁酉乡贡后，不曾任事，两至杭州，就柯贞贤之馆于北京，凡十年，余多里居。曾刻其《觉庐诗集》，已俵赠矣，旋复悔之，遍函亲友索回。时陈伯冶（兆镕）方筦南京某图书馆，连夜嘱同人分录一本，而后送还。现陈琴趣（泽锽）处，尚有其一本，书面上加书“莫视他人，幸勿愆约”八字，其谨慎如是。词有《我春室词钞》油印本，为后来门人集力而成，流传皆不广。有《采桑子》云：“花开花谢云烟过，百意销沉，犹念晴阴，不许芳菲不上心。　闲愁闲倚俄千匝，都付闲吟，楼迥灯深，已负当初况到今。”淡语有情景，风格在五代、北宋人之间，不易及也。

长调如《百字令》：“一灯摇焰，正栖寒片幕，灵筵萧寂。欲接幽魂来往路，苦向空中寻觅。綷縩仙衣，鸾骖谁引？目断霜天碧。旧恩波逝，可怜今世长隔。　才信独夜偏长，愁多睡少，身似它乡客。衔瓦残蟾，怜我瘦，也作凄凉颜色。如海孤更，无心还问，迟早窗纱白。镜影看形，经春都是凄恻。又《题饮水词·八声甘州》：贮平生灵谛作闲愁，入世恁悲凉。向孤中觅侣，欢中忏恨，不是佯狂。一卷鸾龙高唱，空际落宫商。天下知音者，玄鬓须霜。　为想人间修证，但未成贤果，离合心伤。这遍身兰气，化恨定潇湘。莫消磨，炉香窗月，有冰丝，捻泪待深偿。悠悠对，樽前蛉赢，漫自猜量。”后二首似皆悼亡之作，哀玉之音，沉郁悱恻，白石、碧山之逸响也。

梅生女弟子尤众，刻有《寿香社词钞》，选录其女弟子八人之作。中有王德愔三十五首，刘蘅九十三首，何曦三十七首，薛念娟十二首，张苏铮三十六首，施秉庄二十首，叶可羲八十九首，王真四十首，上有其师弁言。当时集资剞劂，印不及百册。原书木版已毁于“文革”之年。现有存者，矜若珍秘，予曾见过此册，其内容可为简介。

王德愔字珊芷，有《琴寄室词》，碧栖之女。其词如《咏帘·瑶花》云：“重门掩树，朱槛凭花，带垂檐浓绿。凉云一片低窣处，曾听玉奴歌曲。摇曳湘魂，算解慰词人幽独。最可怜，入夜尖风，护得纱窗红烛。　几番燕子归迟，只枯坐无言，衣单寒缛。银钩漫上，有微月初挂，小楼西角。欲眠未忍，恁愁思如波难掬。怕梦见，千里来寻，隔断怎生重续。”学漱玉，得其神似。

刘蘅字蕙愔，有《蕙愔阁词》。如《石鼓怀旧·瑞鹤仙》云：“屧声开藓径，引一缕，春风吹过寒磬。平台小如艇，记岩西烧叶，试茶温鼎。相携度暝，暗回首，都成梦境。旧阑干何限深情，只是独来怎凭？　凝听，风篁摇玉，涧水明珰，这般幽景。共谁收领，吟身外，碧天迥。看低回山鸟，衔来秋籁，疑与新愁暗并。认前游，石上镌文，墨香未冷。”又《西江月》：“华屋悬珠不夜，朱楼散绮如烟。贫家积雨长苔钱，买断盈阶花片。　好鸟娇春啼涩，暮钟抱佛声圆。重山分绿到窗前，润遍黄昏庭院。”好语如珠，女词人尤宜于小令，长调亦多以小令之法为之。

何曦字健怡，梅叟女。有《晴赏楼词》。如《剑意·临江仙》云：“愿铲妖氛消众魅，至刚原属多情。人间悍怯苦相凌，好凭三尺，万恨为君平。　记昔秋霜飞夜月，寒锋照胆晶莹。剑光人影两分明，云山千叠，来往一身轻。”道心侠骨，足为天下女子一洗脂粉香泽之气。“至刚原属多情”语尤见性。

薛念娟字松姑，有《小懒真室词》。如《客感·齐天乐》云："窗光向晚如初晓，浓阴欲还晴昊。卷幔添衣，挑灯展卷，时有和风吹到。沉烟树杪，搁暝色千层，飞起栖鸟。伫立空阶，桂蟾新月一钩小。　　身闲那愁趣少。绕堤寻旧迹，郁绪凄渺。古堞寒鸦，荒村暮霭，客里怎堪凭眺。离肠断了，是只合商量，梦中欢笑。此日春迟，远怀应更悄。"

张苏铮字浣桐，有《浣桐书室词》。《金陵感旧·台城路》云："廿年不过台城路，江潭柳俱人老。荒堞屯旗，高陵吹角，又是一番斜照。秦淮放棹，漾几曲苹波，岸湾迷蓼。近水栏杆，旧时颜色自犹好。　　乌衣怎忘巷小，看寻巢燕子，玉栋千绕。索果呼娘，簪花泥姊，依约欢情多少。而今更到，听风笛声声，总成凄调。一片烟林，莽寒鸦古道。"又《庆春泽》云："弄暝云沉，笼寒日淡，几番无准晴阴。不卷重帘，有人新恋罗衾。么梅孕冷溪桥路，倩炉烟，扶梦相寻。怎堪禁，菊老荒篱，雁老遥浔。　　吴棉乍试依然怯，念霜关倦角，风院残砧。两处眉山，一般那样愁侵。冰轮莫碾空枝露，盼东风，吹暖蕉心。甚而今，才暖熏笼，又冷瑶琴。"

施秉庄字浣秋，有《延晖楼词》。如《秋庭理琴·风入松》云："篝灯明灭断人肠，睡少觉宵长。啼蛩唤雁缘何事？向西风，各谱宫商。侬也起操弦索，孤心进入炉香。　　更深月落气初凉，照幕是霜光。般般客里浑无赖，甚琴声都异家乡。明日试看林叶，故应近岸先黄。"又《延津客夜·满庭芳》云："叶落庭宽，秋高月大，绕屋霜气稜稜。直疑苍宰，移昼作深更。道睡如何睡着，回栏上，百遍闻凭。凝眸处，前江尽白，星火闪渔灯。　　伶俜，天际影，飞过只雁，略不留声。早金釭焰灭，檀鼎香轻。身在琼瑶世界，看上下、一片空明。忘怀也，孤游已惯，谁道是萧清?”

以上何、薛、施三人词，意致清迥，音节婉转，功力可相伯仲。

叶可羲字超农，为梅叟门人中之最早最久者，录其小令二首，有《竹韵轩词》。如《减兰》云：“夹溪垂绿，转尽岸湾知几曲。才过桥西，小碍船行桔树低。　羹鱼炊蟹，野店香醪随意买。篷背诗新，载得秋山瘦似人。”歇拍隽极。又《鹊桥仙》云：“拗崖丛树，窥天一角，人在绿阴深处。钟声隔水过来迟，又趁着，闲云流去。　几分禅悦，片时诗意，不抵山禽朝暮。脉泉肯与浣灵犀，愿来傍，寻源初祖。”又《画屏和梅叟师·齐天乐》云：“欹斜山字休重整，参差别饶情性。旧写诗联，新添画本，都与幽人相称。茶声唤醒。误一点流萤，倦飞初定。入户风尖，试移屋角倚宵静。　吟秋候虫怕听。算殷勤护掩，休搅清兴。宝麝留香，生绡隔月，寒水疏烟相映。萧斋绝胜。怎欣赏无多，忽传更永。帐冷流苏，烛花红渐暝。”风情细腻，为咏物词中之格高者。惟上片末结“试移屋角倚宵静”之“倚”字，吾欲易以“待”字，因此字宜用去声字始响，白石、梦窗、碧山诸家无不如此。

王真字道之，王子仁（寿昌）女，有《道真室词》。如《梁州令》云：“帘外花无数，春寒借，重帘护。那知护得是春寒，春愁却被帘遮住。　春愁无个安排处，看镜羞眉妩。却拼写入诗句，将愁分与伤心侣。”又《楼夜·更漏子》云：“碧栏前，弦月上，迢递邻鸡三唱。衾尽冷，梦初回，炉灰心未灰。　悄无言，闲凝睇，独自离边寻味。深掩户，怯吟春，柔肠车碾轮。”

何门女弟子，实不止此八人，因《寿香社词》刊印较早，有不及载入者，如王闲字坚庐，王真妹，有《味闲楼词》。其《吊冯小青墓·高阳台》："怨水长流，愁峰自碧，移船来傍渔汀。小载螺觞，为君来酹芳醽。吟边未恨春岑寂，恨幽窗冷雨难听。甚伤心，不遣人知，诉与青灯。
寻常村笛胡呜咽，正烟浮霭敛，柳暗桃冥。徙倚阑干，依稀倩影娉婷。泪痕红湿斜阳里，照寒波别思犹凝。最凄凉，黯黯孤魂，夜夜空亭。"

刘明水，虽籍隶上海，侨居榕城已久，有《雪香词》。其《江城子》云："含情脉脉对秋江。露凝妆，泪盈眶。玉屑霏霏，点点薄罗裳。洗净铅华浑欲舞，摇翠袂，曳银珰。
断云飞雨又重阳。感流光，易成伤。寂寞蘅皋，谁与话凄凉？最是灯昏人静后，风不定，夜初长。"

以上所录，虽取径有不同，灵襟亦有上下，要皆婉丽明隽。黄花庵评李易安所谓"使在衣冠之列，当与秦七、黄九争雄，不徒擅名闺阁也"。

梅叟能画，能古琴，故弟子中，不独皆兼工诗，亦皆擅画与琴。王德愔、王真二人琴尤工。德愔、王真、秉庄、刘蘅并能画。德愔有"玉溜"琴。可羲有"逍遥游"琴，为龚蔼人（易图）家故物，流出市上得之。琴背有文曰"逍遥游"，琴腹有"唐咸通二年雷盛制"八字，所谓雷氏琴是也。

又梅叟室郑岚屏夫人，亦工诗及词。有《夜坐赋·醉太平》："风声雨声，三更四更，帘前铁马铮铮，搅人眠不成。
枕边梦惊，灯前思深，芙蓉还恐飘零，隔秋池细听。"《寄外·卖花声》："檐雨滴宵寒，梦醒更阑。罗襟积泪来能干。怪是夭桃红未减，瘦了栏杆。　燕语自梁间，为底盘桓？篝灯挂壁穗红残。遥数征帆江上叶，摇过何山。"风神极似饮水。

何氏一门风雅，桃李成蹊。寿香社诸弟子，今存者尚有叶可羲、刘蘅、张苏铮等三人，年皆在八十以外。吴江金松岑（天羽）居榕城时，常与此数人唱和，亦深许之，诗见《天放楼集》中。①

陈声聪《读词枝语》：刘蕙愔女士为南华老人何梅生弟子，近重印其诗词，陈弢庵、陈苍虬、许疑庵、金松岑诸老昔皆深许之。词经疑庵评点，多隽语。如《自写溪桥暝色图·浣溪沙》云“闲挑暝色过溪桥”，“挑”字好。《石鼓山岁寒寮寄梅叟师·苏幕遮》云：“树婆娑，山迤逦，绿带钟声，流到帘波底。”绿而能流，且带钟声而流到帘波，词心周匝，细而不纤。《题竹韵观书小影·临江仙》云：“旁人欲问几芳龄，镜中无岁月，但见鬓云青。”又《宿竹韵轩题赠·减兰》云：“意旧轩新，如月窗儿着俊人。”绵邈而又凝重，词之有仙心者。②

茉莉为闽中盛产之花，旧时妇女簪鬓，瓶中清供，皆喜用之。田古序有《咏茉莉·清平乐》云：“翠含白吐，银碗砂泉注。珠蕊星星帘底暮，煮茗爇檀添趣。　微馨坠几余清，冰姿隔烛还明。可奈维摩瘦尽，风香雪色皆情。”古序亦入南华老人何梅叟之门，师生年龄相差无几岁，谦虚求进，折节相师，今人所难也。③

仲夏，陈兼与九十寿诞，刘蘅作诗《兼与先生见示九秩自寿四首敬和原韵时在丙寅仲夏》，陈泽锽作诗《兼于兄九十双寿赋此奉祝》《岁次丙寅兼翁九十生日朋俦集荷堂申祝》。

---

① 陈声聪：《填词要略及词评四篇》，广东人民出版社 1986 年版，第 151～165 页。

② 《填词要略及词评四篇》，第 129 页。

③ 《填词要略及词评四篇》，第 139 页。

是年，施秉庄卒，年八十五岁。

公元一九八七年（丁卯）

【事迹】

夏日，王闲书对联一幅云："摊卷明窗堪度日，讴歌盛世更开怀。"①

10月，陈泽镗为诗集《琴趣楼诗》作《自序》云："余二弟泽溎执教于比利时汉学院，主讲中国古典文学。以喜余诗，书来索寄劫后残稿及新作，自任钞胥，拟付影印。事未半而卒，实摧我心。三弟泽埔侨居美国，必欲遂二弟之所愿，从比利时取回已钞之稿，而编次之。其未钞部分，由余自书。埔弟亦书若干首，分余之劳，并负责校雠付印。故诗集中有余兄弟三人之笔迹，以示友爱也。斯集之足取者在此，诗其附赘耳。一九八七年十月琴趣陈泽镗识。"②

10月，刘蘅任逸仙诗社首任社长。同年，刘蘅受聘为福州三山诗社顾问。③

10月，华钟彦主编《五四以来诗词选》由河南大学出版社出版，共选400多位作家1100多首诗词。是书选录何振岱及其弟子与再传弟子诗词有：陈琴趣1首、何振岱4首、何维刚2首、何曦2首、洪璞1首、刘蘅2首、李可蕃2首、田毕公2首、王真2首、薛念娟2首、叶可羲1首、张苏铮2首。

是年，何维炳卒，年八十五岁。

是年，陈声聪卒，年九十一岁。

---

① 《王闲诗词书画集》，第164页。

② 《琴趣楼诗》卷首。

③ 董俊珏、游伟娟、颜梦：《福建女诗人刘蘅年谱简编》。

公元一九八八年（戊辰）

【事迹】

7月，中国人民政治协商会议福建省委员会文史资料研究会编《福建文史资料》（第十九辑）出版，内载有吴家琼所撰《故友何振岱生平事略》一文。

公元一九九〇年（庚午）

【事迹】

1月，梵辉卒。

是年，吴石烈士的骨灰由其女吴学成从台湾带回，交至留在大陆的兄长吴韶成手中。①

是年，陈守治卒。何振岱《评陈瘦愚词选》（笔者拟题）："大作词笔尤胜于诗，后生可畏，必传也。老朽近方避暑城东静娱楼，暇时盼来谈艺为快。福州林子有曰：'大作纯任自然，锲而不舍，必可入辛、刘之室。'不必改弦更张，转趋窘步，卓见当以为然。"②

公元一九九二年（壬申）

【事迹】

5月，刘蘅参会听薛念娟之子陈炳铮吟诵后，赋词《清平乐》："月痕花影，一并秋光冷。佳日偷闲临美景，愁倩西风收

① 《冷月无声：吴石传》，第265页。

② 陈守治：《陈瘦愚词选》（上卷），1980年代油印本，第1页。

领。　　琵琶弦上悲音，情长传到如今。岂独江州司马，凄然涕泪沾襟。”序云：“参加盍簪嘉会，听陈炳铮吟诵古名家诗词，恍如彩凤鸣秋，惊动星斗，妙哉神乎技矣。爰作小词致敬。九十八岁老人刘蘅。”①

公元一九九三年（癸酉）

【事迹】

3月，江苏古籍出版社出版钱仲联编著《近代诗钞》，录存何振岱诗作40首。

> 钱仲联《近代诗钞》：何振岱，字梅生，一字心余，福建闽县（今闽侯）人。光绪二十三年丁酉（一八九七）举人，著有《姑留稿》。近代闽派诗论家陈衍极推重何振岱。《石遗室诗话》中说：“乡人中能为深微淡远之诗者，有何梅生。非惟淡远，时复浓至，其用力于柳州、郊、岛、圣俞、后山者，皆颇哜其胾者也。常自恨其为乡人，家贫不能常出游以广大其诗。余谓固宜广大，然不精微何以积成广大……梅生佳语，独居深念时已不少，而浙游最多。”《诗话》中举其《鹤涧小坐》《理安寺泉》《孤山独坐雪意甚足》《孤山晓望》《冷泉亭》《步至灵隐寺书所见》《游长庆寺》《孤山旧游处重来仍居此感赋》诸篇，备加揄扬，并谓《孤山独坐雪意甚足》“钟定声依无际水，诗成意在欲开梅”一联，沈曾植、罗惇曧“尤爱其有禅理”。衍选《近代诗钞》，大量选入振岱各体诗，也说：“梅生为余书扇，录西湖诗数首，乙庵（沈曾植）诸人见之极赏其‘钟定声依无际水，诗成意在欲开

① 《中国古典诗歌译写集及吟诵论文》，第258页。

梅’诸联。实则君诗语能自造，而出以自然，无艰涩之态。或病其隘而不广，余曰：以东野之敻绝千古，遗山尚目以‘诗囚’，于东野乎何伤?”汪国垣《光宣诗坛点将录》以地周星跳涧虎陈达一员予之，谓：“何梅生振岱学放翁，语皆自造而出以自然，是皆（指与陈书、叶大庄诸人）能以白描见长者，论近代闽诗家，遂连类及之。”说何诗“学放翁”，固然全不中肯，说“连类及之”更是微含贬义，有不屑称道之意。我写《近百年诗坛点将录》，则拟以地强星锦毛虎燕顺，谓：“读何梅生诗，如置身九溪十八涧间，隽秀刻深，虽无弘伟之观，无愧山泽之癯。”比之锦毛虎者，即陈衍所谓“时复浓至”之意。近代闽派诗人，世以海藏楼为宗，何振岱虽不是宗主，然闽派诗人能企及他的并不多。并世陈曾寿、俞明震诸家西湖诸作，都未必高出其上。厉鹗再世，定当把臂入林，钟、谭之流，不足道了。这是诗家逸品，高出能品之上。集中虽以写景为工，抒写个人情思亦胜。然并非不关心时事，《春感》四首感外事而作，便可与其乡陈宝琛《沧趣楼诗》的《感春四首》比美。①

7 月 3 日，洪璞卒，② 年八十八岁。

8 月，福建美术出版社出版福建省文史研究馆选编刘蘅《蕙愔阁诗词》，收录诗歌 460 首、词 137 首，附录陈宝琛、许承尧、陈曾寿、何振岱原序。卷首《百岁老人刘蘅传略》云：“所著《蕙愔阁集》，曾先后刊行两集，前者见于四十年代，后者梓于八十年代。今复增辑其近作，汇编为《蕙愔阁诗词》一卷。清声雅韵，指事摛情，足见其积学之厚，蕴藉之深也。”所云“前者见于四十年代”指 1948 刊《蕙愔阁集》诗二卷词一卷，“后者梓于

① 钱仲联编著：《近代诗钞》，第 1488～1489 页。

② 李仙若：《回忆母亲》，《璞园诗词》，第 141 页。

八十年代”指福建逸仙艺苑诗辑之五（上、下）《蕙愔阁集》（分别李宣龚、陈琴趣题签）。

是年，吴石夫人王碧奎卒。①

公元一九九四年（甲戌）

【事迹】

4月22日，吴石将军与夫人王碧奎归葬北京香山公墓。②

是年，刘蘅百岁大寿，诸人作诗词致贺。

陈鸿铿《菩萨蛮·和刘老蕙愔乙丑春日座上作》：早钦健妇丹青手，居尊谦对徒称友。附骥丽名家，喜开心里花。　春光无限好，优渥林泉老。晚节尚余豪，骚坛清望高。③

郑振麟《祝刘蘅馆老百寿大庆》：期颐欣矍铄，清趣寄瑶琴。画擅名家韵，诗吟盛世音。襟怀如月霁，学问比山深。巾帼须眉气，宁惟齿德钦。④

陈建英《刘蘅馆姥百寿志庆和陈虹馆长贺诗原韵》：巾帼多奇志，高怀托抚琴。毫端工写韵，弦外契知音。岁月消磨易，沧桑阅世深。期颐仍示健，品学众咸钦。

兰蕙超然质，才华冠艺林。励精怀负笈，扢雅羡题襟。拓景山供画，扬声瀑助吟。养恬臻百岁，介寿德惟愔。⑤

林家钟《癸酉秋刘蕙愔馆姥期颐大庆二首》：身心闲且适，怡悦在书琴。落笔多新意，抚弦有雅音。才名喧已久，

---

① 《冷月无声：吴石传》，第270页。

② 《冷月无声：吴石传》，第270页。

③ 王闲等：《耆献集》，海峡文艺出版社1995年版，第27～28页。

④ 《耆献集》，第37页。

⑤ 《耆献集》，第90页。

德范仰尤深。自古期颐罕，艺高倍足钦。

蕙兰君子德，懿行播山林。健步时抛杖，长歌每整襟。千人齐上寿，一馆共联吟。还祝添筹再，康庄乐且愔。①

张鼿生《敬祝蕙愔阁主人期颐大寿并步陈虹馆长祝颂律诗原韵》：螺江才听雨，桂阁又横琴。锦水传清韵，寒山递梵音。声名重海噪，忧患半生深。万籁心头寂，能安举世钦。②

公元一九九五年（乙亥）

【事迹】

是年，何维沣卒，年九十五岁。③

公元一九九六年（丙子）

【事迹】

9月，陈声聪《荷堂诗话》由福建美术出版社出版，书中评录郑岚屏、何敦畴及何门女弟子诗数首。

陈声聪《何惇畴》：梅生丈哲嗣何惇畴（维刚）诗，克绍箕裘者。有《晚泊秦皇岛》云："系缆天将暮，船多岛不孤。衣冠民俗异，轨路塞云迂。光阔灯疑月，波平海似湖。车声怒雷转，为我壮前途。"《客夜书感》云："客散方惊瘦影单，高楼风露满阑干。月来先与秋花白，酒退才知夜气寒。断雁凉蛩游子泪，繁弦急管别人欢。天涯气类真难觅，烂醉沉吟强自宽。"《夜坐有感》云："永日尘氛百可憎，夜

① 《耆献集》，第109页。

② 《耆献集》，第141页。

③ 《三坊七巷志》，第451页。

来心似水初澄。劳生已惜珠弹雀，积毁还忧壁点蝇。花气薰人如中酒，月痕穿幌胜笼灯。耽吟聊自苏怀抱，一醉成欢总未曾。”《秋草》四首录一云：“一望平芜损蒨青，淡烟斜日短长亭。双飞是处来黄蝶，千点何时化碧萤。不殖宁因依大树，有根终觉胜浮萍。马蹄踏踏吟鞭瘦，九月寒笳未忍听。”《夜坐对水仙》云：“想象烟江月上时，风鬟雾髻望中疑。买花只向灯前赏，抽得身闲是夜迟。”“金盏银壶喻未宜，聪明绝爱欲开时。清泉养得檀心净，不许人间蜂蝶知。”“依稀白水记前身，肯与凡花竞笑颦。抛却灵氛销慧种，世间绝代有何人。”其揽物兴怀之沉静细腻处，深得乃翁衣钵。又《九月九日风雪时贤多为诗纪异予亦赋此》云：“水寒莫喻夏虫情，日出乃使群龙惊。龙公剪水偶游戏，乃使秋晚看飞霙。霏霏渐掩半林绿，宛似稠蚕卧丛曲。瓦沟已泻一脉泉，篱头早压数茎菊。西山矗矗高横空，玉泉水与昆明通。一寒胜处无人到，坐想积白明千枫。纸鸢故园旧重九，小扇单衫茱萸酒。十年不上桃李峰，风雨城南漫回首。北居不出依炉旁，画情诗思空飞扬。君不见胡天八月即飞雪，草枯马瘦衣消铁。”亦颇骀荡可喜。

陈声聪《何门女弟子》：梅叟女弟子，词曾有《寿香社词钞》刊本，予已在《闽词谈屑》文中及之，今略选其诗如下。

叶可羲有《竹韵轩诗》。《偶得》云：“花好谁同赏，思量唤月来。来时无碍独，切莫与云偕。”《春夕遣兴》云：“鬓丝莫问添多少，但觉悲欢两不胜。别有清愁人未识，浑忘结习我何曾。满檐竹影初弦月，四壁花痕一穗灯。院外阑干屏畔几，夜深独自尚闲凭。”《月夜书感有寄》云：“衫痕尚染旧香醪，别后月圆知几遭。觅梦无凭犹恋枕，剪愁可断定非刀。便除妄想何曾悟，能解真禅岂肯逃。长此操觚消白日，浮生应笑是徒劳。”幽怀孤赏，无物可偶。

王真为王子仁（寿昌）先生女，孝事其亲，亦老而未嫁。有《道真室诗》。《倚阑》云：“秋削群峰瘦，云流一水寒。诗情无限好，只在倚阑干。”《雨中杂作四首》云：“除却烦忙性自灵，恍如沉醉得初醒。小斋夜雨三更后，不打残荷也好听。”“劳生只合作丹青，漫与闲人较醉醒。此意相深惟夜雨，空阶点滴似丁宁。”“一窗凉雨一书灯，四室愔愔百念澄。手展楞严香在案，只余鬓发未成僧。”“平生长是爱花开，花好惟憎风雨来。今日一花都不见，任他风雨逼春来。”其妹王闲，有《养源室诗》。句如《秋夕偶成》云：“喧檐落叶如泉响，照壁秋灯乱月明。谁说人天情思异，素娥此夕亦凄清。”

王德愔为碧栖先生女，有《书灯二首》云：“夜静灯花一穗新，窗前伴读更相亲。莫看焰小如红豆，照彻千秋史册人。”“短檠笼焰复摇红，阅史温经各有功。一样光中供写读，高低众眼了无同。”

刘修明（蘅）有《蕙愔阁诗》。《春暮》云：“泽物春工意不孤，大钧原是一洪炉。东风暗减吹花力，却向平原长绿芜。”《月》云：“楼前一月如人静，坐傍寥空夜欲迟。虚到此身无表里，更从何处着愁思。”《雨夜》云：“风雨芭蕉竹，四声摧一心。声停天亦曙，无梦入秋衾。”《独坐》云：“堆胸多古愁，此是诗中我。我与我周旋，幽窗非独坐。”《雨际》云：“石发尔何心，得雨反骄翠。不念雨中花，芳姿任憔悴。”大都意思幽深，吐属娴雅，与可羲皆为梅叟之得意门人。

又洪守真（璞）《湖上桃花》云：“一片繁英丽夕阳，飞虹桥畔好春光。临妆倩女湖为镜，施粉施朱总擅场。”刘明水《春日杂咏》之一云：“山城一夜潇潇雨，生怕明朝看落花。不是爱花真有癖，行人春半未还家。”又何健怡（曦），梅叟之女，《曙色》一首云：“曙色才透棂，梦痕犹记省。恍然平生意，迸作此时领。曈曈日初升，惺惺人已醒。万籁寂虚空，清机敛弥静。为想天地初，玄黄本合并。三光始何年，二仪肇何境。往复理自昭，昏晓判俄顷。持此为道基，慎初惟用警。衾裯护新寒，琴书待严整。开窗探阴晴，片云上树顶。”

以上诸家诗，颇得其师之闲静处，悠悠自得，楚楚有致，未易才也。

梅叟室郑岚屏夫人，固亦工吟咏，有《天香室诗词》。如《秋夜对菊》云：“去秋菊花结秋蕊，思君迢迢隔秋水。今年未霜菊又花，花时难得君在家。削梨剥枣唤小饮，夜夜街鼓过三挝。有时君吟我亦和，追写秋心作秋课。人生如此情自佳，何须买棹行天涯。”《心与以瓶中残花置净土得摘来二句命予足之》云：“摘来良有情，弃去殊无恩。世人类澹漠，孰是崇本源。喜拾入净土，小酹倾芳尊。香消意不泯，迹往情自存。”《得芭蕉月下种之》云：“添得芭蕉荫，幽窗更可怜。劚开明月地，补作绿阴天。得意清宵半，招凉盛夏前。莫嫌新叶少，转瞬展风烟。”《二月一日雪》云：“南州二月花开时，京华雨雪方霏霏。披裘袖手凭长几，人静飞花扑窗纸。片云展缝敷微明，似有晨曦催薄晴。阿儿劝我进杯酒，麦饼鸡黄饤春韭。微醺添暖意自佳，携儿去踏长安街。”心与为梅叟号，曾客北京，主柯家多年，夫人间亦往小住，然聚少而别多，中间多相与之作，有和鸣之乐，非剪彩为花，但以娱目者，才调足以空闺襜百辈。①

① 陈声聪：《荷堂诗话》，福建美术出版社1996年版，第25～30页。

11月，李可蕃为王彦行《澹庼诗录》作跋。

李可蕃《澹庼诗录跋》：澹庼先生为已故同窗王闻非君令叔，亦老学长萨百菉君同砚知已，且为寓沪榕籍知名老诗人。无论从任何奥窔阚视，于谊悉为余之乡先辈，而忘年折节俯契于余，以未谋面辄叨酬赠，并推许有加，为幸孰甚。先生捐馆后，其后昆初丐骚坛耆宿陈兼与老先生辑其遗诗，成《澹庼诗录》，百菉学长复以其素日往还之什别辑《澹庼诗续》。余缘故谊笃厚、衡宇相望，辄预其役。迨海峡两岸风涛少靖，闻非老友自台旋里，应其堂棣亦先生哲嗣昕兄之托，佽搜府中余稿来，属余整理。寻抱归鲲岛，与先生在台挚交杨南孙丈商出刊事。又得杨丈尽出其箧存诗鸿资为《感旧》之集，岂意闻非兄婴疾，未及梓行，赍志竟殁，痛哉。无何，昕兄复汇其伯仲与诸父执处存稿都千有余篇，干为编次颠末。于兹，余于先生诗词直三复之矣。于大作若把晤熟客，从其光霁謦欬便审其异同。为汰其重复，实得诗词四百二十七篇五百八十二首，并甲乙其先后，拟名为《澹庼诗词辑录》而归之。此盖洎今所能裒集先生大作之最广者。顾先生平日之所占毕，辄弃置弗留，所恐犹非全豹，然已足窥见风貌之一斑。读先生之作如行高岩深涧，幽花乱眸，眩不知所从出。浚求之邃，造诣之闳，兼老序中固已备述，毋待余之哓舌也。惟校勘既频，感习愈深，掩卷三叹，有不能已于言者。爰略摅数言，以为之记。公元一九九六年十一月左海壑帆李可蕃。①

是年，郭毓麟卒，年八十三岁。②

---

① 《澹庼诗录》，第151页。

② 《福建省文史研究馆志》，第183页。

公元一九九八年（戊寅）

【事迹】

8月8日，刘蘅卒，年一百零四岁。13日，福建省文史研究馆召开“缅怀百岁老人刘蘅”座谈会。①

公元一九九九年（己卯）

【事迹】

9月，顾国华《文坛杂忆初编》由上海书店出版社出版，其中卷六载陈琴趣《先师何梅叟一二事》一文。

> 陈琴趣《先师何梅叟一二事》：先师何梅叟（振岱），福州人，以祖居闽福清南华乡，又号南华老人。丁酉年领乡荐，平生少外慕，利名非所欲。安贫笃学，善属文，尤长于诗词。与陈仁先（曾寿）及许疑庵（承尧）二公，皆有文字深契。师尝谓余曰：“余与仁先，初不相识，一日偶读其咏菊诗，有句曰‘资生日以薄，托命余秋花’，为之倾倒，因走访之，遂成益友。”是时师方游杭州西湖，得句有“钟定声依无际水，诗成意在欲开梅”及“长撑碧汉惟孤塔，能怨斜阳有暮蝉”，深为仁先所推服。海内诗人，一时传诵。
>
> 师生前曾自刻其诗《觉庐诗稿》，请疑庵评阅之。卷中每页上端有其亲笔评语，余曾一一迻录之。1996年安徽省重印许疑庵先生诗集并举行逝世四十周年纪念，征诗及余。余

① 《福建省文史研究馆志》，第126页。

作绝句三首纪之，其一云："吾师梅叟最知公，从见平生气味同。译语常留觉庐集，汝南月旦有同工。"盖即指此而言也。师《留别疑庵》五古一首，有句云："黄山与闽海，耿耿心相随。"实为情至之语，可见相得之深。又疑庵曾请师图其所居，师以久不作画，为嘱门人刘蕙愔图之，题诗其上，中有"诗名满海内，若无与于己"之句，盖许公与先师皆不为名所累者也。

12月，王闲卒，[1] 年九十四岁。至此，何振岱寿香社八才女中最后一名弟子去世。

公元二〇〇〇年（庚辰）

【事迹】

春，吴石、王碧奎夫妇纪念碑矗立在北京香山公墓。4月22日，吴、王亲属及生前好友举行了浓重的纪念仪式。[2]

是年，陈泽镗卒，年九十六岁。陈氏有诗《读梅叟夫子觉庐诗集题后》。

陈泽镗《读梅叟夫子觉庐诗集题后》：心画心声我所独，随人摹拟等婢仆。诗心一脉天与通，谁开鸿濛觉后觉。惟其所觉有独至，着句不为前人局。觉庐之诗无尽藏，境界万千如私蓄。灵心摄追妙腕传，落向毫端成珠玉。浑雄沉挚绝隽雅，真情至性从可读。苦藏难没名益彰，在上星辰下河岳。我令及门不恨晚，所恐为学日不足。乃违杖履走天涯，盖亦

① 《福州人名志》，第9页。

② 《冷月无声：吴石传》，第270页。

为亲须微禄。鸡虫得失安足论，熊鱼取舍难兼欲。门阑虽远心自亲，时抱诗篇诵之熟。读诗想当作诗时，取自怡悦不玄鬻。后山瓣香惟南丰，欲从末由敢苦卓。①

公元二〇〇一年（辛巳）

【事迹】

12月，福建省政协文史资料委员会编《文史资料选编》第三卷《文化编》由福建人民出版社出版，内载有吴家琼所撰《何振岱晚年不满陈衍之由来》一文。

冬月，田毕公之子田昭武校勘并刊行其父诗集《四有堂诗集》，诗为田毕公生前编定，1957年曾刻有油印本，凡存诗600余首。田昭武作《后记》。

公元二〇〇四年（甲申）

【事迹】

12月，李可蕃为己著《藏舟庵集》作《自序》，卢美松作《藏舟庵集序》。

公元二〇〇五年（乙酉）

【事迹】

1月23日，李可蕃卒，② 年八十六岁。

---

① 《琴趣楼诗》，第10页。

② 《藏舟庵集》，卷首。

公元二〇〇六年（丙戌）

【事迹】

4 月，何曦《晴赏楼诗词日记稿》由浙江美术出版社出版。

公元二〇〇九年（己丑）

【事迹】

6 月，刘建萍、陈叔侗点校《何振岱集》，由福建人民出版社出版。

公元二〇一〇年（庚寅）

【事迹】

10 月 17 日，福建省文史研究馆在福州南后街东方书画社展览中心举行“刘蘅馆员诞辰 115 周年纪念展”，编印《刘蘅馆员诞辰 115 周年纪念展作品集》，有 2011 年 2 月 23 日福建省文史研究馆撰《前言》、2010 年除夕陈冷月撰《后跋》。①

公元二〇一二年（壬辰）

【事迹】

1 月，王闲著、何琇编《王闲诗词书画集》由福建美术出版社出版。

---

① 陈冷月：《刘蘅馆员诞辰 115 周年纪念展作品集后跋》，《刘蘅馆员诞辰 115 周年纪念展作品集》，末页。

是年，王德愔著，方文编《琴寄室诗词》由福建省文史研究馆出版（内印本）。

公元二〇一三年（癸巳）

【事迹】

10月，郑侊《容楼诗集》由福建省文史研究馆影印出版（内印本）。

公元二〇一四年（甲午）

【事迹】

5月，薛念娟著，陈侣白编《今如楼诗词》由福建省文史研究馆出版（内印本）。

公元二〇一五年（乙未）

【事迹】

11月，洪璞《璞园诗词》由福建省文史研究馆出版（内印本）。

公元二〇一六年（丙申）

【事迹】

12月，《何振岱日记》由福建人民出版社影印出版。

公元二〇一七年（丁酉）

【时事】

美国时间 10 月 30 日下午，美国加州大学洛杉矶分校东亚图书馆会议室，举行了闽派文化暨何振岱研究学术研讨会，纪念福建近现代文化名人、同光体闽派殿军何振岱先生诞辰 150 周年研讨会，由何振岱文化研究美国基金会主办，来自美国和中国以及日本的何振岱后裔，相关领域学者、诗人、作家、艺术家近三十余人参加。会议由东亚图书馆主任程洪教授主持。何振岱第四代嫡孙女、何振岱文化研究美国基金会创始人何欣晏女士现场捐赠《何振岱评传》书籍给加州大学洛杉矶分校东亚图书馆，让更多的年轻学子感受闽派文化的海纳百川的容量。来自东京的艺术家李燕生先生，来自北京中国现代文学馆的研究员、诗人、翻译家北塔，洛杉矶当地艺术家王小冈先生，洛杉矶长青书局创办人、著名文化学者刘冰先生，加州大学洛杉矶分校亚洲语言文化系的周鸿祥教授、亚太研究中心主任社会学系周敏教授以及英文系的张敬珏教授等先后发言。北塔专题论述了何振岱的诗歌创作。

【事迹】

6 月，叶可羲《竹韵轩集》由福建省文史研究馆出版（内印本）。

公元二〇一八年（戊戌）

【时事】

2018 年 1 月 6 日，由福州市委宣传部、闽江学院、福州市文联共同举办的“首届海上丝绸之路核心区文化发展论坛暨何振岱文化研讨会”在闽江学院举行。

附录　王真《道真室随笔》[①]

卷一

觉庐侍谈录

余及南华老人之门，觉庐侍谈，受益靡尠，每退而记之，积久成帙。今略为分类，重录以资永佩，兼便于省览也。

一、谈读书

师云：无论经史子集之文，试取欲读者一万五六千字，日日诵之不辍，半月之后，必有一种奇乐生于不知不觉之中。

经书中多惊心动魄之语，轻易读过，于心魄不甚震动，不能得。力熟一二经之后，间时触物有悟，经与经相证，经与传相证，新意涌出，乐且无穷。

看新书要快，温旧书要咀嚼其言外之意。

师身无离书，手不释卷，尝叹曰："老而不辍读者，只吾与叔伊耳。"

先有古人之心乃可读书，不为时氛所染方见真性。

看书要随看随录，摘存之，亦积蓄之一妙。

---

① 按，1971 年郑丽生从《道真室随笔》中抄成《觉庐老人教学述记》《觉庐侍谈别抄》，赠给何敦仁。《觉庐老人教学述记》源于《道真室随笔》中之《觉庐侍谈录》，系摘抄。《觉庐侍谈别抄》主要来源于《道真室随笔》，中有多则不见于油印本《道真室随笔》。

读书有气候可验，觉得胸中都是古意氤氲，此真有得之候，既有此候，养之勿令骄，勿令馁。

为学须黏定书案，身居四围书中，神游千年书外，故曰拥书万卷，不翅南面百城。

学由博入，人人必读之书，须遍览习之。

学问之事，念兹在兹，释兹在兹，久之必有神光透露之时。

温故可知新，新固不在新奇也。

老来于书一日不可离。袁枚有《散书后记》，言之甚明通，然亦不必多择其精要，取足研道理养身心便好，求多，徒如鼠之搬姜耳。

衰年无所寄托，所寄托者，即此数本之书。书之为物，明知是不能常聚的，但人生在世，两眼犹存，不能无需于书。

温旧宜少，阅新宜快宜多。

师教余每日于正课外，记数条古典，分类钞之。

《永嘉集》中《儒志编》可全阅，多见道语，其“说师冕见”一章，可为读书之法。王景山先生学术直不让于文中子。

《船山先生集》中《俟解》一卷、《诗广传》三卷极佳，宜以朱圈出好处，为益不浅。船山诗尚沿明习，词有深处。

《说文系传》有《小学类函》本，当是祁文端校刊之本，虽有小错，比《龙威秘书》本已胜十倍，谢枚如师即是以此本校注，刻本无更佳于祁本者矣。

大抵人无论亲疏老壮，一离儒书，便如陌路。其犹相爱念者，定是胸中有几卷古书耳。

《薛文清读书录》最好，若能领略得一两句，便不是从前不痛不痒人矣。

读年谱可知其人一生经历。

师云：钱振煌云“凡士人不好学者，绝无好人”，此语谨记之。又好学须看其为何等学，托于文词著述以市名利，虽白首不倦，其害世尤甚于不学。少正卯之罪，岂末减于原伯鲁哉？

史熟，作诗文始有根柢。友无史熟经精者，不得谓之益友。看《绎志》，将其要句摘出。《史约》切须看完。《绎志·尚友》一篇，宜读之。

前人语言，自经传外，有寥寥数言足使人惊心动魄者，万不可草草读过。昔贤闻一善言，铭座书绅，何等郑重。须是字字咀嚼，立誓身体力行，方为有益。

老来觉人生事事皆幻，惟改过迁善为第一义。读圣贤书，守得一两句，力行不怠，已是受用不尽。若不力行，虽博览千万卷，于己本分事，分毫无益。

近阅《道藏》百十种，略探旨要，而唱道真言，为最明切。

稍闲须看有益之书，最好将王船山《读通鉴论》用朱笔点一过，得意处加密圈，以醒眼目。

学问一途，矢志须猛，用力当宽。

凡人读书，愈觉古心勃勃，方有进境。若名为读书，愈读愈趋时，是圣贤之所弃也。

一日晨兴，诵《庄子》“腐鼠吓鸱”之言，不觉一笑。又诵诚斋“犹在桐花竹实中”之句，又为凤凰太息。桐花竹实，相见以天，俱游于无碍中，乃真证耳。

《汉书·艺文志》可细细看之，其中有穿穴之法，使人易悟。

师云：《本草》一书不可不看，其中可取用处甚多。按，桴亭先生有言：《本草》是穷理尽性之书。

《五经》能日背诵五六十字，日计不足而月计有余，为益甚。大经书必须熟诵上口，乃能凑妙笔下。

《广阳杂记》有云：“前人之书，纵极尽善，不经我手，如观他家，实与予无益也。”

余最爱《竹书纪年》，有绝人之识，《春秋》之外，别为一家。思自《竹书》以后迄于有明，依其例勒成一书，以备遗忘。

《汤文正家书》云：“家中书籍用心收着，一本不可遗失，我回家赖此延年。”师云：“文正以书籍延年，真万金良药。”

读《诗经》，可参看《韩诗外传》。

《易经》由汉至晋共三十五家，《李氏易传》为读易之学。

《东塾读书记》为读书最要之本，《日知录》《无邪堂答问》《文史通义》均须一读。

师曾教余看赵秋谷音韵书谱。

四史不可不细心一看，注亦当留意。

读书凡所当知者均须知之。

为学之道，须娴熟本朝掌故。

为学之道：第一步，解识好语，心讽口吟。第二步，箴言格语，沉思玩味。第三步，考明群经诸史源流。第四步，博闻多见，文采焕焉，至此几于成矣。第五步，学于古训，皆有实用。第六步，潜寂精静，照见无障。著述则随时约在五六步之间，再上则无际无涯，非所得而言之矣。

为学，一有求知之心，则所学不问可知。

一、谈文

师云：作文用字须不失其职，即是用字要恰当耳。

欲求文字之稳，须烂熟读古文。一篇能脱口而出，久之自能得其妙。

琴南自言其文取法于袁子才及《东莱博议》。师云：“《东莱博议》之文眉目极为清晰，姚惜抱之文亦最清晰。”

凡诗词可藉聪明自造，若古文非有师承必难超上乘。

世间初无率尔而就之文章。

自古精通文字之人，孰不是由浅而深？第一步是平直洁净，再进一步则力去陈言。

昔横渠教学者自作题目数千，时时阐发。见本集。司马公得一义理，必披衣起而记之。此皆吾人可取为则也。横渠教人须多作笔记，一著思有得便记，其益无穷，以过时之心，天光易闭也。师云："此八字，一字千金，勿轻读过。"

文字要常常下笔为之。利钝不齐，何人无之？惟不肯作，真无可如何耳。

必待文如古人然后下笔，此不必也。不下笔，何时得到古人？吾故友晴川，亦主少作，吾与之面叩于谢枚师，师云"多作"。

师在旧京，谓门人林秋旸曰："吾在此已作得古文十余篇，诗三十余首。一闲百艺皆可工，此意正不让秦淮海。"

凡看文字，知得他人胜处，必自己工夫亦有几分。前贤谓"六七分人看八九分文字，尚可通晓。授以十分具足之作，便不尽晓"。韩文公谓"大好者则世人大讥之"。极痛之言，亦极自负。文章心得处，非志同道合者不足知，况悠悠之人与悠悠之口乎。

司马温公每当胸中得一意义，虽深夜睡中，必索火起而记之，恐追忆不及也。东坡云"清景一失后难摹"，诗尚难追摹，况事之道理乎？故作笔记，是一宗大事。

唐四六与汉魏消息同异处，宜知别之。

金王若虚，尝爬梳古文字疏漏处为一书，或讥之太严，余亦以为人生著述岂能无小过，正以不必苛论。然文法自宜平顺，此不可苟且者，而以苟且出之，可知其平生读书未尝精细也。然此亦闲事，可以不管，终是自求之身心正事为急切耳。

诗文必苦心细改，不可捉笔即成，一成不改也。

凡事自己做得几分主，惟作文字，分毫不由自主。这一会精神兴味相凑，便有好语好句，否则要好也无从好。设使自己能做得主，则所撰文字应该句句字字全是好的，何以有时作完之后，一字不留，丢之纸簏？无它，自己做不得主也。

作书通达，即是工夫。词藻不切，反不若直笔之宜于人目。子曰："词达而已矣。"圣人之言，百世不易，宜谨遵之。

昔贤学问，繇书札中切磋正复不少，书札亦文章一体。

七十以外之人，甚么可惜？只惜一点，文字未有的传耳。

文字至性情透露，时无古今，皆一致也。

文章书画，固艺之至高者也。艺愈高，则知者愈少。以韩昌黎之精能，尚云："文愈好，人愈笑之。"王安石答钱公辅书，言之尤至。明沈石田之画，见绌于盛子昭。清金寿门，为袁子才所窘。盖世人多浅，不辨是非，故杜诗云"别裁伪体亲风雅"，人至不能别伪体，尚安望其与风雅亲乎？

师云：与世人共见之文字，慎字为要。此语终身可守。

凡文字要清、深、新、真，文字要各司其职。

作文忌句之碎，须有大段之笔。古人作文，文意不复，而字句亦不使有复也。凡作一文，先认真题目后再寻句，凡一篇之中大意已定，须使句简练而无重复。诗亦以读一首以尽其音节为要。

韩文公《蓝田县丞厅壁记》可取一读，又孔融《与杨修书》亦可一读。

文字者，天下之公，不当囿于一二人之私见。

文贵立意。古人从无正衍之说。字句，亦文字一本事。此古人不传之秘。

笔记每日必有一二条，不可间断。无所得，则无所记，故以看好书为要。凡作笔记，须自己有特出之意，从而记之，乃可成一家言。

笔记多记，不必多存意思，到时随笔书之，或浅或深，一时自不自觉，后经淘汰，精华乃出，古人皆如是。

文字质证于师友，而决存留，此为学文第一步。

作文要具四理：事理、道理、情理、物理。

于古人文句，百回咀嚼之，虽记得数字，亦有益也。

文字须先求稳。若一篇之间，只点缀一二好句，譬如布衣一袭，虽着一二锦绣，岂成美观？

作文须有大段落之笔，忌造句琐碎。

非相知之深，万不宜涂抹文字。

诗文无内心者，虽典丽富艳，终非绝作。要情韵深远，使读者如见其人，如临其境，爱玩不置。

清第一家推顾炎武。

一、谈诗

师云：诗、字、画三事，最忌俗。一俗，虽千好万好，都不算好。何以言之？俗无灵气而已，灵气是先天带来。

诗之为道，根于远识宏抱。

诗以“三山”为本，甚好。三山：白香山、李义山、元遗山也。作诗须多作古诗，五古与五律，也都要作。

为诗要绝去依傍，独洗心光。

朱子谓“陶诗凌厉”，又云“隐者每带性负气”，是真知言。凡言陶诗平淡者，皆不知陶诗。

陶诗不使才，句句皆才；不见学，无篇非学，极博大。

不解陶诗者，必无诗心。与之读《三百篇》，更不解矣。陶诗开卷即怀人之作，《停云》是也。次《时运》诗序云：“偶影独游，欣慨交心。”思良朋不可得，自与影为侣也。其余篇挚语极多，盖处邪世中，而慕德尚义之情，不能一日忘也。吾于陶诗有深契焉，茫茫天壤，安得知者与细论焉？

渺渺千载之思，悠悠独往之愁，诗中要有此蕴畜，乃为真美善之境。

作诗是自述其美心，心若不美，诗安得美？放翁所谓“焚香听雨”者，是说美心耳。

作诗无他道，第一要能见古人之心，此为根本；其次多读以调音节；又次则多看以求法度，继以多作，万不可畏难。有此四者工夫，虽成名家不难也。

古人为学必以文自徵。曾文正课程亦谓每月为文一两篇，以验所学之进退。诗之为事，尤足以验天机。每旬中必有数篇诗与景光合者，天机必好。机与天合，则所谓人心者渐淡矣。人心淡，道心浓，个中意旨无穷，不可与世人道也。故诗者非以邀名也，养性而已。

《宋诗钞》涉猎一过，其中广陵、简斋两家皆大宗，诚斋去其俚，取其峭深有味者。

凡诗，不过李义山之门，难臻上乘。

李义山《辛未七夕》诗：“恐是仙家好别离，故教迢递作佳期。由来碧落银河畔，可要金风玉露时。清漏渐移相望久，微云未接过来迟。岂能无意酬乌鹊，惟与蜘蛛乞巧丝。”师云：“七夕诗难作，此独生新，四句皆问。以‘恐是’二字作疑起，中二句又问以断疑。七言律诗各有法度，知之者如控辔在手，驰骤如意，不至平铺直叙。此作为疑问体，创格甚新，开后人无限法门，宜熟读之。”

作诗，能分四段着手，便易。四段者，时、地、心、事也。

王船山善论诗，所评六朝唐明诗，近年湖南通志局新印者，在全集之外。吾从人借阅，甚爱之。其所为诗亦长于乐府。近体如《遣怀》云："天地龙蛇消一泪，河山乌鹊且孤翔。"《冬夕》云："寥寥空界魂孤注，鼎鼎长宵梦小年。"《残雪》云："向后生缘随旦暮，当年心事在霏微。"《即事》云："莫拟王官兼谷口，不妨今古各逍遥。""霜后故人空赠橘，梦中病鹤懒梳翎。"《冬至》云："愁日未愁长一线，霜衾惟恨晓钟迟。"《岁杪闲眺》云："为问苍天还几岁，留侬得住试春愁。"五言如"天地元孤清，闲情自相匹"，十字深瞻微妙。"弃置平生心，荒忽如秋烟"，"嘉会虽迢递，畜意终无穷"，"慈俭以全身，情深定何补"，"下士情不深，目迎心已许"，"生我自有天，憔悴与之俱"。《草堂成》云："萧瑟乾坤里，茅茨亦太荣"，"故心犹宛尔，何事岁华违。"《剖香橼感恨》①："野水清泉剩，秋香紫雾温。三生凭一晌，今日遣消魂。"黍离哀感，落笔幽咽，自异无病而呻者也。

师极称杜诗《赤霄行》。

作诗须字多典多，最好得一典即集一句，记之于册，它日作诗时用之甚便。

遗山《赠李文伯》诗，在遗山为变调。

作诗须求二字，深与清也。取古人句，百回咀嚼之，虽数字亦有益也。宋张耒《宛邱》诗"过邻慵却回"，非过来人不能道。又"淮天水阔浮梁小，城郭霜晴宝塔高"，七言绝唱。

古人诗稿不厌屡改，有人于随园前作诗，顷刻成百韵。随园自取其诗稿示之，一诗易十四稿，并示白乐天诗稿，亦一诗数稿，并有改至原有一字不留者。吾游湖诗，已改十二次矣。

海藏于乾嘉诗人盛称箨石斋，谓为"自开风气，卓然大家"。

师谈张之洞逸事，云："其最敬畏杨守敬，有'隔江为唤杨夫子，载酒携诗从我游'之句。"

---

① "剖香橼感恨"，原作"刻香□感恨"，据中华书局2000年版王夫之《船山诗文集》改。

巢经巢诗甚佳，能道人之所不能道者，张亨甫远逊之。

巢经巢《重经永安庄至石堠》诗，浑是泪痕，虽杜、韩不能过也。《贵阳寄内》四首，达语又是酸语，陶、杜两家之意都在其中。至《柏容存稿》，似得韩公之神。

师以余诗甚似韩，可致力于韩，取韩诗一部精读之，又诏余以后要多作七古。

黄莘田绝句有绝好处，可选读者有二三十首。

《疑雨集》《香草笺》必不可看，若坠此窠窟，终身不得见如来。

“曾与故人约，相见梅花时。昨夜北风动，起看庭树枝。”此诗见《正始集》，一女子之作，不减唐人。

为诗且勿计工拙，先辨雅俗。古诗要辨音节，不可有律句，不可像书札。为诗先从风致入手，久之要造乎平淡，观乐天论诗处，便识得做诗之法。

旌德齐州女布衣吕美荪，有《阳春白雪》词，附《葂丽园诗再续》，其根柢深厚，功力邃密，洵非易致。弢老谓其足压无数诗手，疑庵亦盛称之。师并举其“银汉恹恹避晓天”之句，谓“恹恹”二字用甚妙。

玉溪生近体佳者，欲在浣花之上，诚不易也。

元遗山《论诗三十首》，自是其一生得意之作，妙在篇篇皆本色语，不曾摹仿他家，其体段则滥觞于浣花耳。

遗山《哭延孙》全篇布置如美人眉目，无一处不有天然之妙。

樊榭善说李诗，后人无有能易者。

作诗须求清、新、真三字，方能免去恶、俗、浊。

凡看诗可分三种看之：写景要有意境，言情要有深情，论事要有雅抱。

空腔死句，为诗之戒。

师论诗云：有色无香，是翦采之花枝；有形无神，乃塑泥之土偶。

阮亭论诗主神韵，集中抗衡古人之作，可称一代大家。然涂饰太多，致掩本色，读者盖不能无憾耳。

诗之佳者，情景益至。黄莘田魄力不逮清初诸老，而真情真景，每有造绝处，又非矜言气骨者所能强为也。讽诵愈深，莘田之诗，其庶几乎？

师称张秀渊葆达诗“宿雨能青深浅竹，闲云欲暝两三峰”，谓非有多年工力，不能做到。

五七古皆有音调，有一定不可失叶之平仄，赵秋谷之《声调谱》可检取参用。

做诗由清入深，则耐人寻味，仅限在清之一境，便是朝朝饭疏食饮水也。

王碧栖近三十岁诗境如登仙界，非人间之吃烟火者所能道出一字也。

刘克庄诗甚好。

“钟定声依无际水，诗成意在欲开梅”，此师所作《孤山》诗也。师尝云：“首句非身历其境，未能领此幽微之趣。”

师自评其诗云：“五古近六朝，七古不出八大家，而五言七律均有各家味。”

一、谈词

师云：作词第一是景中见情，多读便知。《词旨·警句》多读数十句，时时参证，定有心得。

长调词虽然费工夫多，到是易好；短调词易成，最是难好。姜白石、周美成、张玉田诸大家所流传者多是长调，而短调至少。我辈无李白、温庭筠、晏同叔等之才，每涉笔作短调词，固然顺手，定无深诣。

作词须先定韵，然后分段定意，填字后再加修饰，去字之俗俚者，而选工细者。

词句切勿用所押本韵之字，不可不知。

词须改了又改，想古今名手亦然也。

初学不必读词，词之境窄，不足以立身。能诗，能古文，不能为词，可称通人；徒能为词，无足语于文苑。

古乐府为词之宗。

不读书，词亦难进境。

师亟称周美成《咏梅花犯》句"粉墙底，梅花照眼，依然旧风味"，谓吾诚拜服到地。

文字胜人在精，不在多。多而精，古今无此人。前人有三百篇诗，不值人一圈者。有二十八字，得二十八圈者。姚惜抱词不过十阕，无一字不佳。

词社比诗社较好。诗社若专作七言绝句、咏古，不能入诗门。不如作词，不至随手乱写，亦不能随手乱写，故曰较好耳。

师谓唱词诚天籁，非凡响也。拟选六七十阕付录，俾门人各能熟十阕，文酒时聚唱，足以永半日之娱。

为诗须多读古诗，以求凝炼之功；词则多读姜白石、张玉田二家。

师尝以陈子龙湘真、蒋春霖鹿潭并纳兰容若三家为清词之最。

师评余弟乔倩迈之作，以"因病不弹琴，长调多难记"句佳。又"烟山暝若醉"五字极佳，"漫掩纱窗，闲情只与炉烟说"两句甚佳。弟殡，师挽之以联云："旅怀益病犹深甫，词句伤心过碧山。"

一、谈书

师云学书要多看古帖，写大字要勇写，小字要恭。

写字以看古帖求悟为先，写时放胆自运，不靠古帖。背诵百字熟已足，只求有恒。

作字无它巧，只是多写，熟则巧生耳。

海藏丈与师论书云："须由大篆入手，或专习隶，不虑字势之不妙。"师云："学何等书，与悟并行，乃佳。"

虽海藏之善书，亦自云："三日若不作字，即手生殭。古人无每日不作字者。"师自五十岁始，每早起必写大字十张，至七十余乃稍辍。

师作写字定规云："竖自横起，欲西去东，欲坎先离也。毫与纸接，如甘蝇、飞卫之两矢端相捍，如深惜而抚，如奋翔而迅，如盘线于几而柔以如意，如针末之先红绒于锦，利而无纵也。"

写字着笔必先由点起。

隶书写得好，则无书不好。

颜书圆健，亦晋人法度。若《家庙》《放生记》等书，乃隶书变体，师其神，勿师其貌。

写字之法，横笔即直笔，直笔即横笔。

初学习字，先取诸名家教人作书之语熟观之，得其要领，才可下笔。

师常以写字当使万毫齐立，下笔须着力，笔锋笔毫要舒。

作字须能用逆笔，唐太宗云。用法千古不易，即万毫齐立之诀也。

学书要诀：一面博观古帖，一面多写。须以悟入，以习成，知行并进。借得古帖数十本观之，知前贤于此事工夫极深，各成一体格，万无相似相偷之理。

欧书《化度寺碑》丰神绝佳，翁大兴临本失之远矣。

书画曾用工力者，病处亦胜，况其不病者乎。

郑虞臣先生以书名于乡里，人言其书樵效钟繇，笔锋入纸，敛多于舒，正合有往必复、无垂不收之旨。

不知书不妙，假知书更不妙。

余虚想古人善画者定不读书，其能为小字者有之，通经史则绝少其人，善书者亦然。曾从弢老处见乾嘉诸经师手札，若汪中、臧庸、王引之诸公，字迹皆至劣，以彼汲汲治经，必无暇于末艺。故苏眉山事事精能，诚天地奇人，横绝万古也。弹琴者亦然，范文正只弹《履霜》一操，正以略取琴意耳。若与琴匠较长短，文正屑乎哉？

琴与字必不可一日辍，两事最易荒，吾每验而知之。方勤理它课，则早起失了此两课，无忘而已，亦不至夺它课也。此日无忘之功。

一、谈画琴附

师云：画入手循矩矱，以后要纯以性灵出之。

画法熟后以意融之，画也、诗也、琴也，异流而同源者也。

习画则废书，耽书则又废画。窃意古之画人，其溺于画而忘反者，必其不甚悦书者也。不然则其天姿绝人而不由苦学以得之，不然安能兼顾而并精者哉？若取两事较之，仍是耽书为主，以画辅之。盖画所可学者法耳，意则吾人所自有也。读书多则意愈足，画无不佳者，此则可必者矣。

画史所授者法而已，若夫秀韵，则人自得之于天。

画当看真迹，始知古人千奇万怪，不可囿于一格。文华殿尚有数百帧宋元明及清初之真迹，不厌百读也。

画意在晴空之云，琴意在微醺听流水，词意在篱边秋花数点，所思之人在炉香一丝袅中。

戴文节《画絜》能说出画之意味，妙人妙语，得未曾有。阅此书，引人画思，于画思当大有补。

赵熙字好故画亦好，闻其人品不俗，最关系在此。文徵明画才亦不薄，戴文节稍弱，然其画心绝佳，观所著《习苦斋画絜》，可见南田高于石谷。

南田题跋所论更微，大抵画之为事，必若南田心绪，方有入处，不然皆画形非画神。

南田有句云"下帷防梦去，隔被共春寒"之句，畸士非痛痒不关。

姚伯鸿画多从善本摹出印成者，看似好，实则取其底稿，非取其笔墨也。

石谷自是大家，然学石谷局处其界限内，无由窥见古人也。近年得见宋元明真迹，因知石谷于画只得一半，以其不能诗，故能画画不能画诗。南田则能画诗，南田最喜用秃笔作苍老之状。

画纤小固病，而粗犷亦可恨。画之佳处，在一缕性灵与之氤氲耳。此非寻常画史所解也。

京居时，本极思专治画，阅古人名迹熟后，以吾诗意为之，庶几可以自悦，画意久积于中。然每得一部好书，即从头看至尾，续续不已，看书之日遂多，而作画之时极少。画心高于四海，而画力乃不及一俗工。天下事固以能行为贵，知之而不能行，无为贵知也，言之惭愧之至。

吾画力浅，吾画心则似不在古人下。

画事先求熟枯树、勾山两种，若练到极熟，便有本领。吾于此事须有所悟，患在不熟。若夫气韵之美、胸次之□，窃谓未减于古人。吾年老矣，只要胸中画趣氤氲，何必求之纸上。

以画应人，终身大累，吾故绝不画为人画。自古画家绝无轻应人求者，阅《画苑》自明之。

青城道人永祥能画，有自绘《松雪图》，喜讲儒书，谓道功即在《孟子》“养气”一章。索师画梅，赠诗云：“秋人抱淡心，内照如明月。秋花耿无言，晚香存介节。怀芳两相遇，肝肠自郁结。琼天有深期，万古无离别。”四十字中，字字晶莹，无人间烟火气。

九里山人墨梅，正以疏淡处写神，胸无诗意者不能知也。或云：“九里雪梅何以独胜?”曰：“惟有胸中有古书万卷，故其毫端无一点尘氛。”

昔人写竹，皆就灯光月下竹影摹写之，取神而已，不求似也。

画乃笔笔生机，棋乃着着死气，竞争得失，都是机心。故吾喜人作画，不喜人下棋。

《画絮》中言极妙，其云：“先有妙而后有画。”又云：“画亦有不工佳者”。皆菩萨语，能于此参透，当在灵山顶上矣。

琴者，雅德之人所以寓心，而读书之士自养厥性者也。琴以拙古希淡为上品，若求悦耳，则郑、卫声胜也。

弹琴人必有数千卷书意在胸中，不然则江湖琴匠而已。

师自云琴亦学于卢氏者，皆立誓洗去旧声，所弹则山石声或自悟者。

一、杂谈

师训余勿作弦上矢，宁作椟中珠。

师训余以“幽默庄严”为养心养性之本，是福气也，千万守之勿失。切勿受人假情，宁可看假，不可将假作真。

师谓余云：“君之夙志，定可成就，而环境累之，致佳日销磨，学业迟缓，此可为太息者也。吾愿君奋勇战胜此逼我之环境，第一信得命，不忧贫，不轻受人面情，‘面情’二字，为害极烈，愿君深悟之。”

师又诫余云：“画甚费日，更以徇情多作，虽倾一生精力，不足了之。应以铁石心肠处之，不然那有余晷及正业乎？”

师云：“我于诸生无偏心，可质天地神明，有悦学者，皆愿倾我所知以告之。”

师常诲人：“养固此心，勿令失去，此心至宝也。”

师又论今日应如何存心为人。示蕙愔云：“游览山水，不见甚乐，乾坤何等，时非我辈游乐时也。取《易经》乾卦‘惕’字、震卦‘恐’字存之心头，静中内照，洗去尘障，念念与神明相质，庶几幸免于劫数，此为有志之士。若只以宴集为愉，不知劫数方生，如何禁得起。常人耽欲者，无论矣。我辈读圣人书，参求《易》理，宜如何谨惕，宜如何奋起，方不负天地父母所生之身。温旧经每有创得，此中佳趣，不能赠人，老来幸有此乐，不然则人皆各事其事，孰念老人者。因知与古书有缘者，虽平生亲爱之人，亦变而与之无缘，古书亲人，诚可感也。《礼》云：‘独学无友，孤陋寡闻。’自非善学之人，聚散胥孤陋耳。天时人事，时时转变，我想如是如是，他变了出来，又是一番境界，亦极难靠得住，不转不变者，惟有自家寸心耳。立定主意，要做何等工夫，到何等境界，可以按年月时辰成就某种功效，中间虽有世事等等之阻碍，而我做得一分就算一分，日计不足，岁计有余，定与所按定之年月所差不多，是一种忍耐积成之事。

师云：先谢师云：“读书必须有深友。”

师云：《易》曰：“三人行则损一人，一人行则得其友。”孔子解之曰：“言致一也。”按，数至于三而已，三即众也。损一人者，损其不一之人也。不一之人损，则得纯一之人矣。纯一之人虽千万人，犹一人也。武王曰："予有三千人，惟一心是也。"

凡人欲有成就，须铁面石肠，谢绝损友。

悦己者，非爱己者也，所悦不在其前，则忘之矣。知己者，知其希世之性，虽远在万里，未尝一日忘吾。

朋友缘未尽，则交必不断，即断亦续，缘尽，一断永断矣。

迂执固无趣，然世间有阴毒狂缪者，不可向尔，则无趣犹无毒耳。然无趣终竟不妙，岂无古树奇石、娟花楚竹引人入胜乎？

千万人中不可得一妙人，苟其无毒，节取之可也。吾又思之，假如天下皆妙人，则妙人亦不见其为妙矣。

每日以一二小时焚香静坐，养出自己性灵，亦比完全汩没于尘昏之人胜过百倍。

孔子曰"仁者静"，至宋儒乃教人静坐，亦聊制其外耳。吾见今之习静者，其心常动，不得其本故也。仁者多天理少人欲，安有不静之理？学者学为仁而已，动静互根，《易》言之矣。王阳明语："心实不能无念。"要是论邪正耳，此语亦得之。

大抵人心一驰于外，即不能静，不能静，即不听人善言。

昔人有云："静卧是小延年，静坐是小自在。"着眼皆在一"静"字。

进德之基，惟庄惟默，养福有道，在静在和。和是不任气，非和光同尘之和，君子和而不流。

神敛言自简，多言之人，其神尽散。

凡人须知人人有内游之道，内游比外游胜百倍，延寿长生，皆在内游。有山水胸襟，一丘一壑，何处无之？若胸襟烦浊，虽日日天台、雁荡、三江、五湖，无改其为恶浊也。

有同乐者，有独乐者。学道自得，惟自心知之，一说便不是。

百年泡幻，若不放些心眼与诗书相接，而日汩没于利欲之中，纵富贵，犹之动植物耳。故圣人有“从吾所好”之语。

凡学一事，不容易分心，此朱夫子家法也。

凡人平生，无不有蹉跎者，及时知悔，即是志士。

师训门人慧明云：“修业、修性二事，万不宜蹉跎。古今之情无不变者，正如四时之代行，若能深修道业，共明本性，则春秋一气之流行，无虑迁易也。”

人之一心，本如虚空无滓，凡七情之生，皆妄也。七情之发不当，则妄中之妄，更不可矣。而皆中节，无碍其为虚空之地，此不可与妄人言之。人心结愿，最宜谨慎，必存善愿，后来还其善果，有非意想所能到者，则心为之也，诚无不应也。

常人往往以人事之不如心，动生怨忿，当其忿心一生，几若天宇之宽，无所容其身。于是时也，虽有美言不能诤谏，致愈陷愈深，大为天机之障碍，盖未尝于动静消息之理而微窥之也。

世间情事，自古及今断无完满之理，天倾西北，地阙东南，是天地犹有缺憾也。屋成缺隅，衣成缺衽，是人事故欲留其缺憾也。有志者于此，因难见巧，以啬处丰，初不以外境之违顺，使我心因之忧乐。非不忧也，必不使伤；而必非无乐也，必不使过焉。学此而已，无它道也。

凡人常觉己是，必长骄心；常觉己非，必能进德。此人禽之分，而实圣凡之界也。

《申鉴》云：“夫物不能为春，故候春以生，人则不然，存吾春而可矣。”予取此意，名斋曰“我春室”。

师谈：昔予一日谒谢夫子，夫子云：“吾今日有喜事告汝。”遂令人端鱼面一椀，云：“食毕语汝。”顷之，出所著集数十卷，云：“生平心血，略尽于此，传否不可知，但觉视无遗留者差足慰耳。”予再拜领书，称谢而出。

人生初度本为母难之辰，世俗重此日而欢宴。有心者只有思父母生我之苦，未曾报恩，何必受庆？做生日之人，皆无心肝，无耻。

师尝训人云："须除去富、宦二字之俗见，世间做官者那有佳人？求婿于个中，必落俗子之手。"

楞根和尚教人早晚持诵佛号，不必焚香，只坐床上默念，须把思虑一切放下，此事不可姑待。又谓人当觅初心，"觅初心"此三字诚至妙。

佛理非可以迹象迫取之，而学佛家读儒书太少，动辄谤儒。黄黎洲云："铢宏讥儒，不特不知儒，吾并疑其为佛也。"其言良允。

《楞严经》云："眼以睡为食。"窃谓既以睡饱眼矣，尤宜食之以经史诗文，更食之以山水花木，否则惟睡之饱而眼仍苦饥也。

老来学禅虽不能至，而颇能耐寂，觉寂中别有光景。

知用心而不知养心，是我平日之疚。所幸者，吾于歆羡、举援两种心，差觉澹定耳。

古人文章书画，皆取自适己志，不求人知。如先挟一鬻世之心为之，则艺成而意鄙，所诣亦不能高。且以笔砚食者，心苦而事可伤，此夙生有业之人之事，岂可矢以为志乎？盖治生一事，而读书游艺又是一事，不可合而一也。

本分自安，人何所不乐？孔子所谓"饭疏食，饮水，乐在其中"若是也，人各有其天，吾安吾天而已。

圣人教人"浮云富贵"，不肯落于不义，非洁己也，恶不义之不可居。

凡人宜反求诸己，否则于世事皆一半干人，悉妄也。

人之有恃以不死者，心理合天地，以维世道于无穷耳。

修心以十字：猛省、深思、明悟、躬行、实验。

学问之事，甘由苦来，至竟天下事，都是如此。

不自励而徒感慨，似有志，实则无志。

《无梦轩家书》，合肥朱景昭撰，可与《曾文正家书》参读。文正多论学，此则全论心情，甚有益于世道人心。

名医丁福保，擅长文学，并研精佛理，曾编纂各种佛学门径书及佛经笺注、佛学辞典，翻印古德各种注疏。有《静坐法精义》，其说静坐处颇有会心。所刊诸书虽未赅博，然中有前修深旨存焉，为近人著述之铮铮者也。

弢庵八十有七，车行二百余里不倦，真不可及。度其平生，非不遇拂意事，而能善遣，不令留于胸中，故享大年如此，可师法者也。

师云："吾未识许疑庵时，读其诗而慕其人，每到柏园，旧京公园。有年老貌清癯者，必伫立而望之，以为或是疑庵也。文字见知倾慕，有独至者。"

入人之家，只看其壁上所悬之字画，便可知其胸中之底蕴矣。

推行精意神思之微，笃行澹泊宁静工夫。

昔贤居困境，必有三五良友相聚讲学，未有无事到人家闲坐者。闲坐闲谈，废己日，亦以废他人之日，实有罪过。如此多识一人，多得一累，不若无友。然无闲谈之友可也，无辅仁之友则不可。看曾子两"以"字，全由自己有心致友。以者谁以，我以之也，犹言我能用友以辅我也。

伍俗子与处饥寒，同一受罪。

人长日只在生事着想，则尘坌集于肠胃不可浣，究之所欲未必得。有极费机心者，所得未必偿所失也。愚临老以此自警。

老境自娱，只择四种：一读《易》，二弹琴，三作画，四学书，其余都搁下不理。诗文兴至为之，断不强索。与人通信，概从省减。性中之言，本无处可寄，一切毁誉、恩怨、得失，颇能拨开。所未能透过者，则生灭一关耳。

园中不可无竹，更有高松一两株，风过涛声，倚枕听之，便不减于陶贞白。

水仙盛开，盈盈月中影，若见凌波仙子。人生对好景，无诗真是孤负。

游湖虽留几年，亦不为久。第能心与景融，虽三五日足矣。心不与景融，虽十年，不若半日。

吾每闷时取《论语》、《孟子》、陶诗读之。

人善养定可少病，去其生病之端，则病去其半矣。饮食为病居大半。

养病静中放下心，动时养其气。悦字是遵生一大道理。

谨慎卫生为第一义，体气完好，世间何事学不到。

人生不能无疾病，《本草》一书不可不涉猎，其中有可取处甚多。

李威笔记，可助丹功，收益无穷。

张子云："人须一事了，消了病则常胜。"又云："病根不去，随所居所接而长。"真惊心动魄之言。

怒之一字，绝无所用。

吾早岁竟日不断吃水烟，作文字时，烟瘾尤甚。后戒烟，易以糖果，仍未能断绝。四十岁时阅《曾文正公日记》有所感，遂坚意戒烟并屏糖果，烟乃断绝。

傅青主《霜红龛集》，读之生人远思深怀。其云："无耳性人勿在我侧，然有耳性者非久与之处，不知也。"又云："无耳性只是一团肉块。"所谓耳性，即有志向上之谓。有耳性人必有志向上，乃可与之相商学业。朱子云"旧学商量加邃密"，嗟乎，人蕴道心，第默识潜特，何须与不痛不痒者言之。顾助我起予。圣人故为兴叹，则知学无论深浅，苟有所得，辄思与知者共证之，此亦自然之性也。

《叔苴子》云：“乐当境乃见不尽然也。”徐湘蘋词云：“佳节偏怜前日好。”此意人罕道及。予有绝句云：“但得有真期，杯行莫厌迟。可人风矩好，正来欲来时。”

张大复之《梅花草堂笔记》颇有佳致，而所载诗篇多劣。汤玉茗文集中时露深语，而诗必不可读。钱氏《曝书杂记》深情雅言都备，其诗集乃无味致。

忍欲，忍怒，忍寂，以忍得过为至乐，有所不乐，则真机都窒。所学以能乐为主，不倚人而乐，全靠我心有境界。倚人、倚境、倚器物、倚事而后乐，皆有苦恼，而倚人为尤甚。人便有喜怒好恶之不同、聚散疏密之不恒，种种苦恼，不堪其说。人固不能离人而立，但无倚以为乐之心便不黏着，不黏着已有乐意。然在纷纷尘俗中，有存心者，意思差别。意思只可养之不露，遇着明眼者，不言自喻。若与异趣者盲说，比抛了珍宝尤可惜。切戒切戒。

恼闷时得良友启发为佳，此极难得。欲出门觉无可诣，还是摄心静坐片时，使真趣内生，闷怀自消，胜于平常之人多矣。

眼前着实下手工夫，只将心中不是处，改得一分是一分，其应迁之善，做得一寸是一寸。

以天地为师，以万物为友。

以学问相砥砺，愈平实愈有所得。

凡学一事都有困境，能硬熬过此关，便成一炉之火。

知古贤为人用心之真意，则与世间浮浇之气自远。

“师不必胜于弟子，弟子不必不如师”，此韩文公语也。“智过于师，仅堪传授”，此佛家语也。

事物正有以不见为佳者，此意至微，不可不察也。

人不能无病，不必自讳，只有痛改一道，是圣贤仙佛所最重。

昔人以夏至节嗜欲，冬至节禁嗜欲。盖以此二时为阴阳消长之际，嗜欲尤损人也。

朱文公语廖德明：器之成毁有数，人则不然，跖、舜自变，而吉凶亦随之易，但当充广德性，力行好事耳。”

余昔在旧京，为师钞诗三四百首。一日随侍，偶得花笺，师挥毫题句云：“手缮精华录，君其我鹿原。簪花看笔势，检韵记灯痕。雪色明通牖，梅香裛满盆。诗心关内映，藏密是根原。”风雪窗前，寒梅灯下，斯诗乃当年一鸿爪也。

余有“与天争日，与人竞时”之语，师颇称之。前辈得后生一言半语可取者，则奖掖之，其乐与人为善，即此可见。

梅师读书举要

何梅师教人读书之道，已散见于《觉庐侍谈录》中，而师别有《读书举要》一篇，又门人集有师之教学笔记一篇，于初学者皆示之门径，逮以津梁，循循善诱，嘉惠实多。今分录如次：

读书举要

《孝经》　一千九百三字

《论语》　一万一千七百五字

《孟子》　三万四千六百八十五字

《礼记》　九万一千一十字

《左传》　一十九万六千八百四十五字

《尚书》　一万五千七百字

《诗经》　三万九千一百三十四字

《周易》　二万四千一百七字

《春秋》　一千八百字

《周礼》　四万五千八百六字

《仪礼》　五万六千六百二十四字

《公羊》　四万四千七百五十字

《穀梁》　四万一千五百十二字

《十三经》总共六十二万五千八百七十六字。

每日熟二百字，十日二千字，百日二万字，一年除放假一月，只以三百三十日计算，可熟六万六千字，二年可熟十三万二千字。《孝经》《论语》《孟子》《诗》《书》皆熟矣。

《礼记》之文，无体不备。始虽选要读之，至能自看，注解不可不全读全看。以《礼义疏》为最佳之本，兼以注疏为参考可也。陈皓本不佳。

《说文提要》。王氏《说文》，下笔分画法，只两三叶可钞识之。

《说文系传》《段氏说文注》《说文句读》。

先看此数种，以后再求他家，然大要已不外是矣。初入手先认字，每日认《说文》部首三字，以能解能写为完课。先读《孝经》，次《论语》，次《孟子》，再次《礼记》兼《左传》。《左传》正不必全读，选读可也。但须用全本，若《句解》《快读》之类，必不可用。

《左传》兼用《左传纪事本末》。

《尚书》先用蔡沈本。先讲明今文、古文之别，此是《尚书》大案。若不知此，无从知《尚书》也。阎百诗、江艮庭、孙星衍诸家当参。兼授以《韩诗外传》，有故事足发天趣。

《诗经》用《吕氏家塾读诗记》为最佳之读本。有续本，江氏作，中有甚精之说，亦不可不看。教授者须兼看注疏及《钦定诗传说汇纂》，用相台堂岳珂本亦佳。

《易经》虽难知，然必不可不读。教者先看《朱子周易启蒙》首一卷，第二卷不急，不必看。次看《启蒙通释》，此书至佳，在《通志堂经解》中，京都坊间亦有单行之本。

《十三经注疏》内《周易注疏》可看，然不若先读朱子之《本义》，程子之《易传》为易入手也。读朱《义》，非明筮不可。《左传注疏》不甚详，读《左》兼《公羊》《穀梁》两传。

《四库书目提要》太多，不能尽看，先看各经提要。得《提要简明目录》，亦属有益。

史

编年史简本，无如《纲鉴易知录》，袁了凡、王凤洲各本皆不及之。须知此乃选本，非正当史书也。鉴是涑水之《通鉴》，纲是朱子之《纲目》，合而选之为一书，以便初学耳。

辽、金、元史地名人名，当依《御制通鉴辑览》，较各家为详且正。

王夫之《读通鉴论》《宋论》独标真谛，包涵无穷，不可不读之书。初学看史兼看此书，必增见识。

宋《何博士史论》亦可看。

《九朝纪事本末》，若苦本多难看，先看一朝亦不难。

《史记》。《史记》当看全部，自选读之，归震川本佳。先看《史记菁华录》亦可，若《两汉书》亦有精华录，依样葫芦，不足观矣。

《两汉书》，当觅前人已圈点之善本校之。

赵翼之《二十一史札记》当看。

《耆献类征》《碑传集》，二种能得一种，皆可博观有清一代之人物。初学看李次青之《先正事略》，亦佳。

读史地则顾祖禹之《方舆纪要》不可阙，其余李氏五种亦治史必用之书也。杜、马之学与马、郑之学，均属学者所当问津。

初学欲窥《九通》，诚不易言。先取《三通》序教之，中有当节选者，不必全读，胜于读寻常古文多矣。由《三通》序可得《九通》之源，后来阅《九通》亦不难也。

《庄子》。郭庆藩本佳，《庄子》注家甚多，无过此本。若近人林氏所撰《浅注》，不足观也。

《列子》。读《孟子》之后，可选《列子》数十则参读之，以增笔势。浙中所刻之《二十二子全书》，校对甚精，胜于湖北局板。

唐宋文

唐宋十家文，能各购全集读之为佳，否则时刻本亦可观。

韩文本以《韩文故》为最。《李习之文读》福州有之至佳。

柳文则上海新刻售十二元一部者最佳。

曾文则《元丰类稿》甚备，坊间选本不备。

欧文有全集，坊间多有之。

三苏文，亦另有集。

孙可之集在《全唐文》中，不易觅。或有单行本，予未之见也。

王荆公文，上海新刻《王半山全集》最好。

《唐文粹》无注，此书当览读。

若未有各集，先读《御选唐宋文醇》，《诗醇》亦可读。《古文辞类纂》前后集，后集黎选者别为一种，王先谦偏重桐城。

清文

《国朝二十四家文钞》，得一部可窥二十四家之大略，亦甚便之计，且各家文集欲觅单行本者，费颇贵。

《古文观止》蔡氏选，谢金銮以为“小《尚书》”，胜于林云铭之《古文析义》多矣。

《曾文正公文集》，曾文正由桐城入不由桐城出，在咸、同间为一大宗，集中《圣哲画像记》不可不读。有正书局有售。

赵衡序曾文正《圣哲画像记》云：“戡定大乱，乃在一二读书讲道文儒。”又云：“使由其道而不变，清虽至今存可也。”

《姚惜抱文集》《朱梅崖文集》《方望溪文集》《王遵崖文集》，余若《大云山房集》《管异之集》《张皋文集》，可参阅之。

初学虽不能遽言治古文，然教者选授各家古文之时，略言以古文家之统系，某为正宗，某为旁门，以至古文之禁例，后来操笔为之，知所趋向，不至误入歧途矣。

《文选》。杜诗“呼儿读《文选》”，又云“熟精《文选》理”，唐人名家无不为《选》学者。李善注所引书，有今无此本者，读《选》以兼看注为宜。

诗

诗则孙蘅塘之《唐诗三百首》为通行读本外，有《唐诗启蒙》，亦为善本。《宋诗三百首》不佳。

《宋诗钞》，商务印书馆本有佳钞，购一部可得数十家。

陶诗，陶澍本佳。

《杜诗镜铨》，最佳。

韩诗笺注。

李义山诗，姚培谦注、纪批者佳。

苏诗，以赵克宜角山楼本为最。

元遗山诗笺注。

陆放翁诗，杨芝田钞者不佳，不如就《宋诗钞》中选读之。

《白香山长庆集》。

《古诗源》可为初学读本。《十九首》当读几百遍。

《诗本事》当看。王渔洋诗当背诵数十首。

唐宋至今诗家甚多，此举其至要者，熟乎此，亦未有不能诗者也。

札记

《东塾读书记》《无邪堂答问》《教谕语》《日知录》。《课余正续录》，谢赌棋先生著，不可不看。伍涵芬之《读书乐趣》，《四库》目录有之，此书坊间易觅。《童子识字解》，看书便看此种书，导养天机，培育真趣，庶不以读书为苦也。

以上国朝札记之最胜者，读此书，可抵它种百十种，为益于学者无穷。

笔记

王氏《困学纪闻》、沈氏《梦溪笔谈》，此两种宋人笔记之至善者，必不可不备。

《皇朝经世文编》，盛旭人选之《续经世文编》，两书大集能备一种，已为有益。

丛书

《正谊堂全书》，福州刻本，得此一书，可得百十种之精要文集，诚学问之渊海、性理之精华也。家有此书，可称祥瑞。子弟肯读此书，必成一代之人才。教子弟者，其留意及之。

《朱子全书》福州刻本、渊鉴斋《朱子文集》。

《粤雅堂丛书》《知不足斋丛书》《艺海珠尘》。有可取本。

全集则《王船山全集》不可不看，有湖北局本，价廉，南京亦不贵。《曾文正全集》亦有阶级可循。为学之道，专师一门，易得其旨要。既得其旨要之后，再事推广，则由此造彼，有左右逢原之乐矣。

以上所述，第举大要，然能循序以求之，不过十年之内，学问皆有根基，不至为邪说所惑。高明教育之家，或当以鄙言为然乎？东冶性与老人识。

教学笔记

师云：此为不能全读者计，先以此为基础，后来自求之。

经

《论语》字字要极熟，极意讨论。《孟子》熟。《学》《庸》熟。《易》熟《系传》上下。《礼》熟《檀弓》《学记》《文王世子》《儒行》《三年问》。《曲礼》上下选读。《祭义》《祭统》选读。

《书经》须知今古文之分，不能读亦须将蔡沈《音训》略看一遍。

《左传》选读，随力量记诵。《公羊》《穀梁》有叙记胜于《左传》者，选出与《左传》同读。

《孝经》读全文。

经书必须有师授，最好师授之外，自将所得者作一笔记，遇高明者质叩之，再记于卷中。

经书一字千金，每日熟二百字以上，所列一年亦可毕，何惮而不为之。

《史记精华录》批语好。荆轲、淳于髡传，当检《史记》原文，所选太简。《纲鉴易知录》，此书不足以名史书，乃选本也。《鉴》是《资治通鉴》，司马温公作。《纲》者《通鉴纲目》也。朱子作。温公作在先，朱子作在后，应名“鉴纲”不当名“纲鉴”，不可便认此为史书，惟此所录尤胜于《通鉴辑览》。至辽金元地名人名，则以《辑览》所改定者为正。

《三通考序》选读大半，中间可不读者数门而已，熟此十数篇，终身受用不尽。

《韩诗外传》，全看。

《家语》《战国策》，选读。

《列子》《庄子》《吕氏春秋》《荀子》，以上皆选读。

《叔苴子》，全看，要圈点。

《四书反身录》。《呻吟语》，全选本不用。《榕村语录》，全部圈点。

《六朝文絜》，取有注者选读。

以上所列为第一期工夫，勤为之，不过一年可毕，其于经、史、子、集、古文、诗、赋源头已有所见，筑成此基，后来随力扩充，为通人不难也。

古文

诸葛亮：前后《出师表》。

陶渊明：《归去来辞》《五柳先生传》《桃花源记》。

韩愈文：《答崔立之书》《答李翊书》《送高闲上人序》《对禹问》《原道》《读荀子》《五箴》《伯夷颂》。

韩公之文，溯源于六经而旁通乎《左》、《国》、马、班诸史。自韩以下，无不师韩之为文，而能者特变其面目，观欧阳公《书韩文旧本后》可知也。韩文之当熟者，何止此数篇，兹为入手计，先熟此数篇，以后有余力当取全集观之。韩文佳本，以吾闽高雨农先生《韩文故》为最。

柳宗元：《始得西山宴游记》《至小丘西小石潭记》。

柳之山水游记，特冠古今，虽郦道元之《水经注》不能过之，盖千秋绝调也。兹先选两篇以见大凡。

《种树郭橐驼传》《答韦中立论师道书》。

柳文可读者不止此四篇，略可见其大概。

欧阳修：《送徐无党南归序》《宦者传》《记旧本韩集后》《秋声赋》《泷冈阡表》《纵囚论》《送杨寘序》《伶官传论》《真州枣园记》。

王安石：《同学一首别子固》、《复性》上下。

曾巩：《徐幹中论目录序》《赠黎安二生序》《寄欧阳舍人书》《拟岘台记》。

苏轼：《喜雨亭记》《石钟山记》《郭忠恕画赞并叙》《与王庠弟五首》，前后《赤壁赋》。

清朱梅崖：《答李蟠书》《洪稚存与孙季述书》《溪音序》《曾文正圣哲画像记》。古今学术升降，略具于此，读此文一篇，抵他种文数十首。

孙嘉淦《三习一弊疏》、龚海峰《坚壁清野议》，此两文不必读，不可不看。

古文一事，真知者颇少，盖非仅能操笔成一二千言便可命为能文也。义例颇多，今举其最要者。勿用古人成语，无论经史子集，二字以上便须自能造语。梅崖云“宋以后无能杜撰者”，是亦实语。引用古语，皆须列书名、篇名，不可用典，用典则骈文之体，非古文之体矣。

文尚色泽非也，必谓有色泽之，非古则亦非也。班、范之文，密于史迁固矣，史迁正有大用色泽处。《国语》密于《左传》固矣，《左传》正有大用色泽处。大概文有难、易两种，浓郁近难，疏淡近易。韩文公曰“文无难易，惟其是而已”，此最的论。不求其是，而惟浓淡之是求，非知文者矣。

不能文者，皆藉口于“辞达”之一语，以为吾但挥毫直书、能说得出便自矜为“达”，以此言“达”，失之远矣。夫平常叙事易达也，叙繁杂事能达乎？市贾相语鬻，滞缓急，易达也，叙制一器，铸一物状，其广狭、圆扁、牙幅相接、楔�派互承之妙，此易达乎？至于穷极古今奥颐之理蕴，阐发圣贤仙佛之绪言，此非心如明镜、笔若利锥，敢谓其必不能成文。“达”之一字，谈何容易。且孔子不云乎，“言之无文，行而不远”，语见《左传》。又曰“辞欲妙”，见《易经》。惟文妙而巧，是以能达也。此可为知者言也。

《辅轩语》，其论时艺、试律、律赋者不必观，论诗不甚精。

谢退谷《教谕语》，字字精贯，论诗亦极精明简要，论作县甚有见地，不让汪龙庄之《佐治药言》也。

《劝学浅语》，沈升著。《聪训斋语》，张文端著。

王夫之《读通鉴论》，不无太艰深处，惟其中精理名言，络绎奔赴于纸上，熟之即史学之根基也。先取全部圈出之，若欲省工，则将予所已圈出之作底本较易矣。能熟于此篇，于立身行己、处世本末思过半矣。即论笔势，亦有三苏之长而严正过之。

《二十四家文钞》，宋牧仲辑。

姚氏《选》所不录者，然姚氏不免有过隘处。二十四家中多不立宗派，姚氏以刘海峰、方望溪直接欧、曾，故立义法以卫门墙，有姚氏而后古文之道尊。曾文正云：“国藩之能文章，由姚先生启之也。”不由姚氏，则其为文必无纪律，将滥泛流入于龚定庵一流；但必囿于姚氏，则亦无实用之可言。二十四家若顾崑山、朱竹垞，极有佳处，诸家亦多有可取，不容不览也。论文大凡即具于各古文家，集中韩、柳其最著矣。其余各家皆有论文之文，亦各有心得处，知者节取之，皆足为我师资也。

诗

诗无过于三百篇，好处一言难尽。无论如何总要读一过，读

《诗经》必要所授。今先取《吕氏读诗记》先看一过，用朱笔点亦可晓大略。《诗经》为益极大，岂但为作诗用，然欲学诗，必先探源于此。

《十九首》、《苏李赠答》、阮籍《咏怀》、左太冲《咏史》、韩文公《秋怀十一首》。

杜诗：《送孔巢父》《饮中八仙》《渼陂行》《奉先刘少府》《苏韩薛筵》《瘦马行》《书李白二首》《七歌》《画山水图》《双松图》《茅屋为秋风所破》《短歌行》《古柏行》《缚鸡行》。

苏诗：《辛丑十一月十九日》《登州海市》《和子由渑池》《感旧》《寄蔡子华》《法惠寺横翠阁》《次韵子由论书》《寿星院》《王维吴道子画》《读孟郊诗》《真兴寺阁》《寓居定惠寺之东》《秦穆公墓》《书鄢陵王主簿》《颍州初》《子由寿二首》《书晁补之所藏文与可画竹》《游金山寺》《书王定国西斋》《雨中过舒教授》《大风留金山两日》《初别子由至奉新作》。苏诗当看纪批，先熟此。

陶诗，陶诗周情孔思，不与众诗同，当置全集，终身读之。

《离骚》当极熟。

白乐天诗全看，自取可意者三复之。

今人论诗多不言白乐天，且有“元轻白俗”之讥，虽姚惜抱不免，皆非知白诗者也。夫为诗专看诗心如何，白诗诗心极佳，其起居饮食，一语一默，一动一静，凡天地之景光，万物之变态，莫不追而写之。其于人情物理绝为切近，他家诗多不免装饰，惟香山一老将心肝揭出，与天下后世相见。不得此意，任汝穷极工功，必无入道之日。且学古人之诗，学古人之心也，非学其言语也，不心之而徒辨之于言语，是天下至无识之人也。若谓白诗体平易，谁教汝学其体，而学其不必学者乎。

陆放翁诗取选本全看之。

清诗：渔洋、梅村、黄仲则、郑子尹。《提要》读之不必多。

欲学为文字，先要能辨文字。杜诗云："别裁伪体亲风雅"。若不能别裁伪体，断不知风雅之可亲。《淮南子》称目不辨是非谓之瞽，夫有目而瞽，亦可哀也已，不可不引以为深耻也。

元遗山《论诗三十首》当兼看注，有余兴并看渔洋《论诗绝句》，亦有故事可寻。

诗话

《夕堂永日绪论》、王夫之。《说文菅蒯》、《说诗晬语》、沈归愚。《秋金阁诗话》，徐怡庵。皆佳。

最精尽，又精又正，无过方植之《汉学商兑》《昭昧詹言》，[1]真作诗之指南也。阅此不解，看他种亦无益。《随园诗话》、《赵瓯北诗话》、《带经堂诗话》皆当看。

骈文

骈文入手，读《六朝文絜》，黎经浩注。次则唐人《四六法海》，蒋心余批点详明。

国朝八家，先从《卷施阁》入手，则可上窥汉魏，若先读《湖海楼》、《有正味》两家，必为俗体所汩没。

《述学》释经至精，又为骈文好手，《述学》中《释三九》文至精。再进而看《文心雕龙》《史通》二书，又进而读《晋书》《后汉书》，骈文可以成家。若《烟霞万古楼》之驰骋才气，非正宗也。

我春室杂稿摭存

梅师著述宏富，余所知者，已刻之书有《福州西湖志》口

① "《昭昧詹言》"，原作"姚惜抱《昭昧詹言》"，删"姚惜抱"三字。

卷、《榕南梦影录》四卷、《觉庐诗集》口卷、《寿香社词选》口卷，皆师生前所自定者；殁后门人又为刊播《我春室文集》口卷，尚有《易聚明》六卷、《龛花词》一卷、《鸴鸠居述记》五卷、《志余杂记》四卷。又《论语臆见》《孟子臆见》《艺臆》各若干卷，皆未刻，其它杂稿间有不入集者。余侍师久，每见师之所作，寸金片玉，辄摭存之，有韵无韵之文，诸体悉具，而师题赠诲勉之言，尤拳拳勿失。兹略为类次，迻录其中，固多未刻之稿也。

密字箴为道之作

君子之行，有如晓日。君子之心，善于藏密。密非掩秘，不浅露也。密必不疏，非细故也。

箴言寄道之

子言近是，喜足卫道。入道之始，狷毅乃可。道有万殊，惟本于一。本之于末，贯通弗窒。子见其端，见有未及。而易发之，容有弗释。入世出世，厥用不同。子胡不辨，和流之分。与其为高，宁为其大。予曷云高，实习于隘。如暑设帱，聊免蟲害。如雨之濡，聊用张盖。其于吾心，皎然清明。此惟大知，人或弗营。喜子之说，足为道卫。进子一言，内砭无懈。宁失之厚，勿务逆臆。不能离物，而类绝物。俗子蜂虿，亦防刺骨。穆然内涵，其宽如渊。方德圆智，惟子之贤。

赠道之联

治天下从一室始，养夜气如平旦初。

又

寓辩于讷，藏明以晦；运思入微，凝神至虚。

又

一默胜千言，守口才能蓄德；有威关自重，制外所以养中。

杂言题耑

人心之明，足以自照，片时放心，昧所照矣。时时警惕，去昏即明，固以所念为言，书之于篇，命曰《杂言》。随觉宣之，不必依类，取不忘照，自非性契，亦莫能商榷焉。戊午孟冬梅生居士志。

祀陶图题跋

予年弱冠时，与龚九鹤、郑无辩诸君诵陶诗而慕其为人。每岁秋花盛开，陈陶公像，荐以菊酒，而拜献如礼。至九鹤既逝，此会遂散。其后三十余年，里中诸生王德愔、刘蕙愔等复有祀陶之举。是岁辛酉九月，诸子集于藤山蕙愔园中，各写树石楼阁成图，周丈雨渔，以善画名，为润色大半，属予记之，因书大略如此。

夜起书

每日只在昏嚣中过，心粗事苟，百种弊病。口中虽说许多好话，实在于身心都无少益，以致对人对物恒多过失，即气体亦且忧郁不舒，何尝返光内照，乃自认为有是处。我之为我，诚可惧也。夜半睡觉，觉有微悟，遂起书之，期改过迁善，不自违所言，念念毋忘，戒之戒之。壬戌四月廿六夜四鼓，悦明居士自记。

日记两则

乙丑□月三日，林仲立以文忠公日记四厚册来索题。文忠平生日记不断，即此一端，已见盛德。

四日，借到同治中《孟晋斋文集》二本四卷，会稽寿桢祖香撰，卷首有先师谢子题字，九行。略云："自明以来，治古文者宗八家，近则桐城，高者狷洁，下者虚剽，有志之士欲变而入秦汉，亦欲如此君者鲜矣。虽然，古文贵理，功在真积，讲学家平衍，注疏家破碎，词赋家姣滥，皆无当于载道。"又云："今之考据家第可谓言之有物而已，其于言中有物之理未梦见也。"振岱案，先师于古文，主学韩，而不满于方、姚之末派，非薄方、姚也。

书示诸生丁卯八月二日

务使今日所知增益于昨日，不愧日知所无也。若日日因循无所展辟，真可名之为尘旧。夫日知犹未必笃行，然积之既多，总有新机，可望其能行。惟日日封障，止于积习故见，就使千年健在，也是一样，何贵其为人哉。盖子夏之日知即《汤盘铭》之日新，凡人日濬新知之谓新，老则愈新，弗濬虽稚，亦只是旧。

以利交，利去则疏远；以色相爱，色衰则忿懑；故是二者皆无久长之理也。彼本为是而未及其背也，而责之以无情，是愚人而已。若欲久长不敝，惟道惟学。

题林宰平所赠《尊闻录》

林君宰平以高赞非记述黄冈熊十力先生语《尊闻录》赠，尽一日夕全篇阅毕，契意处加圈点以醒己目。篇中心得语良多，而志在明己以度世，尤见魄力胸次。宰平有此良友，宜其意境之日高也。庚午小春十一日书。

画竹示道之

昔贤画竹皆就灯月下竹影摹写之，取神而已，不求似也。道之世讲新种竹数竿，是隐添无数竹谱，宜其画之逾工欤？时在丁丑初春，寓城外藤山小楼，枚叟。

晓斋遗墨跋

晓斋先生晚归乡山，托一官自隐，公暇辄喜作书，此联为女公子道之世讲所弆，属为题跋。予按，先生抱经世略，未尽其用，郁然以老。今所传遗诗一卷，即道之手写印行者，读之足见大意。此联对句，其亦先生自寓身世之感乎？谨按，先君书放翁诗句为联云："百岁光阴半归酒，一生事业略存诗。"

又

晓斋先生未尝学书，而笔势夭矫，自有天然之韵。此乃所录唐人诗以赠某君者，女公子道之得而弆之。既装成卷，出以视余，犹想见当日官斋无事挥毫得意时也。戊寅饯春日题。

题《说文系传》

《说文系传》，钱遵王谓此为惊人武库。先师教人治《说文》，亦屡举此本。道之世兄喜治小学，尝假予旧校小徐本校所藏《龙威秘书》本。兹值道之帨辰，叶竹均君与君雅契，购得祁刊本以赠。小徐本初刻胜于汪本，道之宜宝藏之，须知此本在《小学汇函》中不易得也。戊寅春孟上元，梅叟何振岱识。

题《桃花源图》

予尝为人题吾州《榴花洞图》，有云："思到无聊托警言，唐时榴洞晋桃源。"读者或不会吾意，以为吾之断言如此。甚矣，解人之难索也。迩来意绪郁陶，为道之世讲写《桃花源图》，忆及旧作，辄论及之，不知道之览此谓何。

题道之《溪山无尽图》

道之世讲自以意缀成山水长卷，峰峦重叠，林树参差，以及楼台人物，应有尽成，使人览之有欲身游其中之意，可谓能矣。道之勉旃，并进而上，何难与古作者争长耶？吾将拭目而俟之。庚辰小春，七十四叟何振岱。

书赠沈吉逵以下系年未详

始于知择，继求能守，终于善扩充。择必明必简，明则不入歧趣，简则易守。择而弗守，与无所得同，故守之必坚。善扩充之，则不以一善自足，可以致远。

夫既尝服圣人之书矣，则亦稍存一必不可泯之心与必不容越之行，以还生初，其有可以商榷乎？

以小不善为无妨而姑就之，谓小德出入可也，将于不知不觉中逾其大德之闲矣。乐善不深，端繇于恶，恶之不诚，故曰“勿以善小而不为，勿以恶小而为之”。

橘基十兄数以纸属书赠言，君喜近古书，有益身心之言，展卷即是，奚待鄙言。抑余欲有言，自反多不能躬行者，则徒言益滋愧耳。重违君意，谨就所尝闻于先师者书之，期与君共遵守焉，庶亦相琢磨之义乎？性与谨识。

祭长恩文

长恩长恩，神其在兹。我家书籍，皆神所司。祭以芳醴，用虔是祈。凡百虫蠹，皆为书害。尔神有灵，驱之无懈。无使圣文，遭彼蛀坏。年年祭尔，永久是赖。神其知之，吉祥为大。

恒卦

天地万物之理，一恒而已，奚变之有？然惟有变，乃益其恒，变不出于恒，故也。父慈恒也，容子之非则伤慈；子孝恒也，顺父之过则害孝。故有恒而非恒，非恒乃所以为恒，《易》之道中道焉耳。

题画梅

元章有极意取势之笔，正如凤舞龙翔，非凡人所能想象也，是惟知者解赏识之耳。

题画

寒冬之夜，供梅花一瓶、石菖蒲一盂。画意寂然，苦吟得句，此时滋味，安得与素心人同之。

失题按此篇失题，未审为何而作

凡学仙者必游方之外，使万缘断绝，一意精修。如于世有所闻见于心，必有所是非，则喜怒哀乐之情必迭起循生，以消磨其精气，神耗而形亦敝矣。若如此则性顽然如木石无性情、无是非，其人亦多老敝，此何说耶？无以其人有嗜欲故也。

题《饮水词》

谭仲修先生云："国朝词人如成容若之贵、项莲生之富，其所为词，皆发音哀艳，使读者回肠薄魄，不知感慨之所自生。或谓容若为李重光后身，其信然乎？"予按，莲生词尤不若容若感人之深，虽顾梁汾无以过之，其与梁汾交情逾乎骨肉，读之令人增友生之重，斯则有裨于风化者也。

题《太鸿词》

巧构形似之词，渐忘古意，樊榭诸君不能无过。《箧中词》

所评真知言也。形似即所云伪体，愈似愈失之远。凡文字皆然，不独词也。矫之者务为粗浅以矜其真，徒扬龙川、改之之余波，以为超出姜、张，亦可谓瞀然无见矣。卷中紬明拙涩之旨，为剽滑者下一针砭，有功于词学。

七星砚铭

石七星兮，作砚写经。牖余心兮，七星之灵。

沈剑知藏顾二娘双燕衔花砚铭

劝子慎濡毫，勿负衔泥燕。

琴铭为林祖硕作庚辰夏

音繇心宣，得养斯贤。以永旧德，塞欲全天。

挽林琴南联

匝地秋声，魂魄终依陵树碧。参天石色，画图晚及雁山青。

挽陈石遗联

论学心期朱秀水，奇游晚比陆山阴。

言归

言归胡不归，自夏到天寒。半载滞客中，所误非一端。朝来出买棹，明发辞黄滩。函书告亲旧，迎我来江干。南船忽北驶，归计惟我悭。少迟旬日间，聊用此盘桓。所惜高楼人，眼穿倚阑干。寄声篱边菊，留待樽前看。

数日不出以有鸟声得水仙花数茎腊梅一枝为供用遣寂寞为题廿字按，时日本寇华，鸟声指敌机也

垆香一古衲，瓶花半仙灵。虚斋成默对，夜气太清泠。

雨夜偶题

此雨连朝不易晴，真愁山路隔层城。嵩阳道箓虚松雪，惆怅西窗烛外声。

画梅

数点梅花天地心，昔贤诗句甚可喜。我云助人为善者，此心天地初无异。我身得暖人啼寒，我身得饱人啼饥。勿言善小天不愧，寸布粒粟皆仁施。仰首见人俯见人，天地与人原一身。善心绵绵不可释，四海苍生齐福泽。

晨兴学书戏作两绝句壬申九月十四日

麾墨间为径寸书，桂花香透碧窗虚。老来自悦无多事，却在龙蛇入腕初。

麓翁手有金刚杵，我亦闲情托笔端。书画皆为游戏事，可怜辛苦博微欢。

仿赵彝斋双钩水仙并题为道之生日作庚辰上元

芳时漳水无神鲤，丰岁翳桑有饿人。细雨酿寒晴有意，古香吹出墨池杳。

辨梦中宵淡有痕。翠钰珠蕚照离魂。当时灵瑟记春恩。　　花气蒸云依旧石，水香弹雨不逡盆。此情兀自落寒暄。《浣溪沙》。

为佑士画花卉系以绝句

碧兰翠竹映高梧，更裛香风午梦苏。参得莲花消息后，道心只合贮冰壶。

画梅自题

为问春光何处盛，孤山林社小桥西。黄昏几杵钟初定，月出林梢花影低。

题念娟湖滨斋壁

晚读湖日红，宵吟湖光碧。人在潋滟中，闲吟如泛宅。诗境澹迷茫，龙天近咫尺。山阴城野庄，挩趣神魂适。

浪淘沙庚寅

万影落虚堂，坐久衣凉。古愁吹到碧灯傍。甘苦胸中惟独喻，分与秋尝。　　茶响韵松篁，掩卷思长。承平风味最难忘。巷北巷南同夜读，月转回廊。

梅师手批《两当轩诗》

黄仲则《两当轩诗集》，梅师曾手加批点，兹从原书原稿录出，亦可见师论诗之旨趣也。

前后《观潮行》两诗当时有名，今细观之，当非集中上乘之作，特其音调合拍，易为世人所赏耳。

《春夜杂咏》十三篇，哀感顽艳，顾影自伤，羁旅中读之，添愁十倍，先生所谓“苦语”是已。中有静逸句如“卷帘忽有得，草木同一香”是也；有情景并到句如“飞雨过窗树，穆然帘帏深”是也；有刻峭句如“低头影相步”，此句又似贾长江“独行潭底影”二语；有深远句如“遥知舣船处，应在青枫林”是也；有神隽句如“灯光逐游鱼，时时响深沼”是也。

《骤寒作》，亦是白老长裘游洛阳意，特变其语。白是推出语，此是兜入语。余以其末句“谁将彤云变狐白，无声被遍茅檐客”，亦杜诗之“安得广厦千万间，大庇天下寒士俱欢颜”意脱胎而来。

《和容甫》，极肖陶诗。陶诗“闲暇则相思，相思辄披衣”，夫子相思时披衣，恐于此时思我者、念我者寒也，披衣所以慰念我者心，用意最深。白诗“料得家中夜深坐，还应说着远游人”，说家中念自己，即自己念家中也，侧说便妙。李玉溪《夜雨寄北》一绝，亦是想后时追忆此时，俱有手法，“此时”两句，当不是由对面说，其音节似五柳耳。

《寄王东田文》，极摹青莲“忆昔洛阳董糟丘”篇，中间离合变化处亦如之，特无其纵横耳。

《月夜登太白楼和思复壁间见怀韵》，以绝去畛畦，神行一片，并以登太白楼诗作者如林，要以此首为冠。

《夜从慈光寺步至茅蓬庵再浴汤泉》，琢句俱古，得一换字诀，遂使诗境鲜腴如此，然亦由其笔健气静，故能描写其所领会也。

《黄山松歌》，迸以有物，攫钩其微，化工之奇也，诗乃象之。巉削既极，折旋亦夥，铸铁为句，极笔力之雄。中句云“翻嫌石相奇太过，相助为理论始公”，不可无此满足之文，爱之极始有此嫌也。凡言“翻嫌”者，爱之不知其所至也，爱之不至于嫌，爱犹未至绝境耳。

《左二过饮赠诗一章》，黄诗凡有此等作，异样生新，于此可想见其为人。

《新安程孝子行》，一篇有韵之文，笔气遒健，叙次分明，无复无沓，至摹写孝子情状，尤足使人动魄惊心。

《黄山问道图为范怀山作》，纯乎性灵结撰，钝夫不知从何处入手。极似青莲，得其高处，通篇所用字眼恰有飘飘云际之意，非如俗手但掇拾空阔话语。

《别厚孙》，第一手好诗。吾尝爱诵先生诗“胸无古人多，焉能爱知己”二语，以为名言。胸多古人，其知己而爱之也始真。胸无数千卷书，不知有古人之真，不知有知己之真，又焉能以其真合知己者之真。不读书人虽天性可亲，而出于一时之感激，终必销歇。

《饥鸟》，绝句体，本乐府，故唐人中王、李为之最善，意致含蓄，音响清和。宋以后多为诗论，其体遂不可复古，间有矫之者，则又疲。作神正如东施效颦，自增丑态。此诗在唐人中为下乘之作，若以宋派论，其亦铮铮者耳。

《初夏命仆刈阶草》，绝大道理分明，一篇檄文，千古奸谗也应魄悸。未用刀斧，或疑其慎，至隐忍不能而用刀斧，仁至义尽，彼小人当俯首就刑，无怨于君子矣。

《病中》，直逼《古诗十九首》，合屈、宋第一手，唐以下不复道。

《赠徐二》，第二首结句“何时一樽酒，重与共披襟”，收全用杜句，只改“共披襟”三字，未可为法。

《夜起》，“星河淡思曙，风露凄犹冬”，似阮籍《咏怀》，十字似晋人语。

《夜梦》，故由杜诗“魂返关塞”句脱化。

湘乡王培礼所著《小招隐馆谈艺录》一书，师亦略有批点，兹附录于后。

王氏论唐代诗派，以少陵七律发端高挹，结束稍落缓弛。师批云："杜律结尾缓弛，实实有之，但不弛处未尝无耳。"

王氏云："南渡之陆、范，亦是眼前光景，沉吟太多。"师批云："写景亦不可太多。"

王氏云："梅圣俞诗意枯澹，晚乃刻苦，其少年所作本自平淡。"师批云："梅圣俞诗心太少，必不可学。"

王氏云："陈去非语人以圣俞诗慎不可读，为其感触自少也。"师批云："圣俞诗皆被动而作，题目已可恨。"

王氏云："初白习北宋而肤廓庸钝，殆无其匹。"师批云："初白亦有可取处，此二句讥之太过。"

卷二

匹园侍谈录

乙丑四月十四日，侍坐匹园，石遗师以所著诗文集刻本相授，云："吾从来未尝以此赠人。"以下皆师训。

凡看书第一过要快，如走马看山，得其大略而已。

吾于读书时心无一丝他念，而于游玩时则放下心，恣情游玩。

吾平生于弈棋赌博之类，非必不能，然了不过问，而吾所好则必深用其心，极其至乃已。

为学不可不读经注，读经注当从《诗经》入手。读经须知经旨之所在。

师诲余："勿管身外一切事，但管自己学问。"

师尝语余云："平生无伊尹之位，而有伊尹之心，一物不得，其所于心戚戚有所不安。"

丙寅重九，说诗社社集，师病疮戒饮，乃以啤酒代，以性薄无害也。赋诗有“佳节总须求酩酊，强携啤酒注深杯”句，师云：“新名词有不能不用者，不必禁避。”

幼读高适《还山吟》，每为神往。

吾酒后好朗诵丘迟《与陈伯之书》“暮春三月，江南草长”一段，若不胜情者。

厦门罕可游观。（师曾有《厦岛五君咏》，所咏为绛桃、绿芜、紫燕、白鹭、青蛙也。）

《四库全书提要》有穿穴法，读书者不可不读是书。

昔在鄂时，将辞张之洞幕归，梁节庵补发武昌府师范学堂积欠薪水二百金，号学堂资，并撰联以坚其行。联云：“写经斋近邻堪买，沧趣楼高衡可望。”以师曾寓阳崎，与叶损轩写经斋相去甚迩，而与弢丈螺洲沧趣楼亦只一水之隔也，师云：“梁此举是惟恐吾不行，有意为之。”

广雅长不及中人，而广颡伟鼻，目三棱有光，髯及腹，行坐揖让，仪观秩然。平日出言极斟酌，偶有未当，隔数日矣，犹将前言重提，谓前所说不是如彼，乃是如此。故广雅不但文字有添注涂改，言语亦有添注涂改。

人有求助者，能与则与之，不舍则宁可送些子与他，勿借也。

师不信佛而不欲杀生，尝云：“一人之生多杀畜类，于心何忍。”其生日绝不肯宰鸡鸭为馔。

师七十生日，哲嗣公荆将挈眷返里称祝，师力止之。云：“吾生平与苏戡最厌为寿，人家喜事，如婚嫁置酒席，皆出于不得已。而为寿乃本无其事，特作宴乐，盈满当戒，且因为一人寿而多杀生，尤所不宜。”

师尝言：“寿文皆草草酬应之作，不足存。故吾集中不刻一篇。但生平所作不下数百首，稿本汇订四厚册，为门人叶长青取去，今不知流落何处。”

师教余读简斋诗。

师云：“《水经注》《文选》《说文》《史记》是必不可不读之书。”

《吴地记》可作江南小纪读。

戊辰七月十三日，师召余匹园看月小饮，谈文字，以余文字太平坦少波折。问须读何家之文，答如晁错、贾谊之文，柳文亦宜。余以古之名人多有笔记，师见闻多，何不作笔记？答以无暇及此。

幼时最醉心于《西厢记》《红楼梦》二书，因其描写诚能荡人心魄。因高诵《惊梦》一段，纚纚如贯珠。又言《还魂记·惊梦》虚描，珑玲绝妙。

师母萧夫人所著曰《戴花平安室杂文》，已梓行。师云：“山谷墨迹一帖云：‘花四枝漫送，余春可赏，戴花人平安否？’本此。”

自古以来伉俪道同而情笃者，可推二赵，赵凡夫、赵子昂也。

师常叹云：“老年人心境鲜乐事，惟后辈中有妙年得成佳偶者，最为快意，然吾未之见也。”

多作多读之诗，总比不涉工夫者之诗深远。

须多看有注之诗，以参其用典之法。

师自评其诗有东坡之骋才，山谷之用僻字，荆公之深曲。

曲园性情文字甚似其乡前辈随园，所异者随园好词章，曲园好考据耳。

汪容甫《吊黄祖文》《吊马守真》《狐父之盗颂》，皆极寓牢骚之作。

吾辈生古人后，好诗已被古人说尽，尚有可着笔者，哲理无穷，得以边际之语写之也。

师《寄题三百三十有三士亭示景屏》诗，自评云：“此作专求刻画数目，虽蒙算博士之诮，亦所不恤矣。”

吾于世间快乐之事，都已做过。论朋友，吾所交游者，皆天下之至才。吾最喜园林而羡张培挺之园，不过现在虽有如是之大园，吾亦无所用。

师以余悟性甚好，记性太差。又尝谓余清才有之，奇才无也。

李易安诗雄豪无脂粉气。

大家诗文要有自己面目，决不随人作计。

庚午八月五日，侍坐闲谈，师忽云：“昨夜一梦甚奇，梦故人戴子励说‘你是洪承畴后人，承畴以武功开有清一代，你以文学结有清一代，你名字与他亦有关系’云云。觉后甚异之，检书看，看洪中举后十四年而明亡，而我亦中举后十四年而清亡，此一相符矣。其所云名字有关者，盖陈转衍耳。”师因言：“清以一文襄并一后而兴，亦以一文襄并一后而亡。兴指洪承畴与清世祖之母，亡指张之洞与慈禧太后。洪、张俱谥文襄也，张文襄遣学生出洋开新学识，乃速革命之举。”

集典须阅四部书，一《汉魏丛书》，一《水经注》，一《文选》，一《稗海》。

陈曾寿论诗极有到处，尝云：“杜诗《苏端薛复筵简薛华醉歌》云：‘但觉高歌有鬼神，焉知饿死填沟壑。’极沉痛顿挫之致，更足以‘相如逸才亲涤器，子云识字终投阁’二语，此是古人极拙处，即古人不可及处。”

俞确士诗功在二孟间，西行后时参杜法，苏堪以为得杜味。

“吾所选《近代诗钞》，最好有人能重编之，以臻完善。如能选有五十首以上者，再成一集，亦庶几可观。”

《近代诗钞》不录寿诗、拟古、咏物之作，师以此皆非能写性情者。

《书经》一天一地，须熟读，所谓天《尧典》也，地《禹贡》也。《顾命》一章，可知叙事之法，《舜典》可知以君用臣之法。《书经》一部，乃大有用之书。

《左传》泌之战，全用水为线索；鄢陵之战，用日月为线索。

辛未人日，侍师访林石庐，观宝岱阁所藏金石书志抄本以及碑刻拓本甚富，几无从下手。师云："石庐收罗不为少矣，但如此散漫非久远计。"劝其舍馆专事著述，以偿夙志。

石庐有砚，摹覃溪《嵩阳帖》，卷首苏文忠真象。师为题铭云："德产精致平不颇，土皮水骨琢以磨，诗书画试求其波。"

古来事业学术往往有家学渊源者，独为诗则父子并称者，千古不三数人。

师教人为学须以子、史为根柢，并以其所著《史汉文学研究法》及《通鉴纪事本末书后》二书可为治史学者一助。

吾甚不主张"遗老"二字，一人有一人自立之地位，老则老耳，何遗之有？

达官而足山林气者，莫如王荆公。

高岑之七古可读，但不可学。学古诗要以韩、杜为主。

要听逆耳言，交胜己友。

壬申四月三日，闻师与龚丈惕庵谈诗云："吾近来作诗要锻炼重句，要如《左传》之文法无所不备，庄严也有，滑稽也有，但用白白之句，其中有吾意存焉。"又云："诗无题目，颇难做得好。"

考据皆为人作役，无与己事。诗文却是自己性情语言，且时足发明哲理。

人生自五十以往，少日朋好犹有密迩相过从者，不易得也。

石遗师手批《渔洋感旧集小传》

石遗师著有《感旧集小传拾遗》四卷，补渔洋之所未及者，已刻版行世。先是师又尝手批《渔洋感旧集小传》，密行细书，分注于原书眉耑，发抒所见，语多精辟，而轶闻坠故，时出其中。师以此为随手散记，不欲刊布。余因请假归读之，录副存焉。

渔洋自序

当初骤读此序，喜其行文十分矜持，饶有名贵气。兹复再三雒诵，觉得此老所作文字，未免过于描头画角，殊少雄浑体态，当是少作。如晚年所撰笔记《古夫子亭杂录》之类，便渐近自然矣。

冷隽豪宕，耐人三复，使俗手为之，便有许多贵游习气浮于纸上，见于言外。先生不尔，又恰无一毫衰颓语、酸寒味，此文家贵贱之分也。

凡人不可不自矜重，渔洋老人生平著述所以高出于凡人，正在其能自矜重，矜则贵矣，行文家不可不知也。袁简斋以渔洋诗为才力薄，非知渔洋者也。然先生文字，才人也，非经生也。作古文不根柢经术，才力如何会厚？第彼子才，一辈子著述，一毫经术气也无，又乌知何者薄何者厚乎？其讥渔洋，故是一味瞎论耳。

渔洋序当是少年作，晚年则火色自深匀矣。

卢见曾序

两序均极力结构，均不免一“矜”字，所以不及古人者，政自在此。

雅雨风概固远不逮王先生，然当雍、乾间，天下全盛，词人辈出，犹知折节网罗，较之风尘俗吏，自是迥别。

记阅何书，有谓卢观察生平所有文字均倩人捉刀者，此公胸中绝无点墨，姑赘此，以质知者。

钱谦益传

钱先生如许晚节，而渔洋当日犹倾倒之，不啻山斗，想见此叟名重。

吴伟业传

先生至此，盖若何恨。宋太宗论范质所谓“但欠周世宗一死耳”。以较龚、钱，故应末减。

姜埰传

思宗刑政如此，安得不亡。

梅村《东莱行》盖为二姜作也。姜如农、如须。胜国遗臣如先生，可称完人矣。

徐士俊传

野君有《十眉谣》。

邢昉传

诗至成集，无一畅怀语，则其遇之穷可知。

方以智传

方先生志节较钱、龚诸君为高，然国破家亡，除了一死别无它法。黄黎洲谓“削发披缁，不为异姓之臣，反为异氏之子”，此言盖非无见也。

孙廷铨传

又号沚亭灌长。《咏息夫人》诗：“无言空有泪，儿女粲成行。”相国以胜朝进士入官昭代，位至调鼎，不无新故之感。《息夫人》诗十字，盖自嘲也，言外得之。

董俞传

江南逋赋为本朝一大案，当道诸君不得无罪，亦吴中诸君子自取之也。

吴绮传

薗次又号听翁，为中书舍人，奉诏撰《椒山乐府》，迁武选司员外郎，盖即以椒山原官官之。在湖州，湖人称为“三风太守”，谓多风力、尚风节、说风雅也。

刘孔和传

此事不可不戒，今日如泽清者，不复有人，吾不忍斥之也。

今日官场但有势位者，辄妄自尊大，何但如泽清之忌才也。

彭而述传

音流简外，可以想见其人。

高珩传

以丁丑年康熙三十六年无疾而终，见《古夫于亭杂录》。寿八十六。按，先生释褐时年三十二岁，入本朝凡五十四年。

丁耀亢传

的是山左口吻，直省无此会调也。

纪映钟传

二诗悉敌，尽饶神韵。

余怀传

此君绝似典午人物，李家三百年无此老头儿也。即有之，亦在中晚，如罗江东、韩冬郎颉颃上下。

方文传

无性灵之诗，大率如是。

胡介传

四律二百二十四字，弓子颇开得满，然绝似近日时流酬应文字，殊少弦外余音。渔洋山人于本集所以遗不入选也。

《翁夫人》二十八字，似较胜，较有神韵。

颜光敏传

颜诗英爽无伦，令吾想见其人。定必面庞丰润，仪观伟然。若龌龊猥琐，定无此吐属也。

顾湄传

《江苏诗征》：湄本惠安令程新子，新与顾梦麟善，梦麟无嗣，幼鞠湄，遂姓顾，克承经学。

《四库提要》：《通志堂经解》，纳兰性德所刻，而徐乾学、顾湄校正之。

汪楫传

先生使琉球归，濒行，其国例有馈遗，先生概却不受，国人建却金亭志之。

南昌王于一客死钱唐，悔斋素未与缔交，为之敛赙，又搜辑其遗文，其重道谊如此。

咸、同一劫，小玲珑山馆可怜焦土矣，闻此能无慨叹。

王又旦传

典试粤东还，过南海花山，建议于其地设县治，夺盗渊薮。旨报可。

汪懋麟传

按，先生曾举词科，值居忧不与试。又，同时楚人宋方旦恃邪法，倾动公卿，先生著《辨道论》，力抵其妄。又，先生以主事入直史馆，充纂修官。一日，宫中出宫笺百番，命群臣书，择其尤者得二十四幅供御屏用，先生与焉。又，先生吏才尤通敏，城南武某以车一马一贩米于南花园，宿董之贵家。之贵利其赀，杀之，以车载尸，鞭马曳之他去。武父得尸于道，得车马于刘氏之门。讼诸官，谓刘杀其子。先生曰："杀人而置车马于门，非理也。"乃微行，纵其马至之贵门，跳跃悲鸣冲户入。即令收之，一讯而服。时惊以为神，都人为作《马讼图》，赋诗张之。

方履中传

观此一则，指《陈检讨集·方素伯集序》。则陈检讨序文真能运单行于排偶者，后来诸家虽不少清新之作，然无能轶髯之范围也。

吴光传

康熙三年，奉命往册封安南，时海甸初服，不识大体，光移书谕之。赠遗一无所受，风节凛然。

曾传灿传

青藜选《本朝诗名过目集》，纯不胜杂，而人才略备。

王士禄传

“新词□□□江盐，少作冬郎弱不嫌。何事修文长爪去，教侬雪涕岁华添。”何人绝句，漫录于此。

宋琬传

宋先生有下狱一节，当考。先生时已仕浙江按察使，及侄绍祖等为族人宋一栖诬其通于七谋叛，下于理。适祖泽溥督山东，奏雪之，经部驳，祖泽溥执奏如前，上斥其无根据，特免之。此康熙初年事也。

文家代人作集序，或借题发挥，或因一时意气称许过当，或不得已而酬应之作，不免有微翳者。

施闰章传

胎息浣花，不为貌取，是学杜而不学其拗者。

孙枝蔚传

“豹人先生吾爱之”，但读此数句，已见一斑，不必窥全也。

此语不可多得。

须知才人多有奇事，上马不能杀贼，致富不得千金，皆庸碌子也，何以才称。

刘体仁传

无宿根者，不自知来去者，的非才人。

汪琬传

汪与渔洋齐名，有诗云："侠少场中同结驷，郎官队里各题诗。耻居王后吾何敢，愿作云龙上下随。"二公交情，十四字可见。《居易录》："同年汪琬以庚午卒，狂狷多忤，交友罕善终者。"于此可见汪先生平日性子不好处。

程可则传

为大学士范文程等所攻，此一则当参考之，亦制举故事也。

彭孙遹传

拟更纂本事诗，将此条入"伤逝"门。

陈维崧传

吴梅村有"江左三凤凰"之目，谓其年、吴江吴汉槎及云间彭古晋也。

其年尝自中州入都，偕竹垞合刻所著《朱陈村词》，流传入禁中，蒙圣主赐问。

先生授官后四年卒于官，易箦时，吟断句曰："山鸟山花是故人。"振手作推敲势而逝。相传为善权山中听经猿再世云。

髯之超群绝伦，胸中数千卷书，亦以伊名父之子，有渊源也。

李念慈传

亦自妙，可想汴京市景。但此诗宜南人为之，西北省人固应见惯浑闲笔述作底。按：指其《汴梁竹枝词》"红油车子卖蒸羊，启盖风吹一道香"句。

许珌传

拟纂《闽雅》，叙述吾乡先正，未知何年卒业。按：许珌侯官人。

李天馥传

诚能笃于人物，方不愧为名相，求之近今难矣。

计东传

国初多奇人，如孙豹人、计甫草皆是也。今则习尚势利有如两君者，则群笑其为痴为呆，孰肯称之？故处今之世，即有两君，亦断断不能传，可慨也。

李因笃传

先生被举，始以母老辞，后敦促，将固拒，母劝之，始行就道。先生既就职，以母老且病具疏乞终养，格于通政司。先生自赍疏跪午门外，三日遂得俞旨，许归养。后不复出，著有《春祺堂集》。

又，先生与毛大可论古韵不合，大可强辩，先生气愤不能答，遂拔剑斫之，大可大骇去，时传以为快。

祁文友传

较之苏绣鞋之目，尚为娴雅，将子无怒耶？按：指渔洋戏呼文友为祁鱼虾。

曹贞吉传

吴藩反吉为巡抚从贼，见魏舍人《圣武记》。

按，《逆臣传》言不知所终，然则当日以为从贼不无疑案，惜无能昭雪之者。

吴兆骞传

人参生深山草蘽，旧多且贱，然在本地服之不效。兆骞初至，煎半斤服之，反泄半日。

李澄中传

按，渔邨生时，父梦李攀龙入室。少时与刘子羽称石交，子羽见薛臣《七子图》，谓貌似于鳞。渔村亦尝梦人授文一卷曰："汝作也。"忆之，乃于鳞《华山记》也。渔村尝被召赴瀛台泛舟，赋《白莲》诗，称旨，赐予稠叠。

渔邨庚午典云南试，或以多金遮马前，先生叱去曰："敢污我耶?”有李约山自滇学幕归，与朱竹垞论列滇中知名士二十二人署壁间，以观先生取舍试录，至不取者三人耳。

孙宝侗传

然文定入官本朝何耶？此语宁由衷耶？

释今种传

《明诗综》小传：“屈大均，少补番禺县学生，名绍隆。遭乱，弃去为僧，名今种，字一灵。中年返儒服，更今名，字翁山。有《翁山诗外》。”徐釚《本事诗》尝登《鲁连台赋诗》云：“一笑无秦帝，飘然向海东。谁能排大难，不屑计奇功。古戍三秋日，高台万木风。从来天下士，只在布衣中。”

梁佩兰传

《广东通志》：药亭童时日记数千言，通五经百家七学。顺治丁酉乡试第一，时年二十六，诗名已播海内。

吴殳传

无人之诗，必索然无味，故言必有物乃足贵。

严绳孙传

此条可入《制举故事》宸贵门。按：指所引《池北偶谈》一则。

秦松龄传

向拟编辑《制举故事》，上自唐宋，下迄国朝，惜未成书。此条可入。

顾大申传

向拟辑《砚史》。此条可入。按：指传称大申藏有天然砚。

《江苏诗征》：大申留心经济，所著《河渠论》十二则、《图经》二十八篇。后濬娄湖、吴淞江，皆用其议。又尝辑《毛诗》、《楚骚》及《文选》诗并唐人诗，著《诗原》五集。

周体观传

小有成就，得百里之邑而宰之，不为吴公，非计也。

徐延寿传

五十六字，不过窥豹一斑，而丝毫无闽人陋派。兴公哲嗣，故自不凡。

朱彝尊传

自号小长芦钓鱼师，又号金风亭长。

李良年传

徐健庵尚书开志局于洞庭，聘武曾主分修。

吴雯传

《题云林秋山图》云："经营惨淡意如何，渺渺秋山远远波。岂但秾华谢桃李，空林黄叶已无多。"

朱蕃传

八公者，山阴张松、徐诚，临安陆圻，江都韩畺，华亭蒋平阶，吴江顾有孝，同邑徐芳声及甡也。见《西河合集》。按：此为朱蕃《八公咏》作注。

张霍传

一字亦衡，副贡生，光泽县教谕。

亦衡馆魏敏果象枢邸斋，敏果复荐举词科，拒罢。

顾贞观传

《国朝诗别裁》：梁汾临殁时，自选诗一卷授门人杜云川①太史，不满四十篇。

郑思肖先生"此世只除君父外，不曾别受一人恩"，今观梁汾之词，不免慨然于所翁十四字也。

陈维岳传

《四库提要》：晚年自定古文百篇、诗二册，其季弟欲附梓维崧《迦陵集》后，未果，遂多散佚。

---

① "川"，原缺，据文津出版社2017年版顾贞观撰、张秉成笺注《弹指词笺注》补。

按，上录批语或为议论，或为笺注，皆足羽翼前修，备资参证，而师向拟纂辑《闽雅》《制举故事》《本事诗》《砚史》四书，亦散见于批语中，人多未闻。观其称明代曰胜国，清代曰本朝，则当为辛亥鼎革以前所着笔者。师殁距今已三十余年，此前所匆匆迻写之稿容有遗误，而原本存亡不可知，无从覆校，有待识者正之。

又，师在此书中别有一条题识，亦足见其治学之勤，所批点之书固不止此也。录殿于后。

四十年来，强半借书而读，赋命穷薄，虀盐犹多不给者，遑言买书乎？但过此以往，将有余钱，稍与书贾交易，无论何书，但系买来者，必尽用丹黄逐卷批点之。纵使异时沦为后人口实，亦断断不悔。书此一则，所以识也。

花光阁零编

石遗师著述等身，所作有生前未及理董者。殁后，其文孙光度世兄取剩稿分装若干册，题曰《花光阁零编》。余辑师之年谱，光度举其中四册见贶，永思见而喜之，从余假去三册。丙午之秋，永思授命，文物随之俱殉。余之廑存一册者，差幸失而复得，吉光片羽，宁不逾加宝惜之乎？谨略为类次，别录以藏。原稿皆无题目，亦有断烂残阙首尾不完者，又篇中有必须说明者，则谬附笺识焉。

杂录

读郭茂倩《乐府》竟，摘其语新警者如左：“憎马高缠鬃，遥知身是龙。谁能骑此马，唯有广平君。”广平，姚弼兴之子，泓之弟也。又“猛虎依深山，愿得松柏长”，又“公死姥更嫁，孤儿甚可怜”，又“独柯不成树，独树不成林”。《折杨柳》云：“健儿须快马，快马须健儿。跳跋黄尘下，然后别雄雌。”《幽州马客吟歌辞》云：“南山自言高，只与北山齐。”《高阳乐人歌》云：“可怜白鼻䯄，相将入酒家。无钱但共饮，画地作交赊。”《罗敷歌》云：“乌生八九子，端坐秦氏桂树间。唶我，秦氏有游遨荡子，工用睢阳彊，苏合弹。唶我，一丸即发中乌身，乌死魂魄飞扬上天。”

《叙海藏楼诗》谓宋之姜白石有似唐之孟浩然，李、杜、摩诘无不推服浩然，白石同时诸人无不推服白石，固也。然宋诗人一时所推服者，实无如梅圣俞。陆放翁有《圣俞别集叙》云：“先生当吾宋太平最盛时官京洛，同时多伟人巨公，而欧阳公之文、蔡君谟之书，与先生之诗，三者鼎力，各自名家。文如尹师鲁，书如苏子美，诗如石曼卿辈，岂不足垂世哉？要非三家之比，此万世公论也。”先生天资卓伟，其于诗，非待学而工，然学亦无出其右者。方落笔时，置字如大禹之铸鼎，炼句如后夔之作乐，成篇如周公之致太平。欧阳公平生常自以为不能望先生，推为诗老。王荆公自谓《虎图诗》不及先生《包鼎画虎》之作，又赋哭先生诗，推仰尤至，晚集古句，独多取焉。苏翰林之作，多不可古人，惟次韵和陶渊明及先生二家诗而已。虽然使本无此三人，先生何歉，有此三公，亦何以加秋毫于先生。予所以论载之者，要以见前辈识精论公，与后世妄人异耳。

《白氏续后集自记》云：“有五本，一在庐山东林寺经藏院，一在苏州南禅寺经藏内，一在东都胜善寺钵塔院律库楼，一付侄龟郎，一付外孙谈阁童。”当时未有刻本，故也。又《白氏后集自序》云：“白氏《洛中集》者，乐天在洛所著书也。太和三年春，乐天始以太子宾客分司东都，及兹十有二年矣。其间赋格律诗凡八百首，合为十卷，今纳于龙门经藏堂。”案，胜善寺后名香山寺。

石遗室和净名庵《骖鸾集》百十首，皆弃斥不存，略记数联如左，云："一泻铜瓶口，三折古钗时。""自古唱酬有冥晤，近来支派只江湖。""琴边目送偏思鹤，囊底诗添不在驴。""压背诗囊排日出，恋头乌帽看山欹。""一子已添生计累，廿年长剩苦吟身。""名心淡似秋深菊，生意肥于雨后花。""炉香一炷天将晚，欲访刘郎五字城。"

易实甫词名《琴台梦语》，时有俊句，如："软玉年华，似被昆刀暗切。""人欠西施，莫共吴王斗草。""江山总是伤心地，春来怕骑骄马。少日情怀，久如死月，才向天边生霸。""话到五湖双桨，把鹃心又换鸥心。""风力欲生棱，衫化春冰。除却秋坟山鬼外，一个枯僧。""凉萤已坐豆花棚。画出吴天愁影子，黄月如灯。""浸残霜，燕窗莺户，问何年，舍作白鸥汀。""载个闹红单舸，熨遍小红裙幅。""蟾界洗成冰，更洗出鸥天水晶。天替我怜卿，赠万斛凉珠定情。""看波底垂柳，落花惨绿，斜阳一千尺。"皆可仿佛《饮水》，惟"载生霸"之霸，当从入声，在"陌韵"不在"祃韵"。

有南昌新旧守交代同席，一公目而笑曰："一个是南昌故郡，一个是洪都新府。"可为雅谑。《仁恕堂笔记》。

《北史·徐謇传》云："武帝酒色过度，病发，自云：'初见空中有五色物，稍近，变一美人，食顷，变为观世音。'徐之才云：'此色欲虚劳所致。'处方服之顿愈。"纪文达《笔记》亦云："铁蟾之疾，见一采球大如车轮，中有丽女，遂瘵而亡。"皆近女之病也。石遗云："天下本无鬼，人见有鬼者，皆此类耳。"

唐人好以它名标榜官称，今漫疏于此，以示阅唐说部之未能尽知者。太尉为掌武，司徒为五教，司空为空土，侍中为太貂，散骑常侍为小貂，御史大夫为亚台、为亚相、为司宪，中丞为独坐、为中宪。侍御史为端公、南床、横榻、杂端，又曰脆梨；殿中为副端，又曰开口椒。监察为合口椒，谏议为大坡、大谏。补阙今司谏为中谏，又曰补衮。拾遗今正言为小谏，又曰遗公。给事郎为夕郎、夕拜，知制诰为三字，起居郎为左螭，舍人为右螭，又并为修注。吏部尚书为大天，礼部为大仪，兵部为大戎，刑部为大秋，工部为大起，吏部郎为小选、为省眼，考功、度支为振行。礼部为小仪、为南省舍人，今曰南宫。刑部为小秋，祠部为冰柄厅。比部为比盘，又曰昆脚皆头。屯田为田曹，水部为水曹，诸部郎通曰哀乌、依乌，太常卿为乐卿，少卿为少常、奉常，光禄为饱卿，鸿胪为客卿、睡卿，司农为走卿，大理为棘卿，评事为延平，将作监为大匠，少监为少匠，秘书监为大蓬，少监为小蓬，左右司为都公，太子庶子为宫相，宰相呼为堂老，两省相呼为阁老，尚书丞郎为曹长，御史、拾遗为院长，下至县令曰明府，丞曰赞府，尉曰少府、少公、少仙。

按，此见于宋洪迈《容斋四笔》。

讲义　国文系散体文讲义纲要

第一学期讲《左传》《资治通鉴》记战事者，并编讲义。第二学期讲史汉研究法。第三学期讲周秦两汉各体文告语类，皆编讲义。第四学期讲三国至隋唐各散体文，皆编讲义。第五、六、七学期讲唐宋各大家各体文，编讲义。第八学期讲清代名家散体文。

按，上为师教授厦门大学时所定之课程，以下数篇为师所编讲义之稿。

《隋书·经籍志》云："《楚辞》者，屈原之所作也。自周室衰乱，诗人寝息，谄佞之道兴，讽刺之辞废。楚有贤臣屈原，被谗放逐，乃著《离骚》。言已离别愁思，申抒其心，自明无罪，因以讽谏，冀君觉悟，卒不省察，遂赴汨罗死焉。弟子宋玉，痛惜其师，伤而和之。其后贾谊、东方朔、刘向、扬雄嘉其文采，拟之而作。盖以原楚人也，谓之‘楚辞’。然其气质高丽，雅致深远，后之文人，咸不能逮。始汉武帝命淮南王为之章句，旦受诏，食时而奏之，其书今亡。后汉校书郎王逸，集屈原已下，迄于刘向，逸又自为一篇，并叙而注之，今行于世。”案，“楚辞”始于周末，而名为“楚辞”，则始于汉。今所存者，又东汉王逸所集，故论次于此。

又云：“别集之名，盖汉东京之所创也。自灵均已降，属文之士众矣，然其志尚不同，风流殊别。后之君子，欲观其体势，而见其心灵，故别聚焉，名之为集。辞人景慕，并自记载，以成书部。年代迁徙，亦颇遗散。其高唱绝俗者，略皆具存，今依其先后，次之于此。”案，别集创于东汉之说，徒据后人辑本而言耳。若据辑本，则西汉人已有别集矣。

又云：“总集者，以建安之后，辞赋转繁，众家之集，日以滋广。晋代挚虞，苦览者之劳倦，于是采摘孔翠，芟翦繁芜。自诗赋下，各为条贯，合而编之，谓为《流别》。是后文集总钞，作者继轨，属辞之士，以为覃奥，而取则焉。今次其前后，并解释评论，总于此篇。”案，《楚辞》即总集之始，今目录家皆以《楚辞》别为一类，总集又自一类，体例实创自《隋书》，殊未当也。

乐府与古诗分为二物，为西汉特别事。汉兴，乐家有制氏，以雅乐声律世世在太学官，但能纪其铿锵鼓舞，而不能言其义。叔孙通因秦乐人制宗庙乐，《汉书·礼乐志》言武帝定郊祀之礼，乃立乐府，采诗夜诵，有赵、代、秦、楚之讴。然孝惠二年，夏侯宽已为乐府令，则乐府之立，未必始于武帝。厥后李延年善歌为新变声，武帝欲造乐，令司马相如等作诗颂。延年辄承意弦歌，所造诗为新声曲，官协律都尉。太始三年，行幸东海，获赤雁，作《郊祀歌》《象载瑜》。宣帝时，天下殷富，数有嘉应。上颇作诗歌，欲兴协律之事，使王褒作《中和》《乐职》《宣布诗》。成帝时，郑声尤甚，黄门名倡丙彊、景武之属，富显于世，此汉世乐府之大略也。

《隋书·经籍志》云："文者，所以明言也。古者登高能赋，山川能祭，师旅能誓，丧纪能诔，作器能铭，则可以为大夫。言其因物骋辞，精灵无拥者也。唐歌虞咏，商颂周雅，叙事缘情，纷纶相袭，自斯已降，其道弥繁。世有浇淳，时移治乱，文体迁变，邪正或殊。宋玉、屈原，激清风于南楚，严、邹、枚、马，陈盛藻于西京，平子艳发于东都，王粲独步于漳、滏。爰逮晋氏，见称潘、陆，并黼藻相辉，宫商间起，清辞润于金石，精义薄乎[1]云天。永嘉已后，玄风既扇，辞多平淡，文寡风力。降及江东，不胜其弊。宋、齐之世，下逮梁初，灵运高致之奇，延年错综之美，谢玄晖之藻丽，沈休文之富溢，辉焕斌蔚，辞义可观。梁简文之在东宫，亦好篇什，清辞巧制，止乎衽席之间，雕琢蔓藻，思极闺闱之内。后生好事，递相放习，朝野纷纷，号为宫体。流宕不已，讫于丧亡。陈氏仍之，未能全变，其中原则兵乱积年，文章道尽。后魏文帝，颇效属辞，未能变俗，例皆淳古。齐宅漳滨，辞人间起，高言累句，纷纭络绎，清辞雅致，是所未闻。后周草创，干戈不戢，君臣戮力，专事经营，风流文雅，我则未暇。其后南平汉沔，东定河朔，讫于有隋，四海一统，采荆南之杞梓，收会稽之箭竹，辞人才士，总萃京师。属以高祖少文，炀帝多忌，当路执权，逮相摈压。于是握灵蛇之珠，韫荆山之玉，转死沟壑之内者，不可胜数，草泽怨刺，于是兴

---

① "乎"，原缺，据海峡文艺出版社 1988 年版贾文昭主编《中国古代文论类编》（下册）补。

焉。古风陈诗观诗，斯亦所以关乎盛衰者也。班固有《诗赋略》，凡五种，今引而申之，合为三种，谓之集部。”案，班固《诗赋略》，赋分三种，杂赋一种，歌诗一种。北周有庾信、王褒、苏绰之伦，不得谓风流文雅，我则未暇也。

（上阙）若张惠言、焦循、姚配中、曾钊之治《易》，孙星衍、江声、王鸣盛之治《书》，陈奂、马瑞辰、胡承珙、陈寿祺、陈乔枞、林伯桐、冯登府之治《诗》，胡培翚、金日追、金鹗、程瑶田、褚寅亮、孔广森、王聘珍之治三《礼》，李贻德、梁履绳、刘文淇之治《左传》，刘逢禄、孔广森、凌曙之治《公羊》，许桂林、柳兴宗、侯康之治《穀梁》，刘宝楠、刘台拱、宋翔凤之治《论语》，焦循、周广业之治《孟子》，郝懿行之治《尔雅》，段玉裁、钮树玉、桂馥、严可均、王筠之治《说文》。

若陈奕禧、王澍、汪士鋐、王文治、梁同书、郑燮、金农、邓石如、陈希祖、郭尚先等，书法冠绝一时，而诗文未臻高诣，盖书苑中人非文苑中人也。概从阙如，以符史例一。文苑似是而非者甚多，曰应试诗赋家，近时如顾元熙、金甡等皆是。曰注释家，近时如倪璠之注《庾子山集》，仇兆鳌之注杜诗，王琦之注李太白、李长吉诗，冯应榴、王文诰之注苏诗，冯浩之注李义山诗，靳荣藩之注吴梅村诗，均称淹博。曰评选家，近时如徐绰之《全唐诗录》，郭元釪之《全金诗》，皆采入《四库》。曰收藏家，近时如《季振宜书目》，收藏宋元椠最多，又鲍廷博、张金吾辈藏书极富且多善本。曰词曲家，近时如钱芳标《湘瑟词》、李符《耒边词》、成德《饮水词》、承龄《冰蚕词》、周之琦《金梁梦月词》、项鸿祚《忆云词》，在倚声家皆推上乘。然考诗赋试士始于唐人，当时驰称场屋者若王棨、黄滔、浩虚舟、林滋辈，新旧《唐书》皆不列入《文苑传》。

按，刘知几《史通·列传》篇云：“商山四皓，事列王阳之首；庐江毛义，名在刘平之上。”是古人史例固有存其名，而不必遍立传者。今仿其意，如都中十子则总叙于《颜光敏传》，太仓十子则总叙于《顾嗣立传》，吴中七子则总叙于《曹仁虎传》。

宗黄、老者，西汉之学；宗庄、列者，西晋之学。汉时无以老、庄并称者，惟《汉书》称严君平依老子、严周之指著书数万言，而其教未盛。迨陈寿《魏志·曹植传》末言晏好老庄言，《王粲传》末言籍以老、庄为模则，《于康则传》云好言老、庄。曹植《七启》言仰老、庄之遗风，老、庄之名殆肇于此。其实则老、庄并称，譬如孔、墨并列，其意似若相涉，其教绝不相同，故一则成为清净之宗，一则流为放诞之习，固不得以典午之颓风例文景之盛治也。观汉崇老子，则注老子者半皆汉以前人，若《邹氏经传》《傅氏经说》《徐氏经说》，见于《汉书·艺文志》。汉文帝时，河上公注长陵三老，毋丘望之注征士严遵，注见于《隋书·经籍志》。魏晋崇尚庄子，而注《庄子》者皆魏以后人，若向秀、崔譔、司马彪、郭象、李颐、李轨、徐邈、简文帝、张机、李叔之、周弘正、戴诜、梁旷诸书俱见于《隋书·经籍志》，王元古、李充等俱见于《新唐书·艺文志》。

及党锢一起，株累尤多，于是畸节之徒慨然思有以变之，或自诡于清狂，或相尚于浮誉。如《戴良传》云："良少诞节，母憙驴鸣，良尝学之，以娱乐焉。及母卒，兄伯鸾居庐啜粥，非礼不行，良独食肉饮酒，哀至乃哭。"此则杜预短丧、阮籍废礼之先声也。《黄琼传》云："自顷征聘之士，胡元安、薛孟尝、朱仲昭、顾季鸿等，其功业皆无可采，故俗论皆言处士纯盗虚声。"此则邓飏浮诞、王衍虚名之作俑也。《臧洪传》云："前刺史焦和，好立虚誉，能清谈。时黄巾群盗处处飙起，和不理戎警，但坐列巫史，荣祷群神，众遂溃散。"此则萧释老子、王凝鬼兵之先导也。《向栩传》云："性卓诡不伦，状如学道，又似狂生，好被发，着绛绡头，不好言语，而喜长啸。宾客从就，辄伏而不视。有弟子名为'颜渊''子贡''季路''冉有'之辈，时人莫能测之。”此则思光任纵、彦国酣呼之初祖也。而皆起于桓枢之末，盖其时纪纲既弛，士习渐漓，不待王、何诸人扬其波而煽其焰，而风俗之厚，不及明、章以前审矣。犹幸异说虽兴，流传未广，加以服、郑诸儒恪守师承，特尊训诂，使天下得所指归，而不至溃决灭裂而无所范。故尝谓北海诸人，其表章圣经之功犹后，其维持名教之功独多。然一蒉不足障江河，一刃不足残林薮，至群雄角逐，三国鼎分，魏武帝至求不污辱之名、可笑之行、不仁不孝而有用兵治国之术者。

（上阙）报书语必与仕进有关。《答崔立之书》尤狠狠①于吏部一试。公贞元八年第进士，至是三试礼部不售，词意较前信稍吐露。《送孟东野序》最岸异，然可谓之格奇而调变，不能谓必有道理之文。自“唐虞”句起直至于“唐之有天下，陈子昂、苏源明、元结、李白、杜甫、李观皆以所能鸣。”须知陈子昂诸人正以诗鸣者也，则说东野也不应用一“始”字。虽昌黎狡狯，将陈子昂诸人所鸣者抹去诗字，代以能字，终竟不能有圆足道理。《曹成王碑》至严整有法，未尝走奇走怪，独中间用“剜字”、“鞣”字、“鐖”字、“掀”字、“撇”字、“掇”字、“筴”字、“跐”字、“蹃”字、“牿”字，学杨子云，微觉刺目，实则不用此等字，但言收黄、梅、广、济等州，岂无字可代？必作如此用法，不惟不奇，转见吃力，为全篇之累。《旧唐书·韩公传》云：“南人妄以柳宗元为罗池神，而愈撰碑以实之。”于是《罗池庙碑》颇为有识者诟病。李仪醉酒，慢侮堂上，而得疾以死，此或适然之事。文与神牵涉处在“即死”二字，非子厚真能降罚仪身。《殿中少监马君墓志》空衔无可着笔，继祖纨绔儿之所长处。“眉眼如画，发黑漆，肌肉玉雪可念念”，此等状态，凡长于富贵

① “狠狠”，原缺，据北京联合出版社2019年版林纾著，武晔卿、陈小童校注《韩柳文研究法校注》补。

家襁褓中，谁则无之。自此体一创，后之文家，争摹仿而成金石之例，摭拾细碎，均可成篇，凡此等体，皆可偶不可常，既无事实，宁不作可也。

按，此篇为论韩文之作。

陈石遗先生墓志铭

石遗师墓志铭为唐文治先生所撰，余编师年谱时，其稿遍搜不得，因急于付梓，未经录入。丙午已后，图籍荡然，偶检故箧，而此稿赫然在焉。喜出望外，亟补录之。

清故学部主事陈石遗先生墓志铭

陈先生石遗，侯官诗文学大名家，与余乡试同年，长余九岁，尊之曰先生。光绪中叶，相识于嘉兴沈子培先师座中。其气刚以直，其言辩以晳，其品高峻不可方物。余心折之，然踪迹犹疏。迨辛未岁，门人叶长青介先生来无锡佐余，主国学专修学校讲席，欢然道故，聚首七年。丁丑四月，去之闽，无离别可怜色。乃七月得耗，先生死矣。惊怛欲哭而无泪。逾年，其孙光度来，稽首请铭。呜呼，余虽不忍铭先生，然后死之责，不容不铭。先生家世潜德，祖讳起龙，考讳用宾，俱赠如例。兄弟四人，曰书、曰豫、曰迁，用宾公年五十生先生，故名曰衍，石遗其字。姿禀特异，五岁已能背诵四子书、《毛诗》、《春秋左氏传》。少长，读书数行下，长老名宿，皆叹奇之。光绪壬午举于乡，主试者宝竹坡学士，于是文名藉甚。再试春官不中第，遂无意进取。作诗古文辞，下笔迅捷，日盈寸。年三十一，出宾台抚刘公铭传幕。越四年，湖南学使闽同乡张文厚公函聘总校，得人为盛。当是时，南皮张文襄公督两湖，以经术文学号召天下，其幕府亟一时之选。闻先生名，安车以征，先生年四十三矣。宾主相得极欢，每当长夜张灯，集诸名士赋诗饮酒，论古证今。先生一言出，率屈其座人，文襄敬礼之。值四方多故，外侮迭乘，国家锐意变政，文襄高掌远蹠，兴工厂，遣留学，储通材，苦费无所出。用先生言，仿造外国暗字银纸，创铸当十铜元，行用南北数省，余利至千百万，有裨国用至巨。先生又请以中国自有金，铸造金币，以百十万建织呢厂，可支三十年国用。文襄迟回未克行。厥后有以铜元流弊訾建议者，先生曰："吾知裕国便民而已，知我罪我，非所计也。"光绪壬寅，开经济特科，招绩学异能之士，文襄以先生荐。及终试，文襄索先生卷不得，则已为他人所抑矣。先生笑曰："吾岂以此为重耶?"学部创立，征先生为主事，兼礼部礼学馆。凡有关学术邪正、盛衰兴亡，必奏记长官，侃侃无讪。旋应北京大学教职，先后讲授南北各大学垂四十年，口讲指画，胥归实用，士林争附矣。中尝归纂《福建通志》，竭晚年精力，是非褒贬，壹秉大公。别立《儒行传》，敦崇庸德庸言，盖前史志所未有云。自古元黄交战之会，必有刚毅英杰之才，扶持乾坤之正气，以贞下而起元。我国自政体改革以来，纪纲废弛，辍学之徒，叫嚣隳突，醉心欧化，侮慢圣贤，甚至倡废孔之议。先生人格严峻，凛然不可犯，其言曰："孔子，圣之时，赞《易》则言革命，《礼运》则表大同，惛不知者，乃于孔教有违言，可谓失之毫厘，谬以千里。"呜呼，斯言也，非能体天地之心，而开贞下起元之运者耶？洎先生殁后，东人煽虐，自蓟而津、而察、而绥、而晋、而沪、而浙，南暨粤闽，飞鸟以凶，荼毒全国泰半，军民老幼妇孺，惨罹其祸者，身首飞数里，肝肠悬树巅，至于口不忍言，笔不忍述，而先生不及见，庸非福乎。惟余与先生皓首订交，䜣合无间。壬申之春，亦以倭寇凭陵海上，先生避居余寓，一角危楼，患难与共，犹复谭论经史不辍，此景宛然目前。一旦长别，感念人琴，怆怀身世，情何以堪。先生为文，凡四五千篇，体曲而直，辞矫以健，他人或出于作为，先生则纯任自然，平淡苍老，于子厚、介甫为近。其所为诗，风骨高骞，时时发明哲理，天怀高旷，自言得于山水游为多。其他所著书，凡数十种，都百余万言，余尝总序其目。其平生事实，具详年谱，特据其荦荦大者著于篇，用备史官采择。先生生于清咸丰丙辰四月八日，民国二十六年七月八日卒，享寿八十有二。配萧夫人，讳道管，常随先生游历诸名胜，卓然女学儒宗，著有《列女传集解》等书数种，载清史馆列传。簉室李氏。子七：声暨、声渐、声被、声讫，萧夫人出，皆前卒；桐吉、亮吉、雍吉，李氏出。女二：兰卿，适林；师葛，适吴，亦萧出。孙六：光威、光度、光衡、光量、光权、光准。明德之后，必有昌者。以国难孔棘，即于殁后一月，渴葬于西门外文笔山之原。铭曰：

闽学权舆，龟山浡兴。罗李绍述，紫阳丕承。气节挺秀，松柏菁菁。先生体兹，正直劲清。蔚为文章，纬史经国。扩为诗话，艺苑式型。天纵大雅，俶傥不群。活国大计，胸罗无垠。中年佐幕，广雅心倾。经济鸿博，浩气纵横。都讲大学，竹箭南金。大成小造，天下门生。足迹所历，西华北岳。昔年罗浮，今春巴蜀。炳炳烺烺，书篇盈橐。子长追踪，名山钜作。七六来锡，题我新屋。一灯荧然，论文角逐。四月言别，后期宿诺。天胡不淑，灵光堕落。学人莘莘，群失矩矱。烽烟满地，望风遥哭。有子觥觥，有孙擢擢。我铭以贞，千秋高躅。

清赐进士出身、诰授光禄大夫、农工商部左侍郎、署理尚书唐文治拜撰。

锡邑警报频传，飞机翱翔空际。此文时作时辍，四日始就。先生有灵，得毋笑吾不惴焉乎。丁丑八月二十三日，文治记。

卷三

学画詹言

读书人未必能画，而作画必须读书人。董思翁云：“不读书人，不足与言画。”昔人评赵大年画，谓得胸中千卷书，便奇。

画欲得文之气、诗之韵、禅之淡。

余于画中悟书法，于书中悟画法，乃知书画同源。

字不由六朝入手，犹学问之不读《四书》《五经》。画不以宋元为法，终难超上乘。

文有一定法，亦有无定法，画亦然。

字有画意，画有字法。

画贵能写，不能写乃描画耳。

画沦于匠，则其人终其身不知画味。米元章所谓画不可摹者，盖恐质在神亡，易入于匠耳。

胸藏万卷画，乃有逸气。

画之心多识古人，笔下乃能有逸气。

画泄胸中逸气耳，若必拘迹古人，乃失我。如跛者行途步步视地，何暇仰观景色。

画之墨与笔当求生气，气韵虽云天成，然亦有由学力中得来者。

笔气灵则不刻，墨气活乃不滞。刻滞最为画之所忌。

静领画法，当如参禅。

山水树木无非造化生机，作画者可谓为天地写照耳。

初学作画求妥当，求平正。措置裕如，能事毕矣。

正书溢而为草书，画亦犹是。故有工整而不能写意者，未有写意而不由工整入手者。

画每一笔亦各有其职，不然即成废笔。废笔多画，即不精采，笔宁简勿繁。

笔有力，无往不可，无笔之画是描画耳，虽图成，亦无魄之画。

笔贵能敛墨，纸贵能浮气。展古人之画，光采夺目，盖善畜墨敛气也。

画欲率真，宁纤稚勿假苍老，盖纤稚之病可医，若假苍老则如橄榄已经盐腌，无复回甘矣。

画不以墨多而浑厚，不以笔减而浅薄。

画有不经意处而能得笔墨之妙者，有着意而反致板滞者。

画须三到：笔到、意到、火候到，文人之画多意到而笔不到。

画人之画则笔到而意多不到者。若厚不因多，薄不因少，此所谓火候到耳。

画中之妙半须由心求之，半须于笔下求之。艺事必精熟而后进，语所谓熟能生巧也。

凡作文字先求平稳，作画亦须先求妥贴简净。

画若只求整饬，必有板滞之气。

既得平正，须追险绝，画才能得俊之一字。

涂抹而成画犹如积字以成文，可惑不知者，而鲜不为识者所哂。

画当于疏处求密，密处求疏。

离笔求墨之画，必乏生气蓬勃。

凡画必先熟笔，但又须避熟以趋生。

字画开头要有纵横之气，到纯熟之时便要古淡天真，乃能入逸品。

画气初贵蓬勃，久须沉着。

画当有胸中丘壑，不可只求之纸上丘壑。

诗文字画皆有纵放收敛之道在焉，先有萃崮之气，终又敛入深沉，乃佳。

画有笔外之笔，有笔内之笔。笔外之笔须沉静以知之，笔内之笔则非言可喻，当心会之矣。

书画须神催笔，若笔索神，则终有勉强之意。

深畜二字，画之根柢，亦引人入胜处。

凡造一艺，必先绝常见，常见习闻最足蔽塞天性，于画尤然。

化浑厚为潇洒，变刚劲为和柔，须火候之到纯熟脱化，虚实相生，笔意乃能具绵里藏针之妙也。

作画须穷微索渺，具刻苦匠心。

画贵写出自家灵趣，食古必须能化。

挑剔顿挫，字之法，文之法，亦画之法。

朱子曰："作文不可如秃笔写字，全无锋刃。"余以画亦然。

曾国藩云："古文之道，须有奇横之趣，自然之致，二者并进，乃为成体之文。"又云："奇辞大句，须将瑰玮飞腾之气驱之以行，凡堆重处皆化为空虚，乃能为大篇。"所谓气力有余于文之外也，否则气不能举其体矣，读此可悟作画之法。

文与可画竹必先得成竹胸中，李伯时画马凝全马于胸臆，此即意在笔先之理。

作画固然要讲究结构，其实都在笔墨。

古人之画多于紧中取松，松中取紧，故有布景严密而人物、屋宇反寥寥安置。有人物衣褶工整者，而林石则草草数笔，而见萧散简逸之致。总之，画法无定，要在胸中自出机杼耳。

昔人云："临本伪书画，亦有不可尽弃者，大都气韵神采虽不逮古人，而布置脉理自有可寻在。"善学者融会而心领之，好手所临善本，其画格既好，摹之自然可爱。

古人之画笔洁而墨净，墨深而能浑厚。

画之千变万化，古今一例，不能逃出“笔墨”二字，笔健墨净是无往不可。造化在我，任我如何造之，如何化之，斤斤于形迹，落入画之窠臼，均属下乘。

画之着笔，必须利锐而后用拙笔，笔到拙了则养锋敛芒矣。下笔不可过缓，缓则易滞。杜诗云：“当其下笔风雨快，笔所未到气已吞。”诚知画者也。

画笔作虎视狼顾、龙骇兽奔，是皆未达到穆然之气内敛于中。

作画时墨之浓淡焦湿，笔之正反虚实，均须用一番苦心。

用笔之抑扬顿挫，用墨之浓淡枯湿。能得此八法，其画乃妙。

天地之运转，万物之生成，皆不出一“渐”字，一“积”字，画亦然。余以此即为学循序之道。

作画既须理解画处之画，尤须理解无画处之画。

凡画之着笔墨太多则浊重，太少则不浑厚，其浓淡深浅有不容人铢錙其间者，全在火候到恰当耳。

下笔不能放胆，浓处即不能着重，淡处亦不能生色，浓淡未能恰到好处，画自不妙。

丘壑贮于胸中，风云自凑笔下，亦由平时精神与造化有往来，乃能得此功效。如黄子久好在荒山乱岩、丛木深篠中坐，或往海滨看激流轰浪；米元章之造海岱楼，观烟云之变灭；董思翁凡遇奇树怪石，即具楮墨，四面约略取之；皆是也。

李德裕论文章以气为主，气不可以不贯，不贯则虽有英辞丽藻，如编珠缀玉，不得为金璞之美。作画亦最要着意气贯。

画之妙固在于行气，然最忌涂抹了事。

黄鲁直以东坡书挟海上风涛之气，余以画亦须挟有此气，乃超上乘。余之画笔所乏正此气耳。

画有运气乃不刻，而气须活乃不滞，刻滞最为画之忌。

画须气足，展古人之画，不论笔墨，其气已先夺人。

古人画之断处气仍相连，故全帧无零碎之病。

书画皆须从范围入，而又须撤范围出。

作画当摆脱流俗气习，不随人脚根走转。凡操一艺之长者，必有卓绝一世之见，人云亦云，是终为人后也。

不为石谷牢笼，不为麓台机杻，作画须具此志。

不自立骨格，而涂朱抹翠，纵仿王学董，亦只为优孟衣冠而已，故画贵有我本来面目在。

傅青主语人学书之法宁拙毋巧，宁丑毋媚，宁支离毋轻滑，宁真率毋安排。此字法，亦画法。

笔法虽要无往不缩，然作画当先求能直古人之笔。无往不缩，亦无往不伸。

未画以前不立一格，既画之后不留一格。能如是，臻于化工矣。

非淡非厚，是名为沉，“沉”之一字，百艺之关钮也。

石田四十后方为大幅，米老四十前自己不作一笔，人谓之集书。古人于艺术，必待火候纯熟，不急就也。

画须有洒脱之气，又须入凝重之味。王半塘词旨以词须重、拙、大三者兼之。余谓画亦然。

石遗师云：“诗有刻意求工而不工，不刻意求工而转工者。”余谓画常若是，凡太着意，反失之自然也。

凡山川与文墨之妙，皆不能一览即尽，故画须耐人寻味。

精心画法，更须留心画题。

“心似蛛丝游碧落，身如蜩甲化枯枝”，此黄山谷诗。余以作诗作画遇有此境，才得个中滋味。

刘海峰论文以“文贵变易”，曰：“虎变文炳，豹变文蔚。”又曰：“物相率曰文，文者变之谓也。一集之中篇篇变，一篇之中段段变，一段之中句句变。神变、气变、境变、音节变、字句变，惟昌黎能之。”余以为画亦相杂之文，亦贵变，变则炳然、蔚然，自有可观。若陈陈相仍，一成不变，何足以赏心悦目？

乡先辈谢枚如先生与梅师论古文义法，以凡文辞多重才而古文则尤重养，然不可急迫也，须涵泳以俟其自至，亦不可虚憍也。须积累以求其实际，读书、穷理、养气六字，治古文之指南针也。余谓此亦学画之指南针，画固重才而尤重养，若有才而无养，则所作虽可惊众目，而难娱独赏。

唐太宗云：“用法千古不易，即万毫齐力之诀。”作画必先注意用笔。

字与画落笔势以取逆为妙，心须存无一笔肯弱。

笔迟则重而浊，故下笔宜轻，轻则清矣，字与画皆然也。

画以浓淡深浅分其远近，故凡作主山宜淡，盖以其高远也。

叠峰重岩之分支胳脉，不可不明白，故曰：“立壑之妙，钩勒之妙也。”

皴擦烘染之法，画山水者不可缺一。

山似画沙树如屈铁，又要加以浑化。

皴法要简，每着一笔，当如项羽用兵，无不一以当十。

叠山忌无凹凸、阴阳、向背之势，画石笔不可板刻，笔灵石亦活矣。

画树笔法须悟利字，画山须悟毛字。利而健，毛而厚，健则骨节坚挺，厚则层次分明。

画树干宜柔劲，发枝勿太出。宜枝枝气能相贯，气又须能敛，而枝又要开放。

画云不得似水，画水不得似云。云水幽渺处，只可以神运之。

画水之妙，其势不在水，只在左右形容，亦如画月而在云晕之也。

画水势欲速，笔欲缓，腕欲迟，意欲安，做到安字，功候至矣。

画石不可太分明，又不可糊涂，当于糊涂中求其分明。

山水之精神气脉全在树木，树木能工则山水自活矣。石不必多，以简为贵。

宜敛神，不可信笔，此画树之妙诀也。

画树笔须曲而气要贯，又须有向荣生意，乃佳。

凡树勿使有枯气，虽画枯树，亦当使之有生意。

画笔须放而达到能写，凡树与草有只用一次墨者。墨色要用较浓，使一笔下去能自分浓淡。

点苔是画之最后加工，必使与山石打成一片浑成。沈宗骞谓点苔以气为主而忌碎补，此实秘说也。

昔人以点苔为美女簪花，而竹懒谓山水林石以点苔为眉目，言白石翁尝积画一箧，俱未点苔，语人云："今日意思昏钝，俟精明澄澈时为之。"董贤《画诀》以点苔可点至七遍。林丈畏庐于点苔亦极注神，每点一过，干后复点，数过使能尽浓淡深浅之妙，乃已。画山水之点苔，正所谓传神阿堵中耳，故善画者皆不肯草草也。

笔迹欲断而复续，此山之轮廓。树木之枝干多用之，其断而不绝处以气运之，即笔墨着妙之处耳。洪谷子曰："笔有四，筋、骨、皮、肉是也。笔绝而不断谓之筋，缠转随骨谓之皮，笔迹刚正而露节谓之骨，伏起圆浑谓之肉，尤宜骨肉相辅。"

骨肉停匀又忌平滞，忽疏忽密，乍远乍近，既不失其理而冲淡有致，乃为恰当。

《画诀》云："大胆落笔，细心收拾。"故打稿时必即毅然行之，而运妙又在笔随意转，其树木之偃仰亏蔽，山石之聚散历落，须各得其所。

浓淡分明而能浑厚，全在掩润后善于使用焦笔。

余作画仍多积笔而成，当求能写，必先有腕力，笔力浑厚，乃能去刻画之病。

年来作画力求减笔，而终感笔力不够深悟，是意未足也。画笔时有神遇，不可强求。余多作于灯下，偶或得画之奇境。画之笔墨以气为主，气到便是力到，墨到便是笔到。芥舟所云"淡若薄雾依微，黑如双眸炯秀"，诚得笔墨之妙。

画道气足而笔简，皴法乃妙，厚不在笔多，如用兵以一当十然。

画之落坡处如琴之微曳，弦外声也，必使有余情，引人入胜乃妙。

作画亦须争取时间之火候，如用泼墨后，必于干湿恰好时着意下焦墨。

宣纸与绢之画法不同，能以宣纸之燥笔入绢之润笔，以绢之润参以宣纸之燥，乃为有得。

余向作画多用湿笔，近悟麓台所云："画要位置紧而笔墨松。"着"松"字必须善用干笔，不仅墨也，设色亦要能使用干笔。

《醉苏斋画诀》以山用燥皴最好，乘墨痕未燥先皴带勾、带皴为妙。余以燥皴也带勾也，总以笔有法为妙。

思翁云："画当惜水，古人皆以渴墨取妍，画有惜墨如金，而惜水之义人少知之。"余作画多患"太湿"，此二字，可作针砭。

傅色非但取以悦目，当助墨色未到之处以增其采。麓台所谓至设色更深一层，不在取色而在取气耳。

古人用墨设色，千变万化，不似今人有形有迹。

随意点染之画与经过千炼百锻之画，甘苦自有不同。

画树林要疏而不散，密而不繁。

前人写真，面部用粉染其阳位，眶、鼻、颧、颔等处赪染其阴位，故神气突出。余前见某画家临场试笔，所作人物设色即用此法，此为作家之法，而写真本作家事也。

古人画夹叶有用粉填者，三绿有盖在黑夹叶之上。

名人之画多用单笔，其虽有复笔，亦有意复之耳。

余作画喜拟龚半千与王烟客。龚取其墨浑，王取其韵疏，但尚缺跋扈之气，终犯弱与板之一字。

读书以养画之韵，习字以造画之骨。

论画丛说

唐张怀瓘《画品》，始断神、妙、能三品。气韵生动，出于天成，人莫窥其隽巧者谓之神品；笔墨超绝，传染得宜，意趣有余者谓之妙品；得其形似而不失规矩者谓之能品。宋黄休复《名画录》，画品分为四格，置逸品于三品之上，是其创举。方享咸《论画》，以神品如孙、吴，能品是刁斗森严之程不识，逸品则解鞍纵卧之李将军。余谓三品者，能可以学力致之，神乃熟则生巧。若夫逸者，又在乎气韵希微之间，胸中须有丘壑，笔端不着纤尘始得之，宜置乎二者之上也。

郭熙言：“凡画山水，数百里间必有精神聚处，散地不足画也。”

洪谷子有“笔共寒枝瘦”，此五字神味绝妙。

宋释氏泽禅师善画梅，尝云：“用心四十年，才能作花圈少圆耳。”元赵子固亦云：“浓墨点梅，大是难事。”艺事不下苦心，即不能得个中三昧，以达到成熟之机巧。

赵子固号彝斋，尝舣棹孤山最幽处，曰：“此真洪谷子、董北苑得意笔也。”兰味在有无远近之间，画云山飘渺处当领会此味。

子久每教人作深潭以杂树滃之，谓：“如此可得深厚之气。”

倪云林论画云：“仆之所谓画者，不过逸笔草草，不求形似，聊以自娱耳。”然云林一树一石，必渲擦尽致，故其画虽寥寥数笔，令人玩味不置。

董文敏论画，以字须熟后生，画须熟外熟。生、熟二字，书画家当深入体会。

文敏论画山石，谓：“由细碎积为大山，此最是病。”盖画山时，石之大小乃在随手之变化耳。

文敏云：“唐以前无寒林，自李营丘、郭河阳始尽其法。”虽虬枝鹿角，槎枒纷絮，而挈裘振领，条理具在。尝云：“吾写寒林最得灵秀劲逸之致，是得之篆籀飞白，妙合神解，非时史所知。”余谓画中之最难者，无过古木寒林，着笔要拙，而着意要得澹泊、萧散、要渺之致。木虽曰枯曰寒，而枝枝笔笔无非要生机勃勃，春气流动也。

鹿床云：“胸中臆间抑塞磊落之气，不托于语言文字，一发之画，凡神一注于此，其精必见。”

鹿床以画能沉人之思，密人之虑，发人旷达之念，淡人华膴之情。余则以画实能耗人无限韶光，此林君复见与可、伯时终日碌碌徇人，故遂坚意禁制不为也。

鹿床《湘碧自跋》云：“生平喜画小册，以其便于成就耳。”余亦有此好。

戴文节自云："好画亦是一病。"高语非常人所解。《习苦斋画絮》："为公作画，日记微妙深远，足与《南田画跋》抗衡。香边茗后，一展读之，觉画思云流水涌，有益于画心不少，非徒其画法可规已也。"

文节云："文衡山之清严，仇实父之精密，而唐六如揖让其间，其别有神趣。"盖以天胜，天胜即神韵耳。

文节以麓台晚年专以拙胜避隽笔也，此与元遗山评东坡诗"苏门若有忠臣在，肯放坡诗百态新"同一意旨。凡学与艺绚烂之极，必归于平淡，即拙与隽之分也。

戴醇士云："梅花庵画竹，画后复勒数笔。"此法今不传，盖古人极草率处皆经营惨淡也，此亦熟则生巧，无往不可。故虽草草数笔，益见神韵沉着之极，化为缥缈。

南田见石谷画凡数变，每变逾奇。凡艺熟生巧，巧则屡变也。石谷子凡三临《富春图》，足见其取熟之道矣。

麓台云："笔墨一道同乎性情，非高旷中有真挚，则性情终不出也。"斯言可谓深入三昧，盖非所蕴精神，自难活跃于纸上也。

沈作喆《寓简》云："或问韩幹：'画马何所师？'幹曰：'内厩马皆吾师也。'"九方皋赏马之神骏而遗其牝牡之黄。

唐太宗尚书郎张璪善绘画，东宫庶子毕宏每见璪翰墨，未尝不心服，因师问璪笔法所授，璪曰："吾外师造化，中得心源。"宏惊叹而已。"外师造化，中得心源"，才能达到心手相应，所谓造化在手，眼前无非生机。

《六砚斋笔记》载范忠宣畜江都王马，李伯时假观摹之，累日不能似，但粉牌标其旁云："神妙上上品，江都王马。"米元章就观不与言，但绕屋狂叫而已。王之马能使李、米如斯颠倒，其神妙自不可测。画虽着笔于纸绢，其实即其人精神贯注处，故必入痴乃妙，米之绕屋狂叫，其得之深矣。

李日华云：“绘事不必求奇，不必循格，要在胸中韵趣。有借色而显，有因色而反掩，致前功俱废者，故画至着色如煅炼再加一炉火候。”

五代杨永年能草书，自号“手怒”。竹懒曰：“惊沙振篷，犷兽渴骥与担夫之争；公孙之舞，嘉陵江水之声皆怒也。”余谓作画必先于“怒”字领其深味，始可得奇崛之气，而后转入静穆之境。

新罗山人以画虽然艺也，艺成则贱，必先有以工其贵者，乃贱之而不得。是在读书以博其识，修己以端其品，吾之画法如是而已。余以此最上乘之法也。

黄公望云：“画大要去邪、甜、俗、赖四个字。”余以画初入手最忌俗，入手后尤忌熟，俗则骨性涂地，熟则神韵索然，故画有求毛求生者。

《山静居画论》：“陈衎云：‘大痴论画最忌曰甜。’”余以不独画也，文字亦忌甜，为人之道是尤忌甜，甜则必流于俗。

前人论画专主中锋，石田老人曰：“八面锋一齐都来，尚了不得，如何说中锋?”

周圻云：“古人设色见素，今人设色见采。”素者，谓愈见雅素也。

板桥云：“画竹意在笔先者，定则也；趣在法外者，化机也。”余以必先由定则以入化机，此与书法正楷溢为草书，其理一也。

板桥云：“吾画竹无所师承，多得于纸窗粉壁日光月影者耳。”此即戴文节所谓“画须师于造化”之意。

板桥以作画必极工而后能写意，非不工而遂能写意。

板桥以画精神专一，奋苦数十年。神将相之，鬼将告之，人将启之，物将发之。不奋苦而求速效，只落得少日浮夸，老来窘隘而已。

金冬心谓“唐宋以来写竹枝者，不尚丹青，专用水墨，大半出于高流胜侣之笔，非画史俗工所能”。余以画不可着相于色而重在笔意，笔意能妙，何往不可。东坡以朱画竹而艺苑成为雅事，笔意不妙，虽水墨亦何足高哉？

蒋心余《题钱竹汀画白莲》诗云：“楷法写枝干，行草写花叶。作画如作字，吾师白阳接。”竹汀擅汉隶，亦精六法，其艺事为学术所掩，故人鲜知之。

沈宗骞，乾隆间人，著有《芥舟学画编》，论画以浓淡分明便是活墨。“活墨”二字甚妙。余以画家能用泼墨、破墨、焦墨外，必须领会活墨。

芥舟以石谷功力至深，而应酬漫作，品格遂低，视石田远矣。余当引为自戒，绝不以画为人役。

《今世说》载文与可作画颇得待诏家法，然多率尔之笔。汪纯翁规之曰：“此事定霞思云想，刻意经营，奈何颓唐落笔，便布人间？”

王东庄云：“作画时即偶然酬应，皆不可轻率。”盖每写一图，必有着精神，若率意草草，此最是病。余以画当自养天机，必不可强勉大意而害笔。

东庄又云：“士人作画第一要平等心，弗因识者而加意揣摹，弗因不知者而随手敷衍。”学业精进，全在乎此。

王原祁《雨窗漫笔》云：“余在畅春园入直，晨光晚色，诸峰阴现出没，有平淡天真之妙，方信南宫遗墨得此中真髓。”凡擅诗画，其心机与天机时时相接，其所摹写无非发乾坤之真气耳。

秦尔祖云：“笔墨一道，用意为尚。而意之所至，一点精神在微茫些子间，隐跃欲出。”

堵廷棻云：“画罗汉不在怪样，正使眉目如恒人，而道气沉挚耳。贯休十六轴，只丑狞耳。”

画家以顾、陆、张、吴为四祖，顾长康，陆探微，张僧繇，吴道玄也。杨升庵以当以顾、陆、张、展为四祖，展，展子虔也。又以画家之顾、陆、张、展如诗家之曹、刘、沈、谢。阎立本则画家之李白，吴道玄则杜甫也。余以评定画家必其精于绘事，且目睹其画者乃可语之。近代阎、吴之画罕传，无从定之。若明人王耕烟可拟之杜甫，恽南田，李白也。

畏庐丈著有《春觉斋论画》一卷，吴县顾廷龙记其后，以丈尝谓：“唐画千伪一真，宋画百伪而一真，明画则真伪参半。”又曰：“倪云林墨迹，恨余贫眼，至老未尝见其真者。钜公家间有藏者，余曾观数帧，但有坚钥其唇吻，不敢发声。若盲称其是，则学舌讨好，素所深耻。若极力反驳，又无真本可据，辨其真伪。但有缄默而退，无敢短长。然而率尔操笔者，动曰云林云林，作陂陀一折，疏树两三，茅亭居树下。此外为遥山一片，万本雷同，似云林遗迹流传人间，但有此状而已。”

梅师在旧京时，常到故宫观画，每逾午忘返，只以饼饵充饥，曾撰有《京华梦影录》记其所见，今稿已不知下落矣。师论画别见《觉庐侍谈录》中，今补数条于此。

予观九龙山人画，悟用笔；又观黄鹤、大痴画，悟用墨。以夏珪虽顽悍，亦有秀逸处，故六如亦取之，观《千岩竞秀图》，即可征其所出云。

恽南田杏花、雄鸡精丽无匹，直接黄荃。又以吴仲圭大幅山水，笔墨古简，墨竹叶皆向右颤，风若有声。童二梅大幅墨梅雄放有余。

文徵明《关山积雪图》，或作或辍，五易寒暑而成。其长卷真迹，梅师于故宫见之，以其树石钩勒皆用铁线描全幅岩石，扫尽诸皴法，第积擦成之，分深浅黑白而已。松身瘦劲撑露，森耸枯树，发枝繁劲，以清瘠肖山之骨，其精神全在激扬中，不废点染，助其华润，故能自立一派耳。

有赞某画松，一株松，松针只十余笔，而全松之势毕具。不如是，天下岂复有画者哉？夫画笔非不可简也，画使笔无可加，斯真简矣，不然奚言简。

古人画有楼台，用墨格，不着色，用粉作底象纸，以蓝为格，间用浓红。又云："岩石只是浓淡相映到十分明白，便灿然可观，配色以间字、衬字为诀，曾见赵孟頫《溪山深秀图》，极意分明。"

字不容添凑，画何莫不然。深趣所到，小误不足为病。

先熟披麻皴，再习钩、斫、搢，此不易之法。楼阁不可全露，此亦一定之法。

皴训"皮细起"也，即"皮细起"三字，可悟皴法。

万豪齐力，然后能牵丝使转。运臂到此，画法纵横如意，亦一乐也。

遒毛、融、深、洁四字，入手之正。

予十余岁时在乌石山石壁岩为人画扇，同学毛秀颖曰："何不大墨涂去？"其后在旧京，王子沅亦云："何不大墨涂去？"前后五十余年，而予之不能大墨涂去如故也。近日偶为夏珪、马远一派，不觉有涂大墨之意，惜不为两友见之。

初学者作一树一石，得意即以己画为本，数求之，未几熟矣。

黄宾虹以巨然笔力雄厚，墨气淋漓。梅花庵主、一峰老人同时，两家神趣虽殊，而各尽其妙。

沈剑知尝语余，石田翁画以《灵隐图卷》为最。

剑知以画须多作纸本水墨山水，易增进境。

剑知云："蒸粉之法有用竹纸羃粉盂上蒸之，纸黑则更而再蒸，以不黑为度。"又云："用粉须无迹，但略带粉气，则万紫千红俱光匀欲活。"

剑知云："凡泥金须以银油夹用，则有浓淡，最好以金衬里，敷以青绿，尤觉古丽。"

剑知游黄山，寄书与釠叟论画法，自许有所创获。釠叟以示余，摘录于后。釠叟，陈说洲海瀛也。

古法钩云当然太刻画，即宋元以后以渍墨法烘染为云，亦不过迷濛如雾，笔无飞动变幻之形态，而且晴云、雨云亦无太别。剑决意欲创画飞云法，尤注意风雨交作时云阵决荡之情景，至晴云由谷中升腾，摇曳飞舞，忽聚忽散，忽前忽后，忽疏忽密，忽浓忽淡，姿态百出，不可形容，其薄处时露林影山光，其受日又灿如锦彩，非目击不知，不惟古画无之，即西洋画亦不见能如此描写也。

日来画家只专一种皴法，不仅一图如此，即不同地区山水亦只如此，此大不对。凡土石施皴不同，即石亦是许多种美，其皴亦大不相同。一山有土有石，即一二处纯石之山，如天都石笋者，其石亦不一。绝壁直下无际，其石面光滑则现大劈皴，绝壁之旁其岩石则横直皴，皆有折带兼披麻与小劈斧也。

莲花在天都对面，其结构又不同，天都奇伟，莲花壮丽，其皴有荷叶，劈斧、披麻、鬼脸也。

最有心得者，则体会无论何种皴法，远观皆成披麻皴，盖远不见横皴也。此点古今人皆未有察及之者。

所以知四王山水无笔魄，乏抑扬顿挫之致者，以其远皴写近意也。石涛亦如无远势者，以其远山犹用近皴也。至于笔墨法，剑颇以董香光以元人笔墨守宋人丘壑一语为得窍。盖宋人笔魄胜元，而元人笔墨结合书法，尤多书卷气也。剑皴法兼学宋、元，树法学子久、叔明，墨法学香光，而丘壑烟云则黄山，以此拟自成一家面目。

偶检残丛，又得前所记剑知论画之言，并录于后。

恽南田画秀逸天然，习之百无一弊，其用墨浅深枯润处，尤当熟玩。

作画须毕工后更施收拾，而斤斤于一树一石，用尽工夫，以致滞刻不灵也。

皴法笔要侧卧，旋转而下，一笔可抵十数笔，而凹凸阴阳，具在其中，万不可笔笔排列，有类画竹帘。

用墨水渲染时，亦只可于结顶及阴处多加几层，其余或施一层或只用水略拂便可，切勿全罨。

作画笔墨俱到，诚一难事，但熟为之，便可悟到。

大抵山水燥湿兼重，偏专便失之。大家真迹细观之，便不难了解。

点苔大有秘诀，须以笔毫略含水分，再以笔尖微沾稍浓之墨，从结脑处点起，愈远愈淡，不乱不叠，总以酣畅有情为妙。多石处切勿加苔，墨气既足，亦勿加苔。

石绿只宜用以补花青之不足，非画北宗山水，万勿以之全罨。

宣纸画如皴法不乱，轮廓有情，总以少点苔为妙。

画山头小树，只用点乱落法，近根处略加枝干，不可长细，不可露根。

剑知评余画云："秀绝一时，独恨翠羽明珰过于爱好，未肯乱头粗服，洗尽铅华。"

读画琐记

丁卯，余客旧京，曾侍梅师造故宫文华殿观画，琳琅满目，美不胜收，其深留于印象中者，略记数种。

唐人《秋山红树卷》，金油纸本，树枝、树叶及水草皆用红朱勾勒，山与石有廓而无皴，以墨与三绿之色填之，诚创格也。

又董浩一巨幅山水，树作红叶而用墨及红、绿三色点之，亦奇甚。

夏珪长卷丈余，其用笔之疏脱，粗而不莽，远山之墨色，能明而不滞。

郭忠恕《关山晚行图》及赵子昂山水长卷，笔笔细劲，令人神往。

王晋卿《渔阳小雪图》细笔如铁丝，虽小而不乱，其劲无比。燕文贵《江干雪霁图》亦极精妙。

王耕烟《十万图》，每帧高二尺余，宽约一尺，笔墨甚佳，盖仿倪云林之作。按，云林为陶南村九成绘《十万图》，曰："万笏朝天，万竿烟雨，万丈空流，万林秋色，万壑争流，万峰飞雪，万点青莲，万松叠翠，万卷书楼，万顷香雪。"其后唐子畏、费晓楼及耕烟各有摹拟，或其中易以"万壑秋声，万派朝宗，万家灯火"。耕烟所作，其次第名目，余忘之矣。

游北海天王殿，见戴熙所画松，笔力清劲。题云："以破笔画松，豪气画石，纤笔画竹。"各因其性为之，古人有墨戏，此笔戏也。

在京于简之家得睹王廉州山水长卷，惜太破烂，而其笔之松润，墨复浓淡得宜，足引人入胜。古人有不经意处而妙者也。

尝见明宣宗宣德六年御笔《青绿山水》，纵二尺余。有松、有柏、有泉，树皆作朱干，学唐人法也。

文徵明水墨山水直幅，约四尺，雅洁之极，百读不厌。题云："薄云笼月夜微茫，千里松阴一径长。草涧伏流时送响，野梅藏雪暗吹香。暝烟突兀苍山色，远火依微破壁光。十五年前旧游地，重来踪迹已相忘。癸酉十月，同履学游洞庭归而图之，并系此诗，迄今戊申冬，六阅年矣，追想作此，精神目力，尚不减也。征明七十九，庚寅暮春。"又一图题云："逶迤十里平溪路，滴沥三重下濑泉。为底时来策藜杖，春衣要试浴沂天。"

崇效寺在旧京白纸坊，本唐刘济所舍之宅，环植枣树千株，故王渔洋称之为枣花寺。相传清初有张某佐洪承畴战于松山、杏山间，后洪降清，张薙发皈依于其寺，号拙庵和尚，乃绘《青松红杏图》以寄慨焉。庚子乱后，图为某所得，旋送归寺，姜颖生画《归卷移花图》以荣之。今两图犹藏寺中，主僧极为珍视，非素识者不轻出示。余随梅师造之，曾一寓目。图绘一松、数杏树，一老者坐其下，笔墨清劲可爱。卷末多名人题跋，有王渔洋、朱竹垞、厉樊榭诸公诗。闻拙庵尚有《驯鸡图》，自为写照，或云为释道一所作，不知道一是否即拙庵也。

周文矩《美人看书图》，立帧，高三尺半，宽二尺余。神情肃穆，手书一卷，旁倚一小几，栏后有高梧，栏下秋海棠嫣然，一猫伏花侧，飞蝶翩跹，点苔先绿后墨。

夏珪《溪山风雨图》，山上只一树，淋漓飞舞，山石皆大劈斧皴，水次一舟，渔人蓑笠伛偻，努力冲风。

曾随石遗师造碧栖丈家，壁有题陈书者花卉四幅，笔墨幽峭，古色溢然。师初以为其兄木庵先生之遗墨也，再三赏之。余以此乃南楼老人所作，钱香树之母也，师笑为然。

许瓯香清初以诗画名，善写竹、写松、写山水、又能写真。吾乡文儒坊蔡氏藏有瓯香自写小像，题曰："九变图，雨渔。"师曾假而橅之，后以赠刘东明。

东明藏有瓯香蓝绢本小幅山水，泥金细笔题云：“癸酉嘉平既望五日，瓯香老人许友写于紫荆龕。”印章二，一“许友之印”，一“瓯香老人”。

天放阁主人家藏黄慎所作关壮缪像一幅，高及丈余，但一伟丈夫长髯拱立，貌极严毅。此盖取法于吴道子、孔子画像，与世俗所绘关像必手执《春秋》，周仓旁立持刀怒睨，大异其趣。

金冬心画竹题云：“秋声中惟竹声为妙，雨声苦，落叶声愁，松声寒，野鸟声喧，溪流之声泄。予今年客广陵，绕舍皆竹，萧萧骚骚，历历屑屑，非苦愁寒喧之声，而若空山绝粒人幽吟之不辍也。晨起清盥毕画此，恍闻竹声出纸上，世有太拙薛先生自能知之耳。□□①者，乌得辨听其妙者邪?”梅师云：“此题意境绝佳，字字秋声矣，具此胸次，笔墨安得不妙，题画小跋能如此，乃足以写画外有余之意。”

读金冬心画册，觉其趣味隽永，能引人入胜。古人诗画妙处，是在极自然而不吃力，盖千锤百炼后乃臻此境。

陆廉夫、顾鹤逸为吴门艺苑人才之杰出者。余曾见陆之长卷数轴，笔墨浑穆，松疏深入。戴鹿床之室有王子厚者，为陆嫡传弟子，丹青亦妙。

黄君其华藏画甚富，曾示余柯璜藤树一帧，全用书法写之，题云：“一日临池恍大悟，世间无物非草书。”

丁酉重游大都，参观故宫皇极殿绘画馆，见列有余省所作扇面，用粉描绘花鸟，黑白分明，中微衬以色采。又有无名氏画金叶扇，全用粉填成山石，成为雪景，而山石与树木以黑焦笔干擦之，亦见别致。

---

① “□□”，据西泠印社出版社 2012 年版《冬心先生集》，应作“蹇豆”。

《山静居画论》云："画不用墨笔，惟以采色图者，谓之没骨法。"山水起于王晋卿、赵昇，近代董思白多画之。余于黄君其华处，曾见思白没骨山水一帧，不及墨笔者，或系赝品也。

倪云林《风林图》极洒脱之致，题云："笔锋虽小劣，景物亦清新。萧瑟风林外，江湖有逸民。"

孝莹出示大通楼旧藏潘王合璧真迹一册，潘恭寿所作画，每帧皆有王文治题识卷耑"潘王合璧"四字。辛酉秋八月，吴观岱题躔。今记之于后。

首画树木题云："山之空坡，树以补之；山之突兀，树以冠之；山之口磴，树以覆之；山之屏障，树以翳之；山之悬崖，树以险之；山之连绵，树以断之；山之秀拔，树以簇之；山之道路，树以掩之；山之远黛，树以映之。故曰树为山之文章。莲庵居士作，文治题。"

枯树一株题云："此李龙眠、赵伯驹法也。"后赵文敏仿之。

点树一株，蟹爪杨一株，题云："此法始于李营丘，习于许道宁。"后宋子房、陈常辈俱师之，元大痴道人并倪迂亦间用此法。

大点一树间以短叶树一株，大点枫叶短树一株，题云："俱董北苑墨叶。"

长蟹爪树一株，短树一株，题云："此法郭河阳为祖，后之慈孙甚多。"

长枯树缀以下垂之叶，题云："此树云林无幅不有。"

枯树三株并列，题云："三种寒树，雅近李成，稍有转变，即为南宋诸家，又稍作软弱，便是子久、云林辈矣。"

松六株。一长针者，题云："黄子久法。"一短针者，题云："李营邱。"一圆针者，题云："马远。"一长半圆针者，题云："吴仲圭。"一枝满针者，题云："黄鹤山樵。"一针扑乱者，题云："是宋子房。"

又题云："画松要取势，孤立者要遮身揾体，得昂昂独立不倚之状；并生者要左顾右盼，得彼此相向之意；成林者要欹斜高下，或秃顶，或拖枝拂地，或树枝四出；平地者挺茂；岩石者虬屈。杂树不得高于松，盖山中真景固然，而摩诘以君子小人喻之，过矣。梦楼老人题。"

次画石，题云："画石要晓阴阳向背，凹凸转换，玲珑勃窣，飞舞偃仰，峻嶒嵌空，形势状貌。若能熟此一拳，千岩万壑，皆从此出矣。"文治识。

一石，题云："王晋卿解索皴。"

一石，题云："卢鸿、陈常、宋子房辈俱作乱麻皴。"

一石，题云："赵千里。"

一石，题云："大李将军雨点皴。"

一石，题云："范宽小斧劈皴。"

一石，题云："李营丘蟹壳皴。"

一石，题云："李伯时。"

一石，题云："郭熙卷云皴。"

一石，题云："大米豆扳皴。"

一石，题云："王摩诘芝麻皴。"

一石，题云："董北苑披麻皴。"

一石，题云："关仝积墨皴。"

一石，题云："黄大痴托口皴。"

一石，题云："李唐大斧劈皴。"

一石，题云："荆浩括铁皴。"

一石，题云："小米拖泥带水皴。"

一石，题云："赵松雪。"

一石，题云："王淑明羊毛皴。"

一石，题云："倪高士折带皴。"

凡十九石，下题云："诸家皴法多积墨而成，唯云林纯以机趣皴擦，着笔不多，自然俊妙，真逸品也。"

后又有题云："昔李成置笔研豹囊中，遇奇树辄摹之，佳山水则图之。米元章云：'吾画以烟云为师。'赵子昂集诸名家于一手，遂成家数，画亦何常师之有哉。莲巢素花鸟而于山水家宗派，茫乎未之知也，因访名迹于某家树石、某家皴法，各摹一式。余观莲巢居士写此各家画法，树石挺秀，无不钦佩，藏之快雨堂，一时豪兴习学，未能有此得法耳。嘉庆元年岁次丙辰秋八月，王文治记。"

卷末有殷藻凤一跋云："潘恭寿与王梦楼太守乡谊而兼知友，恭寿初不能画，见梦楼太守写梅花，遂潜心于六法。始写花卉人物，继则太守为之题跋，竭力称道。于是世人自渐企重，有"潘王合璧"之称。后问道于王蓬心太守，授以"朝烟未判，宿雨初收"八字而声名大噪。此卷树石有梦楼太守长题而兼注识，洵属可尊可贵希世之珍也。戊辰秋九月，鹅湖殷藻凤识于潜庐。"

括斋《桃源图》，笔致高简，但以淡墨浅朱点染远村烟树而已。题云："云水虽云深，犹难与世绝。中无读书人，差免焚坑劫。"

王学浩《秋斋摹篆图》，长三尺有半，宽一尺二寸。图作枯树两株，疏竹数竿，一亭一屋，芭蕉掩映，屋内一老者拱立，案有鼎彝古器，笔墨淡远。款题："椒畦王学浩甲子中春望后为茉堂作。"其耑有阮元题诗，甚长。诗云："山斋竹树起秋阴，多少铭文写吉金。说与时人浑不解，四千年上古人心。""商盘周诰古文词，宋椠经书已足奇。谁识斋中钟鼎字，铸当周孔未生时。""铸器能铭古大夫，一篇款字十行余。尚书二十九篇外，绝胜讹残汲冢书。""左史真能读典坟，灵均曾以善书闻。若非篆体鼎彝在，举世无人见古文。”“德功册赏与勋声，国邑王年氏族名。半订传讹半补逸，聚来能敌左丘明。”“象形指事最精微，假借谐声见尚稀。一字写成百凝注，那如草隶仕人挥。”“秋斋拓字响登登，油素摹成一片冰。屋漏折钗皆不似，浓如挑漆结如绳。”“一字经人十日思，却从许慎上推之。韩苏若解摹周篆，石鼓诗歌当更奇。”“有篆方增彝器重，无斑始见炼金纯。若将青绿为题品，不是真能识古人。”“或□□[①]带或云雷，半是镕成半凿开。凫氏煎金真不朽，几多竹帛尽成灰。”“晋唐俗字不知古，直至宣和书始传。七百年来零落尽，一函图篆印方圆。”“鼎鬲盘彝甗敲钟，刻成石帖与金同。百千文字今犹在，第一勋推薛尚功。”“却怪复斋与啸堂，百千钟鼎岂皆亡。如今积古斋中物，又是当年谁氏藏。”“子孙永保万年难，过眼云烟亦达观。一自秋斋摹篆后，任人宝守任摧残。”“先生嗜好与吾同，日日斋中篆古铜。圆鼎肉羹朋爵酒，醉来还扣大林钟。”“篆形字与画同之，后世惊奇古不奇。今日秋斋图句里，古人若见也应疑。”阮元题此图，石庐客江右时见之欲得，议价未谐，而后二十年展转复归其所有，余因得假观。芸台道光间曾奉旨清厘内府书画，著有《石渠随笔》，独具巨眼，又精于金石文字之学，此图题绝句十六首，足见其爱好所在，而诗与字皆佳，又足为画重也。

在德愔处得睹黄小松扇面数叶，画笔淡雅，皆逸品也，字亦极秀隽。

一箑作两山石，一舟泊其下，题云：“惠山山色霭如，泉声幽咽，令人不作尘世观。轻舟疾过，每恨不暇驻玩经日，偶一忆及，遂觉怦怦心动。近写昔经之地，亦聊志鸿爪云耳。庚申三月十日，钱唐黄易并志。”

---

① “□□”，据上海书画出版社 2018 年版俞建良《王学浩研究》，应作“交缝”。

一篁作一楼临江，烟树苍茫，题云：“卅年诗卷随江水，一角危楼待夕阳。”

一篁作疏林荒屋，题云：“偶见明人画篁，纯以笔尖牵转，殆如游丝之袅空。书家所谓瘦硬通神者，当即此种，因取摹写。”

一篁画梅，题云：“步虚声里珊珊影，可是仙人绿萼华。”又题云：“一片仙香寒翠外，几湾流水嫩香中。”

余旧藏杨伯润画一帧，枯树一株，寒雅数点，隐约枫林外，一片青山，笔甚萧疏俊逸。题云：“晴云澹澹水粼粼，最爱深秋景物新。一带枫林妍入画，惜无来个看山人。茶禅居士杨伯润写于语石斋。”

赵撝叔之谦书画篆刻，靡不精长，画尤具秀逸之笔，而寓朴雅之神。曩见刘葱石藏其《端阳八景图》，曰端午老虎、曰午时条、曰香牌、曰米袋、曰角黍、曰蒜、曰蒲、曰艾。随意写生，极饶神韵。徐行可亦藏有其所作《钟进士》及《天中五瑞图》，均属精品，颇不易觏也。

畏庐丈尝仿渔山笔意作墨画一帧，馈石遗师，题云：“世所传渔山画多赝笔，然余所见真本凡六帧，以刘聚卿所藏为第一，张钧二帧次之。自避兵西闬，无日不仿渔山，多为人持去。林定柜忽定议，每成一帧，人纳饼金，以樗蒲决之，得卢者取画，悉其金付酒家聚饮，以为乐笑，不知其处乱离间也。香雨言：‘果石遗在此，必数得卢。’余心动，因此帧远寄石遗于闽，识余不敢忘石遗也。”画乃重峦叠嶂，无设色，长三尺，宽尺许，而题一百多字不觉其多。丈之题画章法，余尤钦佩。

畏庐丈《石梁洞图》，长三尺有余，宽尺许，题云：“石梁洞在老僧岩西二里，洞高广十余丈，深倍之。洞中突出石，横至二十余丈，架空如梁，因以得名。近洞万绿上下，不辨途径。洞门累石为之，入门赫然巨石横空，去人可丈余，如巨虬仰首趋空，雄严极矣。苔蟠其身，如集鳞甲，小声淙淙出诸洞，阴晦中却极光炯，盖绝境也。壬戌十一月林纾题。”

又一幅山水，壬戌长至日作。题一绝云：“有斜阳处怕登楼，词客深担六代愁。我亦伤心如旧月，无穷思在柳梢头。”

《西溪图》长卷，为畏庐丈刻意之作。丈殁后，同乡为之展览，标值千余元。嗣由丈之先前友好醵赀购得，遍索海内名人题咏，以藏西溪庵保存。余壬申过沪，于高丈梦旦处得一寓目。图长丈余，宽尺许。中以芦苇小竹居多，笔甚工整，惜墨太滞，乏晦明远近之致，而少俊逸超脱之思。

黄君其华得畏庐丈早年画一帧，笔墨甚简，只作片石丛草。隔江有一舟，老者袖手而坐岸上，老松四株，两有枝，两无枝。远山晚霁，杂树离离。题云：“驾轻船。趁低低翠羽，摇向第三桥。新荇撩风，浓松做暝，江乡多半春消。恋篷背、轻阴片晌，乍觉冷、添上二分潮。浅绿渔墩，疏红蚕户，何处吹箫。　追忆圣湖前迹，正莼流余滑，柳换枯条。界水分菱，循碕渡苇，邀我诗梦迢迢。漫重记、巢痕阁上，雨丝外、帘影带烟挑。印证家江风物，转益无聊。右调《一萼红》。乙未四月，从苍霞洲放艇，向望北台。山客过雨如沐，压篷皆作青绿之色。小住江南桥下，岸上一片荒青，扑人眉宇。因忆打桨白堤、孤山晚眺时，却少垂杨万缕耳。略成此解，以樊会公法写之，即请梦祺仁兄先生雅政，弟林纾倚声，时在龙潭冷红斋。”

连生木桴携畏庐丈所作人物四幅视余。其一题云：“国仇填胸，务在必报。虽溷迹牧圉，亦忍为之。范大夫教勾践事吴，身受奇辱，无所复计，用其忍也。写范大夫第一。畏庐题于耻斋。”其二题云：“大仇压境，将相不和，国事必无所济。黄石斋先生与郑芝龙争坐位，芝龙固不足惜，先生亦患操之太促。蔺相如引车避廉颇，所谓先公后私，相如有焉。写蔺相如第二。畏庐林纾识”。其三题云：“中国之受侮夷裔，患在多所牵掣，莫敢先发施而后报，往往为贼所愚。夫男子有一亭一障之寄，宁杀贼死耳，何踌躇为。陈汤不秉朝命，手斩名王，汉廷交故，抑功不录，非其足尚也。写陈汤第三。林纾识。”其四题云：“梁伯鸾知世局难为，伏而赁舂，此天地闭贤人隐之时也，吾师之，写梁伯鸾第四。”末又题云：“戊戌七月，移居钓台之下，画赐珪儿。”所作人物均铁线描，笔力甚健。戊戌政变前后，时局阢陧不安，丈之绘此，寄慨甚深。

友人李君兆烜藏有畏庐丈画圬者王承福一帧，题云：“琴南先生曰：此圬者王承福也。承福食其圬之所得，有余饭，以赡贫者，终身不劳其心。柳河东号为墨者之学，余谓承福达矣，劳心为人，本以得名，至毁及必无一日之得，转不如圬者之饱食而无祸。吾今就承福而求其教，我以圬画，长大只尺余，而人物着墨，一气呵成，所题自有寓意。”

吴君家琼藏有苏堪丈所作墨画松与牡丹一帧，笔力甚劲。惟石上之草，笔笔整齐，无参差之态，于画理欠合。盖丈偶而为之，非真能画者之画也。

余又于黄君其华处得睹苏堪丈墨松一小帧，松针疏而劲，全是书法也。梅师题其旁云：“滓不碍清，瘁无撄宁。越二十载，犹如见南阳之龙。欲窥其一鳞一爪，墨笔飞舞，请观斯松。”下署“南华振岱”。

甲辰春，吴江沈塘为石遗师绘一箑，作一枯树、一柳、一夹叶、一茅屋、数点寒雅。题少游句：“寒雅数点，流水绕孤村。”并跋云：“南田疏远澹韵，不食人间烟火，率尔操觚，安能窥其项背。”笔墨甚淡宕，非时流粗犷之笔可同日语也。

余最爱黎二樵之画，而尤喜其诗。尝欲以其“四时转两鬓，万感赴独立”之句作图，久而未就。忆曾见赵香宋熙寿石遗师七十一图，题曰："独立苍茫，疏林一片，有人背手凝伫。"幽眇淡宕，真不愧文人之画，所谓意在笔先也。

黄宾虹《虹庐画谈》，以古人用笔之外，尤重用墨，画中三昧，舍笔墨无由参悟。并云："要使用焦墨，如用重青浓绿无不入。遥遥数百年，惟明季垢道、程穆倩山水深明斯理。"友人有赠余宾虹画一方，其笔意即有取于穆倩者。丁酉游杭，参观宾虹陈列馆，见其画几尽为泼墨，黑团团一簇，未免有墨猪之诮。余诚不敢佩服，想其晚年之作或非精品，亦为人所重也。

曾在黄君其华处见宾虹山水中堂一帧，亦晚年之作。题云："画欲暗，不欲明。平远、高远、深远，远则有余不尽，此之谓韵，然非得大气磅礴，便入凄迷琐碎，不足观矣。辛卯宾虹八十又八。"

梅师尝为余画梅一枝，题云："杨氏无咎肇始以纯墨作梅，其出枝甚简，着花尤疏，学者师其大意可矣。"

梅师画梅，题赠友人云："岁寒佳友如君少，聊写一枝闲里看。"又有一帧题云："天地寂寥春气永，满身苔藓古神仙。"

徐悲鸿以画马名，而自比墨猪，尝见其作一墨猪。题云："少小也曾锥刺股，不徒白手走江湖。乞灵无着张皇甚，沐浴薰香画墨猪。"有询其似谁，徐曰："其蠢头蠢脑，只像我自己。"

张善孖刻有《十二金钗集》，绘虎十二幅，各异其态，取《西厢记》句题之，如白者题云："可喜庞儿浅淡妆，穿一套缟素衣裳。"跃者题云："行近前来百媚生。"侧者题云："哈怎不回过脸儿来。"卧者题云："羞答答，不肯把头抬。"啸者题云："为兀的不引了人魂灵。"

又见善孖绘大虎一幅，长丈余。题云："石涛画松能画皮，渐山画山能画骨。两师黄山住半年，不见当年此神物。"

苍虬诗人四十余岁学画，而竟成名，曾见其山水一帧，题云："曾寿数年来，以画为生活，非有他事，感绪作恶，未尝辍笔。"

雨渔师有一幅山水，题云："关仝苍莽之气，惟清晖老人能得之，若俗手偶摹，不免为畦径所束。"

沈剑知作画能对客挥毫，曾就余案头作山水一帧，笔墨淋漓，不失作家之风。题云："老屋楼烟依藓径，翠涛挟雨下松枝。也应厌听人间语，来与泉声话片时。"此画藏之三十年，渐为蠹鱼所蚀，黄其华见而喜之，即以为赠。

剑知为余弟达之作淡墨山水一帧，宽八寸，长三尺。一松一夹叶小舟，横岩石下，山脚芦苇一片。题云："宛在水中，超然芦外。伊何人斯，质之于乔倩吾友。辛未中秋剑知写。"又题云："白发瞒人渐上颠，墨花山色故依然。别来情怨知多少，银烛光中送懒眠。壬申重题旧作于懒眠庵。"

黄兰波出示所作双鱼一帧，题云："十年战乱地无毛，菜把论千窘老饕。坐味烹鲜成此局，纷纷弹铗笑徒劳。"

曾见陈曾寿先生题梅师画云："梅生先生人品高洁，偶尔作画，翛然意远，若不食人间烟火者。其画正以不能甚工，全然士夫气，与时流相去何啻霄壤之别。壬申春三月初五夜小雨初过，苍虬题。"

雨渔师又有题画云："王麓台秉承家学，气味深醇，盖得力于古者也。中年秀润，晚年苍浑。凡作一图，沉雄骀荡之气，淋漓笔端，'金刚杵'之语不虚也。"

品画余谈

顾恺之善画而痴，张长史工书而颠，米元章委心书画，痴、颠兼之。此皆专其所长，所谓巧于此者，必拙于彼也。

王右丞《江山雪霁图》，董思翁称为海内墨皇，画绝工细，但有轮廓都不皴染，而微露刻画之迹。其笔意惟李成、赵大年略相似，北宋后无此画法。

南唐李后主有与周文矩合作《重屏图》。关仝画山水入妙，然于人物非工，每有得意者，必使胡翼主人物，见《德隅斋画品》。此皆后世合作画之所昉。

宋迪作画，先以绢素张败壁，取其隐现凹凸之势。郭恕先作画，常以墨渍缣素绡，徐就水涤去，想其余迹。此皆凝思以契其神也。

云林画笔似枯而实腴，虽一石一树而有万壑千岩之味，以逸胜耳。

《浪迹丛谈》载董思翁云："云林画世无设色者，此亦一奇。"

云林画柳不经意而柳意俱足，盖其画已入化工。

薛稷之鹤、曹霸之马、王宰之山水，古人之于艺，好专其独至。

钱易《南部新书》载《滕王蛱蝶图》，其蝶有江夏斑、大海眼、小海眼、村里来、菜花子诸名。

姜白石之人品不高，故其画落笔无法。

王洽泼墨，李成惜墨，而画法之妙则一，此所谓造化在手，着笔皆是生机，固不在墨之多少也。

盛子昭名赫一时，吴仲圭传闻千载，盖虚不如实。

董香光尝欲临古人树木一册，以画中山水位置皴法各有门庭，不可相通。惟树木则不然，柳则赵千里，松则马和之，枯树则李成，此千古不易，虽复变之，不离本原。赵文敏则极得此意，盖萃古人之美，树木不在石上着力而石自秀润矣。

思翁日临树木一二株，石山土坡，随意皴染。五十后大成，犹未能作人物屋宇，以为一恨。今所见云林与思翁之画屋宇人物，皆仅有者，此亦前人藏拙之道耳。

盛子昭与吴仲圭、唐六如学于周东村，子昭为作家之画，而仲圭、六如为士大夫之画，故襟期脱略，神致潇洒，不可及也。

南田之画拟以青莲之诗，其隽逸洒脱之气是不可学。石谷之画则拟以少陵之诗，法门俱备，可为师范。梅师颇以余此言为然。

石谷之画，四时之气俱备，南田则全秋气也。

南田画名先显，石谷乃后来之秀，而南田以山水为石谷所能，遂肆力花卉，亦古人爱才之甚，所谓放他出一头地耳。

吴墨井之苍浑秀润，恽南田之幽逸独超，余以为虽石谷亦当拜下风。

赵文敏以丹青点染而成山水，即祖徐熙父子没骨花卉之法。余于故宫曾见唐人画，有只以红朱勒山水树木者，知古人善于创格。

黄鹤山樵有绘四面皆竹，而古木处其中者，名曰《铁网珊瑚》，格局甚高。画中最难着手者古木，而处于丛竹中尤难。

余初颇不喜廉州之画，以其板滞刻画无逸致也。及读画多，学画久，乃悟廉州之画有拙笔不可及处。诸家论画亦极推崇廉州、鹿床，以廉州为石谷所不及。或云："笔墨之妙，廉州可谓精能已。然耐人寻味处，尚逊烟客一筹。甚矣，笔墨不可以工力尽也。廉州画工力备，而烟云气味逊乃祖。"

廉州所逊烟客，即所谓笔外有云，墨中有烟耳。夫画求能而终身不能者，上也；既能而求不能者，次也；彼不求能与求能而不能者，亦有不入画品。有清一代，终身不能者，麓台是已；求不能者，石谷是也。盖画太熟便成俗，琴亦然。

石谷贪多，廉州爱好，盖未能尚乎神，忘乎笔墨也。

麓台云："山水用笔须毛，毛则气古而味厚。"余以所谓毛者，即用干笔之法。

李思训画嘉陵山水，逾三月而成，吴道子以一夕得之。分道扬镳，各有千古，画之成固不在乎速缓也。

苏州狮子林山石乃元至元间僧天如、惟则延①、赵善长、徐幼文、倪云林共商叠成，而云林为之图，俗传为云林所筑，讹也。余前游吴门，曾一涉其地，见其布置呆板，甚乏幽渺玲珑，尚逊于汪园、拙政园者。或云明清以后迭经改造，已非本来面目矣。云林所图，今亦失传。

宋高宗刘安妃，临安人，知书识大体，封明达贵妃。建炎间掌内翰文字，工书画，有《宫衣》《添线》《枚卜》《补衮》《宫绣》诸图，又有《发绣曼倩像》，作曼倩手擎一桃，以《洞冥记》有东方朔窃西王母蟠桃故事也。相传发绣始于女仙灵媚娘，尺缣内绣《法华经》三卷。元时有夏永亦传其法，明松江李孝女，以一发劈四缕作观音像。

题画诗极难，不涉于泛，即易于实，实则近于咏物，泛则乏趣味。曩见徐青藤画芭蕉、梅花，题句云："冻烂芭蕉春一芽，隔墙犹见老梅花。世间好物难兼得，拣了鱼儿又吃虾。"又陆日为题红梅云："水晶宫里玉真妃，宴我瑶台步月归。行到青城天未晓，冷霞飞上六铢衣。"前三句纯是白梅，结句翻到红梅，别饶风趣。

许友有《雨中清凉山作》题画诗云："玄墓宫梅放未曾，石城怀古不堪登。无端写就松针笔，画得青山是孝陵。"石遗师称为绝唱，爱国之心，溢于言表，孤忠耿耿，则似郑所南矣。

画家有诗词集行世者不多，陈蒙庵《蓬斋剩记》载黎二樵词集名《药烟阁词》，传本极稀，朱疆村曾得一本。

---

① "僧天如、惟则延"，原作"□大如、惟刚延"，据福建人民出版社1983年版梁章钜著，刘叶秋、范育新校注《浪迹续谈》改。

昆山王叔畦，工山水，为人闲澹旷适，晚岁山居，以诗酒自娱，虽有踵门求画者，辄屏绝焉。所居老屋小，不能容席。道光初，有匠人朱玉冈以十纸索画，戏谓之曰："盍为我作轩以当画润乎?"朱诺之，不日而轩成，因颜之曰"易画轩"，纪以诗云："以画易米古所闻，以轩易画今尤特。从来罕事不浪传，即此名轩亦已得。"所著署《易画轩诗录》。

梅瞿山《黄山十九景》其一《蒲团松》，画两人在松顶上，颇有古趣。古人巢居，今虽不常见，然高人畸士，肥遁深隐，亦或有之也。

汪巢林画繁枝，高西塘画疏枝，繁疏虽异，而法则一。

《萧闲堂笔记》以元人书画中有奚元朗，即云林倪瓒所变姓名，未知何据。

王武题《群仙拱寿图》云："滇有鸟名吐寿，好吸沉香，天气晴朗，则吐烟结为寿字。"绘吐寿鸟为人寿，亦雅切。吐寿鸟未见，今有吐绶鸟，俗呼火鸡，相传从域外来，"寿"与"绶"谐声，未审二也一也。

德愔语余云："尝见《文姬归汉图》长卷，笔墨工整。传为唐宋间物，后为欧人迈达所得。身后子女争产，此卷割截各分一段，亦画劫也。迈达，马尾船政学堂教授。

周昉画人物皆入神品，而世俗但知有仕女，其所谓"未见好德如好色者"欤。

文徵仲作诗画有三戒：一不为阉宦作，二不为诸侯王作，三不为外夷作。故当时处刘瑾、宸濠之际，超然远引。字画皆与人品有关，徵仲之画可贵在此。

钱泳《履园丛话》中有"画中人"一条，盖就其平生所见工画者汇而记之，颇可资参考。

狄平子《平等阁笔记》云："西人之画以照像片为蓝本，专求形似。中国画以作字为先河，但取神似而兼言笔法。”又云：“凡学中国画而能佳者，皆善书之人。”

张彦远《历代名画记》引《陶隐居论书》曰：“不为无益之事，曷以悦有涯之生。”项莲生《忆云词》序中有云：“不作无益之事，何以遣有涯之生。”本陶语也。余以能悦有涯之生，即为有益之事矣。诗词书画果为无益之事乎？

陈后山诗：“晚知书画真有益，却恨岁月来无多。”书画之真趣，人多在中年以后知之，盖由悟而得之也。

人皆言烟云供养，工书画者多寿，非书画之能益人命也。人必闲静而后能工书画，闲静即寿之征也。

陈叔通蒐藏百家梅花，有唐寅、王綦、邵弥、道济、宏仁、胡玉琨及扬州八怪、陈素诸作，凡一百有九帧。

陈录专力梅花凡三十年，尹红自号梅花古衲，郑板桥有梅一帧，题曰：“一生从不画梅花。”

冯文凤有怀念江亚南友文诗，亚南原籍福建闽县，父一南，为画梅名手。

畏庐丈寓旧京，客厅悬有谢琯樵墨兰折扇一叶，裱为横幅。题识其两耑云：“琯樵先生讳颖苏，吾闽之清漳人。能舞剑，好畜马。每作画时，翳其窗纸，令不漏日月之光，则以小纸捻细条蘸油以自照其画。画时不令人观，跣二足，令小僮搔其足，若奇痒不可遏抑，日必三跣。斫香檀木为小櫘，肖己像为木偶人，制小衣冠称木偶之长短，间时衣着既完，纳入櫘中加钉焉，则拍手大笑曰：‘吾事毕矣。’乃殉难于漳州，尸不可得。其友苏君即以小櫘葬焉，今其墓芜矣。先生足不出闽疆，书画之妙乃无知者，闽人之不善为名，在古已然。小子后生，乃能稍稍泼墨，而名已哗噪于都下。展读先生遗墨，不期汗出如濯也。”

闽南金石书画家叶东谷、吕西村，在咸同间颇负盛名。

畏庐丈《画例》附有一诗云：“亲旧孤孀待哺多，山人无计奈他何。不增画润分河润，坐听饥寒作甚么。”

王一亭震《画例》为乙丑秋间吴昌硕代订，并作一诗为引，云：“作画一而二，骨董由来不取媚。躬此阳冰入篆室，笔化鲁公争坐位。明年六十杖于乡，大好精神虑憔悴。求者踵接进不得，加润量力苦蝯臂。”昌硕时年八十二，而一亭五十九，故有“明年杖乡”之句。

黄宾虹自订《画例》，叙云：“书画雅事，可赠可索，兴来挥洒，工拙不计也。至若谆谆于尺寸之间，必如其意之所得，则应酬大痴子之酒资，供独往客之游囊。爰订新例，鉴者谅之。”

苍虬老人画册卷末有苏堪丈所题小赋云：“纳举世于斯夜，繄独寤乎一室。天沉沉而忽敛，日黯黯而焉入。山峨峨而埋云，水汤汤而暗激。兽何往而潜藏，鸟何归而戢翼。小人就阴而止，君子向晦而息。夜之象也则静其德，则旷冶万物为本体。示造化之恒状，时惟大人观乎物始。玩一气之消长，羌中夕而蹶起。清明在躬，屋漏相尔。制乎未发之源，操乎无形之里。非兹庵之可托几何，而不为南溟之徙徙。”

福州龙珠画苑为庚午间萧浩观梦馥、张菱波锵、吴任之适、李云仙霞、李砚农耕、张烟樵汤铭、林坚木节、郭剑狂梁、杨棲云飞、陈意芗子奋等所组织。辛未新春宴集，余亦被邀参加，席间摊笺为合作画。子奋作不倒翁如意，易新作橘，题曰大吉。坚木写芝，任之写兰，云仙作盆以贮之。幼宽写白梅，开襟作红梅及珊瑚枝，剑狂写天竹，俱插于菱波所作大瓶中，大瓶谐太平也。浩观复荐报岁兰，棲云置酒一罈，还爽写紫绶藤，石庐写小松，余作盆石。既成，石遗老人题曰《岁朝图》。于是复联吟曰：“画手能调古董羹，林丹枫。和羹事业愧无成。洪幼宽。好凭春意发春声，陈还爽。所向空阔容纵横。吴任之。一花一石足怡情，林开襟。石则朴拙坚且贞。王耐轩。倘加篆刻尤庚庚，林石庐。醉墨挥洒无弟兄。林坚木。酒伯满座花满城，郭剑狂。酒杯在手心太平。郭洪子。渡江惜无桃叶迎，郑千里。诗仙安得许飞琼。萧浩观。长风天末一堂惊，陈子奋。破壁飞去谁点睛。张菱波。为虚一格待李耕，李云仙。是日砚农未与。昏花老眼终题名。陈石遗。”诗为陈西园文翰所书，西园并跋其后云：“闽川诸名士善绘事者，起龙珠画苑于城南耿王庄畔之龙津，岁一周矣。两日前盛集胜侣，命觞于此，酒酣技痒，各奏厥长，藻绘既施，吟声继作，吾师匹园老人命之曰《岁朝图》。诸君以余是日未至，罚令书，所为诗按唐景龙四年正月五日蓬莱宫宴赋诗，亦作柏梁体，然未闻能聚名画家于一堂也。以今视昔，当复过之。”

辛未、壬申之间，说诗社宴集陈西园家。酒酣，郭剑狂对客挥毫，疾如风雨。为余作梅一枝，既成，下笔题款书“耐香”二字，余亟曰：“吾号耐轩，为轩榭之轩，非此香也。”剑狂立即于其上书一“不”字，续为诗句云：“不耐香风吹酒醒，一庭明月发寒枝。”极切咏梅，其才之捷，为众所惊。

庚辰余得两砚，质式皆同。分其一与竹韵，共赋词纪之，刻于砚背，拓为墨本，并绘《疑庵图》一幅寄赠许承尧先生。先生答诗云：“端溪分片石，扪拭被心精。偶写数行字，应流千载名。书逢人日到，图为草堂成。遥谢生花笔，天南寄此情。”“梅花香在骨，为自赏孤芳。翠墨珍双合，明珠贮一囊。写生商画稿，习静拂琴床。我谢传经叟，怜渠玉笋行。”末语指梅师也。

严几道先生尝言：“若以画喻诗，则木庵为吴道子，石遗为王摩诘也。”

玉珊老人龚□□，画花卉并宗徐、黄，得瓯香馆神韵，而益之以生动。尤长翎毛，亦工山水、虫鱼、人佛、仕女。又尝手范莲子为花果禽猿博古诸状，以金针镂诗画，芥子摄须弥，粒粒异制，穷工极巧，精美绝伦。

题画剩稿

扁舟横系绿阴间，野屐同登雨后山。洗尽尘心何处是，寒泉石上听潺潺。为石庐作。

石庐世叔为当代金石家，许镌小印见贻，喜而作此，以答盛意，惟笔墨拙劣，未足言画耳。为石庐作。

庚午春夜，戏用鹿床法，将弃箧中矣，德愔三姊见而喜之，勿乃爱人而忘其画之丑乎？为德愔作。

拾益兄善医而于六法有精到之论，殆濡染于德愔有年而然乎？书此以博双粲。为方声涧作。

雨中树影千重碧，雨后山光一色开。爱此溪边无限景，等闲曳杖过桥来。为林楚秋作。

绿杨深处酒旗风。小箑为方君瑜作。

夜窗拈笔戏书旧作《潜说》并连珠一则，因忆石庐世叔许书一扇并镌二小印，而久久不见贻，因即以此箑呈正，劣甚，自知不堪以供大雅一笑，盖意在抛砖以速其玉耳。扇面。

万顷芦苇，一笛秋风，其情景未让赵子固《水仙》出世时，敢证之石庐长者，其以为然乎？扇面。

鹿床论画以繁易蹈实，简易近于虚。半千之画，近于繁者也。然每于林峦泼墨处愈见其空灵澹荡、苍郁森爽之气，盖积秀而发为浑厚，不能以繁简迹象求之。以上为石庐作。

《金刚经》云："说法者无法可说。"画之为道，盖亦如之，其造境设想，生灭在手，来去自心，亦须离色相而参悟神机。为楞根和尚作。

鹿床之画，造境渊穆，令人心神顿远，盖以逸俊也。为舒云作。

“学道近无名，养身食其力。买山沃洲住，时人自不识。”此鹿床之题《山居图》诗也。念娟姊精六壬而沉寂近道者也，惟正须自食其力，仆仆于奔走，尚未能买山而住，闭户闲居。贻以此画，聊寄其幽意耳。为念娟作。

长松高荫，丛竹萧然，伫立山坡，闲看流泉。为宪纶作。

幽居身世两相忘，结侣岩亭引兴长。日暮天风起纤末，四山吹满桂花香。为王霞轩作。

高岩撑碧空，虬松孕青葱。岩栖幽绝处，晚色写空濛。为王彦功作。

画得云林几叠山，断云流水柳溪湾。欲知柳色系春处，只在波光澹荡间。为石庐作。

万竿烟雨，薰风沸暑，小窗午寂，戏弄渲染，索凉楮上，而意在韬光灵隐之间也。为陈几士作。

树疏山瘦，野旷秋深，仿龚半千笔意。同。

宿云开绝壁，清露湿红楼。珠帘闲不卷，好自看梳头。为履周作。

丹梯直上路千重，绝壁巉崖绕万松。欲识蓬莱仙子处，琼楼飘渺彩云封。为石舫作。

琼楼耸碧落，万木倚云根。高峦韫春色，细草亦含暄。为陈韵珊作。

乔木幽篁，高虽不过寻丈，而能立节傲霜，是以无媚春之态，而有干霄之气也。为林君作。

帘底吹香雾，晓妆共画楼。春光无限处，双燕柳枝头。

松岩生阴翳，石壁自凝烟。泉声荡空翠，松石共千年。寿友人。

峭壁漾青空，霜柯郁天表。云烟欲迴处，杰阁出缥缈。

树外烟光照眼明，雨余山翠入新晴。高坡独立缘何事，爱听寒泉激石声。

高峦俯晴空，杰阁出天际。风涛涌松声，岚翠酣石气。石立壁千仞，松老经万岁。志坚以石比，寿长与松计。徜徉松石间，同心结幽契。松石祝三姊寿。

暑热蒸人，忽忆石鼓山旧游之景，挥笔作此。虽未置身万顷松涛之间，试招风于一叶之上，德愔以为何如耶？小箑为德愔作。

云度千岩里，风走万松顶。一径晚幽行，悠然得深省。小箑画鼓山景，为石庐作。

五虎山控闽江之口，当螺洲之面，舟行远望如天展屏而地设幛，其奇伟磊落未逊北地之山。闰五月端午游螺江归作。

高岩俯晴空，琼楼缥缈中。霜杪表同干，岁晚共青葱。为石孙大哥作。

耸干非沽直，耐寒是本性。岩曲结幽阴，岁晚益茂盛。为徐圣禅作。

撑天诸嶂出，荡霭万松寒。溪亭寻幽香，诗思落云端。

千岩吹晚霭，万木荡寒涛。遥遥望白云，秋色与桐高。

水色山光淡若无，江枫欹岸柳疏疏。谁人解领深秋影，一棹烟波学钓鱼。

悬泉拓奇境，石罅出孤根。泉石声相激，禅意自无喧。为郁君作。

高岩苍翠，流水潺湲。溪云参座，古佛自尊。

疏烟渲淡碧，远树遁浓翠。最怜雨中山，时时造诗意。

烟消帆影远，波暖柳风低。禅心本无挂，去住任东西。

烟消遥树，云敛晴岑。扁舟容与，涤我烦襟。

溶溶柳色迷遥浦，淡淡山光着碧烟。燕子不归春已晚，红楼帘放浅寒天。为潭秋作。

鸟语催人起，晨曦光满楼。绮窗连袂坐，帘下看梳头。

长天尽处大江流，烟翠岚光望里收。欲别将归犹凝伫，目穷万里送行舟。

瀑声喷雨，黛色参天。峭壁万仞，松鹤千年。

是非不着无烦恼，禅理戛然能独造。其心与山云共闲，其寿与山松争老。寿雨渔师。

万竿翠竹挟一楼，二三良友共朝夕。此竹韵轩主人之宿愿也，特为绘此图，相期于素日耳。为竹韵作。

长松荫石路，丛竹护柴扉。最怜山色外，帆影带斜晖。

入佛之门，首戒妄言。出言自反，乃道之源。轮回有转，不怨何冤。炉香细爇，静植灵根。

判牍归来得自娱，荷亭静坐对明湖。趁闲还有忧时念，一展流民郑侠图。为李某作。

高松展翠盖，云气出遥岑。爱此幽涧泉，洗尽俗尘心。

仿佛似春归，细柳暗黄千缕。死央栖处，梦逐金鞍去。一点芳心应会，爹娘念汝。

泉声咽石，松黛参天。一庵趺坐，静以延年。寿秀明。

甲戌年，闽度支署移址玉尺山，余忝末僚，得朝夕出入于其中，习公文于蔡丈贻谷。江天秋霁，烟松翠竹，犹使人意难忘也。丈索画，漫写此图，聊以志念。为蔡贻谷作。

柳色山光两不分，柳阴摇荡一溪云。看山自有禅心在，事外是非了不闻。为徐公作。

仿佛江南水竹边，数峰画罨绕村前。悠然一棹烟波里，领取三秋向晚天。为丽生作。

长松迎晓日，翠壁荡寒烟。苍茫人独立，遥望丹霞天。

鹤飞一万里，松历几千年。长松栖双鹤，岩壑共云烟。寿陈雄夫。

野水寒塘外，独来采暮花。绿杨低不扫，春意自无涯。

仄径缘山入，古松千万重。悠然心远处，云外一声钟。为斯烈作。

绿杨轻飏，红阑低亚。水晶帘下，新妆才罢。贺丽生。

美意足延年，寻诗须结侣。扁舟泊竹湾，上有幽禽语。寿天尺。

双鹤栖集，松根摩天。逸翮犹存，俯啄不随。鸥鹭素餐，讵望乘轩。寿方十一兄。

深山苍翠处，临流结茅屋。向晚偶扣舷，孤心托幽竹。

几叠山光烟树外，一双人影画阑边。

满眼春光新着树，溢庭喜气远凌云。为松亭作。

蔽日干霄郁莽苍，生来铁骨耐风霜。蟠根好向空山老，何羡人间作栋梁。

高林浮积霭，奇石蕴青葱。峭崖幽胜处，苍茫一径通。

距梅都四十里外，有白岩、姬岩，云烟变幻，怪石突兀，出于幽僻平淡中，能各有峥嵘气象，诚堪媲美于鼓山喝水岩、永泰方广岩也。惟石磴嵚岖，颇难登陟，诗敏同学扶助余行甚力，归图《姬岩三天门》赠之，聊志山游一时之乐，不足言画也。为诗敏作。

荫亭兄结庐燕山，奉太夫人居，颜曰“慈竹”。今年七月二十日，为太夫人七十大庆之辰。因作斯图，用伸颂祷。寿黄母。

钟度白云里，声在万松顶。鸣筱秋籁中，悠然得深省。为士达作。

意从心灭，法由心生。从法成净，舍意入明。万缘都息，一念自成。为春木上人作。

酒浮花影清香泛，日映松光翠色妍。

霁日荡遥青，群峰敛宿雾。松下话旧心，相对自成趣。

刘永年《商岩熙乐图》，峥嵘奇崛中益复神味超妙，甚难强似，勉橅其格，未识有当简之意否。丙寅二月。

幽居日日尽佳时，云影山光入小诗。雨后斜阳看更好，绿筠分翠照涟漪。笠山先生嘱画《东溪草堂图》，久未应命，今夏假日为成此帧，聊供吟赏，不计工拙也。

袅袅修篁拂暮云，鳞鳞碧沼漾朝曛。二分流水三分竹，消受须添福五分。右为鹿床居士《水竹居》题咏，吾友竹韵耽幽好寂，惟竹足以拟之，而文藻瞻逸，又似行云流水，诚福慧中人，堪居水竹之间矣。因仿鹿床诗意，作斯图赠之。

松路行相引，高峰照眼明。流空新气象，曙色已开晴。为允恭作。

一楼镇海揽群峰，千树绛桃映日浓。遥想朔居勤揽胜，应从画里认游踪。子实先生博雅好古，名迹胜地，寻览殆遍。曩在榕城，曾结庐屏山之麓。迩日来书，属画《屏山图》，因作此奉贻。癸巳六月。

得地喜芳荣，灌溉勤朝暮。繁枝浥幽香，绕篱成瑶圃。千载陶令风，共领清秋趣。欣赏乐时康，此意真堪慕。契园先生寄示《艺菊》诗，索画久，未报命。兹值假日，为写此帧，聊以塞责，笔墨疏拙，未足供大雅一粲也。癸巳七月。

雨过泉声喧，云深石路迴。策杖试幽寻，欲上高山顶。

崔嵬一寺倚云端，曲径松阴翠万盘。塔影泉声层巘外，聊凭粉本静中看。

霁色明云表，老松青万盘。崎岖寻壑意，绝顶看登攀。

屏山镇海楼，旧名样楼，为榕城名胜之一。楼前有七星缸，四围遍植桃花。自明以来，屡毁屡修，丙寅又毁于火，抗日胜利后始行重建，故址一新。爰写斯图，仍参旧意，藉标胜迹。

庚寅夏，闲居累月，寄情绘事，或背临古本，或追写游踪，随意所至，得四十八叶，置之箧中，忽忽五六年矣。迩日检出，爰付装池。钝拙之作，聊存课稿耳。丙申立秋日识。

一径通幽，万竹参天。岩庵趺坐，静以延年。明启法师居鼓山千佛庵二十余年，云光山色，静养其心，宜得其寿。兹值六秩大庆，因绘此为寿。

同趣端应乐未央，怡情水色与山光。楼前种得千竿竹，消受清风夏日长。

桐翠映新妆，凉飔消烦暑。相对尽成欢，欣然得佳侣。

明媚春光先着柳，联翩鸰影欲凌风。

尘心消尽无烦恼，到处翛然事幽讨。青松白石证禅心，与子相期以终老。寿念娟。

盘根崖谷中，风来荡寒翠。长枝迎旭日，霁色开天际。

一棹悠然入烟渚，四围松竹梅为侣。春回景物得气先，闲旷还怜双鹤舞。为胡允恭作。

楼对三山壮，门通一径深。春风吹拂处，桃李已成阴。

桐阴展新翠，篱菊渐含芬。但见根荄茂，从知灌溉勤。

德盛如松茂，心同比石坚。峥嵘与苍翠，佳景自无边。

宜烟宜雨又宜晴。

六月二十八日为石庐览揆初度，辛未四十，辛巳五十，均寿以画箑。辛卯六十，石庐出纸嘱作画册，事冗，未有以应之。今岁辛丑，石庐七十矣。从旧箧中检得此纸，按其游踪与事迹，写成二十四小景为寿，石庐见之，当为酌一巨觥也。

帘底吹香雾，微风起柳阴。楼中有佳侣，相对话琴心。寿德愔。

桐枝傍水凉无暑，荷叶迎风韵自清。向晚山亭闲徙倚，尘心涤尽道心生。为涤尘作。

武夷山色画中看。余欲游武彝，三十余年间悬诸梦寐。东坡云："山水游放之乐，自是人生难必之事。"感而作此，亦卧游意也。

三餐必祀亲，于今见吾子。宾敬有孟光，同心乐饮水。辛勤永朝夕，饲鸡得生理。时复发藻思，云烟生笔底。长斋结净缘，又获静中旨。静者有其寿，六十壮年耳。清风来松竹，馨香生兰芷。作图为君寿，并述德之美。寿杨栖云。

双双蛱蝶弄春晖。

树发始微蘖，川广从细流。

千山独往，一庵自足。甲辰寿明契师。

南田之画如太白之诗，凌然欲仙之气不可摹拟。偶仿其“万壑响松风，百滩度流水”意。壬申为宝岱主人作。

附录：为人题画剩稿

东坡以朱笔画竹，石庐用之写松，盖以松竹挺节同也。鉴者未必能赏诸骊黄之外，余因乞而有之。题石庐朱松扇面。

双鳞拨剌绿漪中，眼似真珠尾未红。不与鳣鲂争尺水，扬鬐应自待雷风。为钱大镛题画。

春宵好，雁语转凄其。掩卷沉吟人不寐，数声嘹呖听还疑。心绪暗弦知。　　篱边望，天阔水云低。月影花光相旖旎，泪痕墨渖两迷离。幽绝画中诗。双调《忆江南》。甲午春为蕙愔题《春宵闻雁图》。

主要参考文献

一、何振岱著述

何振岱著，刘建萍、陈叔侗点校：《何振岱集》，福建人民出版社2009年版。

何振岱：《觉庐诗草》，民国二十七年福州刻本。

何振岱：《心自在斋诗集》，民国七年林漪歌油印本。

何振岱：《我春室尺牍》，福州卢氏掬沤室藏郑傥抄本。

何振岱：《何振岱日记》，福建人民出版社2016年版。

何振岱纂：《西湖志》，民国五年福建水利局排印本。

何振岱、陈紫澜辑：《榕南梦影录》，民国十六年排印本。

何振岱纂：《榕南梦影录》，民国三十一年福州刻本。

何振岱编：《寿香社词抄》，民国三十一年福州刻本。

何振岱编：《觉庵随录》，民国二十九年稿抄本。

何振岱：《莺鸠斋杂识》，福州卢和先生藏残抄本。

何振岱：《寿香社序》，福州连天雄先生抄件。

何振岱编：《谢陈二公墨迹合刻》，南京图书馆藏民国北平琉璃厂宝晋斋南纸店影印本。

何振岱辑：《观音灵应记补编》，民国三十一年福州进德善书馆排印本。

何振岱书：《临陆继善双钩本兰亭》真迹，民国十五年墨迹本。

何振岱书：《深儿索诗书此给之》折扇真迹，民国十八年墨迹本。

何振岱：《摄山游记》，何遂绘《栖霞蜡屐图》本。

何振岱：《福州怡山长庆寺方丈楞公大师六十正寿序言》，福建省图书馆藏民国二十四年排印单页。

何振岱书：《仁王护国般若波罗蜜多经》，民国二十六年墨迹本。

何振岱书：《唐碑字势近钟绍京》《晋王中书令十三行》《灵飞经》（各一段），民国三十一年墨迹本。

何振岱：《坦西表侄同学七十正寿序言》，裘季铭先生藏抄件。

二、别集类（含单页）

陈宝琛著，刘永翔、许全胜校点：《沧趣楼诗文集》，上海古籍出版社 2013 年版。

陈宝璐：《艺兰室文存》，民国二十九年闽县螺江陈氏刻本。

陈衍：《石遗室诗话》，辽宁教育出版社 1998 年版。

陈衍：《陈石遗集》，福建人民出版社 2001 年版。

陈宗烈：《石湖渔隐篆刻》，清宣统三年钤印本。

陈海瀛：《希微室家藏文稿》，1959 年油印本。

陈海瀛：《希微室家藏骈文稿》，1959 年油印本。

陈海瀛：《希微室诗稿》，1962 年油印本。

陈海瀛：《希微室壬寅文稿》，1962 年油印本。

陈曾寿著，张寅彭、王培军校点：《苍虬阁诗集》，湖北教育出版社 2017 年版。

陈声聪：《兼于阁诗话》，上海古籍出版社 1985 年版。

陈声聪：《填词要略及词评四篇》，广东人民出版社 1986 年版。

陈声聪：《荷堂诗话》，福建美术出版社 1996 年版。

陈声聪：《兼于阁诗话全编》，上海交通大学出版社 2018 年版。

陈守治：《陈瘦愚词选》上卷，1980 年代油印本。

陈泽锽：《琴趣楼诗》，（美）博尔德：韦斯特维犹出版社 1988 年版。

曹经沅遗稿，王仲镛编校：《借槐庐诗集》，巴蜀书社 1997 年版。

董执谊：《藕根斋存稿》，《八闽文库》编纂委员会编：《福建文献集成初编》第 180 册，福建人民出版社 2020 年版。

高向瀛：《还粹集》，民国二十六年刻本。

高向瀛：《环翠楼文存》，福建师范大学图书馆藏抄本。

高赞鼎：《斐君轩诗钞》，1951 年油印本。

高学民：《三代高吟》，北京交通大学出版社 2009 年版。

郭曾炘撰，谢海林点校：《郭曾炘集》，人民文学出版社 2018 年版。

郭则沄：《龙顾山房诗集》《续集》，民国二十五年刻《龙顾山房全集》本。

郭则寿：《卧虎阁诗》，民国三十二年排印本。

郭白阳：《竹间续话》，海风出版社 2001 年版。

方兆鳌：《晚读轩诗存》，1960 年自费上海印刷厂印制石印本。

何则贤：《蓝水书塾文草》《诗草》，福建省图书馆藏民国六年油印本。

何维刚：《竹间集》，1970 年代油印本。

何维刚：《薏珠词》，1970 年代油印本。

何曦：《何曦己未诗稿》，何振岱后裔藏稿本。

何曦：《晴赏楼诗词稿》，浙江文艺出版社 2006 年版。

何敦敬：《心光楼诗》，稿本。

何维深：《静娱楼诗词》，福州画院编：《福州画院》总第一〇八期（上），2022 年内印本。

何维深：《静娱楼观画录》，《福州画院》（总第一〇八期）（下），2022 年内印本。

何达、王苗主编：《何遂遗踪——从辛亥走进新中国》，人民出版社 2012 年版。

洪璞：《璞园诗词》，福建省文史研究馆 2015 年内印本。

黄濬：《聆风簃词》，民国三十年刻《聆风簃诗》本。

黄懋谦著，黄以榦编：《默园诗集》，福建省文史研究馆 2020 年内印本。

黄曾樾著，陈旭东整理：《荫亭遗稿》，人民出版社 2019 年版。

今传是楼主人：《诗话》，中国公论社：《中国公论（北京）》，民国二十九年中国公论社出版。

柯鸿年：《澹园遗稿》，民国十八年北平刻本。

李宣龚：《硕果亭诗续》，民国二十九年排印本。

李宣龚：《李宣龚诗文集》，华东师范大学出版社 2009 年版。

李宣倜：《苏堂诗拾》，1957 年油印本。

李宣倜：《苏堂诗续》，1957 年油印本。

李景堃：《愉园诗集》，1954 年影印本。

李可蕃：《藏舟庵集》，福建省文史研究馆 2005 年内印本。

梁鸿志：《爰居阁诗》，民国二十七年刻本。

梁鸿志：《爰居阁丛录》，上海图书馆藏稿本。

林纾：《畏庐文集》一卷《续集》一卷《三集》一卷《诗存》二卷，清宣统二年至民国二十三年上海商务印书馆排印本。

林葆忻：《中隐斋诗稿》，民国三十六年排印本。

林志钧：《北云集》，1963 年排印本。

林庚白：《丽白楼遗集》，中国人民大学出版社 1996 年版。

刘瀛：《闲居十八年剩草》，民国十八年排印本。

刘蘅：《蕙愔阁集》，福建逸仙艺苑诗辑之五（上），1983 年排印本。

刘蘅：《蕙愔阁集》，福建逸仙艺苑诗辑之五（下），1983 年排印本。

刘蘅：《蕙愔阁诗词》，福建美术出版社 1993 年版。

连天雄辑、刘学洙编、黄万机校订：《惜园剩稿》，2004年内印本。
施宗灏：《自怡悦诗词选》，1983年油印本。
沈瑜庆等撰：《涛园集》（外二种），福建人民出版社2010年版。
沈复：《养碧斋诗甲》，民国间排印本。
邵振绥：《慈园诗词稿》，1980年代油印本。
田毕公：《四有堂诗》，1957年油印本。
田毕公：《四有堂诗集》，2001年田昭武自印本。
王允晳：《碧栖诗词》，民国二十四年排印本。
王寿昌：《晓斋遗稿》，民国二十五年商务印书馆石印本。
王式通：《志盦诗稿》，民国二十七年刻本。
王德愔：《琴寄室诗词》，福建省文史研究馆2012年内印本。
王真：《二十年来同怀回忆录》，民国二十四年排印本。
王真：《道真室随笔》，1970年代油印本。
王真：《觉庐老人教学述记》，1971年郑丽生抄本。
王真：《觉庐侍谈别抄》，1971年郑丽生抄本。
王真编，李皡校注：《道真室琴谱》，中国文明出版社2019年版。
王闲：《王闲诗词书画集》，福建美术出版社2012年版。
王彦行：《澹庼诗录》，福建美术出版社2002年版。
谢章铤：《赌棋山庄诗集》，清光绪十四年刻本。
谢章铤：《赌棋山庄文续》，清光绪十八年刻本。
谢章铤：《赌棋山庄文又续》，清光绪二十四年刻本。
谢章铤：《赌棋山庄余集》，民国七年石印本。
谢章铤：《赌棋山庄集》，1952年重刷印本。
薛念娟：《今如楼诗词》，福建省文史研究馆2014年内印本。
许承尧撰，汪聪、徐步云点注：《疑庵诗》，黄山书社2014年版。
严复：《严复全集》（第8卷），福建教育出版社2014年版。
叶可羲：《竹韵轩集》，福建省文史研究馆2017年内印本。

曾克耑：《颂橘庐丛稿》第三册，1961 年香港自印本。

张印：《茧窝遗诗》，民国三年排印本。

张清扬：《双星室主人词稿》，光绪三十二年何振岱抄本。

张清扬：《清安室词》，民国十年刻本。

张清扬：《潜玉集》，民国十年刻本。

张清扬：《潜玉集清安室词合集》，1957 年台北林鄘印本。

张宗果：《块特轩文集》，民国二十九年排印本。

张子仲：《河西精舍诗存》，福建省文史研究馆 2009 年内印本。

张子仲：《鳌峰大雅堂诗剩》，福建省文史研究馆 2010 年内印本。

张苏铮：《浣桐书室诗》，1980 年代自印本。

张苏铮：《晴窗诗抄》，1980 年代自印本。

郑孝胥著，黄坤、杨晓波校点：《海藏楼诗集》，上海古籍出版社 2013 年版。

郑孝柽：《稚辛诗存》，抄本。

郑孝崧：《天放阁遗诗》，1951 年油印本。

郑容：《无辩斋诗》，民国二年排印本。

郑容：《无辩斋诗》，民国间第二次排印本。

郑元昭：《天香室诗草》，福州连天雄先生复印稿本。

郑元昭：《天香阁词钞》，福州连天雄先生复印稿本。

郑侻：《容楼诗集》，福建省文史研究馆 2013 年内印本。

郑立辑：《吴石诗文集》，福建省文史研究馆 2012 年内印本。

周演巽：《雏蝉剩稿》，民国排印本。

周演巽：《慧明居士遗稿》，民国十三年排印本（复旦大学图书馆藏本）。

周演巽：《慧明居士遗稿》，民国十三年排印本（国家图书馆藏本）。

朱景昭：《无梦轩遗书》，民国十二年朱家珂排印本。

卓掞：《惜青斋笔记·词话》，福建师范大学图书馆藏抄本。

三、总集类

陈衍编：《说诗社诗录》，民国二十六年福州排印本。

陈衍辑：《近代诗钞》，民国十二年商务印书馆排印本。

陈海瀛等：《岁寒金友录》，1980年代自印本。

陈桂琛选评：《近代七言绝句初集》，《同文书库·厦门文献系列》第三辑影印民国五年八月玉屏学会初版，厦门大学出版社2018年版。

福州市文化处编：《咏菊诗集》，1958年油印本。

福建省文史研究馆编：《百年闽诗（1901—2000）》，海风出版社2004年版。

梵辉、灵杰编：《六朝三唐僧诗钞》，民国三十八年排印本。

李宣龚等：《硕果亭重九酬唱集》，民国三十八年商务印书馆排印本。

李宣龚等：《硕果亭看花酬唱集》，民国《墨巢丛刻》排印本。

李宣倜等：《岁朝唱和集》，民国十七年刻本。

李秋君辑：《文藻遗芬集》，民国排印本。

林葆恒编，张璋整理：《词综补遗》，上海古籍出版社2005年版。

林藩等撰，林孝曾编：《闽百三十人诗存》，民国十八年逸社排印本。

刘蘅、何曦：《刘何二女子诗课合印》，民国二十五年影印本。

刘荣平编：《全闽词》，广陵书社2016年版。

钱仲联编著：《近代诗钞》，江苏古籍出版社2001年版。

苏南：《河园兄妹诗合订》，1962年油印本。

沈泽棠等著，刘梦芙编校：《近现代词话丛编》，黄山书社2009年版。

王闲等：《耆献集》，海峡文艺出版社1995年版。

谢章铤辑:《赌棋山庄八十寿言》,清光绪二十八年福州刻本。

谢章铤编:《致用书院文集》(戊戌、己亥、辛丑、壬寅年),清光绪刻致用堂惟半室刻本。

叶申芗、林葆恒辑,陈叔侗点校:《闽词钞闽词征》,福建人民出版社2014年版。

佚名编:《光绪二十三年丁酉科福建乡试闱墨》,清光绪间上海图书集成印书局排印本。

佚名编:《民国十三年农商部工商司同人齿录附肖像及略历》,民国十三年排印本。

周长庚等撰:《支社诗拾》,清宣统元年排印本。

周长庚等撰:《支社诗拾》,民国李宣龚《墨巢丛刻》排印本。

周长庚等撰:《支社诗拾》,民国二十五年排印本。

四、史志类

安徽通志馆辑:民国《安徽通志稿》,民国二十三年排印本。

陈曾寿著,尧育飞整理:《陈曾寿日记》,凤凰出版社2023年版。

陈声暨等:《侯官陈石遗先生年谱》,陈衍撰、陈步编:《陈石遗集》,福建人民出版社2001年版。

陈遵统等:《福建编年史》,福建人民出版社2009年版。

陈昌强:《谢章铤年谱》,陈庆元主编:《谢章铤集》,吉林文史出版社2009年版。

程翔章、程祖灏编著:《陈曾寿年谱》,华中师范大学出版社2022年版。

福州市地方志编纂委员会编:《福州市志》(第八册),方志出版社2000年版。

《福州市志·人物志》编辑组编:《福州市志·人物志》(第1辑),1989年内部本。

方宝川、马腾主编，林郁分册主编：《闽台书院文献汇刊·致用书院卷》，学苑出版社 2021 年版。

郭则沄著，马忠文、张求会整理：《郭则沄自订年谱》，凤凰出版社 2018 年版。

何曦：《晴赏楼日记稿》，浙江文艺出版社 2006 年版。

何尔强编：《何振岱家族谱》，2013 年自印本。

何宏编：《何振岱家族谱》，2023 年自印本。

何警吾、吴元超：《徽州地区简志》，安徽省黄山书社 1989 年版。

黄澄渊修：民国《古田县志》卷二十九，民国三十一年排印本。

黄启权主编：《三坊七巷志》，海潮摄影艺术出版社 2009 年版。

林家溱著、福建省文史研究馆编：《福州坊巷志——林家溱文史丛稿》，福建美术出版社 2013 年版。

刘敬纂：《金门县志》，1959 年福建师范大学图书馆藏油印本。

罗耀九主编，林平汉等编：《严复年谱新编》，鹭江出版社 2004 年版。

卢美松主编：《福建省文史研究馆志》（修订本），福建省文史研究馆 2008 年内印本。

上海图书馆事业志编纂委员会编：《上海图书馆事业志》，上海社会科学院出版社 1996 年版。

沈瑜庆、陈衍纂：民国《福建通志》，民国二十七年刻本。

释证亮编：《西禅小记》，民国三十一年西禅寺刻本。

王铁藩编纂，王亚青、连天雄补订：《福建清代科举人名录》，福建人民出版社 2011 年版。

谢其铨、郭斌编纂：《于山志》，大众文艺出版社 2009 年版。

谢其铨编纂：《丁戊山小志》，2010 年内印本。

肖志兵、孙芳编著：《沈葆桢年谱》，福建人民出版社 2020 年版。

姚文楠纂：民国《上海县志》，民国二十五年排印本。

叶参等合编：《郑孝胥传·年谱》，《民国丛书》第一编第 88 册，上海书店 1989 年版。

张旭、车树昇编著：《林纾年谱长编》，福建教育出版社 2014 年版。

张旭、车树昇、龚任界编著：《陈宝琛年谱》，福建人民出版社 2017 年版。

张旭、车树昇、龚任界编著：《陈衍年谱》，福建人民出版社 2020 年版。

张天禄编：《鼓山艺文志》，海风出版社 2001 年版。

张天禄等编纂：《福州人名志》，海潮摄影艺术出版社 2007 年版。

张天禄等编纂：《福州艺文志》，海潮摄影艺术出版社 2007 年版。

张天主编，闽清县地方志编纂委员会编：《闽清县志》，群众出版社 1993 年版。

郑孝胥著，劳祖德整理：《郑孝胥日记》，中华书局 1993 年版。

中国科学院图书馆整理：《续修四库全书总目提要（稿本）》第 1 册，齐鲁书社 1996 年版。

五、艺术类

洪毅：《痴洪梅谱》，民国二十一年石印本。

洪毅：《闽县洪宽孙写松扇面集》，民国二十一年北平京城印书局珂罗版印本。

赵咏清：《清操轩画剩》，民国十五年大德书局石印本。

六、民国期刊

大公报报社：《大公报》，清宣统元年三月二十六日版。

大公报报社：《大公报》，民国十三年六月十三日版。

林石庐等主编：《华报》，民国十九年至二十七年（1930—1938）。

青鹤杂志社编：《青鹤》，民国二十一年至二十六年（1932—1937）。

苏继庼编辑：《东方杂志》1920年第17卷第5号，民国九年三月十日上海商务印书馆发行。

协大艺文社编：《协大艺文》，民国二十四年至三十七年福建协和大学中国文史学系发行。

同人社：《辽东诗坛》，民国十五年第15期，大连同人社发行。

中国文艺协会编辑委员会编辑：《国艺》，民国二十年六月二十五日出版，中国文艺协会发行。

中国文艺协会编辑委员会编辑：《国艺》，民国二十年八月二十五日出版，中国文艺协会发行。

七、今人著述

（一）著作

陈侣白：《寄梦楼诗词——创作与吟诵》，海峡文艺出版社2016年版。

陈悦：《船政史》，福建人民出版社2016年版。

福州美协、福州画院编：《纪念陈子奋文札汇编》，1980年代油印本。

华钟彦主编：《五四以来诗词选》，河南大学出版社1987年版。

陈炳铮：《中国古典诗歌译写集及吟诵论文》，作家出版社2003年版。

刘国铭主编：《中国国民党百年人物全书》，团结出版社2005年版。

卢美松主编：《刘蘅馆员诞辰115周年纪念展作品集》，福建省文史研究馆2011年内印本。

刘刚、焦洁编著：《总统府要员传略》，广东人民出版社2003年版。

刘学洙：《大营巷旧事》，海峡文艺出版社 2003 年版。

刘学洙：《惜园旧事》，贵州教育出版社 2014 年版。

刘荣平：《赌棋山庄词话校注》，厦门大学出版社 2013 年版。

刘荣平：《福建词史》，社会科学文献出版社 2023 年版。

刘建萍：《诗人何振岱评传》，海潮摄影艺术出版社 2004 年版。

刘建萍：《何振岱评传》，人民出版社 2017 年版。

卢和：《寿香社——中国最后的传统才女群》，福建教育出版社 2024 年版。

连天雄：《坊巷雅韵》，福建美术出版社 2015 年版。

张帆：《末代帝师陈宝琛评传》，福建教育出版社 2002 年版。

郑立：《冷月无声：吴石传》，中共党史出版社 2018 年版。

邹光椿：《曝芹献芸：邹光椿文集》（十集），2012 年自印本。

（二）论文

陈昌强点注：《致何振岱书札》，《陈宝琛史料四种》，上海中山学社编：《近代中国》第十九辑，上海社会科学出版社 2009 年版。

陈叔侗：《民国〈福建通志〉志书提要》，《福建史志》2016 年第 6 期。

董俊珏、游伟娟、颜梦：《福建女诗人刘蘅年谱简编》，《福建师大福清分校学报》2016 年第 1 期。

郭毓麟：《三十年代的寿香诗社》，政协福州市鼓楼区委文史组：《鼓楼文史》第 1 辑，1988 年内印本。

郭毓麟：《鼓楼区传统诗社纪要》，张传兴主编：《鼓楼文史》第 4 辑，鼓楼区政协文史资料委员会编委 1992 内印本。

李可蕃：《秀出天南的女吟社》，陈虹、吴修秉主编，福建省文史研究馆编：《闽海过帆》，上海书店出版社 1992 年版。

李艳红：《许承尧生平及书画文物鉴藏考述》，《收藏家》2023 年第 3 期。

林宁：《李宣龚研究》，福建师范大学 2007 年硕士学位论文。

刘荣平：《何振岱寿香社词作评论》，《闽江学院学报》2007年第6期。

刘荣平：《民国时期福州十才女旧体诗词创作及其典型意义》，《东南学术》2019年第6期。

刘荣平：《何振岱抄本〈双星室主人词稿〉的文献价值》，《闽学研究》2021年第1期。

刘荣平、王璐瑾：《〈何振岱集〉补遗》，《闽学研究》2021年第3期。

刘荣平：《论张清扬、周演巽的诗词创作》，《中国诗学研究》（第二十二辑），凤凰出版社2022年版。

刘荣平：《陈衍何振岱晚年断交原因再探》，《海峡人文学刊》2023年第1期。

连天雄：《"销魂笛里斜阳"——记词人张清扬》，《福建文史》2007年第3期。

柯玉锜：《博学多才为国效力——追忆吴石将军》，中国人民政治协商会议福州市郊区委员会、文史资料委员会、螺洲镇人民政府编：《吴石将军英魂略》，《福州市郊区文史资料》（第8辑），1993年版（内印本）。

施秉雅：《施景琛事略》，福建省政协文史资料委员会编：《文史资料选编》，福建人民出版社2001年版。

吴家琼：《何振岱晚年不满陈衍之由来》，福建省政协文史资料委员会编：《文史资料选编》，福建人民出版社2001年版。

吴仲禧：《勤奋好学精诚效国——回忆吴石烈士》，中国人民政治协商会议福州市郊区委员会、文史资料委员会、螺洲镇人民政府编：《吴石将军英魂略》，1993年内印本。

萧诏玮：《何振岱知医五则》，《福建文史》2013年第3期。

赵家欣、杨湘衍：《林纾编写〈上金台〉的前前后后》，《文史资料选编》，福建人民出版社2001年版。

后 记

2003 年 12 月至 2006 年 12 月，我在福建师范大学文学院陈庆元教授门下做在职博士后，以“福建词史”为研究选题。第二年春末夏初，我在福建师大校园邂逅陈教授，陈教授问我是否注意到了同光体诗人何振岱，我答没有，陈教授说应该研究。我随即到福建师大图书馆和福建省图书馆复制了两馆所藏何振岱资料，中有何振岱《觉庐诗稿》，匆匆浏览，觉得颇可一读，遂在福州一家旅店住下，费时三日读毕此书，乃叹曰：“真诗人之诗。”

回厦门后，我慢慢消化了所复制的何振岱资料，深为其作于杭州西湖诸诗所折服，耳边总是回荡他那最有名的诗句“钟定声依无际水，诗成意在欲开梅”（《孤山独坐雪意甚足》），便决定好好研究何振岱及其弟子。在细读刘建萍教授专著《诗人何振岱评传》之后，我觉得研究何振岱还是应该从收集资料做起，而且必须从收集资料做起。

2014 年 6 月，我在福建省图书馆查书时结识了连天雄先生，连先生 2000 年起便开始关注何振岱这一近代历史人物，精研数年，很是熟悉。以后的几年时间里，连先生把他收集的何振岱日记稿本、科举卷、《寿香社序》、何振岱抄本《双星室主人词稿》、《我春室尺牍》等资料相继发给我，促进了我研究何振岱的进度和深度，我发表了研究何振岱及其弟子等相关论文 10 篇。2017 年，连先生又将自己极力搜集的何振岱日记稿本复印件，交由福建人民出版社出版，极大推进了何振岱的研究，令人感佩不已。

发表系列论文后，我产生系统研究何振岱的想法，很自然的安排是先做《何振岱年谱》。2019 年夏初，厦门大学中文系本科生年段成绩第一名的王璐瑾君，请我做她的毕业论文指导老师。当时我刚刚开始编写《何振岱年谱》，想到年轻人治学，应先打好文献基础，于是将《何振岱年谱》一题转给璐瑾君做毕业论文，同时把我收集的相关何振岱资料移交给璐瑾君。璐瑾君不负所托，写出近 10 万字的《何振岱年谱》初稿，获 2020 年厦门大学中文系古代文学专业最佳本科毕业论文，并在系优秀论文答辩会上交流。

2020 年至 2024 年，我不断地修改、补充《何振岱年谱》，初稿积至 30 余万字。此数年间，因众所周知的原因，外出查书总是受阻，但还是有热心人士帮助我获取资料，如苏州大学中文系硕士研究生傅孟凯君，帮助我拍摄了该校图书馆藏《致用书院文集》中的何振岱文章，弥补多年来欲求不得的遗憾。福州卢为峰先生寄来了多年求之不得的何维深《静娱楼诗词》。福州卢和先生发来了他拍自旧书肆的何振岱《鸴鸠斋杂识》，凡 6 页。这些帮助令我铭感在心。此数年间，我不断与璐瑾君商量如何提升年谱质量，查找资料中，颇获切磋之乐。

2024 年 6 月，年谱完稿后，我拜访了何振岱孙女何靖女士，何靖女士不顾近七十岁高龄，在何振岱故居接待了我，为我讲解其先祖的事迹，并出示大量第一手文献资料，这让我纠正了错误若干，充实了新的材料。一直到本书的发排阶段，何靖女士都在搜集资料，并讲解一些疑难问题，提出精到的看法。何振岱之曾孙何宏先生、曾孙女何欣晏女士在考证何振岱世系方面提供了帮助。名门之后，风度优雅、襟怀清朗，真令人羡慕！刘建萍教授为我联系何振岱后人提供了帮助，并发来了《道真室琴谱》，颇有君子之风。

2021 年 12 月，我参与了肖庆伟教授主持的国社科重大项目“闽台海疆文学文献整理与研究”（1602—1895），并负责子课题“闽台海疆文学活动编年”的研究。本年谱自然并入子课题研究中，这又促使我全面细致订补《何振岱年谱》，以求能符合项目要求。

恩师陈庆元先生，性情至真至淳，雅爱门下弟子，提携不遗余力。曾为拙著《福建词史》撰序，多予鼓励。今不辞高龄，又为本书撰序，亦多予我以启迪。先生道心昭然，弟子当勉之。在此敬谢先生！

是为记。

二〇二四年十二月刘荣平识于半古斋

图书在版编目（CIP）数据

何振岱年谱 / 刘荣平，王璐瑾编著. --福州 ：福建人民出版社，2024. 12. -- ISBN 978-7-211-09703-6

Ⅰ. K825. 6

中国国家版本馆 CIP 数据核字第 20244SE543 号

何振岱年谱

作　　者：	刘荣平　王璐瑾　编著		
出版发行：	福建人民出版社	**电　　话：**	0591-87533169(发行部)
网　　址：	http://www. fjpph. com	**电子邮箱：**	fjpph7211@126. com
地　　址：	福州市东水路 76 号	**邮政编码：**	350001
经　　销：	福建新华发行（集团）有限责任公司		
印　　刷：	福州印团网印刷有限公司		
地　　址：	福州市仓山区建新镇十字亭路 4 号		
开　　本：	890 毫米×1240 毫米　1/32		
印　　张：	17. 25		
插　　页：	4		
字　　数：	421 千字		
版　　次：	2024 年 12 月第 1 版		
印　　次：	2024 年 12 月第 1 次印刷		
书　　号：	ISBN 978-7-211-09703-6		
定　　价：	120. 00 元		

本书如有印装质量问题，影响阅读，请直接向承印厂调换